LE CAPITAL,
SUITE ET FINS

DU MÊME AUTEUR

La Révolution conservatrice américaine, Fayard, 1983.
La Solution libérale, Fayard, 1984.
L'État minimum, Albin Michel, 1985.
La Nouvelle Richesse des nations, Fayard, 1987.
Les Vrais Penseurs de notre temps, Fayard, 1989.
Sortir du socialisme, Fayard, 1990.
No a la decadencia de la Argentina, Atlantida, Buenos Aires, 1990.
Hacia un nuevo mundo, Emécé, Buenos Aires, 1991.
Faut-il vraiment aider les Russes ? (en collaboration), Albin Michel, 1991.
En attendant les Barbares, Fayard, 1992.

Collection *Pluriel* fondée par Georges Liébert
et dirigée par Pierre Vallaud

GUY SORMAN

LE CAPITAL, SUITE ET FINS

FAYARD

L'auteur, à 50 ans, achève ainsi le cycle qu'il a inauguré en 1983 avec La Révolution conservatrice américaine, *poursuivi avec* La Solution libérale *en 1984,* L'État minimum *en 1985,* La Nouvelle Richesse des nations *en 1987,* Les Vrais Penseurs de notre temps *en 1989,* Sortir du socialisme *en 1990,* En attendant les Barbares *en 1992.*

« Le bon Prince est celui
dont on ignore le nom »

Lao-tseu

Prologue

« Mettez vos patins ! » La babouchka indignée en a lâché ses aiguilles à tricoter. Sur le parquet ciré, mes bottes ont laissé quelques traces de neige. A l'extérieur de la maison de bois, briquée et confortable, la température est descendue à - 35°. Pour échapper au froid, j'étais entré précipitamment, sans prêter attention à la gardienne des lieux, emballée dans un châle noir, dissimulée derrière le comptoir du vestiaire. J'obtempère, reviens sur mes pas, enveloppe mes bottes d'espèces de brodequins en toile à lacets.

En règle et seul, j'essaie de m'imprégner des lieux, de reconstituer en esprit ce que put être ici, il y a un siècle, la vie quotidienne d'un notable, inspecteur d'académie. Le piano à queue, les photos de famille, les lits à montants de cuivre, la vaste cuisine, les poêles de faïence donnent la mesure d'une civilisation bourgeoise et raffinée, comparable à tous égards avec ce qu'elle pouvait être à la même époque en Allemagne, en Grande-Bretagne ou en France. Nul retard, nul décalage. Le destin accorda à cette famille respectable de Simbirsk deux fils. Le premier épousa l'idéologie anarchiste, en vogue dans toute l'Europe à la fin du XIXe siècle ; il acheva sa carrière jeune, au bout d'une corde. Son frère, dit la légende, résolut de le venger en assassinant non pas seulement ses bourreaux, mais la société entière qu'il tenait pour coupable. Cette société-là aurait pu évoluer à la manière de la nôtre, car elle lui ressemblait fort, et devenir une nation normalement européenne, démocratique et capitaliste. A un grain de sable près : la famille s'appelait Oulianov, le fils enragé Vladimir Ilitch, plus connu ensuite par le surnom qu'il s'était choisi : Lénine, l'« Homme de fer ».

Le parquet que j'ai maculé par inadvertance — ou délibérément ? — est celui où Lénine fit ses premiers pas, enfant. Par la fenêtre, le collège, intact lui aussi, qu'il fréquenta adolescent : il n'avait que le jardin familial à traverser. La maison est devenue un musée, ou plutôt un mémorial, de même que tout le quartier environnant ; une carte postale de la Russie ancienne, cette Russie que Lénine lui-même a détruite pour la remplacer par l'univers qui commence au bout de la rue : l'alignement rigoureux d'immeubles collectifs, uniformes et décrépits. Jusqu'en 1990, la maison de Lénine était un lieu de culte et d'initiation obligatoire pour les enfants de toute l'URSS comme pour les représentants des partis frères. Aujourd'hui, je suis seul avec mon cerbère : entre l'URSS d'hier et la Russie d'aujourd'hui, tout a changé — mais aussi, rien n'a changé.

La presse locale, alertée par ma visite singulière, a dépêché quelques journalistes ; la télévision est là, et un journaliste de la *Pravda* d'Oulianovsk, le quotidien local, me demande :

— Pourquoi teniez-vous à visiter la maison de Lénine ?

— Parce que c'est ici que tout a commencé.

Les journalistes paraissent enchantés de ma réponse ambiguë et n'y voient aucune ironie. Les dirigeants d'Oulianovsk, et la presse qui les courtise, sont restés léninistes dans une Russie qui ne l'est plus. Je suis allé effectivement à Oulianovsk parce que tout y a commencé, mais aussi parce qu'Oulianovsk, rare ville à n'avoir pas recouvré son ancien nom, est bien connue dans toute la Russie pour être restée fidèle à l'ancien régime : une réserve d'Indiens. Le corps de Lénine gît momifié à Moscou, mais son esprit hante sa ville natale, et son portrait est partout.

La veille, j'avais visité un autre musée du même genre, à cinq cents kilomètres plus haut sur la Volga, à Nijni Novgorod qui, jusqu'en 1992, s'appelait Gorki. Immense, depuis son kremlin, centre traditionnel du pouvoir, au bord du fleuve pris par les glaces, jusqu'à de lointaines et sinistres banlieues industrielles, Nijni Novgorod est tout entière polluée par les cheminées d'usines qui crachent des fumées colorées et malodorantes. A l'extrême périphérie, après la dernière station d'autobus, un immeuble plus abandonné encore n'est accessible qu'en dérapant sur le verglas entre des montagnes de neige. A l'entrée, une cerbère encore, jeune cette fois-ci, et souriante. « Êtes-vous russe ? » demande-t-elle. Drôle de question. C'est que le ticket d'entrée est à mille roubles pour les Russes, dix mille pour les étrangers. Une belle somme. C'est ainsi dans tout le pays en 1994 : les étrangers paient dix fois plus cher que les citoyens. C'est le règlement, dit-on. Édicté par quel oukase, nul ne sait. Je paie.

Pas de patins, le sol est couvert d'un linoléum si usé qu'un visiteur supplémentaire n'y changera rien. D'ailleurs, il n'y a rien à voir : trois pièces rudimentaires, un lit banal, une chaise en bois, une table en Formica, un vieux réfrigérateur. Les fenêtres sont grillagées pour décourager les hooligans ; l'appartement est en rez-de-chaussée. Mais la vérité tient dans un détail : le téléphone, qui n'existait pas avant le 15 décembre 1986. Ce jour-là, deux techniciens — du KGB, probablement — sont venus l'installer sans que le locataire l'ait demandé. Le lendemain, le téléphone a sonné. Il n'aura sonné qu'une fois. Le locataire, surpris, a décroché. « Ici Mikhaïl Sergueïevitch, a dit la voix, lointaine et joviale. Je tenais à vous annoncer moi-même que vous êtes libre. » Andreï Sakharov ne remercia pas Gorbatchev. Il raccrocha, rassembla ses manuscrits, partit vers la gare avec son épouse Elena Bonner. Ils prirent le train pour Moscou. Quelques mois plus tard, l'académicien Sakharov fut élu député à ce qui s'appelait encore le Soviet suprême. Le 9 juin 1989, il monta à la tribune, se tourna vers son libérateur, qui présidait la séance, et demanda l'impossible : la suppression, dans la

Constitution de l'URSS, de la mention du rôle dirigeant du Parti communiste. Gorbatchev piqua une colère et insulta Sakharov. Peu après, l'académicien mourut, épuisé par ses sept ans de résidence forcée à Gorki. Cinq cent mille Moscovites, le 17 décembre 1989, accompagnèrent le cercueil du seul Russe authentiquement démocrate et modéré que j'aie jamais connu[1].

La gardienne ne comprit pas pourquoi je restai une heure dans ce petit appartement, puisqu'il n'y avait rien à voir ; elle souhaitait fermer. J'ai donc repris l'autobus vers le centre de Nijni Novgorod. Le kiosque branlant et crasseux où s'abritent les voyageurs pétrifiés par le froid s'appelle « Musée Andreï-Sakharov » : une minuscule pancarte. Savez-vous qu'il a habité là pendant sept ans ? ai-je demandé à ma voisine. « J'habite le quartier, dit-elle, mais je n'ai su qui il était que le jour où on l'a libéré. De toute manière, nous étions supposés ne rien savoir, ne pas le reconnaître et ne pas lui parler. »

D'un musée l'autre... Dans la maison bourgeoise de Simbirsk, tout a commencé. Dans l'immeuble prolétarien de Gorki, tout s'est achevé ; ou, pour le moins, tout a été suspendu. Car nul ne sait comment nommer ce qui a succédé au « socialisme réel ». Sera-ce le capitalisme universel ?

D'une révolution à l'autre

De Marx jusqu'en 1989, *capitaliste* est partout une insulte ! A la relative exception des États-Unis, et encore.

Survint la rupture : les Français enterrèrent pour de bon leur Révolution ; le mur de Berlin s'effondra ; à Cotonou, les Béninois renversèrent la statue de Lénine ; sur les murs de Bucarest, des manifestants écrivirent « Vive la privatisation ! » Pour des peuples entiers, le capitalisme, naguère honni ou suspect, devint un espoir, la voie de la prospérité et de la liberté. Il se trouva même quelques philosophes pour envisager le capitalisme

1. Scène décrite dans *Sortir du socialisme*, Fayard, 1990.

comme fin de l'Histoire, idéologie uniforme et universelle vers laquelle tendrait l'humanité entière.

Analyse exagérément « optimiste ». Le capitalisme est trop imparfait pour être indépassable. Imperfection de l'esprit, tout d'abord : pratique et non théorique, la légitimité du système capitaliste est fragile, car elle ne dérive que de son succès. Il suffit d'un raté, d'un moment de croissance lente, pour que ses fondements soient immédiatement contestés et sa mort annoncée. Fragilité politique, aussi : le capitalisme ne produit pas de mythes, et guère de héros ; les peuples ne le jugent qu'à ses résultats, et ceux-ci ne peuvent être garantis incessamment positifs. Cette stérilité mythogénique du capitalisme témoigne de sa supériorité expérimentale autant que de sa faiblesse constitutive : le capitalisme satisfait mieux en nous l'*homo rationalis* que l'*homo symbolicus*. Voilà pourquoi, à l'intérieur des sociétés capitalistes, l'intelligentsia, mais pas seulement elle, tous ceux qui privilégient les mots sur les choses restent à l'affût de la moindre défaillance de la mécanique, prêts à exiger à la première crise qu'elle soit jetée à la ferraille et remplacée.

Mais par quoi, désormais ? Certainement pas par le socialisme marxiste. On ne peut plus opposer au capitalisme le socialisme réel de type soviétique ; celui-ci n'apparaît plus dans le rétroviseur que comme un incident de parcours, une dramatique erreur d'aiguillage sur la route de l'industrialisation universelle. Opposer le capitalisme à la social-démocratie ? Depuis le ralliement à l'économie de marché des socialistes allemands, anglais, suédois, espagnols, français, le socialisme européen n'est plus qu'une variante gestionnaire à l'intérieur du capitalisme, reconnu comme seul modèle d'édification de la société industrielle. A l'opposition capitalisme-socialisme, nous ne pouvons donc substituer dorénavant que le couple société industrielle-sous-développement.

Pour l'instant. Car, inconnus de nous, des Marx ou des Proudhon en herbe, des Mao en puissance, des aspirants Luther, par milliers, persistent à griffonner et publier parfois quelque délirante utopie salvatrice. Nul n'empêchera jamais des philosophes en chambre de produire de nouvelles idéologies, et certains politiciens de les exploiter ; nul n'empêchera les théologiens de préconiser un idéal moins matériel que ne l'est la société de consommation, corollaire du capitalisme. Depuis l'effondrement du marxisme, ces alternatives n'existent pour l'heure qu'en pointillé, chez les écologistes, par exemple, ou chez les nationalistes antilibéraux. Mais l'on voit déjà poindre dans ces mouvements la combinaison, propre à toute idéologie, de la cause unique, de la solution élémentaire du bouc émissaire, du pseudo-scientisme et des lendemains qui chantent : le mythe à l'état naissant.

Mal assuré dans le monde occidental où il est né, l'enracinement du capitalisme est plus improbable encore au sud et à l'est des sociétés industrielles. Là, des peuples entiers, qui ont raté leur tentative de modernisation par le socialisme, l'espèrent à présent par le capitalisme ; mais tous n'y parviendront pas. Impatience, incompréhension, mauvaise application des règles du système ? Ou encore incompatibilité culturelle entre le capitalisme d'importation occidentale et certaines autres civilisations ? Certes, Japonais et Coréens ont réussi la synthèse ; quelques-uns y parviendront certainement en Europe centrale, en Amérique latine ; probablement d'autres échoueront dans l'ex-URSS ou en Afrique. Pour ceux-ci, on ne peut exclure qu'au terme d'une brève parenthèse d'espérance le capitalisme, d'idole, ne redevienne l'adversaire. Alors, des décombres d'une modernisation par deux fois ratée, de l'Inde au Maghreb, de la Russie au Brésil, naîtront et prospéreront les idéologies fondamentalistes.

Le capitalisme et les fondamentalistes

Le fondamentalisme, qui n'est pas qu'islamiste, est certainement l'« ennemi » le plus sérieux du capitalisme en cette fin de siècle ; il relaie les mythes antérieurs du socialisme et de la « troisième voie » (ni capitaliste ni socialiste). Le fondamentalisme est un produit paradoxal de la modernité, il n'aurait pu surgir à une autre époque que la nôtre : au nom d'une tradition réinventée, les fondamentalistes slavophiles, islamistes ou hindous sont les produits d'une modernisation ratée chez soi et de sa confrontation avec la modernité réussie en Occident. S'ils s'opposent au capitalisme, les fondamentalistes ne refusent certes pas le développement, mais proposent une autre voie vers la modernité qui ne sacrifierait pas la culture nationale ou la religion — culture et religion réassemblées dans un ordre nouveau à des fins de mobilisation populaire et par les moyens de communication contemporains. Nous considérerons donc ici les fondamentalistes comme une expression de notre époque, non comme les vestiges de temps révolus.

A l'intérieur comme à l'extérieur du « vieux » capitalisme, les « ennemis » pullulent donc. Le mal n'est pas nécessairement mortel, car l'histoire du capitalisme n'est pas déterminée par quelque fatalité, ni positive ni négative. Au surplus, le capitalisme comme système économique est indissociable du pluralisme de la pensée qui sans cesse le renouvelle. A l'inverse de ce que prévoyait Marx, non seulement il surmonte les crises, mais il en sort fortifié. Les crises, jusqu'à présent, n'ont jamais été fatales qu'au socialisme.

Pourquoi, dans cette enquête-réflexion, ne pas m'en tenir au terme mieux toléré de *libéralisme* et choisir de défendre le *capitalisme* en tant que tel ? Par défi, sans doute : personne ne s'est jamais fait traiter de « sale libéral » ; de « sale capitaliste », oui ! J'essaierai donc d'illustrer le capitalisme sur le terrain où il est contesté, en acceptant le vocabulaire de ses adversaires : le capitalisme est-il inefficace, injuste, impérialiste ?

Par ailleurs, tout le monde sait ce qu'est le capitalisme : une machine économique à accumuler les richesses, mue par des entrepreneurs privés en concurrence sur un marché, selon des règles du jeu prévisibles, garanties par un État de droit. Cette définition simple suppose d'emblée que le capitalisme ne peut durer que dans une culture partagée qui reconnaisse la notion de *contrat*. Un système capitaliste fonctionne sur le respect des contrats, écrits mais plus souvent encore implicites, entre l'employeur et l'employé, le producteur et le consommateur, l'État et l'entrepreneur ; ces poignées de main invisibles, ces contrats par millions constituent, à chaque instant, la trame culturelle de tout capitalisme authentique. Le libéralisme est la philosophie qui charpente ce capitalisme, mais c'est de sa mécanique qu'il sera ici question.

Comme il s'agira d'explorer la chambre des machines, nous théoriserons peu et rendrons compte, par les faits, de la manière dont le capitalisme marche ou ne marche pas. Cette réalité complexe est indéchiffrable, à moins de voyager : sa seule approche réaliste relève de la « mondiologie », discipline balbutiante et non encore reconnue, puisque le capitalisme ne coïncide plus avec l'État-nation mais est devenu un système-monde.

Les éclaireurs

Pour ma longue expédition — deux ans de voyage dans vingt nations —, je partis équipé, outre de la langue anglaise, notre latin contemporain, d'une lunette à explorer l'univers. Je l'ai bricolée à partir des œuvres de trois grands théoriciens du XXe siècle, trois bâtisseurs de systèmes, à telle enseigne que leur doctrine peut être réduite à un seul aphorisme, mais fulgurant.

Pour le premier, Max Weber, la culture, plus particulièrement la culture religieuse, prédéterminerait les institutions économiques et sociales : pas de capitalisme sans au préalable un *esprit du capitalisme*, écrit-il en 1904. Nous appuyant sur Max Weber, nous nous demanderons dans quelle mesure l'expansion du capitalisme hors de son berceau européen peut — ou ne peut pas — se combiner avec des « esprits » différents de l'âme occidentale.

Notre second éclaireur, Joseph Schumpeter, économiste autrichien devenu américain, écrit en 1934 que le capitalisme ne sera pas menacé de l'extérieur par ses ennemis marxistes ou fascistes, mais de l'intérieur, du fait de ses propres contradictions : l'affaissement moral des entrepreneurs, l'idéologie d'une « nouvelle classe » d'intellectuels hostiles à la société libérale. Pour Schumpeter comme pour Weber, c'est donc en dernière analyse par la culture, la morale, les idées, que se joue le destin du capitalisme, bien qu'il soit en apparence, de toutes les formes sociales, la moins intellectuelle.

Notre ultime éclaireur, Karl Popper, vit à Londres. Il a l'âge du siècle ; il n'a jamais écrit une ligne sur le capitalisme, mais sa philosophie des sciences a influencé de manière décisive tous les chercheurs de notre temps, quelle que soit leur discipline. Popper invite à ne rien tenir pour définitivement exact et à contester tout ce qui paraît acquis ; la vérité, pour lui, c'est ce qui peut être critiqué par la raison. Notre démarche sera fidèle à ce principe.

A l'école de Popper, ce livre se veut optimiste. Lui-même aime à dire qu'il est le plus heureux des philosophes qu'il ait jamais connus. Le capitalisme, même en crise, est pour l'heure le meilleur des systèmes économiques dans lequel l'humanité ait jamais vécu. La morale exige donc d'en faire bénéficier le plus grand nombre. Quant à ceux qui croient que la crise *dans* le capitalisme est la crise *du* capitalisme, nous essaierons de les persuader que l'on sort de la crise par plus de capitalisme, et non par son rejet.

Il n'est pas obligatoire de lire ce qui suit comme un essai ; le lecteur pourra aussi bien considérer qu'il s'agit d'un récit de voyage ou d'un roman d'aventures dans les idées du temps. Tous les personnages en sont vrais ou vraisemblables.

I

Le capitalisme devient universel

CHAPITRE 1

La conquête de l'Est

« Monsieur Gorbatchev, détruisez ce mur ! » L'apostrophe de Ronald Reagan devant le mur de Berlin, le 12 juin 1987, ne fut pas entendue par le dictateur soviétique, dépassé par l'Histoire, mais, deux ans plus tard, par les Berlinois armés de pioches. Le socialisme réel en est mort, enfoui sous les décombres. Ce qu'il en sortit n'a pas de nom encore. Sera-ce un nouveau fascisme auquel aspirent des punks xénophobes et vaguement nazis ? Une crise du capitalisme européen déclenchée par le coût d'une réunification hâtive ? L'effondrement de l'Europe centrale, brutalement privée de marchés et vouée à de nouvelles dictatures ?

Plus probablement, le capitalisme réel, revigoré par une « nouvelle frontière » à l'Est. « L'avenir n'existe pas, écrit Karl Popper, mais seul l'avenir nous intéresse. » Dès l'instant où il faut prophétiser et choisir, par angoisse ou simplisme, entre le camp des optimistes et celui des pessimistes, il me paraît clair que c'est bien le capitalisme démocratique qui se construit à l'Est. Rien d'autre : ni troisième voie ni retour au communisme. Ce passage au capitalisme peut se révéler douloureux, mais il l'est moins, en tout état de cause, que le régime précédent.

Les fondateurs

Au commencement du voyage, franchissons la ligne qui séparait les deux mondes. Diable, où est-elle passée ? Entre l'Est et l'Ouest, la frontière qui zigzaguait à travers l'Allemagne est devenue invisible. « Seuls les chiens de l'ancienne police populaire, écrit le Berlinois Peter Schneider, se souviennent encore du tracé ; s'ils sont lâchés, ils courent à la recherche d'un hypothétique transfuge, comme guidés par une laisse imaginaire. » L'Est ne survit qu'à l'état de traces, la route soudain devient étroite et pavée, les façades lépreuses refont çà et là surface. Les Trabant de plastique ont disparu, remplacées par des Volkswagen ou des Mercedes ; le capitalisme avance et nivelle, mais par le haut. Partout des chantiers de construction.

Les Allemands de l'Est seraient-ils devenus si vite capitalistes ? Là n'est pas la bonne question. Les peuples ne sont pas spontanément procapitalistes ; seuls les entrepreneurs le sont, une minorité. Pour instaurer l'économie de marché, il n'est pas nécessaire que les Allemands de l'Est, les Polonais ou les Hongrois se convertissent en masse au capitalisme ; il suffit qu'une poignée d'activistes éprouve la rage de créer des richesses. Cela avait été compris, dès le début du XIXe siècle, par l'économiste et industriel français Jean-Baptiste Say ; pour soutenir sa thèse, il inventa le terme d'*entrepreneur*. L'entrepreneur seul est créateur de richesses, à condition qu'il lui soit permis d'entreprendre : à condition qu'un État trop autoritaire ou bien l'absence d'État ne viennent pas le décourager ou le ruiner.

Comme des champignons après la pluie, les entrepreneurs ont surgi à l'Est ; ils ne se distinguent ni par leur intelligence, ni par leur culture, ni par leur moralité, mais par un étrange trait de caractère qui leur fait préférer l'aventure économique à la sécurité. Richard Krätzer est l'un d'eux.

Krätzer est un homme heureux ; à soixante-dix ans, il a retrouvé l'usine de moulage plastique qui lui avait été confisquée en 1972 par les communistes. Grâce à ce que les Allemands appellent modestement le « changement » *(die Wende)*, il est devenu, en 1992, le premier « reprivatisé » de Leipzig. Depuis sa libération d'un camp de prisonniers en 1945, cet ingénieur créatif était connu en RDA pour avoir multiplié les inventions et brevets dans les utilisations nouvelles de la matière plastique. Lorsque le Parti communiste a pris le pouvoir et tout nationalisé en 1949, il a épargné la petite entreprise de Krätzer, parce qu'elle ne comptait que dix salariés. Dans la RDA, il ne cessa paradoxalement de prospérer, parce qu'il savait faire, avec la centaine de salariés qui lui étaient concédés vers la fin des années 1960, les travaux de précision dont les grandes entreprises d'État se révélaient incapables et qu'elles lui sous-traitaient. Jusqu'en 1972...

Cinq agents de la Stasi firent un jour irruption dans son entreprise installée dans la banlieue de Leipzig ; ils exigèrent qu'il reconnaisse « spontanément » la supériorité du socialisme sur le capitalisme et donne « de son plein gré » son entreprise à l'État. C'était cela, le « socialisme réel ». Il commença par refuser. Après trois jours et trois nuits passés dans les locaux de la Stasi, il signa.

Mais l'épopée de Krätzer se poursuivit : désormais seul, il exerça ses talents en tant que profession libérale et, toujours aussi indispensable, devint consultant des entreprises d'État de RDA : le socialisme réel était un totalitarisme percé de trous. Puis, après le « changement », Krätzer milita pour la « reprivatisation » ; son entreprise lui fut restituée. La veille de cette reprise, l'usine fut incendiée, Krätzer ne céda pas au découragement.

Mais voici que les entreprises de l'Ouest arrivent à l'Est et travaillent aussi bien que Krätzer. Il se fait alors marchand ambulant et vend des objets de ménage en plastique, pour mieux deviner ce qu'attendent les nouveaux consommateurs de l'Est. A partir de cette étude de marché « vécue », il crée de nouveaux objets simples, remonte son atelier, persuade ses employés d'accepter des salaires inférieurs à ceux qu'exigent les dirigeants syndicaux venus de l'Ouest. Krätzer lui-même montre le chemin en menant une vie frugale : son bureau est modeste, seules ses nouvelles machines resplendissent. Un an après la reprivatisation, Krätzer emploie de nouveau cent personnes.

Cette épopée aurait enchanté Schumpeter ou Max Weber. Entrepreneur authentique, Krätzer allie la technique, la créativité, le sens commercial et l'éthique du travail : archétype d'un capitalisme allemand ou plutôt est-allemand, car Krätzer appartient à une phase héroïque du capitalisme qui se recrée à l'Est à mesure qu'il s'étiole à l'Ouest. En 1989, les observateurs de gauche attendaient que l'Est réinvente la social-démocratie. A tort ! L'Est va régénérer le capitalisme.

Les privatiseurs

La mission de Claus von der Decker est sans précédent : implanter la culture du capitalisme dans une terre ravagée par le communisme, les nouveaux Länder. En deux ans, cet Allemand de l'Ouest, un *Wessie* élégant et surdoué placé à la tête de la Treuhand de Leipzig, a privatisé cinq cents entreprises d'État qui employaient cent mille salariés. Rien de tel, à l'entendre, qu'une privatisation menée tambour battant et qu'une plongée dans le capitalisme pour réveiller les Allemands de l'Est, les *Ossies*, anesthésiés par soixante ans de totalitarisme nazi, puis communiste.

« Les *Ossies*, reconnaît Claus von der Decker, jugent les *Wessies* arrogants. Mais nous, les *Wessies*, considérons les *Ossies* comme incapables de prendre des initiatives. Pourtant, nous sommes tous allemands. »

Les *Ossies* ont été éduqués par le socialisme, les *Wessies* par le capitalisme. Dans l'ex-RDA, c'est par le conformisme que l'on se distinguait et progressait dans l'échelle sociale ; le « groupisme » était une valeur supérieure à l'individualisme. A l'Ouest, les normes culturelles sont inverses : il convient de démontrer en permanence que l'on est le meilleur. « Un *Wessie* a appris à se vendre, un *Ossie* à passer inaperçu. » Réunifiés, *Ossies* et *Wessies* considèrent donc que ce sont eux qui se conduisent normalement et que les autres ont un comportement aberrant, dans la mesure où les uns et les autres ignorent combien capitalisme et socialisme ont différencié leur manière d'être allemands. Tout cela devrait rapidement changer grâce aux privatisations.

Comment privatise-t-on cinq cents entreprises en deux ans ? Un modèle de guerre éclair qui pourrait servir de leçon aux autres pays de l'Est et à l'ex-URSS, empêtrés dans des discours de méthode et incapables de passer à l'acte.

Tout d'abord, le gouvernement allemand s'est mis lui-même hors jeu en transférant toutes les propriétés d'État de la RDA à un organisme indépendant : la Treuhand. La mission de cette institution n'était pas de gérer le secteur d'État mieux que ne l'aurait fait l'État lui-même, mais de s'en débarrasser au plus vite. Cela a été accompli sur le mode décentralisé : quinze branches régionales se sont vu confier toutes les entreprises de moins de mille cinq cents salariés. Procédé efficace mais coûteux : la seule branche de Leipzig a employé, durant cette période, deux cents personnes de haut niveau capables d'analyser les dossiers de privatisation. Que des professionnels ! Comme la plupart des collaborateurs de la Treuhand, von der Decker a été lui-même recruté dans le secteur privé ouest-allemand.

Autre principe d'action de la Treuhand, aux antipodes de ce que l'on constatera partout ailleurs : privatiser d'abord les entreprises les plus déficitaires. « Il eût été facile, explique von der Decker, de vendre en premier lieu les entreprises bénéficiaires, comme cela a été fait en Pologne et en Hongrie. Alors la Treuhand se serait retrouvée avec les entreprises les plus difficiles à vendre sur les bras : les déficits se seraient accumulés, ainsi que les pressions politiques hostiles à la privatisation. » C'est bien ce qui se produit en Europe centrale.

Par priorité, la Treuhand de Leipzig a donc vendu, restructuré ou fermé ce qui marchait le plus mal. Comment évalue-t-on une entreprise déficitaire ? La Treuhand a calculé la valeur objective des actifs et en a déduit les pertes d'exploitation prévisibles, non en partant du passé, mais en se fondant sur l'avenir envisageable. Comment s'assurer que des entreprises viables ne seront pas immédiatement « cassées » par le repreneur, ou éliminées par un concurrent, et, qu'à l'inverse, la privatisation conduira à une meilleure gestion qu'auparavant ? Grâce à des ventes sous conditions : engagement du repreneur à conserver certains effectifs et à investir dans le développement. Voici pourquoi la Treuhand, une fois les privatisations achevées, vers la fin de 1993, s'est perpétuée afin de veiller à l'exécution de ces contrats, assortis de clauses pénales contre les fraudeurs.

Ces méthodes expéditives de la Treuhand n'ont pas été à l'abri de toute critique : les vigilants journalistes du *Leipziger Volkszeitung* ont dénoncé des liquidations hâtives qui rendaient service à des entrepreneurs ouest-allemands, ou certains privilèges accordés à des repreneurs *Wessies* contre des offres équivalentes émanant d'*Ossies.* La Treuhand, reconnaît Claus von der Decker, n'a pas été indemne de pressions politiques. Mais, dès l'instant où la privatisation était un impératif moral autant qu'économique, la rapidité d'exécution devait l'emporter sur tout autre critère.

Pourquoi tant de chômeurs à l'Est ?

Devons-nous conclure des aventures de Krätzer, l'entrepreneur, et de von der Decker, le privatiseur, que tout est pour le mieux dans le meilleur des mondes capitalistes possibles ? Ce serait faire l'impasse sur la déstabilisation psychologique et sociale que traduisent les émeutes racistes et le désarroi d'un peuple confronté, pour la première fois dans cette génération, au chômage, même indemnisé. La privatisation dans les nouveaux Länder prouve-t-elle que le chômage est consubstantiel au capitalisme ?

En réalité, l'effondrement rapide — plus rapide que prévu — des industries de l'ancienne RDA n'est pas dû seulement au passage au capitalisme, pas dû seulement à la reconversion d'industries surannées, pas dû seulement à la disparition du marché soviétique. Le chômage à l'Est est aussi la conséquence d'une erreur stratégique du gouvernement : lourde erreur que les Allemands de l'Est paieront pendant une génération, commise par Helmut Kohl, certes, mais avec la collaboration active des syndicats et du patronat d'Allemagne de l'Ouest. Il n'aurait pas fallu aligner les salaires de l'Allemagne de l'Est sur ceux de l'Allemagne de l'Ouest, alors qu'à l'évidence la productivité des entreprises et de leur personnel à l'Est ne correspondait guère à celle de l'Ouest. Cet alignement des salaires a été malgré tout exigé par les syndicats de l'Ouest qui craignaient par-dessus tout la rivalité d'une main-d'œuvre meilleur marché à l'Est. Il a été encouragé par le patronat de l'Ouest qui se débarrassait par ce biais de la concurrence de produits fabriqués à l'Est, certes de moins bonne qualité, mais également moins coûteux. Le gouvernement ouest-allemand a cautionné ce double protectionnisme des syndicats et du patronat par démagogie, mais aussi pour éviter que la disparité salariale ne conduise à une immigration massive des travailleurs de l'Est vers l'Allemagne de l'Ouest. En conséquence, l'avantage comparatif que certaines entreprises de l'Est auraient pu conserver par rapport à l'Ouest a disparu instantanément. A productivité moindre, à qualité moindre, mais à prix comparable, il ne restait plus à ces entreprises qu'à fermer ou à se vendre à des repreneurs venus de l'Ouest. L'immigration que redoutait le gouvernement ouest-allemand ne s'en est pas moins produite : cinq cent mille Allemands de l'Est viennent chaque jour, nouveaux frontaliers, travailler à l'Ouest ; seule la stagnation économique à l'Ouest limite l'ampleur de cette marée quotidienne.

Au total, les entreprises d'Allemagne de l'Est sont mortes, victimes de leur retard qualitatif, mais mortes plus rapidement que nécessaire, victimes de l'égalitarisme salarial. Dans cette affaire, les syndicats de salariés ont rempli leur rôle à la perfection : ils ont protégé les Allemands de l'Ouest, leur clientèle, qui ont un emploi, contre les Allemands de l'Est, qui n'en ont plus. Nous avons d'ailleurs constaté que les firmes de l'Est qui survivaient ou ressuscitaient ne pouvaient être que de petites entreprises à la Krätzer ; le personnel n'y étant pas syndiqué, et les employeurs n'y respectant pas les salaires minima imposés en Allemagne par les accords professionnels négociés entre patronat et syndicats.

Cette manœuvre non capitaliste, mais au contraire destinée à bloquer le libre jeu de la concurrence, aurait pu s'arrêter là. Mais s'y est ajoutée une erreur supplémentaire qui aggravera le chômage à l'avenir. De manière à reconstruire l'industrie dans les nouveaux Länder, le gouvernement de l'Allemagne réunifiée a choisi de subventionner les investissements à l'Est. En bonne logique économique, grâce à ces avantages fiscaux, les entrepreneurs de l'Ouest édifient à l'Est de nouvelles entreprises hautement perfectionnées, automatisées et qui utiliseront le moins de main-d'œuvre possible. Demain, dans les nouveaux Länder, les robots seront employés à temps plein, et les hommes fort peu.

Les Allemands de l'Est victimes du capitalisme ? Ils souffrent plutôt de son absence, des distorsions infligées au marché par les interventions des syndicats, des patrons monopolistiques de l'Ouest et celles de l'État. Ces interférences avec le marché, promues sous le masque de l'égalitarisme, interdisent aux anciens citoyens de RDA de valoriser leur seul avantage comparatif, qui serait leur force de travail, leur capital humain. Cela ne condamne certes pas les Allemands de l'Est au chômage ou à l'émigration de manière définitive, mais retarde considérablement leur intégration. Elle aurait pu se faire en dix ans, comme l'avait annoncé le chancelier Helmut Kohl au moment de la réunification. Elle nécessitera une génération, comme le prévoit l'économiste libéral Herbert Giersch à qui nous devons l'essentiel du raisonnement qui précède.

Cette analyse des défaillances du capitalisme allemand ne condamne pas pour autant le capitalisme en tant que tel ; il n'existe pas, en effet, de capitalisme pur et parfait, à l'abri de toute ingérence et qui garantirait à chacun prospérité et plein emploi. Les interventions des gouvernants et groupes de pression sont consubstantielles au capitalisme réel. De même que le socialisme réel ne correspondait pas au socialisme théorique, de même le capitalisme réel doit être comparé au socialisme réel. Mais, à l'inverse du socialisme où *plus* de socialisme aggravait encore les défauts de la théorie, dans le cas du capitalisme, ce n'est pas par *moins*, mais par davantage d'économie de marché que les maux du capitalisme pourraient être tempérés. Dans le laboratoire est-allemand, il est clair qu'une intervention moindre de l'État et des syndicats, en valorisant le capital humain plutôt que les machines, aurait réduit le chômage, alors que cette intervention l'a aggravé. Nous devrons, à regret, réitérer souvent ce même constat tout au long de notre enquête.

A Gdańsk, un rêve de « troisième voie »

Tout a commencé devant les grilles qui barrent l'accès au chantier naval de Gdańsk. Krzysztof Stroska s'en souvient, il y était : le 1er juin 1980, la grève conduite par Wałęsa, le jeune électricien ; la jonction entre le syndicat ouvrier et les intellectuels, souvent d'anciens communistes : Adam Michnik, Jacek Kuroń, Bronisław Geremek ; la fondation de Solidarité, plus qu'un syndicat : un mouvement national au retentissement universel. La visite du pape polonais, trois mois plus tôt, avait galvanisé les foules. Non que le pape fût à l'origine de la révolte anticommuniste, mais il devait lui imprimer son style : la non-violence, le refus de la vengeance et de la terreur. Créditons Jean-Paul II de ce qui lui revient et qui est immense, sans lui attribuer ce qui n'est pas de son fait et qui appartient à l'Histoire... ou à la Providence. Lorsque seront décrits avec recul les événements qui ont conduit à la fin du communisme réel, sans doute est-ce de ces lieux qu'il faudra partir. De la création de Solidarité et d'une première révolte remontant à 1970 témoigne un monument fort laid, dressé à l'entrée du chantier : trois immenses croix d'acier ornées d'ancres de marine. En ce temps-là, en Pologne, l'Église, Solidarité et la révolution ne faisaient qu'un. Ce n'est plus vrai quatorze ans plus tard...

Krzysztof Stroska, le secrétaire du syndicat Solidarité pour les chantiers navals, constate avec amertume que la moitié de ses membres l'ont déserté ; pire : ils ont rejoint le syndicat concurrent, l'« Union des travailleurs », à la dénomination bien neutre, mais héritier en fait des ex-communistes. Parmi les propres membres de Solidarité, Krzysztof reconnaît que la moitié, en 1993, ont voté pour les sociaux-démocrates, eux aussi communistes « rénovés ». Les ouvriers de Gdańsk sont-ils amers ? « Le bon côté du passage à l'économie libre, souligne Krzysztof, est la disparition des privilèges : les services médicaux ou les loisirs, autrefois réservés aux membres de la nomenklatura, sont désormais accessibles à tous. » Mais une nouvelle discrimination a remplacé l'ancienne : l'argent. Les ouvriers des chantiers navals en ont de moins en moins, leur pouvoir d'achat est rongé par l'inflation ; ils découvrent qu'il faut maintenant payer des impôts, les loyers et le chauffage à leur juste prix. Avant 1989, l'État pourvoyait à tout. « Si les communistes étaient restés, commente Krzysztof, réaliste, il aurait fallu payer quand même, parce qu'en 1989 l'État polonais était en faillite. » Mais les communistes sont partis à temps, ils ont laissé la facture et ce sont les démocrates qui doivent la régler. « Allez expliquer cela aux ouvriers ! soupire Krzysztof. Ils ne voient que l'instant présent... »

Devant nous, dans un certain désordre, s'assemble un gigantesque cargo destiné à un armateur finlandais. J'observe que les méthodes de travail sont archaïques, surtout par comparaison avec la discipline toute militaire qui règne par exemple sur les chantiers navals de Corée. « Nous ne sommes pas des Coréens », proteste Krzysztof. Chaque ouvrier à Gdańsk est un artisan qui contribue, à son rythme, à une tâche collective, et refuse d'être enrégimenté. L'avantage de cet individualisme polonais sur le marché mondial est que les chantiers de Gdańsk sont capables de construire des bâtiments sur mesure, alors que les Coréens ne fabriquent que du standard. Voilà pourquoi Gdańsk ne manque pas de commandes.

« Ce qui nous manque, dit Krzysztof, c'est un patron. » Les chantiers appartiennent toujours à l'État, autrement dit à personne. Avant 1989, les instructions détaillées déferlaient, chaque jour, par téléphone, depuis les ministères de Varsovie. Le téléphone ne sonne plus, mais nul n'a remplacé l'État. Privatiser ? « L'entreprise appartient aux travailleurs », précise Krzysztof. Le vœu de Solidarité est que les actions de l'entreprise soient distribuées au personnel, lequel désignerait alors son patron. Cette solution, ni socialiste ni capitaliste, serait, selon Krzysztof, juste et efficace, conforme aux enseignements de l'Église et fidèle aux aspirations des origines. Mais ce que la base espère encore, le fondateur de Solidarité, Lech Wałęsa, parvenu au sommet, ne veut plus en entendre parler !

La conversion de Wałęsa

Varsovie. Le palais du Belvédère a conservé son allure modeste et provinciale ; deux gardes à l'air bonhomme filtrent les visiteurs. L'intérieur est aussi peu théâtral, les tapis sont usés, de médiocres peintures représentent des vaches dans la campagne polonaise. Au temps de la dictature militaire, le général Jaruzelski recevait ses visiteurs sous un portrait de Piłsudski, le fondateur à poigne de la Pologne contemporaine. Le portrait a disparu, le général aussi, remplacé par sa Némésis, Lech Wałęsa. Sur le revers où les chefs d'État exposent d'ordinaire leurs décorations, Wałęsa a agrafé une médaille de la Vierge noire de Częstochowa. En Pologne, les mauvaises langues prétendent que la Vierge, elle, porte une médaille à l'effigie de Wałęsa. Par faiblesse pour ce dernier, sans doute, je préfère sa Vierge aux croix de guerre et autres ordres de Lénine de son prédécesseur.

J'avais connu Wałęsa à Gdańsk en 1988 ; il n'était alors qu'un syndicaliste dissident, mais déjà fort présidentiel dans ses manières. Il me paraît même aujourd'hui plus modeste. Depuis Gdańsk, lui dis-je, vous avez changé. « J'ai suivi, reconnaît-il, une cure d'amaigrissement. — Ce n'est pas de cela dont je vous parle, mais de vos idées ! » Wałęsa a oublié ce qu'il m'avait déclaré en 1988 ; je le lui rappelle donc.

« Le capitalisme, m'expliquait-il alors, n'est pas bon pour la Pologne, il nous faut une troisième voie, la synthèse de ce que le capitalisme a de meilleur et de ce que le socialisme a de meilleur. C'est-à-dire la productivité d'un côté, et de l'autre, ne pas trop travailler. » Comme, à l'époque, je m'inquiétais de ce que je prenais pour une contradiction, Lech Wałęsa m'avait répliqué qu'avec les ordinateurs les Polonais parviendraient à la surmonter.

Wałęsa sourit : ses propos étaient dans l'air du temps. Solidarité était un syndicat social-démocrate, encadré par d'anciens communistes ; le pape se méfiait de l'économie de marché, il ne devait s'y rallier qu'en 1990, avec l'encyclique *Centesimus Annus*. Pour le Wałęsa de 1994, « ce n'est pas la théorie qui conduit au capitalisme, mais l'expérience ». De nombreuses entreprises industrielles, explique-t-il, sont actuellement gérées par les syndicats ; on ne va pas les leur arracher des mains, mais ils découvriront par eux-mêmes que l'autogestion ne marche pas. « Imaginez, dit-il, un autobus où les passagers prendraient le volant à tour de rôle toutes les dix minutes ; il n'irait pas bien loin. Quand il faut laver l'autobus, personne ne veut descendre. Mais si je veux reprendre l'autobus pour le privatiser, ses occupants risquent d'y mettre le feu. » Telle est la situation actuelle dans les mines et les industries lourdes en Pologne. Elle changera « lorsque les passagers de l'autobus découvriront qu'ils ont besoin d'un chauffeur et qu'il est préférable qu'il soit le propriétaire du véhicule ».

La troisième voie ? « Nous sommes dedans, observe Wałęsa. L'économie mixte décrit l'état actuel de la Pologne ; les trois quarts de la production industrielle et la banque restent contrôlés par l'État, et l'on voit mal comment il pourrait devenir plus présent encore qu'il ne l'est déjà. Tout gouvernement, de droite ou de gauche, sera contraint d'interrompre ou de reconvertir les activités publiques déficitaires pour permettre à l'économie polonaise de progresser. » Le Président s'est donc rallié sans état d'âme au capitalisme. Il tient à employer le mot « capitalisme », qui ne l'effraie pas, plutôt qu'« économie de marché » ou « économie libre », comme le suggère le Vatican. « Les Polonais, ajoute-t-il, veulent devenir capitalistes, ils ont le désir de propriété dans le sang. » Un gène qui s'est perpétué jusque sous le régime communiste, dans la mesure où l'essentiel de l'agriculture y est demeuré privé. Chaque Polonais rêverait, selon Wałęsa, d'être propriétaire de sa propre entreprise. Ce qui n'est évidemment pas possible, et crée des frustrations. En dehors de l'agriculture, Wałęsa estime que, de 1990 à 1994, le nombre de Polonais devenus entrepreneurs privés est passé de 0 à 10 % ; le but est d'atteindre les 20 %, ce qui, dans son esprit, correspondrait à une privatisation de toutes les entreprises.

N'est-il pas embarrassant, voire immoral, que nombre de nouveaux capitalistes, au sens où Wałęsa entend le mot, c'est-à-dire de propriétaires d'entreprises, soient d'anciens nomenklaturistes du Parti communiste ? « Je ne connais, répond Wałęsa, que deux catégories de Polonais : les actifs et les inactifs. Ceux-là ne sont pas si nombreux que nous devions les épurer ! »

De la dissidence à la présidence, de la social-démocratie au capitalisme, le parcours de Wałęsa est symbolique, à lui seul, de la grande révolution libérale du XXe siècle. Une révolution irréversible, selon lui. Mais les partis de gauche ne contrôlent-ils pas le Parlement polonais ? Le Président répond à sa manière, par une anecdote : « Lors de la messe de rentrée du nouveau Parlement (octobre 1993), j'ai constaté que les députés de gauche étaient plus présents que ceux de droite et qu'ils chantaient mieux les cantiques. » Il est excellent, conclut Wałęsa, que la gauche ait remporté les élections de 1993 : le communisme est encore vivant dans les mémoires et interdit à cette gauche d'y reconduire le pays ; le capitalisme s'imposera donc aux sociaux-démocrates comme une nécessité. Par son ralliement à l'économie de marché, la gauche lui apportera ainsi une légitimité que la droite seule n'aurait pu lui conférer si elle était restée au gouvernement.

Juste analyse de Wałęsa : seule l'alternance démocratique a fait passer le capitalisme du statut d'idéologie à celui de nécessité.

La reconversion de la nomenklatura

Où est passé Urban ? Est-il en fuite, en prison ? En Pologne, au temps de l'« état de guerre », de 1980 à 1990, la répression avait un visage télévisé : celui de Jerzy Urban, rose, poupin, doté d'immenses oreilles. Porte-parole de Jaruzelski, chaque soir, il commentait les nouvelles et insultait Solidarité. Il était plus haï que son chef, qui passait au moins pour un patriote. En 1990, le dictateur communiste a remis le pouvoir sans violence à Solidarité. Et Urban ?

Dans une villa luxueuse de Varsovie transformée en siège social, j'ai retrouvé la face inoubliable, rose et porcine, et les deux grandes oreilles. Urban est devenu un entrepreneur prospère : d'après un classement paru dans la presse polonaise, c'est la quarante-septième fortune du pays. Comme une grande partie de la nomenklatura communiste, il s'est reconverti dans les affaires. Urban proteste : « Ceux que l'on appelle à tort les nomenklaturistes, explique-t-il, étaient des experts compétents, les plus instruits en Pologne, conduits par force à adhérer au Parti. Il est logique que ces hommes se retrouvent aujourd'hui à la tête des entreprises, privées ou publiques. »

Certes, mais si les nomenklaturistes sont devenus entrepreneurs, c'est au moins autant grâce à leurs réseaux que par leur talent. « Je ne suis pas, corrige Urban, dans les affaires ; je suis un véritable capitaliste ; mes revenus sont clairs : pas de crédits, pas de pots-de-vin. »

Autour d'Urban règne le luxe, ronronnent les ordinateurs et gravitent de ravissantes secrétaires ; au mur de son bureau, des dessins érotiques, ou plutôt pornographiques. « Mes accessoires de provocation », dit Urban. C'est par goût de la provocation qu'il a bâti sa fortune en créant *NIE*, le premier journal satirique polonais. *NIE* bouscule les tabous religieux, l'Église, dénonce la corruption des politiciens, les amours illégitimes, et, d'une manière générale, exploite tous les sujets qui ont fait grimper son tirage jusqu'à 800 000 exemplaires.

« J'ai toujours été un provocateur, explique Urban. Je suis entré au Parti communiste par goût de la liberté sexuelle ; malheureusement, le Parti est devenu bien prude par la suite. Pendant la guerre, j'avouais à tout le monde que j'étais juif, et j'ai toujours haï ouvertement les curés, comme beaucoup de Polonais qui n'osaient pas le reconnaître. »

Enrichi, le provocateur ne paraît plus aspirer qu'à l'embourgeoisement. Il me fait admirer son costume d'une coupe parfaite, acquis à Londres : « Vous savez, me confie-t-il, je ne suis pas un nouveau riche qui s'habille en synthétique et roule en BMW ; mes parents étaient des bourgeois cultivés. » Ce qu'il pense de la démocratie ? « Les impôts sur les entreprises privées sont trop élevés. » Aucun doute possible : notre homme est devenu un bourgeois.

L'aventure de Jerzy Urban et maintes autres trajectoires de même espèce persuadent de nombreux Polonais — mais les mêmes schémas se retrouvent dans les autres pays sortis du communisme — que la nomenklatura avait de longue main préparé sa reconversion, et que celle-ci ne saurait résulter ni du hasard, ni du talent de ces nouveaux entrepreneurs. Le fait est que, dès 1980, le gouvernement communiste hongrois avait autorisé les premières privatisations ; celles-ci permirent à des dirigeants communistes de racheter des entreprises d'État et des immeubles à bas prix, ou de les vendre à des investisseurs étrangers qui, en contrepartie, leur offrirent des commissions ou des contrats de travail. En Pologne, en 1988, le gouvernement communiste autorisa la création de sociétés privées et permit à celles-ci de prendre en gestion des entreprises d'État ; quelques mois avant l'effondrement du régime, des nomenklaturistes en profitèrent pour s'approprier les entreprises publiques dont ils avaient été auparavant les dirigeants.

Peut-on pour autant évoquer un complot délibéré de la nomenklatura pour conserver le pouvoir économique, sachant qu'elle allait perdre le pouvoir politique ? Ce serait accorder aux dirigeants des partis communistes une prescience dont ils étaient probablement dépourvus. En 1988, à l'Est comme à l'Ouest, bien peu prévoyaient que le communisme s'effondrerait l'année suivante. Plutôt que par le complot ou la voyance, je serais tenté d'expliquer cette appropriation des biens d'État dans les ex-régimes communistes par une banale corruption, alors endémique, ou plus simplement encore par l'air du temps. Dans les années 1980, l'idée directrice consistait non pas à détruire le communisme, mais à tenter de le faire marcher. Le gouvernement polonais de 1988, par sa loi, entendait non pas libéraliser mais « dynamiser » le socialisme, comme s'y employait de son côté Mikhaïl Gorbatchev en URSS. Si, en définitive, les nomenklaturistes se retrouvent effectivement en position dominante dans la nouvelle économie postcommuniste, c'est, me semble-t-il, non parce qu'ils l'avaient prémédité, mais parce que, de fait, ils détenaient l'argent, les réseaux, les compétences qui les destinaient à devenir des capitalistes.

Évolution tout à fait immorale, certes. Mais les circonstances qui prévalent en Europe centrale devraient nous rappeler d'autres « naissances » du capitalisme tout aussi obscures. Souvenons-nous : ce n'est pas seulement par pure calomnie que les entrepreneurs américains du XIXe siècle étaient appelés les « barons voleurs » ; aux sources des conglomérats japonais ou coréens, on retrouve souvent le marché noir et la piraterie ; et la traite des Noirs chez les Anglais ou les Français. Les origines du capitalisme sont parfois troubles, l'embourgeoisement vient plus tard, et la morale plus tard encore pour légitimer l'ascension sociale. Les origines des capitalistes peuvent donc être immorales, ce qui n'implique pas que le capitalisme le soit en lui-même ; à l'usage, il se révèle le moins injuste des systèmes économiques connus, précisément parce qu'il met le vice privé au service du bien commun. Les premiers théoriciens du libéralisme, Adam Smith ou Mandeville, dans sa *Fable des abeilles*, l'avaient pressenti, prenant l'homme tel qu'il est, avec ses vices et ses vertus, sans vouloir en changer la nature.

« Ne valait-il pas mieux, observe l'historien polonais Bronisław Geremek, fondateur de Solidarité avec Lech Wałęsa, permettre à la nomenklatura de se reconvertir dans le capitalisme plutôt que de la voir comploter contre les nouvelles démocraties ? » C'est ainsi que l'Europe centrale vit son Thermidor sans être passée par la Révolution.

A une exception près cependant : celle de la « libéralisation morale tchèque ».

La juste privatisation de Václav Klaus

La rumeur des cénacles libéraux rapporte que Klaus serait l'unique chef de gouvernement au monde à être le disciple intégral — voire intégriste — de Friedrich von Hayek, le maître à penser du capitalisme contemporain. Sa bibliothèque en témoigne ; tous les classiques y sont alignés pour la révolution idéologique : von Mises, Milton Friedman, Hayek. Klaus a traduit ce dernier en tchèque dès 1964 ; le débat sur le rôle de l'État avait déjà commencé. Charmant mais pas modeste, il déclare : « Je suis simultanément un visionnaire, un politicien et un économiste. » C'est la seule manière, ajoute le Premier ministre, de passer du communisme à la liberté. Par la réforme. Klaus déteste l'expression de « révolution libérale ». Comment un libéral pourrait-il être révolutionnaire ? demande-t-il. Ce serait contradictoire avec sa philosophie : une pierre dans le jardin des dissidents, Václav Havel en particulier, que Klaus a marginalisé dans un rôle de représentation.

Havel le dissident, éclipsé par Klaus qui fut fonctionnaire de l'ancien régime, voilà qui témoigne de ce que les constructeurs de la société nouvelle ne sont pas les destructeurs de l'ordre ancien. Les économistes, théologiens du futur, se sont substitués aux dissidents d'hier. Le terme même de « dissident », reconnaît le père Václav Maly, qui fut le porte-parole de la

Charte de 77, est devenu péjoratif : les Tchèques ne veulent plus qu'on leur parle du passé.

« Le système communiste, explique Klaus, n'était pas vraiment communiste, mais tout le monde prétend avoir fait une révolution anticommuniste pour se poser en révolutionnaire. » En réalité, l'Europe centrale d'avant 1990 était un marché imparfait, avec des droits de propriété flous. Ce qui est entrepris actuellement, particulièrement en République tchèque, est le passage réformateur et non révolutionnaire de ce marché imparfait à un marché moins imparfait et à des droits de propriété précis.

Reprenons les trois autodéfinitions de Klaus : visionnaire, politique, économiste.

Sa vision, tout d'abord. Il n'existe pour Klaus que deux voies, le socialisme et le capitalisme, la bonne et la mauvaise — bonne ne signifiant pas parfaite, mais meilleure. Klaus n'a jamais rêvé de troisième voie et les Tchèques, estime-t-il, ont suffisamment souffert sous l'ancien régime pour ne pas envisager un seul instant la social-démocratie. Dans les autres pays d'Europe centrale, et en Russie plus encore, ajoute Klaus, les peuples et les dirigeants savent ce dont ils ne veulent plus ; mais ils ne savent pas encore ce qu'ils veulent. Il est donc essentiel d'annoncer clairement là où l'on veut aller : la vision, sans compromission avec la réalité ; ce que Hayek appelle l'« utopie de référence ». Pour Klaus, cette utopie est fondée sur le droit de propriété individuel, l'État minimal, l'absence de politique sociale. « Dans la société libre que je souhaite édifier, précise-t-il, le Premier ministre n'aura plus rien à faire. »

Bien que la société tchèque ne soit pas encore libre, lui-même affecte de passer beaucoup de temps à ne rien faire, ou à jouer au tennis, pour des raisons pédagogiques : instruire le peuple à se passer de l'État. Mais la vision est inutile si elle n'est pas « vendue » à l'opinion publique ; dans ce genre, pédagogue et orateur, Klaus excelle ; tout lui est prétexte à enseigner la valeur du marché. A cette fin, il a créé son propre parti ; à regret, il a dû l'appeler « conservateur », parce qu'un groupe de « sociaux-démocrates » s'était déjà emparé du terme « libéral ». Tout libéral qui n'est pas un « inconditionnel » de Klaus — ou un ultralibéral, comme on dit à Paris — passe chez Klaus pour un social-démocrate.

Son trait de génie incontestable est d'avoir su rallier les Tchèques à son système de coupons, en apparence compliqué. Chaque citoyen tchèque a pu, en 1992 et 1993, acquérir pour la somme symbolique de mille couronnes un carnet de coupons. Près de six millions de Tchèques, soit 80 % de la population, se sont inscrits : « un véritable plébiscite », commente Klaus. Ces coupons donnaient droit à des actions des entreprises d'État à privatiser ; mais deux tiers des titulaires ont préféré vendre ces coupons à des fonds d'investissements (plusieurs centaines) qui se sont constitués pour la circonstance. Ainsi s'est créé spontanément un double marché, celui des coupons et celui des actions, cotés chaque semaine. Au début de 1993, l'économie tchèque était à cent pour cent publique ; contrairement aux Hongrois ou aux Polonais, les communistes tchèques n'avaient laissé aucun interstice privé, dans aucun secteur. A la fin de 1993, la moitié de l'économie tchèque était déjà privatisée par restitution des biens confisqués entre 1948 et 1956 aux anciens propriétaires, ou grâce aux coupons. A la fin de 1994, l'État ne devrait conserver de ses prérogatives anciennes que les Postes, des participations dans le téléphone, l'énergie, le transport ferroviaire ; ces participations pourront être cédées à des investisseurs, tchèques ou non.

Le troisième volet de la méthode Klaus tient à la qualité de l'exécution. Il fallait préparer les entreprises publiques à la privatisation, par exemple en cassant les grands ensembles en unités homogènes et vendables ; il fallait gérer l'acquisition de six millions de carnets de coupons en quelques semaines ; il fallait enfin créer une Bourse des valeurs et éviter tout abus, toute escroquerie. Les ratés dans le système Klaus ont été négligeables, et la presse a été réduite à exploiter deux ou trois mésaventures, toujours les mêmes. Ce brio dans l'exécution est dû à la remarquable équipe d'économistes formés sous l'ancien régime, que Klaus a réunis autour de lui, à sa propre détermination et à un excellent appareil informatique importé des États-Unis.

Comment expliquer que ce « système Klaus » de la privatisation par coupons, connu dans tout le monde communiste dès 1988, en principe adopté par tous les opposants démocrates d'alors, de la Roumanie à la Pologne, de la Russie à l'Albanie, n'a été appliqué en vraie grandeur qu'en République tchèque ? Václav Klaus privilégie son rôle : aucun dirigeant à l'Est ne serait, selon lui, un véritable réformateur libéral associant vision, capacité de convaincre et méthode. Certes. Mais il conviendrait aussi de faire place au facteur culturel : les Tchèques sont des Tchèques. Ce qui implique une forte propension à l'égalitarisme, au moralisme et au respect des règles. Même sous le régime communiste, la nomenklatura tchèque n'a jamais bénéficié de privilèges exhorbitants comparables à ceux des apparatchiks des autres pays de l'Est. En plaçant tous les Tchèques sur la même ligne de départ, la privatisation par coupons satisfaisait leur goût de l'égalité. Il eût été ici inacceptable que les apparatchiks communistes se reconvertissent en riches capitalistes, comme en Hongrie ou en Pologne. Certains nomenklaturistes tchèques ont certes réussi leur reconversion, mais, en général, parce qu'ils ont démontré leur capacité réelle à devenir entrepreneurs. Des Tchèques ne se lassent pas pour autant d'écrire à Klaus pour dénoncer tout enrichissement suspect. Sans cette « culture » nationale, le système Klaus n'aurait pu fonctionner. Sans Klaus non plus. Ce qui illustre la difficulté de reproduire sa stratégie ailleurs, à l'identique : « Le but de ma privatisation, conclut-il, est avant tout moral : il s'agit de créer l'égalité des chances, une société nouvelle fondée sur le droit de propriété et la responsabilité individuelle. » Pour Klaus, il n'existe pas d'intérêt général ou national qui ne serait la somme des intérêts individuels de chaque citoyen.

Qui conteste Klaus et sa méthode en République tchèque ? Personne. D'ailleurs, il supporte mal la critique et les Tchèques de tradition sont peu enclins à la protestation. Peut-on néanmoins porter un jugement économique sur l'effet de cette privatisation morale ? La plupart des économistes tchèques éludent la question : « Trop tôt pour juger ». Mais trop tôt jusqu'à quand ?

Les statistiques rangent la République tchèque dans la même catégorie que la Hongrie ou la Pologne ; la baisse de la production a été de l'ordre de 30 %, comme chez les voisins et pour le même motif : la perte des marchés de l'Est. Mais la perte de pouvoir d'achat pour les salariés est « compensée » en République tchèque par la possession de coupons ou d'actions ; ce différentiel, psychologique au départ, pourra se révéler à l'avenir un avantage financier pour les actionnaires chanceux. A la tête des entreprises, les experts d'hier sont dans l'ensemble devenus les managers postcommunistes ; tous s'adaptent — ou s'y essaient — aux nouvelles conditions du marché. Cette stabilité des dirigeants d'entreprise et leur capacité de reconversion confirment l'analyse de Klaus : l'ancien régime communiste n'était qu'une mauvaise économie de marché où les hommes obéissaient à des signaux erronés. Changez les signaux, changez la règle du jeu, et les mêmes hommes, d'improductifs, deviennent efficaces et responsables.

La facture

Quatre ans après la révolution libérale, les Européens de l'Est sont-ils plus ou moins prospères qu'auparavant ? Les statistiques nous renseignent peu. Comment comparer un pouvoir d'achat en zlotys non convertibles dans les magasins vides de Varsovie avec des zlotys convertibles et des magasins pleins ? Il en va de même pour l'inégalité qu'aurait suscitée le nouveau capitalisme. Désormais, de fait, richesse et pauvreté sont visibles à l'Est. Mais il y avait aussi des riches et des pauvres sous le communisme ; la richesse du nomenklaturiste qui avait accès aux hôpitaux ou aux loisirs réservés était certainement plus « inégale » que celle de n'importe quel entrepreneur à succès postcommuniste. Mais la richesse du nomenklaturiste était invisible, non monétaire ; il en allait de même pour le chômage, déguisé en « plein emploi » fictif, compensé par des salaires misérables, inférieurs à ce que sont à présent les allocations de chômage. Ne confondons donc pas la réalité avec sa visibilité, mais ne négligeons pas pour autant le fait que la visibilité est aussi un fait social ; cette visibilité-là explique la désillusion courante en Europe centrale.

« En 1989, dit le sociologue hongrois Agnes Reynii, nous avons cru que la démocratie nous rendrait instantanément aussi riches que nos voisins autrichiens ; nous avons eu à la place le chômage. » La perspective du chômage, plus encore que le chômage réel, hante l'Europe centrale. Le nombre de chômeurs reste plus modeste qu'à l'Ouest, sans doute parce que les allocations publiques sont plus faibles et le marché noir plus attractif. Le chômage n'est cependant pas niable, mais quelle en est vraiment la cause ? Le capitalisme est d'autant moins à l'origine de ce « coût social » qu'il n'existe pas encore de capitalisme à l'Est. Comme l'observe Lech Wałęsa, « les économies de l'Europe centrale ne peuvent pas être qualifiées de capitalistes, parce qu'il n'y a pas de capital et bien peu d'entrepreneurs. Ce sont, ajoute-t-il, des économies mixtes où domine le secteur d'État, caractérisées par le maintien à tout prix d'activités déficitaires ». Ces déficits sont financés par les rares capitalistes actifs écrasés d'impôts, ce qui décourage par ailleurs la création d'entreprises nouvelles. Les procureurs du « coût social » commettent donc une double erreur : ils accusent de tous les maux un capitalisme qui n'existe pas encore, et ils réclament son remplacement par une économie mixte, social-démocrate, qui existe déjà. Plutôt que le coût social du capitalisme à l'Est, il serait donc plus exact de regretter le coût social de l'économie mixte, qui n'est plus le socialisme d'État mais n'est pas encore le capitalisme.

A ce coût social de l'économie mixte s'ajoute l'héritage communiste, le legs d'une industrialisation absurde, entièrement tournée vers les besoins de l'URSS, dont le marché a disparu. La récession réelle à l'Est n'est donc pas une retombée de la libéralisation, mais celle de la reconversion, comparable à ce que l'Europe de l'Ouest a connu lorsqu'elle a abandonné ses activités minières, sidérurgiques ou textiles traditionnelles. On sait combien ces reconversions furent longues et douloureuses, alors que la croissance forte et la prospérité de nos pays permettaient d'en atténuer en partie les effets les plus pénibles. L'Est est contraint au même effort, mais sans les ressources équivalentes et en un temps de récession mondiale. Comme cette récession affecte l'Europe de l'Ouest, marché naturel vers lequel les entreprises d'Europe de l'Est pourraient se retourner, au lieu de l'ouverture espérée, les Polonais, les Hongrois et les Tchèques se heurtent au protectionnisme de l'Union européenne.

A cette malheureuse coïncidence de la décommunisation à l'Est et de la récession à l'Ouest s'ajoute la myopie des dirigeants occidentaux, justement dénoncée par Jacques Attali. Celle-ci risque de déstabiliser l'Europe centrale et d'y encourager les ennemis du capitalisme démocratique. Ces ennemis, cryptocommunistes ou néofascistes, ont d'autant plus de facilité à instruire le mauvais procès du capitalisme que le juste procès du communisme à l'Est n'a jamais été ouvert. La révolution anticommuniste a été non violente, sans prétoires ni échafauds ; nous avons vu comment les nomenklaturistes reconvertis en hommes d'affaires ont rejoint Thermidor sans connaître leur nuit du 4-Août. Les peuples de l'Est sont passés instantanément de la propagande abrutissante à la transparence d'une société libre : la télévision communiste ne montrait que des ouvriers heureux, la télévision commerciale ne traque que des ouvriers chômeurs. Fallait-il ou faudra-t-il, pour ancrer définitivement le capitalisme démocratique à l'Est, ouvrir un procès public du communisme et dénoncer la responsabilité personnelle des nomenklaturistes ?

Alexandre Soljenitsyne le demande pour la Russie, persuadé que la liberté ne peut être fondée que sur le repentir, improbable, des coupables ou sur leur condamnation. Lech Wałęsa a adopté la position inverse. Par esprit chrétien ? Plutôt par nécessité. Les ex-communistes ne profiteront-ils pas de leurs privilèges économiques et de l'amnésie historique pour reconquérir l'État ? Les élections, un peu partout à l'Est, ramènent au gouvernement ou dans sa proximité des sociaux-démocrates dont les dirigeants, bien souvent, appartinrent aux anciens partis communistes. Mais les communistes ne reviendront jamais. Wałęsa en donne la raison paradoxale : « Je n'ai jamais rencontré un seul communiste polonais ; je n'ai jamais combattu que des opportunistes. » Le président de la Pologne se reprend et corrige sa pensée : « A la réflexion, j'ai connu un vrai communiste, autrefois, sur les chantiers navals de Gdańsk. Mais il fut exclu du Parti... »

CHAPITRE 2

Les déçus du capitalisme

Débordé, Christian Führer me reçoit dans son presbytère en désordre, entre une messe œcuménique et une manifestation de soutien aux sidérurgistes en grève. Le jeune pasteur de Saint-Nicolas, à Leipzig, est une sorte de Martin Luther King saxon. De son église et sous sa conduite se sont formés les cortèges pacifistes de 1989 qui ont renversé l'ancien régime d'Allemagne de l'Est. Blue-jean délavé et tee-shirt : Christian Führer a adopté la tenue universelle du clerc progressiste ; sur un cintre, ses habits sacerdotaux ; dans sa bibliothèque, les œuvres de Marx et de Rosa Luxemburg. Son modèle de société était et reste « le Nicaragua au temps de la révolution sandiniste ». Il se demande s'il ne serait pas possible de sauvegarder la liberté politique toute neuve, tout en remplaçant le capitalisme de l'Ouest par une économie plus « solidaire ». Téléphone et fax interrompent sans relâche notre entretien.

« Le capitalisme païen, déclare Christian Führer, est plus dangereux pour l'Église que ne l'était le socialisme : le socialisme n'était qu'athée, le capitalisme est à la fois athée et matérialiste. » Depuis le « changement », Leipzig est « noyé dans la bouffe et le Pepsi-Cola, le langage s'américanise, la jeunesse est devenue violente et xénophobe ». Sortie d'un socialisme factice, l'Allemagne serait, selon Führer, entrée dans le capitalisme réel. « Nous autres Saxons, nous nous retrouvons dans la même situation que les Juifs hors d'Égypte ; après avoir échappé à l'esclavage, les Juifs construisirent le Veau d'or et idéalisèrent leur séjour en Égypte. » Pareillement, les *Ossies* se vautrent dans un capitalisme clinquant, tout en regrettant la pseudo-sécurité que leur apportait le socialisme. « Le principe de la concurrence est radicalement incompatible avec l'esprit de l'Évangile », estime le pasteur. « Jamais l'Église évangélique ne pourra accepter un système qui rejette dans le chômage un tiers des travailleurs. » Le capitalisme ne saurait donc être sanctifié. Le socialisme, en revanche, selon Führer, est le prolongement du message chrétien. Certes, il n'a pas marché ; mais il pourrait marcher pour peu que les socialistes renoncent à l'athéisme. N'est-ce pas ce qu'ont tenté les sandinistes au Nicaragua ?

Le pasteur ne paraît pas tout à fait sûr de sa référence exotique. La juste voie lui semble néanmoins celle qu'explorent en Amérique latine les « théologiens de la Libération » dont l'inspirateur fut le pasteur saxon Dietrich Bonhoeffer, mort en déportation en 1945.

La révolution d'octobre 1989, qui a renversé le socialisme par la non-violence, n'en est qu'à sa première phase, estime Führer ; une seconde étape inversera la relation actuelle entre *Ossies* et *Wessies*. « Les Allemands de l'Ouest ne nous intégreront plus dans leur système ; ce sont les Allemands de l'Est qui humaniseront l'Ouest et rétabliront des valeurs authentiquement allemandes. » C'est-à-dire ? Le pasteur énumère : « Pacifisme, démilitarisation, écologie, solidarité, musique classique... »

« Le capitalisme, conclut Führer, est un corps étranger en Allemagne, car la vérité de l'Allemagne est sa culture, non sa force matérielle. »

Seule hésitation de Führer : le capitalisme ne serait-il pas le biotope indispensable à la démocratie ? Il espère que la réponse est non.

Le cimetière des aristocraties

Avant le « changement », Brigitte Moritz enseignait le catéchisme à l'église évangélique Saint-Nicolas, rare lieu de liberté d'expression dans l'ex-Allemagne de l'Est. Mais, depuis que « les vicaires de l'Est roulent en Mercedes comme ceux de l'Ouest », elle a interrompu ses cours ; la nouvelle société « matérialiste » dominée par les *Wessies* lui répugne.

Brigitte fut l'une des organisatrices des grandes manifestations populaires de l'automne 1989. Elle n'avait alors nulle intention de remplacer le collectivisme oriental par le capitalisme occidental ; elle voulait seulement « humaniser le socialisme ». « Il est vrai, admet-elle, que les chômeurs vivent matériellement mieux dans la nouvelle Allemagne que les travailleurs dans l'ex-RDA ; mais, pour un Allemand de l'Est, et surtout pour un Saxon, le travail en soi est une valeur. » Le passage au capitalisme au prix du chômage, même subventionné par l'Ouest, constituerait donc une erreur tragique.

« Une erreur voulue », reconnaît Brigitte Moritz, par la population de l'Est, fascinée par le mode de vie occidental. Mais sur la base d'un malentendu : les *Ossies* s'imaginaient que du seul fait de la réunification, ils deviendraient instantanément aussi riches que les *Wessies*. Quatre ans après le « changement », les premiers restent deux fois moins riches que les seconds, et un tiers des foyers sont touchés par le chômage. La solution, défendue par le parti que Brigitte Moritz a fondé, « Bündnis 90 », résiderait dans un partage du travail, accompagné d'un partage des rémunérations. Les Verts allemands, alliés de Bündnis 90, sont du même avis ; mais, « même ensemble, nous restons ultra-minoritaires », reconnaît Brigitte Moritz.

Cela ne déplaît pas à cette combative fille de pasteur. Dans le socialisme, elle était une dissidente ; contre le capitalisme, elle reste une dissidente. Quant aux enfants de Brigitte Moritz, ils n'en semblent guère affectés : sur les murs de leur modeste appartement de Leipzig, ils ont affiché leurs rockers américains préférés.

A cinquante ans, Wilfried Schütz s'estimait le meilleur ingénieur de Leipzig dans la technique de l'excavation mécanique du charbon. Survint le « changement ». Un banquier est venu de Francfort, un *Wessie* ; il a pris le contrôle de l'entreprise de Schütz, a décidé qu'elle était archaïque, ses méthodes périmées. Voici Schütz licencié, décontenancé par ce retournement du destin. Paradoxe : son allocation chômage lui assure, dans l'Allemagne réunifiée et capitaliste, un niveau de vie supérieur à ce que lui procurait son ancien salaire dans l'Allemagne socialiste.

Comment expliquer à l'ingénieur Wilfried Schütz que son chômage n'est pas une condition nécessaire à la bonne santé du capitalisme, mais, au contraire, une erreur stratégique du gouvernement allemand ? Toute l'expérience personnelle de Schütz depuis le « changement » lui enseigne le contraire. Ses compétences techniques n'étaient-elles pas incontestables ? Son entreprise n'avait-elle pas dominé le marché de l'Europe de l'Est et de l'URSS pendant ces quarante dernières années ? Il ne saurait être tenu pour responsable de l'effondrement de ces marchés ni de la désaffection de l'Occident pour les excavateurs mécaniques de charbon.

Schütz se demande si la réunification n'a pas été un complot ourdi par les capitalistes ouest-allemands. Ceux-ci, observe-t-il, avaient des capacités de production excédentaires ; par conséquent, la disparition de l'industrie est-allemande les arrange. La preuve en est que Krupp, à l'Ouest, fabrique aussi des excavateurs mécaniques ; or, Krupp a repris les clients de l'entreprise de Schütz, qui a été liquidée.

L'ancien système politique, conclut Schütz, était supérieur : « Il était plus égalitaire et il était plus simple. » Un exemple : avant le « changement », il n'existait en RDA qu'une seule caisse d'assurance maladie. Désormais, il y en a quinze entre lesquelles il faut choisir. Sans doute les prestations sont-elles meilleures, mais la complexité du choix déroute Wilfried Schütz. Il est dur d'apprendre à vivre le capitalisme, passé cinquante ans, pour qui a été élevé dans une autre culture.

Le capitalisme est aussi une rude école pour les artistes, même lorsqu'ils furent dissidents. Dans les années 1970, le peintre Wolfgang Mattheuer devint un résistant célèbre en RDA grâce à une toile intitulée *La Femme décorée* ; il y tournait en dérision une héroïne fatiguée du travail socialiste. Dès lors, ses œuvres se vendirent cher à l'Ouest — à mon avis, le prix de la dissidence plus que de son talent. Depuis le « changement », la cote de Mattheuer s'est effondrée. « Les artistes, dit-il, étaient pris au sérieux sous le régime communiste ; dans le capitalisme, ils sont libres mais ne suscitent que l'indifférence. »

Le passage au capitalisme abaisse le statut social des prêtres, des artistes, des intellectuels, des techniciens ; il élève celui des entrepreneurs. Voilà pourquoi l'ingénieur Schütz, Brigitte Moritz, le pasteur Führer, Wolfgang Mattheuer sont déçus par le capitalisme après avoir été des déçus du socialisme. Leur situation illustre en raccourci la loi de Pareto sur la circulation des élites : « L'Histoire, écrivait-il en 1840, est le cimetière des aristocraties. » Le passage révolutionnaire du communisme au capitalisme, en l'espace de cinq ans, aura anéanti trois aristocraties : la nomenklatura, à l'exception de la minorité reconvertie dans les entreprises, mais aussi les dissidents anticommunistes, et enfin l'intelligentsia, qui constituait une sorte de classe moyenne dans les pays de l'Est.

La situation du pasteur Führer est à cet égard exemplaire : il appartenait à la fois à l'intelligentsia subventionnée par la RDA et à la dissidence ; il a perdu ses subventions, de même que la plupart des artistes, écrivains, universitaires bons ou mauvais qui se trouvaient matériellement et socialement à l'aise dans l'ancien régime ; il a également perdu l'autorité qu'il exerçait dans le combat antitotalitaire. La « génération morale », adaptée à la lutte contre le Parti communiste, se révèle peu utile à l'édification d'une société nouvelle ; celle-ci a besoin d'économistes, de juristes et d'entrepreneurs plus que de prêtres ou de peintres ; elle sélectionne le pragmatisme plutôt que l'idéalisme. On comprend ainsi pourquoi l'intelligentsia à l'Est n'aime pas le capitalisme nouveau et le juge injuste. En réalité, il est plus juste que ne le fut jamais le communisme ; mais il suscite des situations nouvelles qui ne peuvent que déterminer la protestation des aristocraties déclassées.

Cette protestation est légitime, elle est même nécessaire, non pour instaurer la social-démocratie, mais pour lutter contre les dérives de la transition vers le capitalisme.

La corruption

Au nord de Budapest, dans la petite ville au nom imprononçable de Székesfehérvár, dans les locaux gigantesques et déserts de Vidéoton, Antal Szabó entame une deuxième vie. Au cours de sa première vie, il a édifié Vidéoton, la plus grande manufacture d'État de l'ancien régime. Jusqu'en 1990, dernière année de celui-ci, Vidéoton employait quatorze mille salariés et n'avait jamais licencié. Depuis 1990, Szabó est chargé de démanteler et de liquider l'entreprise. En 1994, an 4 de la démocratie et du capitalisme, Vidéoton n'emploie plus que quatre cents personnes, les autres sont au chômage ou sont parties vivre à la campagne. A qui la faute ? Au défunt communisme, au nouveau capitalisme, à la privatisation, à l'effondrement du marché soviétique ?

A l'instar de tous ceux qui prospéraient sous l'ancien régime et voient, à la fin de leur vie, leur univers s'écrouler, Antal Szabó se demande où et quand il s'est trompé, il fouille son passé, cherche l'erreur et ne la trouve pas. Sans doute pour se disculper de quelque péché originel, le directeur narre longuement comment, étudiant, en 1956, lui aussi a jeté des pierres contre les chars soviétiques qui occupaient Budapest. Est-ce que cela ne vaut pas un brevet de résistance au communisme ? Certes, depuis cette épopée de jeunesse, Antal Szabó est devenu ingénieur, puis directeur de Vidéoton et dignitaire du Parti communiste. Mais uniquement, se justifie-t-il, par passion de la technique, sans trop s'interroger sur l'utilisation finale des systèmes de guidage qu'il mettait au point pour les projectiles et les fusées. Jusqu'en 1990, il savait, avec cinq ans d'avance, ce qu'il devait produire pour son unique client : l'armée soviétique. Après l'effondrement de l'URSS, Szabó a essayé de sauver son usine en prospectant les armées de l'Inde et de la Syrie ; puis il s'est reconverti dans les téléviseurs en couleur.

C'est alors, en 1992, que Vidéoton a été privatisé dans des conditions qui demeurent obscures. Le gouvernement hongrois a cédé le complexe industriel à Gábor Szeles, un ami du Premier ministre d'alors, pour un prix d'ami. Szeles va-t-il sauver Vidéoton et réinventer le capitalisme hongrois ? Pas vraiment. Le nouveau propriétaire a chargé le vétéran Antal de démanteler l'usine pour la vendre en pièces détachées. Szeles a ainsi réalisé une plus-value foncière sur les terrains que l'entreprise possédait à Budapest ; avec les meilleurs collaborateurs débauchés de Vidéoton, il a reconstitué une petite unité spécialisée dans les logiciels informatiques. Le seul client de cette activité nouvelle se trouve être le gouvernement hongrois...

Ainsi s'achève une aventure exemplaire, non isolée, qui explique pourquoi la privatisation est devenue moins populaire dans la Hongrie postcommuniste qu'elle ne l'était dans la Hongrie communiste. Le gouvernement, qui se réclamait du reagano-thatchérisme en 1990, a rejoint par inadvertance ce que l'économiste László Lengyel appelle le « modèle italien ».

Le « modèle italien », explique László Lengyel, se caractérise par la création d'une gigantesque holding d'État comparable à l'Institut national de la reconstruction industrielle en Italie, et qui s'appelle, en Hongrie, l'Agence pour le patrimoine, chargée de gérer le secteur public. Le transfert des entreprises publiques à l'Agence laisse croire que le secteur public est devenu indépendant de l'État, tout en permettant au gouvernement de peupler les nouveaux conseils d'administration de ses amis politiques. Ce modèle « italien » facilite la corruption et, en même temps, évite les deux écueils polémiques de la privatisation : le bradage et le chômage. Lorsque les meilleures entreprises hongroises furent vendues à des repreneurs étrangers, l'opposition « nationale » de droite protesta contre le bradage du patrimoine hongrois. Lorsque les repreneurs licencièrent pour équilibrer leurs comptes, l'opposition de gauche s'indigna contre le chômage. Il ne restait plus qu'à légitimer la non-privatisation : à partir de 1992, le gouvernement hongrois, comme de son côté le polonais, a invoqué les « intérêts stratégiques » de la Hongrie pour ne plus rien céder au secteur privé. En 1993, en Hongrie, 70 % des actifs économiques restaient publics et destinés à le rester. Pour maintenir en survie artificielle ce gigantesque secteur public, les Hongrois qui travaillent paient les impôts les plus élevés du monde, en sorte de subventionner les Hongrois qui ne travaillent pas.

Heureusement, il reste le marché noir : quand l'État s'oppose à la logique du marché, toujours le marché se recrée à l'insu de l'État. Dans l'économie parallèle du service, de l'artisanat, de la petite industrie, de l'agriculture, se manifeste le véritable esprit d'entreprise des Hongrois. D'innombrables appartements de Budapest ont été transformés en fabriques ou en ateliers qui vendent de préférence en devises à l'exportation. L'existence de ce marché noir explique pourquoi la Hongrie ne s'effondre pas et qu'y règne une prospérité inexplicable par les statistiques officielles. D'après le magazine économique *HVG*, qui fait autorité en Hongrie, la moitié des chômeurs inscrits en 1993 travaillent ; 40 % de la richesse nationale seraient générés par l'économie parallèle. Là où le capitalisme émerge en Hongrie, ce n'est pas au terme de la privatisation, mais en l'absence de privatisation, à la périphérie de l'État, grâce au marché noir, école de l'économie réelle pour les entreprenants.

La récession du siècle

Les Américains sont arrivés à Kisvárda. Aux confins de la Hongrie et de l'Ukraine, le village a vu débarquer avec espoir, en 1990, deux citoyens des États-Unis ; l'un s'appelait László, l'autre István, nés tous deux en Hongrie cinquante ans auparavant, exilés depuis 1956. La diaspora qui avait fui le communisme revient au pays ; elle y apporte le capitalisme et, avec lui, le chômage. La popularité d'István et de László à Kisvárda s'est vite effondrée lorsqu'ils ont annoncé les raisons de leur retour : représentants de la compagnie General Electric qui venait de racheter la société d'État Tungsram, leur mission consistait à rentabiliser l'usine de Kisvárda, seul employeur industriel de ce gros bourg situé dans la région la plus pauvre du pays.

Quand László et István sont arrivés, Tungsram employait deux mille salariés ; quand ils sont repartis, à la fin de 1993, il n'en restait que sept cents. Les premiers licenciés furent les alcooliques : une centaine dans cette région productrice d'eau-de-vie de prune. Ont suivi les « vieux » de plus de cinquante ans, mis à la retraite anticipée, puis de moins vieux, jugés inefficaces. Chaque cas, reconnaît-on au village avec une certaine considération pour les Américains, a été examiné individuellement, avec soin. Tous se sont vu proposer une indemnité ou une formation professionnelle ou un reclassement. Une centaine ont refusé toute assistance, par fierté, expliquèrent-ils. Les sept cents salariés restants ont été rééduqués pendant plusieurs semaines à Budapest dans le nouveau centre technique de Tungsram. Quand ils sont revenus à Kisvárda, les machines archaïques, sur lesquelles ils répétaient depuis des années les mêmes gestes élémentaires, avaient disparu ; de nouvelles machines numériques étaient arrivées tout droit des États-Unis.

Au début de 1994, l'usine de Kisvárda produisait deux fois plus d'ampoules électriques qu'en 1990, avec un personnel trois fois moins important. Ces ampoules sont vendues dans le monde entier, alors que la production antérieure, de qualité médiocre, était réservée au tiers-monde et à l'Union soviétique. Kisvárda, village industriel globalisé, figure désormais sur la carte du capitalisme universel. Leur mission accomplie, László et István sont repartis pour Budapest.

Cette « affaire Tungsram » est vécue en Hongrie comme une représentation symbolique de la révolution capitaliste, car la compagnie fut la première privatisée en Hongrie au temps où les communistes dirigeaient encore le pays. La gauche a exploité la réduction des effectifs pour identifier avec succès la privatisation du chômage. La droite a exploité la vente aux Américains pour identifier avec succès la privatisation au bradage du patrimoine national. Après Tungsram, les privatisations en Hongrie sont devenues à peu près impossibles...

István et László plaident non coupables ; ils ont fait leur œuvre de managers. Tungsram est-elle encore une entreprise hongroise ? Le personnel est hongrois, les salaires sont payés en Hongrie ; l'argument nationaliste, conclut István, n'est donc pas recevable. Qu'advient-il des chômeurs ? Il conviendrait, remarque László, qu'ils se prennent en main. Qu'ils retrouvent une activité différente, ajoute István. Si le capitalisme réel ressemblait à la métaphore schumpetérienne de la « destruction créatrice », les anciens de Tungsram — hormis les alcooliques, peut-être — retrouveraient effectivement un nouvel emploi. Mais le nouveau capitalisme à l'Est marche au ralenti : la destruction est à l'œuvre, la création se fait attendre. Par conséquent, au début de 1994, un quart de la population active de Kisvárda était au chômage et sans possibilité de travailler au noir, ce qui est plus facile à Budapest.

L'agriculture ne se porte pas mieux que l'industrie. La coopérative agricole de Kisvárda, un kolkhoze de modèle soviétique, tourne elle aussi au ralenti depuis que les anciens propriétaires expulsés en 1950 exigent la restitution de leurs terres. Il faudra des années avant que la procédure en cours n'aboutisse ; en attendant, le directeur de la coopérative ne veut pas s'aventurer dans des investissements. Les salariés de la coopérative n'y travaillent plus ; ils consacrent toute leur énergie à cultiver leur lopin individuel pour leur consommation personnelle. Autour de Kisvárda campent des gitans qui travaillaient autrefois sur les chantiers publics. Ces travaux aussi se sont interrompus, renvoyant les gitans à la marge et à la suspicion générale ; tout délit commis ici leur est automatiquement imputé, parfois à juste titre.

Selon l'économiste hongrois János Kornai, entre 1990 et 1994, la production en Hongrie aurait diminué de 30 %, soit la récession la plus profonde du siècle, pire que celle de 1930. Les chiffres sont similaires dans toute l'Europe ex-communiste. « Nul économiste ne l'avait prévu », reconnaît Kornai. Peut-on au moins expliquer cette récession ? Elle n'a pas une cause unique, dit Kornai, mais résulte d'une combinaison de facteurs : la disparition du marché commun communiste, le Comecon, l'effondrement de la demande soviétique, un certain protectionnisme de l'Union européenne qui ralentit la reconversion vers l'Ouest de l'Europe centrale, la concurrence à qualité égale des pays asiatiques où la main-d'œuvre est moins coûteuse qu'en Europe centrale.

A cette malheureuse conjonction de causes extérieures s'ajoutent des dilemmes propres au monde postcommuniste. Les privatisations, comme l'illustre le cas de Tungsram, dotent le pays d'industries modernes et profitables, mais, dans une phase initale, elles aggravent inévitablement le chômage. Comment choisir entre le court terme assuré et le long terme espéré ? Le gouvernement hongrois préfère ne pas choisir, ce qui est la pire attitude. Le doute sur l'avenir des entreprises publiques conduit à y suspendre tout investissement. Comme ces entreprises sont déficitaires, l'État augmente les impôts sur les activités rentables, ce qui décourage l'initiative privée, la cantonne dans le marché noir et aggrave la récession.

Les gouvernements démocratiques issus de la révolution anticommuniste sont coupables, estime Kornai, de n'avoir pas utilisé d'emblée leur légitimité politique pour imposer des mesures chirurgicales ; faute de courage, ils ont perdu cette légitimité initiale et enfermé pour longtemps leur nation dans une économie duale : d'un côté, les Hongrois qui ont le privilège de travailler dans le secteur privé ; de l'autre, ceux qui vivront durablement de l'assistance de l'État, employés du secteur public et chômeurs. Ceux-ci font peser sur l'Europe centrale une menace de « weimarisation », écrit le philosophe hongrois Tamás Gáspár : la désagrégation progressive de la démocratie, comme dans l'Allemagne des années 1930, sous l'effet du chômage, de la démoralisation et de la quête d'un sauveur. Cette weimarisation n'est pas certaine, mais l'hypothèse ne peut plus en être écartée.

Le retour des années 1930

Il faudrait décrire le rôle des cafés dans la naissance des idéologies. Le léninisme est né dans ceux de Zurich, le nazisme dans une brasserie de Munich. Est-ce parce que Budapest compte d'aussi nombreux cafés que la ville connut toujours une activité politique effervescente ? Rappelons que c'est à Budapest, dans les années 1930, que le sociologue Karl Mannheim mit pour la première fois en évidence la notion d'*intelligentsia* comme classe sociale et acteur de l'Histoire.

Dans cette grande tradition, réveillée au café Gerbaud, sur la rive occidentale du Danube, István Csoori pérore et échauffe l'esprit de ses partisans nationalistes : « Puisque personne ne l'ose, clame le célèbre poète hongrois, il faut bien que je prenne la parole pour dénoncer les journalistes libéraux qui veulent internationaliser la culture magyare. » Fasciné par le regard sombre et les sourcils charbonneux qui barrent son visage blême, je prends des notes. « Une phrase dans les médias, regrette Csoori, est devenue plus importante que le vers d'un poète. » Je re-note. Ce qui revient à dire, après décodage, qu'un poète « national » est désormais moins influent que les éditorialistes juifs « libéraux ». Amertume compréhensible de Csoori, quand on se rappelle combien fut importante la parole du poète dans les régimes totalitaires d'Europe centrale. « Nous autres, intellectuels nationaux, précise-t-il à ma demande, nous ne sommes pas antisémites ; c'est la presse occidentale dirigée par les Juifs des États-Unis qui prétend cela ; nous proclamons seulement la supériorité culturelle de ce qui est national contre ce qui ne l'est pas. »

Dans toute l'Europe centrale, ce qui est économique, capitaliste, est suspect d'être un peu juif. En Hongrie, avant la guerre, les Juifs de Pest contrôlaient effectivement l'industrie. De nos jours, les Juifs, peu nombreux, ou disparus comme en Pologne, ne contrôlent rien. Parmi les cent mille Juifs survivants de Hongrie, pratiquement aucun n'est un entrepreneur capitaliste. Mais les faits importent peu : le retour du capitalisme en Europe centrale a ranimé la relation imaginaire entre le capital et le Juif. Lors des élections parlementaires de 1990, un paysan hongrois interrogé par le journal *Magyar Nemzet* déclara qu'il voterait pour le Parti libéral (SDS) parce que « son président János Kis était juif, et que seuls les Juifs pourraient redresser l'économie hongroise ! »

« L'antisémitisme, explique László Karsai, sociologue à l'université de Szeged, n'est pas un phénomène mesurable ; il n'est probablement pas plus intense que du temps des communistes, mais il est plus visible depuis leur départ. » Dans les régimes communistes, toute expression libre était interdite, y compris celle de l'antisémitisme. Aujourd'hui, tout est permis, y compris l'antisémitisme. Ce que le peuple pense, on ne le sait guère, estime Karsai. En revanche, les intellectuels « nationaux » parlent : une presse de droite a réapparu, qui fantasme sur un complot des banques juives résolues à s'emparer de la Hongrie. Cette presse amalgame le Fonds monétaire international, le milliardaire américain d'origine hongroise George Soros, la BERD fondée par Jacques Attali, et le défunt magnat de la presse Maxwell : l'alliance de la finance et des médias juifs menacerait l'identité nationale hongroise.

Les Juifs auraient été les fourriers du communisme en Hongrie : Béla Kun, le révolutionnaire bolchévique de 1918, était juif, ainsi que de nombreux nomenklaturistes communistes. Voici maintenant les Juifs devenus les fourriers du capitalisme. Mais lorsqu'un physicien hongrois naturalisé américain, Edward Teller, atteint à la renommée mondiale en créant la bombe H, la presse « nationale » oublie qu'il est juif et se rappelle seulement son origine hongroise...

A ce retour de la question juive, le grand rabbin de Hongrie, György Landeszman, devait apporter une contribution originale. Au début de 1993, il déclara à un journal catholique que « si les Juifs quittaient le pays, il ne resterait de la culture hongroise que les broderies paysannes et l'eau-de-vie de prune ». Depuis ce cri du cœur — en réponse, semble-t-il, à la provocation de l'interviewer —, je n'ai pu accéder au rabbin qu'après avoir traversé un cordon de police et un détecteur d'armes. « On veut faire croire, me confie le rabbin dans la synagogue de Budapest, que je suis menacé. On exagère... »

Le « tribalisme »

A Nitra, capitale historique de la Slovaquie, l'Histoire a rebroussé chemin : après dix ans de prison et trente ans de clandestinité, le cardinal Ján Chryzostom Korec a réintégré le palais baroque, intact, des évêques. Sous la dictature communiste, Ján Chryzostom Korec réparait les ascenseurs le jour et catéchisait la nuit. Quand le Parti communiste apprit qu'il était prélat clandestin, il fut incarcéré. Libéré dans les dernières années de l'ancien régime, il conduisit des pèlerinages suivis par cent mille fidèles. « Václav Havel, lui, commente-t-il, sarcastique, n'a jamais regroupé qu'une centaine d'intellectuels. » Autour d'une soupe aux choux servie par des nonnes, sous les portraits de ses prédécesseurs, Ján Chryzostom Korec m'apprend qu'ici même, vers l'an 900, saint Cyrille et saint Méthode traduisirent les Évangiles en slavon ; de Nitra, ils partirent catéchiser la Russie. Pour la première fois depuis mille ans, se réjouit le cardinal, la Slovaquie a recouvré son indépendance. Dorénavant, « entre Slovaques et entre catholiques », débarrassé des « barbares communistes », des luthériens de Bohême et des « athées de Prague » (il s'agit toujours de Václav Havel), le cardinal envisage de reconstituer la spiritualité catholique de son peuple.

On dit les Slovaques très croyants, plus même que les Polonais. Ils le sont, admet le cardinal, mais « ils sont également fort ignorants » : quarante ans de communisme ont imprégné les cerveaux et annihilé deux générations d'intellectuels. Sans une renaissance spirituelle préalable, il ne pourra y avoir en Slovaquie, ajoute-t-il, ni véritable économie ni démocratie véritable.

Les Slovaques sont-ils tous disposés à suivre l'exigence rédemptrice de leur cardinal ? Le long de la route pavée qui grimpe vers le château épiscopal, j'avais remarqué quelques affiches peu catholiques appelant les foules à assister, le soir même, à l'élection d'une Miss Slovaquie fort déshabillée. La spiritualité slovaque, avant même d'être reconstituée, est gangrenée par le consumérisme occidental, reconnaît le cardinal. « Je crains que le vide abandonné par le marxisme ne soit comblé par le libéralisme », ajoute-t-il. Ne confond-il pas libéralisme et libertinage ? Poserait-il en équivalent le socialisme et le libéralisme ? Certes non. Dans la ligne de l'encyclique *Centesimus Annus*, le cardinal Korec accepte l'économie de marché. Mais avec mille réticences : « Comment, se préoccupe-t-il, empêcher que les patrons ne se comportent comme des tigres, comment veiller à ce que les monopoles ne dévorent pas les ressources naturelles, et à ce que les multinationales ne ravagent pas, par la concurrence sauvage, nos entreprises ? » Vision apocalyptique du capitalisme empruntée à des imageries du XIXe siècle. « Certains patrons peuvent être charitables, concède-t-il. Mais il est essentiel que l'État et l'Église veillent ensemble à tout débordement... Je ne me prononce pas sur le capitalisme en tant que tel, se reprend-il ; il vaut ce que valent les hommes qui le mettent en œuvre. » Théorème chrétien mais douteux, car les systèmes ne sont pas neutres : ils induisent par eux-mêmes certains comportements, comme ne l'a que trop clairement démontré le socialisme réel.

De la soupe aux choux, nous sommes directement passés à une tourte aux cerises et à l'essentiel, que nous étions parvenus à éviter jusque-là : les Juifs. « La Slovaquie, admet le cardinal, a mauvaise réputation à l'Ouest ; c'est parce que nous n'avons pas accès aux médias. » Dans le langage codé de l'Europe centrale, on sait qui contrôle les médias. Pourquoi les médias, comme le croit Ján Chryzostom Korec, comploteraient-ils contre la Slovaquie ? « Les Juifs nous tiennent rigueur de leur extermination par le gouvernement slovaque, allié des nazis. » A tort ? Oui, estime en toute bonne foi le cardinal, « parce que la véritable histoire de la déportation n'est pas connue ». Quelle est donc cette véritable histoire ? « Objectivement, expose le prélat, en 1940, les Juifs étaient trop influents en Slovaquie, puisque, représentant 6 % de la population, ils contrôlaient 38 % de l'économie. » Comment parvient-on à de telles statistiques, je ne prends pas la peine de le demander. En réalité, avant la guerre, quelques Juifs étaient de grands entrepreneurs d'autant plus visibles qu'ils étaient juifs ; mais l'immense masse, comme en Pologne ou en Ukraine, était composée de commerçants et d'artisans misérables. « L'État slovaque, enchaîne le cardinal, a par conséquent conclu un traité de droit international avec l'État allemand visant à réinstaller les Juifs dans un territoire autonome créé pour eux en Pologne. » Lorsque, en 1942, les évêques slovaques ont appris des évêques polonais que les Juifs étaient exterminés, les « transports » ont immédiatement cessé. Combien de Juifs survivaient en 1942 en Slovaquie ? Le cardinal l'ignore. Cet homme de foi n'est pas antisémite : n'a-t-il pas assisté, en 1993, à la réouverture de la synagogue de Bratislava ? Écoutant le cardinal Korec, je me remémorais la définition de l'antisémite par le romancier hongrois György Konrád : « Un antisémite est celui qui hait les Juifs plus qu'il n'est normal. » Le prélat est dans la norme...

Un désir de normalité

Peut-on avancer l'hypothèse qui suit ? « Des décombres du communisme émerge un capitalisme sauvage ; il suscite le chômage et réveille l'antisémitisme, parce que le règne de l'argent est assimilé aux Juifs ; l'étape suivante sera le fascisme. »

C'est ainsi que maints commentateurs à l'Ouest et d'éditorialistes à l'Est annoncent l'avenir de l'Europe centrale, comme si une fatalité culturelle, historique ou géopolitique déterminait le destin de ces peuples. Simplisme que dénonce György Konrád.

Écrivain, juif, inspirateur du Parti libéral hongrois, Konrád, depuis 1956, incarne la résistance démocratique dans toute l'Europe centrale ; il n'accepte ni ce genre de prophéties, ni même la manière de poser la question. La formulation, dit-il, est si arbitraire qu'elle induit la réponse.

Qu'est-ce en effet que la culture, qu'est-ce qu'un peuple ? Il n'existe pas, dit Konrád, *une* culture de l'Europe centrale, ni même *une* culture de la Hongrie ; par essence, la culture ne cesse de changer dans le temps et de varier dans l'espace social. Quoi de commun, en effet, entre la culture de Konrád, écrivain cosmopolite, et les voisins de sa résidence campagnarde, près du lac Balaton, qui sont des paysans magyars ou tsiganes ? La langue et pas grand-chose d'autre. « Si, comme le prétendent les "nationalistes", les libéraux en Europe centrale coïncidaient avec l'intelligentsia juive, il serait difficile, observe Konrád, de comprendre comment les partis libéraux parviennent à représenter la moitié des électeurs hongrois. » De même lui paraît-il absurde d'amalgamer dans une même famille « nationaliste » les aristocraties d'avant-guerre, qui furent contre le nazisme, et les leaders populistes qui furent pour. Le « destin » autoritaire qui serait consubstantiel à la culture de l'Europe centrale ? Konrád observe qu'en Hongrie, en Roumanie, en Slovaquie, les fascistes n'ont jamais pris le pouvoir qu'avec le soutien d'armées étrangères. Les communistes à leur tour n'ont réussi à s'installer et à se maintenir en Europe centrale qu'avec l'appui des militaires soviétiques. Comme n'existent plus à l'extérieur ni communistes ni fascistes susceptibles de soutenir des dictatures en Europe centrale, celles-ci ne sauraient émerger spontanément. Les Hongrois, les Polonais ou les Tchèques, conclut Konrád, sont trop paresseux ou trop ironiques pour aller jusqu'au bout de leurs idées : « Nous ne sommes pas des Allemands... Il faut vous résoudre au fait que les Hongrois, les Slovaques, les Polonais ou les Tchèques sont normaux et n'aspirent qu'à vivre normalement », autrement dit en démocratie et dans une économie libre.

Comment mesurer la liberté ?

Au cours d'un entretien entre Zhou Enlai et André Malraux, le Premier ministre chinois fit naguère observer à l'écrivain qu'il était beaucoup trop tôt pour évaluer exactement les résultats de la Révolution française de 1789, puisqu'elle s'était déroulée il y avait moins de deux siècles. Cinq ans après la révolution anticommuniste, peut-on affirmer qu'elle a triomphé et annoncer de manière certaine qu'elle ouvre la porte d'un monde meilleur ? Si les victimes des camps d'extermination et des chambres de tortures pouvaient parler, une réponse affirmative et enthousiaste ne ferait aucun doute. Mais les survivants, qui ont la mémoire courte, se placent rarement dans une perspective historique ; ils jugent de leur propre sort ici et maintenant. Il serait inopportun de le leur en faire grief, comme d'attendre des Hongrois ou des Polonais qu'ils se résolvent à quelque sacrifice immédiat dans l'espoir de lendemains libéraux et chantants. Cet air-là leur a été joué par le Parti communiste pendant quarante ans !

Alors, comment juger du succès de la révolution capitaliste et de la valeur respective des diverses stratégies suivies depuis 1989 par les différents pays de l'Europe centrale ? Cela suppose que des critères soient définis. Le Hongrois János Kornai en propose trois pour mesurer, autant que faire se peut, les effets des stratégies de sortie du communisme.

Le premier, bien qu'il soit le plus communément accepté, est le plus imprécis : le taux de croissance. En Europe centrale, les activités « souterraines » ont pris une telle ampleur que ce taux n'a plus guère de signification. Par ailleurs, peut-on isoler le taux de croissance de la perception qu'en a l'opinion publique ? En Pologne, en 1993, ce taux était positif : seul cas dans toute l'Europe centrale, applaudi par les économistes étrangers. Mais les enquêtes d'opinion menées alors en Pologne, comme l'observation empirique, révélaient un mécontentement général et le sentiment que la situation se dégradait. Le succès objectif était ressenti comme un échec subjectif par les Polonais. Ils le démontrèrent en évinçant les partis politiques auteurs du « succès » pour les remplacer par les sociaux-démocrates, héritiers tout juste repentis de l'ancien Parti communiste.

Le deuxième critère que propose János Kornai est donc celui des élections, reflet de la perception politique des données économiques.

Le troisième est la répartition des richesses. Le passage du communisme à la démocratie libérale redistribue les ressources et les emplois, en élève certains et en abaisse d'autres. Un nouvel entrepreneur estimera que la révolution est un succès si son entreprise est florissante, que la révolution est un échec si son entreprise échoue ou si elle est écrasée d'impôts par les nouveaux gouvernants. Un chômeur considérera que le communisme était supérieur au capitalisme s'il était attaché à son entreprise, mais il peut aussi préférer le nouveau régime s'il combine heureusement une allocation chômage avec un travail au noir. Un nomenklaturiste hongrois ou polonais devenu un capitaliste légitime pourra célébrer la révolution ou bien regretter l'ancien temps, quand il bénéficiait de privilèges réservés à la seule nomenklatura. Un écrivain subventionné et anticommuniste sera parfois un nostalgique de l'époque où il avait à la fois des ennemis et des subventions ; le cas n'est pas rare au sein de la droite nationaliste hongroise. Si fondé qu'il soit, le troisième critère de Kornai paraît donc difficile à quantifier.

Ces difficultés de méthode incitent à une conclusion toute hégélienne : la révolution capitaliste est juste parce qu'elle a eu lieu.

Il est également malaisé d'évaluer les stratégies variées suivies çà et là pour sortir du socialisme réel. Prétendra-t-on par exemple que la thérapie de choc à la polonaise fut plus ou moins efficace que le gradualisme hongrois ? Lorsque, en 1991, l'économie polonaise déclinait, la « thérapie de choc » était considérée comme un échec, un absolu repoussoir ; le terme était, il est vrai, mal choisi pour susciter l'adhésion populaire. Mais la croissance polonaise, en 1993, a fait taire les ennemis de cette thérapie. En réalité, cette thérapie de choc — c'est-à-dire la convertibilité de la monnaie, la liberté des prix et l'ouverture des frontières — ne constituait qu'un seul élément dans le tableau fort complexe de la nouvelle société polonaise. Il était aussi absurde d'accuser cette thérapie de tous les maux que d'en prononcer un éloge inconditionnel. La civilisation polonaise, la situation de l'économie mondiale, le protectionnisme de l'Union européenne furent et restent des facteurs explicatifs au moins aussi importants que la stratégie des gouvernements. Les choix effectués par ces gouvernements sont eux-mêmes tributaires d'aléas infimes qui en modifient le cours, à la manière du battement d'aile de papillon à Pékin qui, selon la métaphore de Prygogine, finit par déclencher un cyclone à la Jamaïque ! Le fait minuscule qu'en 1989 la droite modérée hongroise ait eu besoin pour gouverner de l'appoint de quelques députés du Parti des petits propriétaires, a obligé le Parlement à voter une loi de restitution des biens aux anciens propriétaires spoliés ; celle-ci a déstabilisé tout le droit de propriété en Hongrie, anéanti tout espoir de croissance et ruiné de nombreuses entreprises industrielles et agricoles.

Convient-il alors de privilégier l'« effet papillon » ou théorie du chaos comme explication de l'Histoire, ou bien faut-il assigner à cette dernière un sens qui conduirait de l'oppression à la liberté, du communisme au capitalisme ? Peut-on prophétiser, si l'on se souvient que nul soviétologue n'avait annoncé la chute du mur de Berlin ? que nul économiste n'avait prévu l'ampleur de la récession à l'Est ?

Donc, humilité d'abord... Au lieu d'une leçon de déterminisme, il me semble que le monde postcommuniste, néocapitaliste, nous en apprend plus sur la nature humaine que sur le sens de l'Histoire. N'était-il pas en effet couramment admis que le communisme avait imprégné les mentalités au point de créer un « homme nouveau » qui aimait ses chaînes, devenu à l'extrême un *homo sovieticus*, une nouvelle race, comme si le gène de la dépendance s'était révélé transmissible ? Nombreux étaient, avant 1989, les philosophes anciens ou « nouveaux » persuadés qu'une génération au moins devait passer avant que l'esprit de liberté ne se reconstituât en Europe centrale. Or, cinq ans plus tard, à Budapest, dans l'avenue Andrássy, qui s'appelait Lénine, ou à Varsovie, rues Jean-Paul-II et Solidarité, je n'ai rencontré que des hommes libres. Cela au moins est certain.

CHAPITRE 3

La septième perestroïka

Les révolutions ne prennent sens qu'après leur achèvement. Pris dans la tourmente, les Allemands ne parlent que de « changement », et les Russes de « transition ». « Nous sommes, disent les dirigeants russes en 1994, en transition. » Mais vers quoi ? Ils se déclaraient déjà en transition en 1988, au printemps de la perestroïka. Peut-être devrait-on parler d'une « transition vers la transition », ou encore du « chaos comme état permanent » ? Dans cette nouvelle Russie, tout est ambivalent, tout peut être lu de deux manières. Selon la thèse que l'auteur souhaitera démontrer, il pourra sélectionner la naissance du capitalisme, la continuité du communisme, le retour de l'éternelle Russie, la normalisation démocratique, le capitalisme sauvage, la permanence du féodalisme, la montée du fascisme. Certains idéaliseront l'ordre ancien en oubliant le Goulag ; d'autres idéaliseront les lendemains capitalistes en oubliant qu'ils ne chantent pas pour tout le monde. Tous les avenirs en Russie sont possibles, ensemble, séparément, successivement, car c'est à son imprévisibilité même que se reconnaît une révolution. Chaque fait, chaque personnage, chaque situation que nous allons décrire est comme une pièce de monnaie suspendue en l'air avant de retomber sur pile ou face.

Une certitude, cependant : la pièce est russe. La Russie ne ressemblera jamais à nos démocraties occidentales ; elle change et changera encore, mais, au bout du compte, elle ne ressemblera qu'à elle-même, car un peuple ne vient pas remplacer un autre peuple. De même que Tocqueville a montré comment la Révolution française avait accompli, sans solution de continuité, l'œuvre centralisatrice de l'ancien régime, de même la révolution russe en cours poursuivra quelques tendances lourdes de la société antérieure. Rappelons que le mot et l'ambition de la perestroïka inaugurée par Mikhaïl Gorbatchev en 1986 ne constituèrent pas une véritable novation : les Russes n'ont cessé dans leur histoire de vouloir « reconstruire » leur société par le haut, par la volonté d'un czar ou d'un dictateur porté par une vision, un projet ambitieux, universel, rédempteur.

Sans remonter à Pierre le Grand ou à Alexandre II, déjà pérestroïkistes, depuis la naissance de l'URSS en 1917, le sociologue Andreï Bestoujev Lada a décompté sept perestroïkas, d'une remarquable constance dans les ambitions, le vocabulaire, la méthode et les slogans. La première fut l'œuvre de Lénine : la Nouvelle Politique économique (NEP) de 1921, brève tentative visant à rétablir l'économie de marché et la monnaie afin de sauver les Russes de la famine engendrée par la collectivisation des terres. La nomenklatura stalinienne perçut la menace de sa propre déstabilisation et écrasa la NEP. Le scénario se reproduisit à l'identique avec Khrouchtchev en 1956, avec Kossyguine en 1965 (les réformes Liberman), avec Brejnev en 1974 (création des Unions de production), avec Andropov en 1983 (l'organisation du travail en brigades ; les contrats directs entre les entreprises), avec Gorbatchev en 1988 (la sixième perestroïka fut conçue par l'économiste Abel Aganbeguïan), enfin avec Eltsine depuis 1992. Toutes ces perestroïkas, à peine esquissées, furent brisées par la nomenklatura : le socialisme de caserne en sortit chaque fois renforcé.

Poussée à l'extrême, la comparaison tournerait néanmoins au paradoxe, car cette septième perestroïka est, de fait, plus révolutionnaire que toutes les autres ; son issue n'en reste pas moins incertaine. Commençons par le plus prometteur.

L'entrepreneur aux yeux verts

Tant pis pour le folklore, Tatiana a les yeux verts et non pas noirs. Et de l'héroïsme. Première créatrice d'une entreprise privée à Nijni Novgorod, cette jeune femme de quarante ans invente une Russie nouvelle contre tous les vents contraires : contre le spectre du communisme qui rôde dans cette ville militarisée et fermée aux étrangers jusqu'en 1990 ; contre l'insolence des mâles russes entre deux vodkas ; contre le racket dans un pays sans loi, sans police, sans justice ; contre le harcèlement des innombrables bureaucrates hérités de l'ancien régime. Est-ce le profit qui la motive ? Même pas. L'esprit d'entreprise qui saisit Tatiana Kuzmina relève de cette alchimie étrange, aux origines du capitalisme : le goût de l'aventure appliqué à la création de biens matériels.

Comment définir l'activité de l'entreprise qui porte son nom ? Tatiana appelle cela une « industrie culturelle ». Dans un bâtiment désaffecté d'une banlieue sinistre, elle a créé un salon de coiffure, une discothèque, un restaurant, une salle de gymnastique et un ciné-club. Banal ? Pas en Russie, à Nijni Novgorod où il n'existait rien, jusque-là, pas un endroit public où se retrouver. Bien plus que des fonds de commerce, Tatiana et tous les créateurs, innombrables en Russie, de cafés, restaurants et discothèques, fondent une nouvelle sociabilité, des lieux où les relations humaines ne sont plus régies par un autoritarisme brutal.

En Union soviétique, hors la famille ou les fragments qu'en laissent subsister les divorces, l'alcoolisme et les avortements, les rapports individuels étaient marqués par l'autorité et la servilité. Dans la Russie nouvelle, le moindre salon de coiffure est un lieu de civilité, donc de civilisation : le marché libre humanise. Les femmes du quartier en sont reconnaissantes à Tatiana et souhaiteraient l'élire au parlement de la province. Les jeunes gens et jeunes femmes désœuvrés trouvent chez elle un espace plus accueillant que les couloirs d'immeubles et les cinémas sordides. La plupart des hommes râlent, nostalgiques d'un ancien régime où les femmes étaient mieux tenues sous tutelle ; le Parti communiste sélectionnait parmi elles quelques potiches pour figurer sur les estrades et célébrait un jour par an la fête des Femmes. Les autres jours de l'année étaient pour elles un calvaire. La révolution russe vient modifier sans consteste les rapports entre les sexes ; confrontées à une vie nouvelle où l'initiative personnelle prend le relais de l'État écroulé, les femmes se révèlent plus aptes que les hommes à développer des stratégies de survie au quotidien. Aux élections de décembre 1993, premières élections parlementaires libres au suffrage universel, le Mouvement des femmes de Russie, parti politique improvisé en quelques jours avec pour seul programme la défense des femmes et la recréation de la cellule familiale, a raflé à la surprise générale 9 % des voix, assez pour devenir le groupe charnière de la Douma.

Mais nous l'avions annoncé : la révolution russe est continuité dans la discontinuité. Car Tatiana est évidemment issue du Parti communiste ; telle est aussi l'origine de la présidente du Mouvement des femmes de Russie, Alevtina Fedourova. C'est dans le mouvement de jeunesse du Parti, le Komsomol, que ces anciennes « femmes nouvelles » ont puisé leur énergie et leur sens de l'organisation. Le Parti écrémait les élites, celles-ci resurgissent dans un nouveau rôle ; les acteurs sociaux d'hier sont les acteurs sociaux d'aujourd'hui. Seront-ils ceux de demain ? Nous ne le savons pas.

Tatiana n'a pas fait fortune et peut-être fera-t-elle demain faillite. Comme tous les créateurs d'entreprises en Russie, elle est la proie facile du banditisme et du fisc, alliés parfois. Si elle est discrète, d'autres reconnaissent que vingt pour cent du chiffre d'affaires des entreprises privées sont affectés à la « protection » des racketteurs, cinquante pour cent confisqués par les impôts. Racket illégal, racket légal : la frontière est souvent floue. Tatiana est harcelée par les gabelous des administrations centrales, provinciales, municipales. Chaque jour, ils brandissent quelque nouveau règlement ou taxe votés par des parlementaires assoiffés d'argent ; leur âpreté est telle que ces textes sont souvent appliqués avant même d'avoir été publiés.

Le rêve de Tatiana, de tout entrepreneur russe, serait de nouer des relations avec l'Occident ; un rêve qui, à Nijni Novgorod, autrefois ville interdite, tourne à la passion dévorante. Dans le petit bureau de Tatiana, y compris pendant conversations et réunions, des cassettes vidéo pirates diffusent en permanence des *clips* de rock américain. Dans la nouvelle Russie, la vie s'arrête à l'heure où passent à la télévision les feuilletons importés du Mexique ou du Brésil qui imposent les images de véritables familles vivant dans de vraies maisons, ce qui, pour les Russes, est un luxe hors d'atteinte. Mais le désir d'échange suppose qu'il y ait quelque chose à échanger.

« Je ne veux pas d'argent, dit Tatiana, mais des conseils, de la compréhension, de l'affection de la part des Européens. » En contrepartie, elle me propose d'exporter vers l'Ouest « le supplément d'âme du peuple russe » ! Nous buvons à l'amitié entre les peuples, tout le monde pleure, les Russes pleurent facilement. A juste titre. Tatiana travaille quatorze heures par jour, sept jours par semaine, et ne s'endort jamais avant une partie d'échecs avec son fils de treize ans : éternelle Russie...

L'aventure somme toute modeste de Tatiana donne la mesure de ce qu'est véritablement en Russie l'entreprise privée au sens occidental du terme. Ce n'est que cela et rien d'autre : l'écume d'une société qui, pour l'essentiel et pour l'instant, n'a emprunté au marché que son vocabulaire.

Le kolkhoze industriel

Depuis 1992, année d'adoption de la loi sur la privatisation, les deux tiers des entreprises russes, hors les industries militaires, auraient été privatisées. Tels sont les chiffres annoncés par le gouvernement en février 1994. Une véritable révolution... si elle était vraie. Sous Gorbatchev, il ne fut jamais question de privatiser quoi que ce fût : le but de la sixième perestroïka était de rendre le socialisme efficace, non de le supprimer. Mais est-ce que le terme de « privatisation » a bien le même sens en russe et dans nos langues occidentales ? Nous sommes au pays du potemkinisme : derrière les façades, la réalité coïncide peu avec les mots. Crevons la toile peinte, voici ce qui se joue derrière.

A Oulianovsk, l'entreprise « Elegant », une usine de confection pour homme, emploie trois mille salariés, des jeunes femmes pour la plupart ; je l'ai visitée en février 1994, un mois après sa « privatisation ». A l'instar de toutes les usines de Russie, Elegant, plus qu'une entreprise, est une cité avec ses logements, ses cantines, dispensaires, écoles, colonies de vacances : une ouvrière entre à Elegant à dix-huit ans et en sort à l'âge de la retraite. La vétusté aussi est de règle, car la planification socialiste ajoutait mais ne retranchait jamais : dans un même atelier, des machines à coudre des années 1920 voisinent avec des techniques des années 1970. Après 1970, tout investissement s'est arrêté en Russie.

Elegant, jusque-là entreprise d'État qui recevait ses ordres du ministère de tutelle à Moscou, est devenue, avec la sixième perestroïka, en 1988, une entreprise publique, mais autonome : il appartenait désormais au directeur de définir lui-même ses objectifs, ses prix et ses salaires. Celui-ci adopta une stratégie rationnelle : il augmenta ses prix et diminua sa production, de manière à accroître ses bénéfices dont il gardait, au nom de la perestroïka, la libre disposition. Cette organisation de la pénurie raréfia l'offre de costumes masculins sur le marché russe. Ce qui était sans inconvénient pour Elegant, puisque l'entreprise n'avait pas de concurrentes et que les importations étaient interdites. Les salaires des employés d'Elegant purent ainsi être augmentés plus rapidement que la hausse générale des prix. Le personnel aima la sixième perestroïka, le directeur acquit une Mercedes ; la Russie est devenue une grande importatrice de Mercedes.

En 1994, par la septième perestroïka, Elegant est transformée en société par actions. Comme il est impossible d'évaluer une entreprise russe, ces actions ont une valeur nominale de mille roubles (moins d'un dollar de l'époque) ; 51 % du capital ont été distribués au personnel, soit d'une à douze actions par individu, en fonction de l'ancienneté, y compris aux retraités. Le solde a été réparti entre l'État, la province et le directeur. Cette privatisation nominale a donc été menée à bien sans apport de capitaux, sans évaluation, sans enchères, hors marché : Elegant est devenue une sorte de coopérative ouvrière plutôt qu'une firme capitaliste, d'où la dénomination de « kolkhoze industriel » inventée à ce propos par Gregory Iavlinski, le président d'un parti libéral (Yabloko). Une fois les « actions » distribuées, le « collectif des travailleurs-actionnaires » s'est réuni et a élu « démocratiquement » le nouveau directeur, qui se trouve être l'ancien. Il était le seul candidat.

Peut-on parler d'actions, de privatisation, alors que ces titres de mille roubles ne sont pas négociables, sans marché et sans valeurs ? Les actionnaires-salariés en espèrent-ils des dividendes ? Compte tenu de la valeur nominale des actions, ces dividendes seraient en tout état de cause d'un montant ridicule. En revanche, le droit de vote des actionnaires-salariés pourrait, à terme, leur conférer un certain contrôle sur la direction, ce qui garantirait la stabilité de leur emploi comme la progression de leur salaire. Mais cette protection sociale accrue par la « privatisation » rendra impossible toute modernisation, conversion, adaptation de l'entreprise à une économie de marché.

La septième perestroïka, constate Iavlinski, a réalisé « l'ambition ultime du socialisme : la collectivisation de l'industrie, jusque-là étatisée ». Il faut donc s'attendre, dans la logique d'une économie devenue vraiment socialiste, à ce qu'Elegant produise longtemps encore les mêmes costumes en fibre synthétique d'un modèle unique arrêté dans les années 1960, en nombre et en qualité insuffisants pour satisfaire le consommateur, mais à un prix croissant pour satisfaire les salariés.

La nouvelle économie de marché russe, « privatisée » par voie de collectivisation, reste dominée par les producteurs ; le consommateur n'en est pas le roi, mais le sujet, sauf s'il possède des dollars et accède aux biens importés.

Dans le bureau d'Andreï Zeidler, depuis trente ans directeur d'Elegant, qui a donc survécu à toutes les perestroïkas, nous buvons du thé sous le portrait de Lénine : éternelle Union soviétique ! D'emblée, la discussion bascule de l'économie à la littérature. « Avez-vous lu Boulgakov ? » demande le directeur. S'engage une discussion passionnée sur l'auteur du *Maître et Marguerite*, puis nous passons à Platonov, Mandelstam et Babel, pour nous séparer sur *Les Frères Karamazov* : éternelle Russie...

La mafia comme antre du capitalisme

Au temps de la Grande Catherine, son ministre Potemkine faisait tendre le long des routes des toiles peintes représentant des villages prospères. Au temps de la septième perestroïka, la toile représente des entrepreneurs capitalistes. A Oulianovsk, la province restée la plus classiquement communiste de toute la Russie, les autorités locales tenaient à me séduire. Il leur fallait donc me montrer ce qui, dans la patrie de Lénine, n'existe pas : un authentique entrepreneur.

Une Tchaïka noire du gouvernement vint me chercher à l'hôtel Octobre, réservé comme autrefois à la nomenklatura et à ses hôtes. Je fus conduit jusqu'à une banlieue anonyme, devant un immeuble tout aussi anonyme ; nous n'étions dans un quartier ni commerçant ni passant. Une porte s'ouvre. Surprise : le rez-de-chaussée est entièrement aménagé en magasin luxueux où abondent des produits de consommation importés, communs chez nous, étonnants à Oulianovsk — shampooing américain, parfums français, champagne. Derrière chaque rayon attend une vendeuse un peu trop maquillée pour être honnête. La télévision locale, Canal 2, est par hasard présente et filme l'interminable poignée de main du patron de ce magasin, qui est aussi celui de la chaîne de télévision.

Andreï Mannheim doit avoir quarante ans, il a les cheveux teints en blond et les doigts couverts de bagues. Je passe une heure dans son magasin : pas un client n'y entre. Le maquillage des vendeuses fond lentement : la température est tombée à - 30° au-dehors, mais les sunlights entretiennent à l'intérieur un climat tropical. L'entrepreneur m'explique qu'il est aussi propriétaire d'une mine de titane, et banquier. Comment a-t-il obtenu le droit d'exploiter une chaîne de télévision privée, à Oulianovsk de surcroît ? Avec l'autorisation du gouverneur. En contrepartie, celui-ci accède libéralement à l'écran pour y défendre la politique particulière à cette province : le rationnement de la consommation par des tickets et le contrôle des prix. Tout ce décor a-t-il été démonté après mon départ ? Probablement.

Autre lieu, autre décor. A Moscou, rue Mokhovaïa, l'entrée d'un théâtre. Traverser le théâtre, m'avait-on expliqué, prendre la porte à droite de la scène. Je débouche sur une cour encombrée de détritus, paysage commun dans la capitale plus qu'en province. Un gardien m'observe par le judas ; il ouvre la porte blindée. Dans une antichambre, quatre costauds patibulaires regardent à la télévision un feuilleton brésilien. Une hôtesse recrutée avec soin me conduit jusqu'au bureau du président. J'ai aperçu quatre ou cinq secrétaires qui ignorent sans doute la dactylographie. Nous sommes au siège de la Banque Beta.

Les banques ont envahi Moscou. Je demande au banquier Piotr Richaline comment il peut exercer son métier alors que les taux d'intérêt (en février 1994) avoisinent 300 %. Vous avez raison, admet-il, il est impossible d'emprunter à ces taux, et d'ailleurs nous ne prêtons pas d'argent. Parmi tous les banquiers nombreux que l'on rencontre en Russie, aucun ne prête. Reçoivent-ils des dépôts ? Pas davantage. Qui serait assez fou pour laisser un rouble sur un compte alors que les prix augmentent de 20 % par mois ? Mieux vaut acheter des produits importés, ou des devises. « Les banquiers, explique Piotr, sont des conseillers, des intermédiaires. » Leur principale activité consiste en vérité à spéculer sur le dollar : acheté un jour à 1 600 roubles, revendu le lendemain à 1 700. Certaines banques proposent à leurs clients de leur confier mille dollars avec promesse de leur en rendre deux mille un mois plus tard. Les chanceux gagnent, les autres découvrent qu'entre-temps la banque a disparu : version capitaliste de la roulette russe qui ne fait pas de victimes, mais ne contribue pas à la bonne réputation du capitalisme.

La frontière entre mafia, entreprise et bureaucratie est poreuse, la dissociation des rôles peu claire. Les Russes non entreprenants ont tendance à appeler mafieux tout entrepreneur, ce qui disqualifie l'esprit d'entreprise authentique. A l'extrême opposé, l'entrepreneur et député Konstantin Borovoï explique que la seule mafia, en Russie, est la bureaucratie, qui écrase le secteur privé sous les impôts et s'acoquine avec les contrebandiers pour vendre en dollars la drogue et les matières premières russes. Le mafieux d'un jour sera peut-être le grand capitaine d'industrie de demain, à la manière des « barons voleurs » américains ou des corsaires français de jadis. A condition toutefois que les barons rouges n'étranglent pas les barons voleurs : nous allons voir que la nouvelle guerre des classes dans la septième perestroïka n'oppose pas les bourgeois aux prolétaires, mais les aspirants capitalistes à ceux qui contrôlent toujours les moyens de production.

Le capitalisme confisqué par les barons rouges

L'usine d'automobiles Gorki (GAZ), à Nijni Novgorod, est une ville en soi, presque un État dans l'État. Sur cent soixante mille salariés qui produisent seulement cent mille automobiles par an, combien sont véritablement affectés à la production ? Le directeur n'en sait trop rien. Il reconnaît consacrer plus de temps et d'énergie à gérer le logement, le chauffage, la santé, les vacances du personnel que la production. Les usines, dit-il, sont l'affaire des ingénieurs. Lui-même se définit moins comme un manager au sens occidental du terme que comme le père de cet empire industriel, un père autoritaire et le véritable maître de Nijni Novgorod, plus puissant que le gouverneur.

Le gouverneur : Boris Niemtsov, un libéral convaincu de trente-cinq ans. L'opposition entre Niemtsov, l'un des rares hommes d'État à n'être pas issus du Parti communiste, et le directeur Guennadi Souvorov symbolise la lutte pour le pouvoir étendu à toute la Russie qui déterminera l'issue de la septième perestroïka. D'un côté, une nouvelle génération, persuadée de la supériorité de la démocratie, recourant sans états d'âme au vocabulaire libéral et capitaliste, convaincue que le destin de la Russie est en Europe, et désireuse de se débarrasser du bric-à-brac idéologique eurasien et slavophile. De l'autre, le gang des producteurs, le club fermé des ingénieurs, liés à l'ancien PC ou dont l'ancien PC fut la façade, les véritables dictateurs de l'économie soviétique, les « barons rouges ».

Comment ces barons rouges survivront-ils à la démocratie et au marché si jamais l'une et l'autre devaient l'emporter dans la Russie nouvelle ? Par l'autoprivatisation. A GAZ, dix-sept directeurs de l'ancien régime, en détournant un crédit accordé par l'État à l'entreprise, ont réussi à prendre le contrôle de la majorité des actions distribuées par l'État. Ces directeurs d'ancien régime sont devenus propriétaires du nouveau régime, selon un schéma comparable à la reconversion de la nomenklatura en capitalistes en Europe centrale. Faut-il s'en indigner ? Le gouverneur hurle à l'escroquerie et exige que les dirigeants de GAZ soient jetés en prison. Le directeur de GAZ ironise sur les ambitions de la génération de dirigeants issue des élections, qu'il appelle la *demokratura*.

A Moscou, le ministre de la privatisation, Anatoli Tchoubaïs, interrogé sur cette affaire — la plus importante du genre, mais guère isolée —, estime que le résultat compte plus que le respect des procédures. « Les dirigeants, estime-t-il, sont devenus actionnaires majoritaires, il s'agit donc d'une véritable privatisation, de l'émergence de véritables capitalistes, d'une sortie simultanée de l'étatisme et de la collectivisation. » La fin légitimerait donc les obscurs moyens. Mais peut-on parler de capitalisme aussi longtemps que les barons rouges, devenus capitalistes, vivront dans un régime de pénurie organisée, à l'abri de frontières fermées ? Restés maîtres de l'industrie, malgré la privatisation et grâce à l'autoprivatisation, le gang des barons exerce sur l'État assez d'influence pour perpétuer le protectionnisme : il exige des crédits sans contrepartie en menaçant de licencier en masse, s'oppose à toute concurrence, freine la création d'entreprises nouvelles, retarde toute reconversion industrielle. Du fait de cette autarcie, le gang n'a aucun intérêt à investir dans ses entreprises mal acquises. Mieux vaut en user les ressources jusqu'à la corde, et placer toute ressource en devises étrangères sur un compte en Suisse. Les dépôts des barons rouges dans les banques occidentales étaient estimés, en 1994, à soixante-dix milliards de dollars, obtenus par le pillage des ressources naturelles, les exportations en devises non rapatriées, la contrebande. Non content de ne pas investir, le gang désinvestit, ce qui promet pour les années à venir une nouvelle diminution de la production, une nouvelle baisse de la qualité et de la quantité, une nouvelle aggravation du retard technique et un appauvrissement des populations les plus exposées.

Ce qui est bon pour les barons rouges n'est pas bon pour la Russie. Mais est-ce au gang qu'il faut en tenir rigueur ? Le porte-parole de l'Union russe des industriels et des entrepreneurs (le secteur d'État « privatisé ») estime que le comportement des barons rouges constitue une réponse rationnelle à des méthodes politiques irrationnelles. « Si la privatisation, dit Alexandre Vladislavlev, avait été conduite comme à l'Ouest, de manière transparente, en faisant appel à des capitaux plutôt qu'à la distribution d'actions fictives, ce sont de vrais capitalistes, plutôt que des faux, qui auraient pris le contrôle des entreprises. Si l'État ne dépensait pas deux fois plus qu'il n'encaisse, compensant la différence par la création de monnaie, il n'y aurait pas d'hyperinflation, et les barons rouges investiraient en Russie plutôt qu'à l'étranger. » L'ancienne nomenklatura

« privatisée » serait en somme rationnelle, alors que la nouvelle *demokratura* ne le serait pas.

La *demokratura* est-elle coupable d'avoir mal conçu la libéralisation ?

La libéralisation comme processus dialectique

« J'appartiens à la première génération des fonctionnaires bourgeois de la nouvelle Russie », m'annonce avec fierté, sans ironie et dans un parfait anglais, Dimitri Vassiliev. Maigre et pâle, comme dévoré par quelque fièvre intérieure, le regard insaisissable derrière d'épaisses lunettes, Dimitri dirige à trente-cinq ans la privatisation des entreprises russes, ou plutôt la planifie. Dans cette nation éprise de réformes à condition qu'elles soient immenses et définitives, l'empirisme le cède à l'esprit de géométrie. On aurait pu imaginer que le « Comité d'État pour la gestion de la propriété publique », qu'anime Vassiliev, procède précautionneusement, par étapes ; c'eût été plus libéral, mais pas assez russe. La privatisation s'inscrit donc dans un plan unique arrêté en juillet 1992, applicable des côtes du Pacifique jusqu'à Saint-Pétersbourg. Le Comité d'État a fixé le nombre d'entreprises à privatiser et les échéances à la manière dont le Gosplan régentait l'économie dans l'ex-URSS. De cette tradition, Dimitri a conservé la manie des statistiques à la décimale, voire au millième près : en février 1994, 61,165 % des entreprises à « privatiser » l'auraient été. A Nijni Novgorod, le vice-gouverneur en charge de la privatisation m'avait fièrement annoncé que les objectifs pour la province avaient été atteints à 101,548 %. M'étonnant que l'on puisse, comme au temps de Brejnev, dépasser ainsi les objectifs, mon interlocuteur m'expliqua qu'emporté par un élan libéral, le gouvernement provincial avait « privatisé » plus d'entreprises que le nombre assigné par l'État central. En distribuant 51 % des actions au « collectif des travailleurs », Vassiliev n'a-t-il pas, au nom de la privatisation, abouti par inadvertance à une collectivisation ?

Dimitri Vassiliev n'accepte pas les notions ironiques de « kolkhozes industriels » ou de « barons rouges ». L'important, explique-t-il, est d'avoir provoqué « un processus dialectique par lequel de nouvelles forces sociales apparaîtront et entreront en conflit avec l'ordre ancien ». Dimitri n'est pas marxiste, mais se reconnaît comme hégélien. La libéralisation ne pourra, selon lui, résulter que de ce processus dialectique : la distribution d'actions suscite de nouveaux rapports de force à l'intérieur des entreprises ; ces nouveaux rapports de force conduisent à des restructurations industrielles ; le marché émergera dans les anfractuosités sociales ainsi créées. Suivant le même raisonnement dialectique, l'inflation en Russie ne cessera qu'après que de nouveaux rapports de force auront fait triompher les classes hostiles à l'inflation sur celles qui en bénéficient. L'ensemble du processus, estime Dimitri, exigera de cinq à six ans ; à cette échéance, des groupes d'actionnaires auront réussi à s'emparer du contrôle capitaliste des entreprises privatisées.

Abandonnant à ses algorithmes ce brillant planificateur libéral, je constate que tous les bureaux voisins sont occupés par des conseillers américains. Rien là de rassurant : ces consultants manifestent une grande incapacité à comprendre à quel point le capitalisme qu'ils recommandent aux Russes est américain autant que capitaliste, et combien les Russes seraient de bons capitalistes s'ils comprenaient que le capitalisme ne consiste à imiter en tout les Américains. Cette malheureuse influence américaine a conduit des dirigeants comme Egor Gaïdar et Anatoli Tchoubaïs, coauteurs de la libéralisation de 1992, à adopter le vocabulaire de Wall Street et de Harvard, introduisant dans la langue russe des néologismes comme « privatisation », « monétarisme » et « thérapie de choc » : pareille acculturation ne pouvait qu'alimenter la réaction nationaliste.

De même, l'obsession de ces conseillers pour la propriété privée comme seul fondement d'une économie de marché a conduit leurs élèves russes à faire semblant de privatiser, alors que la priorité, comme cela fut compris en Pologne, consistait à stabiliser la monnaie et ouvrir les frontières, c'est-à-dire à créer les conditions économiques d'un investissement réel plutôt qu'à procéder à une distribution de papiers sans valeur.

Après deux ans de révolution brouillonne, la Russie se trouve dans une situation paradoxale où l'opinion publique croit vivre dans le capitalisme, puisque le gouvernement le lui a dit, alors qu'il n'existe ni capitaux, ni capitalistes, pratiquement aucune entreprise privée, pas de concurrence, ni de monnaie véritable, ni de contrats respectés. Après que soixante-dix ans de propagande communiste eurent cherché à persuader les Russes que le capitalisme c'était le vol, voici des voleurs au pouvoir qui se disent capitalistes !

Lénine n'aurait pas rêvé meilleure justification de sa haine du capitalisme.

De la pauvreté partagée à la pauvreté révélée

A mes étudiants du Collège universitaire français à Moscou, j'ai proposé de deviner qui était l'auteur de la déclaration suivante : « Camarades, le peuple manque de tout, on ne trouve plus dans les magasins ni dentifrice, ni savon, ni lessive, ni fil, ni aiguille. Cela, camarades, est impardonnable. » Les réponses fusèrent dans l'amphithéâtre : « Gorbatchev en 1988 ! », « Eltsine en 1991 ! », « Gaïdar en 1992 ! » Nul ne trouva la bonne réponse : il s'agissait de Leonid Brejnev en novembre 1979, devant le Comité central. Quelle est la morale de cette anecdote ? Les Russes étaient pauvres en 1976, ils le sont toujours en 1994. Mais, au temps de l'Union soviétique, cette pauvreté était plus supportable parce qu'elle était partagée. « Pauvres, mais ensemble », dit-on là-bas. De surcroît, cette pauvreté était à peu près invisible. Les médias d'alors ne montraient la détresse qu'en Occident, pas les appartements sordides, les hôpitaux-mouroirs ni les camps de travail d'Union soviétique. La richesse aussi, en ce temps-là, était invisible : le Russe moyen ignorait que les satrapes du Parti communiste collectionnaient les voitures étrangères, les jolies femmes, les comptes en devises et les résidences secondaires. Quelques Tchaïkas noires aux rideaux tirés, vrombissant dans Moscou, dissimulaient des puissants du régime, mais ce faste était mieux accepté, comme faisant partie intégrante du système, que l'ostentation présente des nouveaux riches roulant en Rolls-Royce ou en Mercedes.

C'est donc la visibilité de l'inégalité et de la pauvreté, plus encore que l'inégalité et la pauvreté réelles, qui suscitent l'hostilité au nouveau régime économique, appelé « économie de marché » alors que sa structure ancienne est à peu près intacte : l'économie réelle de la Russie est restée à 99 % le socialisme, mais rebaptisé désormais libéralisme. L'effondrement de l'économie et l'appauvrissement inégal qu'il entraîne n'est en rien dû à la libéralisation, puisqu'ils avaient commencé avant ; sans cela, la sixième perestroïka n'aurait pas été nécessaire. Mais cet appauvrissement s'est accéléré : non pas du fait de la « thérapie de choc », qui n'a été qu'un discours, mais par suite de la désarticulation du marché soviétique, coupé de ses ressources et de ses débouchés. L'issue finale ne fait aucun doute.

Que peuvent en effet les rares Tatianas entreprenantes contre la peur du changement — un tiers des Russes sont retraités —, contre l'armée, contre le KGB qui a changé de nom mais non pas de fonction, contre les barons rouges et les collectifs de travailleurs ? L'alliance de la nomenklatura d'hier, vingt millions de bureaucrates réfugiés au cœur de l'appareil d'État, avec les barons rouges de l'industrie, constitue une véritable classe dirigeante, détentrice sans partage et sans contrôle — le PC ayant disparu — de la totalité des moyens de production. Cette nouvelle classe dirigeante, naturellement hostile à une révolution procapitaliste, l'emportera à coup sûr. Elle dispose pour cela d'une arme absolue à laquelle aucune démocratie libérale n'a jamais survécu : l'hyperinflation. La création de monnaie permet à la nouvelle classe dirigeante de garder la mainmise sur l'appareil de production. Ceux qui tiennent la Banque centrale exercent un droit de vie ou de mort sur les grandes industries, les sovkhozes, l'armée, les retraités. L'hyperinflation résulte de cet abus du pouvoir de battre monnaie ; elle enrichit les spéculateurs, appauvrit tous les autres et brise le moral de la nation.

Cette démoralisation, l'appauvrissement, l'inégalité croissante ne sont pas les conséquences de la libéralisation, mais celles de son absence. Un malentendu qui convient à la nouvelle classe dirigeante : elle a tout intérêt à dresser le peuple contre des capitalistes inexistants. Ce malentendu organisé conduira la nation désespérée à rechercher un sauveur. Ainsi disparaîtra, sous les décombres de la révolte sociale, la septième perestroïka.

CHAPITRE 4

De la septième à la huitième perestroïka

L'appartement est banal, d'une laideur toute soviétique ; il paraît inoccupé. Me voici seul, muni d'une longue cuillère, face au diable incarné. Nous sommes en 1990 et ce déjeuner est né d'un malentendu : dans le fourmillement des nouveaux partis politiques, un certain Vladimir Jirinovski venait de créer le Parti démocrate-libéral. Me reconnaissant dans cette dénomination, et dans l'euphorie d'alors, celle de la sixième perestroïka, il me fallait rencontrer cet homme d'avenir.

Jirinovski me paraît d'emblée exalté, le regard trop brillant, mais l'exaltation est assez commune chez les Russes et la modération éveille plutôt le soupçon. Mon inquiétude grandit quand il prend la parole pour ne plus la lâcher ; il ne parle pas, il harangue, comme si nous étions mille alors que je suis seul : cloisons et vitres résonnent. « Je suis pour la démocratie libérale, braille Jirinovski, mais dans une ou deux générations. » Dans l'intervalle, une main de fer doit guider le peuple russe : la sienne.

Trois ans plus tard, ce personnage surgi de nulle part, au passé ignoré, se disant tantôt avocat, tantôt ingénieur, mais polyglotte, ce qui n'est pas si courant chez les Russes d'aujourd'hui, écrase tous ses concurrents aux élections législatives, emportant un quart des suffrages. Dès lors, le spectre de la weimarisation envahit l'espace politique : comme l'Allemagne de 1930, la Russie est une grande nation humiliée aux élites déconsidérées, hantée par le chômage et dévorée par l'hyperinflation.

La comparaison doit s'arrêter là et faire place à une écoute plus attentive. « Jirinovski, dit le cinéaste Andreï Smirnov qui ne l'aime pas, pleure avec nos propres larmes. » A travers cette métaphore, il nous faut comprendre que Jirinovski exprime l'expérience quotidienne du peuple. Les Moscovites vivent dans la peur constante d'être agressés, volés, violés entre leur domicile et leur lieu de travail. Il se trouve que les agresseurs sont des voyous ethniquement repérables : Caucasiens, Tchétchènes, Arméniens. « Imaginez, dit Andreï, les Parisiens terrorisés par des mafias maghrébines ou africaines, que votre police n'intervienne pas parce qu'elle a été achetée, et que les chefs de gangs remontent les Champs-Élysées en Rolls-Royce, accompagnés de ravissantes blondes : est-ce que votre Le Pen ne gagnerait pas les élections ? »

Voilà qui permet de mieux comprendre pourquoi Jirinovski est populaire lorsqu'il propose de restaurer la sécurité, de fusiller les voyous, de renvoyer les métèques dans leur Caucase natal.

Au-delà de ce programme sécuritaire, a-t-il la moindre idée sur la manière de redresser l'économie ? Sa seule position « concrète », si l'on peut la qualifier ainsi, serait de convertir l'industrie russe à la fabrication d'armes vendues sur le marché international. Outre que c'est déjà ce qui se fait, le marché des armements n'est pas inépuisable et la compétition le soumet aux mêmes exigences que n'importe quelle autre production.

L'inanité du projet et la paranoïa du personnage ne l'empêcheront pas de devenir le chef de l'État russe, au terme d'élections ou sans élections, avec le soutien probable de l'armée, du KGB reconstitué et des « barons rouges » de l'industrie. Si ce n'est lui, ce sera un autre qui lui ressemblera comme un frère. Le scénario qui s'ensuivra s'écrit de lui-même, dans la mesure où les peuples finissent toujours par se ressembler. Ce n'est pas dans le franquisme ou le pinochétisme — un intermède autoritaire débouchant sur le capitalisme — que Jirinovski ou son double puisera son inspiration. Ce sera inévitablement dans la Russie stalinienne des années 1930, celle des investissements lourds et des travaux forcés. Les Russes n'en deviendront pas plus prospères, mais, de nouveau, s'appauvriront ensemble et en silence : les plans sont prêts parce qu'ils n'ont jamais été effacés, l'appareil de répression reste intact. Un nouveau pouvoir totalitaire contribuerait aussi à combler le vide idéologique de la Russie nouvelle. Sur ce point, le peuple russe a des exigences : il n'a jamais connu de despotisme qui ne s'appuyât sur quelque folle ambition et sur une cohorte de sycophantes exaltant une voie « authentiquement russe ». Le discours déjà en est écrit, du vieux repeint à neuf : les slavophiles seront les idéologues de l'après-perestroïka.

Du futur, faisons table rase !

— Bonjour Valentin Grigorievitch ! Je vous poursuis depuis deux ans. Je suis allé jusque chez vous, à Irkoutsk, mais votre femme a refusé de m'ouvrir la porte. Je croyais les Sibériens plus hospitaliers...

Valentin Raspoutine reste impassible, visage de bois. Je l'ai enfin retrouvé à Moscou, dans les bureaux de la revue littéraire *Notre Contemporain.* Il y publie ses essais.

— Je me méfie de la presse étrangère : j'y suis toujours traité de fasciste et d'antisémite.

— Promis : nous ne parlerons pas de la politique de Valentin Grigorievitch, mais de la culture russe !

Dans ces conditions, d'accord pour l'entretien.

Ce Raspoutine-là n'est pas un moine guérisseur, mais le plus populaire des romanciers russes ; chacun de ses ouvrages se vend à plusieurs millions d'exemplaires. Créateur d'un genre, la « littérature des villages », il raconte des histoires simples et nostalgiques de la vie paysanne, ou du peu qui en subsiste en

Russie. Raspoutine a aussi fondé en Russie le mouvement écologiste : d'Irkoutsk, il a organisé le sauvetage du lac Baïkal et des manifestations populaires contre les grands barrages de Sibérie. Conjonction symbolique entre défense de la nature et slavophilie, car Raspoutine n'est autre que le maître à penser des slavophiles, nationalistes russes méfiants envers l'Occident et la modernité.

« Mon œuvre, explique Raspoutine, est un adieu à la culture russe, un adieu à ce qui n'existe plus : les villages, la campagne, la nature, la langue populaire, l'artisanat, le folklore. » Cent mille villages ont été rasés depuis les années 1930. Il n'y a plus de paysan russe : le mot même a disparu. On dit aujourd'hui « un travailleur agraire » : affreux, n'est-ce pas ? Les paysans russes ont bien essayé de résister de toutes leurs forces à la collectivisation des terres. « Sous Staline, dans mon village, se souvient Raspoutine, nous avions recréé les solidarités villageoises pour survivre. C'est le conseil des anciens, pas le soviet ni le Parti, qui nous dirigeait vraiment : nous avions domestiqué le communisme. » Mais, dans les années 1960, ce que Staline n'avait pu accomplir, Brejnev l'a fait : la modernisation brejnévienne a eu définitivement raison de la paysannerie russe, de son univers, de sa culture, de sa foi. Une destruction « poursuivie par Gorbatchev, puis par Eltsine ».

— Comment cela, Valentin Grigorievitch ? Je croyais que, depuis la chute du communisme, on reconstruisait les églises, que les villages retrouvaient leur ancien nom... !

— Apparences, apparences ! fulmine Raspoutine. C'est vrai que l'on restaure les églises ; les autorités en édifient même dans les villes nouvelles. Mais où sont les prêtres ? Nous n'en avons guère. C'est la curiosité plus que la foi qui peuple nos offices religieux. En vérité, Eltsine, comme le furent avant lui Gorbatchev, Brejnev, Lénine, est obsédé par la modernité : lui aussi poursuit l'anéantissement de la vieille Russie au nom de cette saleté de modernité ! »

La presse démocratique de Moscou accuse Raspoutine d'être proche de l'ancien Parti communiste. Mais comment peut-il simultanément haïr Lénine, Gorbatchev et Eltsine, soutenir l'Église orthodoxe, se réclamer de la culture russe et s'acoquiner avec les communistes ?

« C'est que, m'explique-t-il, vous n'avez rien compris à l'histoire du Parti ! » A l'origine, en 1917, le Parti communiste était bien antirusse et antireligieux ; Lénine a fomenté la destruction de l'Église orthodoxe. Mais, en 1937, les grands procès de Moscou ont purgé le Parti de sa vieille garde cosmopolite et internationaliste. Ces procès, que le monde entier considère comme l'une des abominations du stalinisme, Raspoutine les porte donc au crédit du régime. « Les bolcheviques, dit-il, se sont punis eux-mêmes : Staline a été l'instrument involontaire de la justice divine. » C'est ainsi que le Parti, selon Raspoutine, se serait transformé, dans une seconde phase, en mouvement patriotique : d'antirusse, retrempé au cours de la guerre contre les nazis, il serait devenu l'incarnation de la Russie nationale.

Et voilà comment un slavophile récrit l'Histoire ! Mais la nostalgie n'est pas tout Raspoutine. Il a aussi un projet pour sauver la Russie. Quel intellectuel russe n'en a pas ? Ce projet est simple, radical, définitif. L'avenir de la Russie, selon lui, ne peut qu'être fondé sur son passé. Il faut reconstituer la culture russe sur ses bases anciennes. La clé de cette renaissance sera la propriété. Non pas la propriété selon le modèle capitaliste. Non pas en vendant la terre et les entreprises, car, dans ce cas, seules les mafias auraient de quoi les acheter. Il faut, propose Raspoutine, que l'État donne à chaque famille « agraire » une ferme, avec un bail à vie transmissible : le sentiment et la jouissance de la propriété, sans la propriété elle-même.

— Mais, Valentin Grigorievitch, vous m'avez dit qu'il n'y avait plus de paysans...

— Si la terre était rendue au peuple, nous verrions les Russes refluer en masse des villes vers les campagnes. De plus, il faut s'attendre à un exode massif des Russes chassés des républiques d'Asie centrale, du Caucase, peut-être même de l'Ukraine. Ils pourront repeupler les campagnes et restaurer les isbas abandonnées.

Par une sorte de réaction en chaîne, Raspoutine est persuadé que le monde ancien — langue, artisanat, culture, folklore, religion, dignité de l'homme, amour de la nature, amour du prochain, etc. — renaîtra du sentiment de la propriété partagée.

— Et les usines, qu'en faire ?

— Il faudrait, dit Raspoutine, pouvoir se passer de l'industrie... A défaut, je propose que les entreprises soient confiées en autogestion aux salariés. Ce serait une sorte de bail à vie comparable à celui des fermiers. Ainsi sera épargné à la Russie le malheur d'avoir une bourgeoisie, après le malheur d'avoir eu une nomenklatura.

Rêveur, ce Raspoutine ? Certainement moins, proteste-t-il, que les « démocrates » de Moscou qui veulent imposer au peuple russe, d'en haut, les institutions de l'Occident. Les démocrates occidentalistes sont, eux, les véritables utopistes. Raspoutine les compare aux bolcheviques.

— Les bolcheviques se réunissaient dans les cafés de Zurich et, totalement ignorants du peuple russe, inventaient de toutes pièces une société qu'ils ont ensuite imposée par la force. L'université de Harvard a remplacé les cafés de Zurich, mais la démarche reste la même : les Occidentalistes veulent contraindre les Russes à accepter la privatisation, exactement comme ils ont voulu, dans les années 1920, les contraindre à la collectivisation ! Les libéraux sont des libéraux bolcheviques ! »

Étrange argumentation ! La collectivisation a tué vingt millions de paysans russes, sans compter les famines ultérieures qui en ont résulté. La privatisation, elle, n'a encore jamais tué personne. Mais Raspoutine n'écoute pas...

— Nous avons essayé depuis huit ans de copier votre démocratie occidentale, et nous avons hérité d'un Parlement de bavards et d'un Président ivrogne. Nous avons voulu l'économie de marché, et nous avons la mafia, des casinos et des spéculateurs.

L'erreur des occidentalistes ?

— La Russie est différente, elle n'est pas en Europe, elle n'est pas en Asie, elle est à la fois en Europe et en Asie. Elle ne peut que suivre sa voie propre et inventer des solutions slaves !

En lieu et place de la démocratie, Raspoutine réclame un État fort. Qui le contrôlerait ? C'est, dit-il, le rôle des intellectuels et de la presse de contrôler l'État.

— Mais, Valentin Grigorievitch, les intellectuels ont déjà détruit une fois la Russie : la révolution léniniste fut l'œuvre de l'intelligentsia. Vous l'avez vous-même reconnu !

— Ce fut l'œuvre de certains intellectuels révolutionnaires. Mais tous ne l'étaient pas. Les Européens de l'Ouest commettent une grave erreur, que beaucoup de Russes commettent aussi, en imaginant que tous les intellectuels russes, avant 1917, étaient des révolutionnaires puis le sont restés.

Ceux que l'on connaît à l'Ouest étaient, selon Raspoutine, des adeptes de l'art abstrait et du socialisme, et niaient tout ce qui est national. Mais beaucoup d'autres étaient « conservateurs » et « au service du peuple ». Cette lutte entre les intellectuels nationalistes et les intellectuels cosmopolites se reproduit, estime-t-il, dans les mêmes termes à l'heure actuelle. La Russie est de nouveau prise d'assaut par une vague d'intellectuels révolutionnaires. De nouveau ceux-ci veulent faire table rase, tout détruire pour tout reconstruire. Un malheur par siècle ne leur a donc pas suffi ?

— Enfin, Valentin Grigorievitch, qui sont ces intellectuels destructeurs dont vous me parlez ?

— Les russophobes et les cosmopolites !

— Qui sont les cosmopolites ?

— Ceux qui écrivent dans *Les Nouvelles de Moscou*, dans *Le Journal indépendant*. Ils haïssent la tradition russe et souhaitent nous imposer une culture de masse uniforme, *made in USA*.

Ce serait donc sous l'influence des cosmopolites que les Russes seraient contraints d'absorber ce qu'il y a de pire dans la culture occidentale, d'en « consommer les déchets » ? Sur ce point, je ne saurais donner tout à fait tort à Raspoutine. La Russie comme l'Europe centrale reçoit ce que l'Ouest a produit de plus vulgaire — mauvais rock et pornographie — sans disposer en contrepartie des avantages de la société de consommation.

Les cosmopolites qui obsèdent Raspoutine seraient-ils par hasard juifs ? Raspoutine a déclaré en 1990 à la *New York Review of Books* : « Je pardonne aux Juifs d'avoir tué le fils de Dieu, parce que c'était il y a deux mille ans et que je ne puis leur en tenir rigueur indéfiniment. En revanche, la révolution bolchevique et la collectivisation des terres qui furent leur œuvre sont récentes, et cela, je ne peux le leur pardonner ! »

Raspoutine est devenu plus prudent :

— La presse russe et occidentale m'accuse d'antisémitisme ; mais j'ai le plus grand respect pour les Juifs, à condition qu'ils revendiquent leur judaïsme. Je ne lutte que contre le cosmopolitisme, qu'il soit pratiqué par des Juifs ou par des non-Juifs.

L'antisémitisme en Russie ? Une forme d'hystérie collective qui s'est emparée des Juifs, prétend Raspoutine : « Je serais, dit-il, le premier à défendre le Juif s'il existait vraiment des mouvements antisémites organisés en Russie. » D'ailleurs, Israël est son modèle : « Regardez le peuple juif ; il était biologiquement affaibli par l'exil et il avait perdu sa langue. Grâce au sionisme, il a retrouvé sa vitalité et l'hébreu... Les Russes sont comme les Juifs : dispersés et affaiblis ; mais ils ont conservé dans leurs gènes leur patrimoine culturel. »

Raspoutine croit-il vraiment que par les gènes se transmettent la religion et la culture ? Il n'en est pas tout à fait certain. Mais il suffit, lui semble-t-il, qu'une infime minorité ait conservé en elle ce patrimoine pour qu'il soit transmis de génération en génération.

Sauver la Russie ? Soit. Mais est-il bien nécessaire de reconstituer aussi l'Empire soviétique ?

« C'est une grande illusion, estime Raspoutine, de croire que les républiques de l'URSS voulaient leur indépendance. Les Slaves appartiennent à une seule et grande famille. Je suis persuadé qu'à terme, nous retrouverons nos cousins, y compris les Polonais et les Bulgares... »

Tremblons pour les Polonais et les Bulgares si Raspoutine vient un jour à influencer le pouvoir russe ! Et ailleurs ? Les Géorgiens, les Moldaves, les Kazakhs ?

« Les indépendantistes qui ont pris le pouvoir en Ukraine, en Moldavie, en Géorgie, ne sont que des minorités agitées, nullement représentatives. » Pour Raspoutine, il suffirait que le gouvernement de Moscou rappelle à ces républiques combien elles dépendent de leur « grand frère » russe pour que chacune réintègre immédiatement l'Union.

« Depuis l'invasion des Tatars, nous autres Russes n'avons jamais autant souffert qu'aujourd'hui », conclut Raspoutine. Excessif, bien sûr : MacDonald n'est quand même pas comparable au goulag ! Mais ce qui n'est pas excessif n'est pas russe.

— Enfin, Valentin Grigorievitch, n'avez-vous pas obtenu, grâce à la démocratie, la liberté d'expression, le plus grand bien pour un écrivain ?

— Le prix est trop élevé par rapport à ce que le peuple a perdu. Seul un coup d'État conservateur pourra rendre au peuple sa dignité et nous libérer de la colonisation par les idées occidentales.

Admirable délire de Raspoutine, d'une totale cohérence esthétique... Mot pour mot, le même discours aurait pu être prononcé par n'importe quel penseur slavophile du siècle passé, particulièrement par Dostoïevski. Cette pensée est hors du temps, insensible à l'Histoire et à la réalité, parce que c'est une pensée théologique plus que politique. Raspoutine, de même qu'Alexandre Soljenitsyne, dont certains se plaisent à rapprocher les thèses, sont incompréhensibles hors la croyance des orthodoxes en l'Antéchrist. Figure rhétorique pour les catholiques, l'Ange noir qui précède la parousie est, pour les orthodoxes, une figure réelle et incarnée, ou qui tend à l'incarnation. Lorsque quelque malheur s'abat sur la Russie, le peuple cherche l'Antéchrist et le trouve. De là, certainement, l'incapacité des slavophiles à débusquer en eux-mêmes les sources de la barbarie, et leur tentation permanente d'imputer le mal à un bouc émissaire : les Juifs, les bolcheviques, les koulaks, les impérialistes. Le peuple russe, éternelle victime de quelque complot extérieur, en ressort blanc comme neige : la popularité des slavophiles tient aussi à ce qu'ils exonèrent les Russes de toute responsabilité qui leur soit propre.

Si un Jirinovski soutenu par son Raspoutine prend le pouvoir en Russie, le slavophilisme deviendra probablement l'idéologie du régime. Mais ne l'a-t-il pas déjà été ? Qui incarna la pensée slavophile mieux que Staline ? Le stalinisme fut l'expression de la slavophilie plus que du marxisme. Staline a libéré la haine et la brutalité paysannes contre les intellectuels, contre la bourgeoisie occidentaliste, contre le capitalisme et la démocratie naissante. Le kolkhoze et le soviet, inexplicables par la théorie marxiste, s'inscrivent dans une parfaite continuité avec les institutions « slaves », la commune rurale et le *sobor*, le « conseil des anciens » de la Russie prémoderne. Loin d'être une invention des bolcheviques et des Juifs, le stalinisme incarna ces forces profondes de l'âme russe dont se réclame Raspoutine. Le rapprochement présent entre slavophiles et ex-communistes en Russie n'est donc pas fortuit ; il est inéluctable et d'autant plus menaçant qu'il allie le rêve à une pratique — fraîche encore — du pouvoir total.

La huitième perestroïka

Après l'échec de la dictature slavophile reviendra le temps cyclique de la perestroïka, la huitième. Faisons un rêve, mais modeste. Renonçons au mythe d'une Russie convertie en l'espace de quelques années en démocratie libérale au niveau économique et aux préoccupations individuelles comparables à celles de nos sociétés. Non que les Russes échappent à toute normalité, mais parce que c'est techniquement impossible. L'absence d'investissement depuis vingt-cinq ans, le faible niveau de départ des infrastructures publiques comme du patrimoine privé permettraient au mieux, avec un taux de croissance à la coréenne, que la Russie rejoigne en dix ans le tiers du revenu actuel par habitant des Français. Cela n'est jamais dit par les experts étrangers, parce que c'est une vérité indicible. C'est pourtant la vérité. Pour la génération qui vient, la Russie restera une « puissance pauvre », comme elle l'est depuis le XVIIIe siècle, nous rappelle utilement Georges Sokoloff. Un projet raisonnable consisterait donc, pour les Russes, non pas à devenir riches, mais à progresser et à rester libres.

Quel serait le meilleur régime politique souhaitable pour un retour à l'espérance ? Certains, en Russie, appellent de leurs vœux un Pinochet libéral. Ce qui ne manque pas de sel, mais n'a aucun sens : nul peuple ne choisit un dictateur en fixant les critères de son action. Le dictateur choisit seul, et les qualités qui conduisent à exercer la dictature n'inclinent généralement pas au libéralisme. Pinochet fut un regrettable accident de parcours ; il n'a pas inventé l'économie de marché au Chili, pour la bonne raison qu'elle y existait avant lui.

Faute de Pinochet, bien des Russes se contenteraient d'un Stolypine. Ce chef de gouvernement éphémère (de 1906 à 1911) organisa, par le haut, la création d'une nouvelle classe de paysans propriétaires et attira en Russie les capitaux étrangers ; il n'était guère démocrate. Grâce en particulier à Alexandre Soljenitsyne, Stolypine, depuis la sixième perestroïka, a été redécouvert et célébré comme le précurseur d'un capitalisme naissant et authentiquement russe. Certes, l'évocation de la période stolypienne a quelque vertu pédagogique si elle rappelle que la Russie d'avant la révolution communiste fut bien un pays européen où des minorités actives étaient enclines à entreprendre. Mais enjamber le siècle pour renouer avec cette Russie évanouie relève de la seule littérature. Stolypine comme Pinochet sont des métaphores, pas des solutions opérationnelles.

Le meilleur régime pour la Russie, c'est l'actuel, parce qu'il existe. Rien ne serait plus néfaste que la contestation de l'acquis au nom d'un idéal supérieur. On sait où, en Russie, conduit la quête de la perfection. Les institutions présentes offrent toutes les conditions nécessaires à une huitième perestroïka qui, cette fois, serait la bonne. Pour rejoindre une démocratie libérale et russe, la huitième perestroïka passerait de manière cohérente par les étapes nécessaires non plus à une « reconstruction » — sens du mot perestroïka —, mais à une construction : stroïtelstvo.

La base de la huitième perestroïka devrait être l'État de droit, ce qui fait le plus défaut en Russie et qu'en mille ans elle n'a pratiquement jamais connu. L'État russe a été patrimonial, féodal, terroriste, d'un despotisme tempéré parfois par la corruption ; il n'a jamais été fondé sur le droit. Non que les lois manquent : elles sont innombrables et chaque jour apporte son nouveau lot d'oukases. Mais nul n'y prête attention, hors le bureaucrate qui peut en tirer profit. Le droit, en Russie, n'est pas une relation contractuelle entre l'État et le citoyen, mais un moyen parmi d'autres, pour les puissants, d'opprimer les humbles. Or, sans contrat, il ne peut exister de société civile, de propriété privée, d'investissement durable. Cette absence du droit conduit nécessairement à l'accumulation du capital par la violence, formule stalinienne, ou à l'absence d'investissement, formule gorbatchevo-eltsinienne. Pour construire la Russie nouvelle, il est plus urgent de former des tribunaux, de recruter des magistrats et des policiers de qualité, que de privatiser.

Déroulant le film dans le bon sens et non plus à l'envers, cet État de droit serait conduit, par priorité, à accomplir les tâches naturelles de l'État non garanties par la septième perestroïka : la sécurité civile, la protection sociale des plus faibles, la liberté du marché (en particulier celle de créer et de fermer des entreprises), la stabilité de la monnaie, seule condition du retour des capitaux enfuis à l'étranger et de l'investissement non spéculatif. Une fois ces règles du jeu fixées, le rôle essentiel de l'État serait d'en être le garant et non pas l'acteur ; son intervention économique se limiterait à rétablir à un niveau convenable les infrastructures collectives : moyens de communication, réseau sanitaire, écoles. La septième perestroïka s'est en effet caractérisée par une dégradation rapide de ces infrastructures, si bien que les régions de Russie communiquent difficilement entre elles. Non seulement l'URSS n'est plus un marché unique, mais le marché intérieur russe lui-même se désagrège, faute de transports et de téléphones. Rétablir l'unité de ce marché intérieur, puis l'élargir à la dimension de l'ancienne URSS par des accords commerciaux, est un préalable à la reprise économique.

L'État garant, dans la huitième perestroïka, se désengagerait de la production directe, laissant cette responsabilité aux agents économiques privés, publics, privatisés, collectifs. Peu importe à ce stade la forme de propriété ; l'important sera la *concurrence* entre ces entreprises. A partir de là, par un processus de sélection naturelle, l'État laissera chaque entreprise s'adapter, se convertir ou disparaître : le marché ne peut être décrété par oukase, il ne sera généré que par l'expérience. Afin que ce processus ne devienne pas sauvage, l'État veillera peu aux entreprises existantes, les mastodontes agricoles ou industriels hérités de l'ancien régime, mais réservera sa sollicitude et ses crédits aux nouvelles. La huitième perestroïka se caractérisera par une forte nativité entrepreneuriale, important des techniques modernes et recrutant en masse parmi les exclus du vieux monde industriel.

L'opinion publique soutiendra cette huitième perestroïka dès l'instant où une monnaie stable, la sécurité, le rétablissement des équipements publics, de modestes mais sérieuses perspectives de croissance et d'emploi viendront la rassurer. L'exigence de sécurité est encore plus nécessaire au succès que la croissance.

Quel sera le rôle des experts, gouvernements et entrepreneurs étrangers ? Au cours de la septième perestroïka, il fut négatif. Ceux-ci prodiguaient des avis contre-productifs, exploitant soit la crédulité, soit l'avidité de leurs partenaires russes, fermant les yeux sur la fuite des capitaux vers les banques occidentales, feignant de débloquer des crédits qu'ils n'accordaient pas. A juste titre, car ces crédits n'auraient de toute façon servi à rien. Brouillonne et ostentatoire, l'attitude de l'Occident aura contribué à l'échec de la septième perestroïka, celle du capitalisme potemkiniste. Forts de cette expérience, les Occidentaux adopteront envers la huitième perestroïka une attitude radicalement différente, plus respectueuse de la culture et de l'histoire russes, en cessant de préconiser le mimétisme de l'Europe ou des États-Unis comme seul avenir radieux et seule voie vers l'instauration d'un capitalisme démocratique. L'aide publique des États occidentaux ne sera utile à la huitième perestroïka que si ses effets sont directement ressentis par la population russe, et non détournés par ses dirigeants : par exemple, dans le financement direct des équipements collectifs ou par la participation à un fonds d'aide sociale aux chômeurs victimes des reconversions industrielles. L'intervention occidentale privée ne saurait par nature obéir à quelque injonction que ce soit, mais le gouvernement russe l'orientera vers la création d'entreprises nouvelles plutôt que vers un acharnement thérapeutique sur les entreprises anciennes.

La huitième perestroïka ainsi définie ne permettra pas aux Russes de rattraper le niveau de vie occidental ; le retard paraît irrattrapable. En revanche s'édifiera en Russie une société nouvelle où les équipements publics joueront un rôle plus important que la consommation privée, où se développeront des formes de propriété collective inconnues à l'Ouest, et une culture moins individualiste. Le principal bénéfice que pourrait apporter cette huitième perestroïka relèverait moins de l'ordre de la consommation matérielle que de la réparation sociale.

En 1994, au terme de la septième perestroïka, la société russe est en lambeaux : un tiers des Russes vivent seuls ; un tiers en famille, sans enfant ; un tiers en famille avec un enfant. Selon le sociologue Bestoujev Lada, vingt pour cent de la population souffre d'alcoolisme profond, de tabagisme, d'intoxication par l'héroïne. Le grand corps russe est usé, malade, vieilli ; les relations sociales, empreintes de violence. L'âme russe est tiraillée entre la fascination de l'Occident, les superstitions, les sectes religieuses. Prisonnière de sa liturgie en slavon, son clergé décimé, l'Église orthodoxe ne sait plus parler au peuple. Les baptistes, soutenus par leur base américaine, racolent plus qu'ils ne convertissent un peuple désorienté. Cette pelade du corps et de l'âme russes guérira à la huitième perestroïka. C'est certain : aucun peuple depuis mille ans n'a mieux survécu aux épreuves du plus tragique destin. L'Homme russe, dit Pouchkine, sait extirper de lui l'esclave goutte après goutte. Mais qui conduira cette huitième perestroïka ?

L'école n° 45

L'échec de la septième perestroïka eltsinienne s'explique par les erreurs stratégiques de ses dirigeants, tous issus de l'ancien régime, imprégnés par un héritage d'autoritarisme et de corruption. On ne pouvait espérer que les nomenklaturistes deviennent spontanément des libéraux. Leur reconversion était d'autant plus improbable qu'elle n'aura pas été éclairée par une intelligentsia libérale, car il n'y a plus d'intelligentsia en Russie depuis soixante ans. Lénine et sa bande étaient des professionnels du complot, ce n'étaient pas des intellectuels et ils n'eurent de cesse, dès la victoire, de prendre l'intelligentsia en otage, comme Gorki, de la conduire au suicide, comme Maïakovski, ou à la mort, comme Babel. La seule intelligentsia tolérée en URSS fut celle des scientifiques utiles au complexe militaire, à condition qu'elle ne se mêlât point de politique. Depuis la septième perestroïka, cette intelligentsia subsidiaire a été à son tour dispersée par l'effondrement des instituts de recherche qui l'employaient, elle s'est reconvertie dans le petit commerce ou s'est exilée aux États-Unis, en Israël, en Allemagne. La huitième perestroïka sera donc l'œuvre d'une nouvelle génération née sous Brejnev : les enfants de l'intelligentsia scientifique. Ceux-ci, depuis les années 1980, sont sélectionnés et éduqués par la meilleure école de Moscou, la n° 45 (les écoles de la capitale sont désignées par un numéro).

« N° 45 » est une oasis digne des meilleures écoles d'Europe occidentale. Les enfants s'appellent Tatiana, Natacha, Irina et Andreï. Leurs parents sont médecins, ingénieurs, physiciens, et presque tous ont ajouté à leur profession d'origine ce qu'on appelle, dans la septième perestroïka, un *bizness*. Dans cette école, les jeunes filles sont plus nombreuses et plus douées que les garçons ; c'est également le cas à l'université de Moscou. Les femmes russes semblent avoir mieux résisté que les hommes à la tourmente soviétique ; leur rôle dans la huitième perestroïka sera déterminant, comme l'a laissé pressentir, dès 1993, le succès électoral du Mouvement des femmes russes. Tous les étudiants de l'école n° 45 sont parfaitement bilingues, et tous ont séjourné aux États-Unis. Beaucoup apprennent aussi l'allemand, l'italien, le français. Pour eux, Lénine est une pâlissante icône qui figurait sur leurs manuels d'école primaire ; du passé, ils n'ont qu'une vague connaissance, leurs parents en parlent peu : sans doute l'expérience n'est-elle pas communicable.

Le directeur de l'école n° 45, Leonid Milgram, y a introduit une pédagogie non conventionnelle, non autoritaire, participative, avec psychodrames et sociodrames. Les manuels, tous périmés, ont été abandonnés pour faire place à un questionnement permanent sur les disciplines enseignées : pour la première fois dans une école russe, les enfants ne se voient pas inculquer des certitudes, mais, au contraire, le principe d'incertitude, l'esprit de recherche en lieu et place de réponses toutes faites.

J'ai demandé à Macha, Natalia et Andreï leurs impressions sur l'école de Washington où ils viennent de passer un mois. Réponse unanime : « Il nous a été difficile de trouver des interlocuteurs de notre âge avec qui entretenir une conversation intelligente. » Pour cette génération de la huitième perestroïka, les banalités sont interdites, la superficialité inacceptable, ils ne s'intéressent qu'à l'essentiel.

Avec la huitième perestroïka, la Russie devrait sortir pour de bon de l'esclavage. Elle sera capitaliste, mais ne sera pas que cela : le chef de l'État qui conduira la huitième perestroïka sera probablement une femme, ancienne élève de l'école n° 45 !

CHAPITRE 5

Le mode de production asiatique

Par un hublot, à l'aube, je retrouve les terres jaunes de la Chine du Nord. Avec une émotion et une attente intactes : tout voyage à Pékin est comme un alunissage sur une planète chaque fois différente, puisqu'aucun empire n'est moins immobile. Il y a quinze ans, une gigantesque statue de Mao, toute blanche, conditionnait le voyageur dès l'aéroport. Pour peu que le déplacement fût vaguement officiel, l'interprète et son cerbère attendaient le voyageur, sonné par dix-huit heures de vol, au pied de la passerelle, tendaient leurs fleurs et se lançaient dans les banalités d'usage sur l'amitié franco-chinoise. La durée du voyage a été abrégée de moitié, la statue de Mao a disparu, un banal taxi de marque japonaise conduit le voyageur jusqu'à la capitale. A condition de le régler en dollars.

« Quoi de neuf ? » demandai-je au chauffeur sur la route de Pékin. J'attendais qu'il me récite le catéchisme du jour : le Parti communiste, cette semaine-là, était réuni pour son XIVe Congrès. Y en aurait-il jamais un XVe ? Le chauffeur, jovial, me désigna une effigie de Mao, une icône de couleurs vives ornementée de pompons rouges à la manière des immortels du panthéon taoïste, suspendue à son volant. Le Parti renouerait-il avec la pensée de Mao Zedong ? Pas un instant. « Mao, m'explique-t-il, est un dieu qui protège des accidents de la route. » Serait-il devenu une divinité bienveillante ? Au contraire : c'est un dieu méchant, il ne protège que ceux qui le vénèrent. La Chine n'aura pas connu de démaoïsation à la manière de la déstalinisation en Russie ; c'est en le divinisant que les Chinois se sont débarrassés du « Grand Timonier ».

Pékin ne cesse de se métamorphoser, pour le pire. Au nom de la modernisation — sa seule légitimité, désormais —, le Parti communiste a rasé la ville ancienne et édifié à sa place l'équivalent architectural d'un Berlin-Est, avec une génération de retard. La cité, il y a peu encore une composition géométrique de villages et de cours carrées blotties autour du palais impérial, est devenue une anonyme banlieue cisaillée d'autoroutes. « Désormais, nous n'avons pas un, mais trois périphériques, et même des encombrements », claironnent fièrement les porte-parole du régime. Les touristes seraient-ils les seuls à éprouver la nostalgie du vieux Pékin insalubre ? L'écrivain Simon Leys prétend que les Chinois ont le culte de leurs traditions immatérielles, pas celui des vieilles pierres. Certains, pourtant, se souviennent d'avoir pleuré lorsque furent rasées, dans les années 1960, les murailles de la ville, dont ne subsistent que quelques portes. Les vieux Pékinois regrettent aussi la cour carrée d'autrefois, lieu de convivialité, de réunion familiale, de querelles bruyantes, et à l'occasion potager, poulailler et porcherie.

Vivent-ils plus à l'aise dans les tours et barres de béton inachevées ? Ce n'est pas évident, à y constater l'entassement, le manque d'hygiène, la promiscuité. Sur les balcons de ces immeubles, des plantes en pots se débattent contre la pollution atmosphérique, témoignages d'une tradition intériorisée et menacée.

Sur la place Tian 'anmen, banderoles et massifs floraux célèbrent le Congrès : le peuple en attend avant tout qu'il ne s'y passe rien, sachant d'expérience que rien n'est plus fatigant que la révolution, et prêt à s'accommoder de la nouvelle pensée : « Enrichissez-vous et ne faites pas de politique. » Est-ce encore le communisme ? Le Parti assure que oui, les apparatchiks soutiennent qu'ils édifient le socialisme comme but, en usant du marché comme instrument. Lorsque s'est ouverte la Bourse de Shanghai, au printemps 1992, l'officiel *Quotidien du peuple* rappela que Karl Marx lui-même n'hésita pas à spéculer à la Bourse de Londres ; les Shanghaïens se ruèrent alors si nombreux sur les titres que plusieurs centaines de ces spéculateurs « marxistes » furent piétinés.

Qu'est-ce que cette économie nouvelle qui n'est plus socialiste et se refuse à être capitaliste ?

L'économie socialiste de marché

Ji Chongwei sait. Il a le teint parcheminé et l'autorité que confèrent en Chine l'âge et le fait d'avoir survécu ; il y fallait, à son rang, certainement plus de souplesse que de courage. Autour de Ji s'affairent les assistants serviles, les preneurs de notes, la serveuse de thé. Avec allégresse, je retrouve ce rituel immuable de la conférence, dans le salon vaste et crasseux du Conseil d'État, gelé l'hiver, une fournaise en été : tapis maculés, fauteuils affaissés, odeurs de latrines à tous les étages, thé brûlant où surnagent les feuilles qui en font un potage épais et goûteux. Un détail neuf, signe de la modernisation interprétée par les bureaucrates du Parti : notre entretien se déroule sur fond de musique d'ascenseur fabriquée en Occident. A part cela, rien n'a changé, hormis mon hôte.

Dans le fauteuil occupé par Ji Chongwei, j'en ai vu passer, des « économistes en chef », depuis 1979 ! Après chaque purge et à tour de rôle, ils m'ont exposé la ligne du Parti pour les cent années à venir et assuré qu'aucune autre éventualité ne pouvait s'envisager. Ce Conseil d'État est l'instance suprême qui arrête en principe la politique économique de la Chine ; à moins que son véritable rôle ne soit de légitimer, par un discours cohérent, la diversité et les expériences contradictoires de toutes les Chine qui composent la Chine.

« Depuis 1979, expose Ji Chongwei, le Parti communiste chinois est à la recherche de la voie vers le développement qui respectera les principes du marxisme-léninisme, voie que n'ont pas trouvée les communistes disparus d'URSS et d'Europe centrale. » Cette recherche, modestement qualifiée de « Réforme » par son génial instigateur Deng Xiaoping, est achevée : la grande découverte en a été annoncée au XIVᵉ Congrès de 1992, elle s'appelle l'« économie socialiste de marché ». Il suffisait d'y penser.

Ji Chongwei pourrait-il me résumer les principes de ce nouveau modèle ? Bien difficile, me répond-il, car il a fallu deux heures au secrétaire général du Parti pour l'expliquer au Congrès : « Un texte de deux mille caractères », précise mon interlocuteur pour faire bon poids.

Les assistants opinent, les preneurs de notes recopient, pour les archives de l'Empire, tous ces truismes. Ji essaie malgré tout de m'éclairer :

« Jusqu'à notre découverte, le monde croyait à tort que l'économie de marché était identifiable au capitalisme : lourde erreur. Mais la connaissance a progressé. »

Je note à mon tour, mot à mot, studieusement, toutes ces banalités, car le style, dans un régime autoritaire, est indissociable du fond, à moins que la forme ne soit en fait la seule véritable substance.

« Dans les pays capitalistes, poursuit Ji Chongwei, il a été possible de planifier sans rompre avec le capitalisme ; ce fut le cas en France après 1945. A l'inverse, il est permis d'utiliser l'économie de marché comme instrument pour construire le socialisme. L'économie de marché est un facteur objectif de croissance, ce n'est pas un choix idéologique. »

Il me paraît que nous sommes bien loin du marxisme ; Ji Chongwei s'inscrit dans une tradition qui remonte à la fin du XIXᵉ siècle, lorsque le philosophe Zhang Zhidong suggéra que la Chine empruntât à l'Occident ses techniques tout en restant fidèle à sa tradition nationale ; distinction qui n'a jamais fonctionné ni en Chine ni ailleurs, car la technique de l'Occident n'est pas dissociable de sa culture. Je demande donc en quoi l'économie chinoise peut encore être qualifiée de socialiste, autrement dit d'originale, si elle en vient à adopter le marché.

Les officiels chinois détestent les questions, surtout lorsqu'elles sont impertinentes. Espérant gagner du temps, Ji Chongwei souffle bruyamment sur sa tasse de thé afin d'en écarter les feuilles, et allume une cigarette. Intoxication patriotique, car les taxes sur le tabac représentent un tiers des ressources fiscales du gouvernement central. L'entourage en profite pour s'esquiver quelques instants, le thé chinois est diurétique. Puis nous reprenons.

« La Chine est socialiste, explique Ji Chongwei, parce que nous maintenons une planification d'État, parce que la propriété publique reste dominante, et parce que la rémunération est fonction du travail et non du capital. » Puisque le marché est efficace, reconnaît Ji Chongwei, nous allons progressivement l'étendre à la main-d'œuvre. L'économiste en chef de la Chine envisage la création d'un système national d'allocations chômage pour inciter les entreprises publiques à se défaire de leurs excédents notoires de salariés.

J'avais déjà entendu cela en 1988, mais il ne s'est jamais rien passé ; on ne voit pas où l'État trouverait les fonds.

Des Bourses se sont ouvertes à Shanghai et à Shenzhen, et des entreprises d'État font appel à l'épargne privée ; cela annonce-t-il une privatisation de ces sociétés ? Pas du tout, m'explique-t-on. Les valeurs émises sont des obligations indexées sur les résultats, en aucun cas des titres de propriété. Des entrepreneurs privés peuvent créer leur propre entreprise, mais toute privatisation du secteur public est exclue.

Pourquoi cette restriction ? La réponse est curieuse : la privatisation est exclue parce que ce serait une atteinte au socialisme, mais aussi parce que « l'expérience de la Russie démontre que la privatisation a échoué ».

De quoi parle-t-on ? A l'heure où se déroule notre entretien avec Ji Chongwei, à l'automne de 1993, la privatisation n'a pas échoué en Russie, pour la simple raison qu'elle n'a pas commencé. Dès l'instant où la privatisation est hors de question, comment les entreprises publiques, notoirement mal gérées en Chine, deviendraient-elles efficaces ? Par leur mise en concurrence, rétorque Ji Chongwei. Le modèle chinois d'économie socialiste de marché revient à mettre en concurrence des entreprises d'État. Ce qui n'est pas nouveau, puisque telle fut la tentative menée en Hongrie après 1956, jusqu'à la chute du communisme. Telle fut aussi l'ambition centrale de la perestroïka de Gorbatchev : rendre le socialisme efficace. Gorbatchev était pour le marché et contre la privatisation ; c'est même de cette contradiction fondamentale que la perestroïka est morte. En quoi le nouveau modèle chinois serait-il différent du vieux modèle hongrois et de la perestroïka gorbatchévienne ?

La réponse de Ji Chongwei n'obéit pas à la logique occidentale. « Le modèle chinois, dit-il, n'est pas comparable aux expériences hongroise et russe, parce qu'eux ont échoué et que nous réussissons. La preuve est dans le Sud », conclut Ji Chongwei, cryptique.

Le Sud ? Au cours de l'été 1992, Deng Xiaoping, l'empereur sans couronne, effectua un voyage remarqué dans les provinces du Sud, à Canton et dans la zone franche de Shenzhen. Sur les murs de Pékin, des panneaux peints rappellent ce que fut l'ultime épopée du vieil homme d'État. Par cette démarche symbolique, la « fièvre des affaires » qui se manifestait là-bas fut promue comme modèle à suivre par la Chine tout entière : « aller dans le Sud », c'est adhérer à la Réforme, « édifier le socialisme par le marché ».

Descendons à notre tour vers le Sud, voir ce qui s'y passe réellement.

A Canton, le capitalisme primitif

— La Mercedes, quelle Mercedes ?

— Celle que j'ai aperçue dans la cour de la mairie. A qui appartient-elle ?

Yi Zhi Wei est suffoqué par ma question. Il en a perdu le sourire de circonstance qu'il réserve aux hôtes étrangers. En cantonais, Yi se concerte avec ses acolytes, puis retrouve son aplomb :

— Nous n'avons jamais vu cette Mercedes ; sans doute appartient-elle à un commerçant individuel qui l'a rangée dans notre cour.

« Commerçant » et « individuel » : il faut bien entendre la double insulte choisie par Yi, secrétaire du Parti communiste local et maire de la ville de Ping Zhou, dans la banlieue de Canton. Je n'insiste pas. Le mensonge est clair et il est essentiel, en Chine, de sauver la face de son interlocuteur : la Mercedes appartient évidemment à Yi Zhi Wei. Au milieu de cet océan de misère, est-ce le témoignage de sa corruption ? Probablement. Mais ce peut tout aussi bien être la récompense de son esprit d'entreprise. Car Yi, bon communiste, applique fidèlement la nouvelle ligne de l'« économie socialiste de marché ».

Dans l'édification du « communisme par le marché », la province de Canton, soixante millions d'habitants, est le modèle qu'un milliard et quelque deux cents millions de Chinois sont invités à imiter, et dans cette province, Ping Zhou mène la course en tête. Dans les années 1960, il fallait s'inspirer de la commune de Dazhai, qui avait décuplé sa production de blé grâce à la lecture des maximes de Mao rassemblées dans le Petit Livre rouge. Désormais, il faut suivre Ping Zhou. « Peu importe la couleur du chat, disait Deng Xiaoping, pourvu qu'il attrape les souris. »

Voyons donc comment le secrétaire du Parti, Yi Zhi Wei, a attrapé sa Mercedes. Pas à la sueur de son front, plutôt grâce à celle de Mlle Li, ouvrière à l'usine de chromage de Ping Zhou. Mlle Li a vingt ans, et avec cinq cents jeunes filles de sa génération, tout juste arrachées à leur famille et à leur rizière, la voici promue travailleuse de choc au service de l'économie socialiste de marché. Soixante heures par semaine, sur des machines archaïques acquises de troisième main en Allemagne, Mlle Li trempe dans un bain de chrome des objets divers, chandeliers, vaisselle, bougeoirs, qui aboutiront dans le salon kitsch de quelque bourgeois européen ou américain. Son salaire s'élève, niveau considérable pour la Chine, à 800 yuans par mois (environ 700 francs français) ; s'y ajoute, observe Yi, le logement gratuit dans un dortoir pour célibataires.

Pourquoi une rémunération supérieure à la moyenne de l'industrie chinoise ? C'est que, explique sans embarras excessif le maire de Ping Zhou, le métier n'est pas sans risques ; Mlle Li y laissera ses poumons. Elle sera facilement remplacée, car Yi peut puiser dans l'inépuisable stock des millions de paysans chinois qui abandonnent leurs champs minuscules, fuient les exactions des bureaucrates du Parti à la campagne et affluent vers les grands ensembles industriels ; au printemps 1994, 250 millions de paysans étaient officiellement recensés comme chômeurs.

Dans cette usine de Ping Zhou, le bruit, l'insécurité, le désordre, les odeurs mêlées de cuisine et d'eaux usées composent un décor qui aurait comblé Zola, ou mieux encore Friedrich Engels lorsqu'il décrivit la condition ouvrière à Manchester vers 1840. Les dirigeants chinois ont réinventé le capitalisme primitif, copiant avec un talent de calligraphes les caricatures qu'en proposèrent si longtemps les marxistes.

Yi Zhi Wei s'indigne de mon analyse. L'économie socialiste de marché n'est pas le capitalisme, mais « son dépassement », dit-il, car la propriété de cette entreprise de chromage n'est pas privée, pas capitaliste : l'usine appartient à la « communauté des travailleurs ». Ces travailleurs sont supposés se réunir une fois par an pour entériner le plan que leur propose M. Yi. Il va sans dire que le plan est toujours approuvé ; mieux, « ses objectifs sont dépassés ». On voit que le vocabulaire de l'économie socialiste de marché et ses slogans n'ont guère rompu avec la rhétorique stalino-maoïste.

Définir qui est propriétaire des moyens de production et qui détient le pouvoir réel de décision dans ces entreprises locales est, pour l'observateur étranger, un inextricable casse-tête chinois. Officiellement, dans l'économie socialiste de marché, coexistent cinq grandes formes de propriété : la propriété d'État, qui englobe la quasi-totalité des industries importantes ; la propriété privée, qui vaut surtout pour le petit commerce et l'artisanat ; le bail, appliqué notamment à la terre allouée aux paysans par l'État, qui en reste propriétaire ; les coopératives, surtout des moyennes entreprises industrielles du type de celle de Ping Zhou ; et les « joint-ventures », sociétés privées alliant le secteur public chinois avec des capitalistes étrangers.

Parmi toutes ces formes de propriété, la plus dynamique, le véritable moteur de la « Réforme » est la quatrième : les coopératives. Mais ce ne sont pas des coopératives ! Derrière le paravent de l'assemblée des travailleurs, le pouvoir réel appartient aux apparatchiks locaux appelés par le gouvernement à se lancer dans les affaires. Le vrai patron de l'usine de Ping Zhou est bien Yi Zhi Wei, qui se retrouve donc tout à la fois le maire, le secrétaire du Parti communiste, le chef d'entreprise et le principal bénéficiaire : souvenons-nous de la Mercedes...

Comment les Chinois exploitent-ils les Chinois

Le pouvoir du camarade Yi s'exerce derrière le rideau officiel du marxisme ; mais derrière ce rideau se cache un autre rideau, et la Mercedes de Yi n'est elle-même qu'une manifestation superficielle de l'économie socialiste de marché. Où Yi a-t-il trouvé les capitaux nécessaires pour acquérir ses machines, sachant que la Chine dispose de peu de devises ? Qui sont ses clients, puisque lui-même reconnaît que 95 % de sa production est destinée à l'exportation ?

Élémentaire : Hong Kong, Taiwan, Singapour détiennent les clés de cette économie socialiste de marché. Hormis quelques prêts occidentaux et de rares joint-ventures avec Européens et Américains, les « coopératives » chinoises travaillent avec les capitaux des Chinois d'outre-mer et pour les Chinois d'outre-mer. Formée de trente à quarante millions d'expatriés, une entreprenante diaspora « exploite », avec la bénédiction des autorités de Pékin, le milliard de Chinois qui sont restés sur le continent. Une sainte alliance des capitalistes d'outre-mer et des communistes de Pékin, qui fonctionne avec la discrétion requise par le faire-semblant idéologique et les règles du commerce international. Les produits de l'usine de Ping Zhou en témoignent : nulle part n'y est inscrit *« made in China »*. Yi lui-même ignore la destination finale de ses chandeliers et ventilateurs, il se contente de les livrer à un intermédiaire de Hong Kong qui paye *cash*, en devises.

Les esprits chagrins ou rares nostalgiques de l'analyse marxiste feront observer que les Chinois d'outre-mer se comportent comme des impérialistes, exploiteurs du peuple chinois, et réalisent de substantiels bénéfices grâce aux bas salaires du continent : honteuse exploitation qui n'est pas sans rappeler celle des années 1920 ou 1930, quand, selon un schéma comparable, les exploitateurs impérialistes étaient des Occidentaux. Au surplus, et comme au temps de l'« impérialisme », les nouveaux exploiteurs s'appuient sur un réseau intérieur d'intermédiaires, les *compradores*. Ces complices locaux savent comment se faufiler dans les interstices de la bureaucratie communiste, ils détiennent cette précieuse denrée sans laquelle rien n'est possible en Chine : le *guanxi*, c'est-à-dire les relations. En termes crus, ils savent exactement qui il faut corrompre.

Tout cela, vieux comme la Chine, discret avant la « Réforme » de 1979, s'affiche désormais avec ostentation : le *comprador* se reconnaît à son téléphone portable, symbole de son *guanxi* ; il ne s'en sépare jamais, l'utilise au vu de tous, si possible dans le bar d'un grand hôtel de Canton. Le téléphone cellulaire distingue le *comprador* à la manière dont le bouton de jade ou les plumes de paon renseignaient sur le rang du mandarin dans la Chine impériale. J'ignore si le bouton de jade fascinait les jolies femmes, mais il est clair qu'à Canton elles résistent difficilement au téléphone cellulaire.

De l'utilité de la corruption

Yi est le bénéficiaire de fait, sinon le propriétaire, de l'entreprise coopérative qu'il dirige au nom du Parti. Donc, Yi est corrompu. Est-ce grave ? Oui, à l'aune de la morale occidentale et de la tradition confucianiste. Mais cette corruption ne produit-elle pas quelque vertu objective ? Elle motive l'esprit d'entreprise de Yi, et suscite des emplois. C'est elle encore qui attache Yi à la Réforme ; au travers de l'argent mal acquis, il devient un allié objectif de la destruction du socialisme et de l'édification d'une sorte de capitalisme.

Sans cette corruption, il n'aurait pas été possible d'intéresser les cadres du Parti communiste chinois à la Réforme. Grâce à la corruption de la nomenklatura et à celle de leurs enfants, que le peuple appelle les « petits princes », la Réforme survivra probablement à la disparition des octogénaires qui ont engagé le mouvement. Paradoxalement, cette corruption devient, dans les origines du capitalisme chinois, l'équivalent fonctionnel de l'éthique protestante placée par Weber au premier rang des origines du capitalisme occidental.

Jusqu'à un certain seuil. Car la corruption peut aussi dévorer tous les bénéfices des entreprises et tuer l'investissement. Elle peut susciter une révolte populaire. Ce ne serait pas la première fois dans l'histoire de la Chine qu'au nom de la vertu surgirait quelque messie — on l'appellerait aujourd'hui fondamentaliste — pour renverser le régime. Il n'y a pas un Dieu unique dans les religions chinoises, mais les saints y abondent qui inspirèrent par le passé les grandes révoltes morales du Lotus blanc, des Boxers et de Tian 'anmen. Les risques d'une nouvelle révolte antidynastique sont réels, et le terreau fertile : les sociétés secrètes prolifèrent de nouveau, signe des fins de règne.

C'est de ce côté que le Parti devrait redouter et, semble-t-il, redoute pour sa pérennité, beaucoup plus qu'il ne craint les partisans disséminés — ou en exil — de la démocratie.

Alors, comment réguler la corruption de manière qu'elle soit suffisante pour « acheter » les cadres du Parti et en même temps tolérable pour l'économie et l'opinion publique ? Comment, en d'autres termes, convertir un État communiste en État de droit, et un nomenklaturiste en véritable entrepreneur ?

Ce n'est pas impossible, puisque tel fut le scénario à Taiwan. Mais Yi nie absolument qu'il y ait corruption en Chine. La raison en est simple : « Le peuple a accès à un numéro de téléphone spécial pour dénoncer les corrompus, il ne peut donc y avoir de corruption. » De surcroît, Yi paraît sincère, ce qui illustre de nouveau la difficulté de plaquer sur la société chinoise nos concepts étrangers. Le capitalisme, pour les Chinois du continent, revient à faire argent de tout, surtout aux dépens des Occidentaux : après avoir été reçu en audience officielle à la mairie de Canton, on me présenta la facture — salée ! — de la location de la salle municipale où je venais d'être accueilli. Au nom de l'économie socialiste de marché, m'expliqua-t-on sans ciller.

Deux lectures de la Chine

Plaise au lecteur de ne pas conclure que mon analyse est fondée sur la visite d'une seule coopérative au sein de cet immense continent ! La coopérative de Ping Zhou existe réellement ; mais elle est aussi la représentation de plusieurs dizaines d'autres qu'il m'a été donné de découvrir en Chine au fil de ces quinze dernières années. M. Yi existe, je l'ai rencontré, mais il est aussi l'archétype des innombrables entrepreneurs-bureaucrates de sa trempe que j'ai rencontrés. Enfin, j'ai insisté sur Ping Zhou parce que les autorités chinoises elles-mêmes considèrent Ping Zhou comme une expérience positive à laquelle les entrepreneurs chinois sont conviés à se mesurer.

Mon propos sera jugé par certains négatif, voire sarcastique. Telle n'est pas mon intention. Ping Zhou est une réalité de la Chine contemporaine qui appelle plusieurs lectures. Les faits, considérés à travers une lunette marxiste, peuvent être qualifiés d'exploitation et légitimeraient une révolution pour instaurer un régime socialiste. Un marxiste classique dénoncera à Ping Zhou un capitalisme sauvage où l'environnement, les équipements sanitaires, les infrastructures, les écoles sont sacrifiés, toute l'énergie et les ressources mobilisées pour procurer l'enrichissement le plus rapide possible. L'analyse marxiste appliquée à l'économie socialiste de marché permettrait de conclure que nous sommes en présence de l'exploitation d'un prolétariat au profit du capitalisme international, avec le soutien de valets chinois. S'il restait un seul maoïste en Chine, il pourrait reprendre aujourd'hui l'exacte définition que Mao donnait de l'économie chinoise en 1947 : « Bureaucratie, monopole d'État, féodalisme, compradores » !

Les mêmes faits, considérés à travers un prisme archéo-libéral, pourraient être interprétés comme un stade élémentaire du capitalisme. Pour ceux qui ont connu les premières manufactures de Taiwan, Hong Kong et Singapour il y a vingt ans, la phase initiale de l'essor de ces « dragons » capitalistes ressemblait à ce que l'on peut observer aujourd'hui dans la province de Canton. Yi est un « exploiteur » ! Mais les premiers entrepreneurs taiwanais n'étaient pas des anges. Mlle Li, dans son atelier de chromage, est certainement exploitée ; l'est-elle plus ou moins que lorsqu'elle se brisait l'échine dans la rizière, repiquant les épis sous les ordres d'un « empereur local » *(Tu huangdi)* du Parti communiste ? Ce terme d'« exploitation » est bien ambigu : la critique anticapitaliste lui a conféré une valeur strictement négative, mais le véritable drame de nombreux peuples pauvres n'est pas d'être exploités, c'est au contraire de ne pas l'être du tout et, par là, de se trouver condamnés à l'extrême misère.

Une analyse libérale conduirait donc à définir l'économie socialiste de marché comme un stade primitif du capitalisme où la main-d'œuvre est sous-qualifiée, les entrepreneurs peu créatifs, et l'avantage comparatif sur le marché, fragile et provisoire. La seule théorie à ne rendre compte d'aucune manière de cette réalité est celle qu'en proposent les autorités chinoises : l'expression « économie socialiste de marché » ne recouvre rien, elle n'est qu'un hâtif badigeon idéologique pour légitimer la coexistence de l'exploitation capitaliste, de l'ouverture au marché mondial et de la permanence de la bureaucratie communiste comme détentrice à la fois du pouvoir politique et du pouvoir économique.

Comment choisir entre ces différentes théories explicatives de la Chine ? Le Parti communiste est-il le fourrier du capitalisme en Chine plutôt que son ennemi ? La marche vers un capitalisme authentique est-elle inéluctable ? L'argent promu comme valeur suprême, dans cette Chine nouvelle, sera-t-il si puissant que les vestiges du communisme — appareil politique et économique compris — n'y résisteront pas ? La taiwanisation ou hongkongisation de la Chine continentale sont-elles assurées ? Le virus capitaliste introduit par les Chinois d'outre-mer s'emparera-t-il du milliard de continentaux ?

Cette nécessité du capitalisme comme fin de l'histoire chinoise, par symétrie avec ce qui fut naguère présenté comme la nécessité du communisme, ne me paraît pas assurée. Car l'économie socialiste de marché en Chine reste pour l'heure, en dépit de la passion effrénée de l'argent, aussi socialiste qu'elle est de marché : rien n'est encore joué. Avec l'économie socialiste de marché, commente l'écrivain en exil Zhao Fusan, « la Chine est passée du socialisme féodal au capitalisme féodal ». Les Occidentaux sont frappés par l'abandon du socialisme, mais les Chinois constatent surtout la permanence du féodalisme. Les Occidentaux, à l'invitation du Parti communiste, regardent surtout ce qui change ; pour la plupart des Chinois, c'est l'immuable qui continue à gouverner leur existence. L'intérêt porté à la Réforme fait oublier que beaucoup plus nombreux sont les Chinois qui travaillent dans les entreprises d'État et dans l'agriculture traditionnelle que dans les coopératives.

Le riz cuit dans la grande marmite

Derrière la rhétorique sur l'économie socialiste de marché et les taux de croissance en forme de bulletins de victoire, l'entreprise d'État en Chine, avec son régime du « riz cuit dans la grande marmite » *(daguofan)*, c'est-à-dire le collectivisme et l'emploi garanti à vie, également appelé « bol de fer », reste la norme. A s'en tenir aux déclarations officielles évidemment biaisées, ces entreprises d'État ne représenteraient plus que les deux tiers de la production industrielle, contre la totalité en 1979, et seulement un tiers dans la province modèle de Canton. Le tiers qui n'est pas d'État n'est pas pour autant privé ; les coopératives locales ne concurrencent jamais les entreprises d'État, elles sont obligatoirement cantonnées dans l'industrie légère, les biens de consommation et le commerce. Quant au secteur véritablement privé, minuscule, il est limité aux biens de consommation courante, au commerce, à l'artisanat et à la petite agriculture.

La Réforme n'a donc pas privatisé, elle a hiérarchisé l'économie, en strates superposées : en haut le secteur d'État maître de l'essentiel, industrie, énergie, transports ; à l'étage intermédiaire, la petite industrie ; au rez-de-chaussée, le commerce. Entre ces étages circulent les intermédiaires, indispensable lubrifiant de toute économie que le marché et la liberté des prix ne régulent pas. Dans cette hiérarchie, l'usine d'État figure au sommet, avec le douteux privilège d'être commandée et planifiée de Pékin, à des milliers de kilomètres de là, par des fonctionnaires qui s'expriment en mandarin officiel, aussi proche des langues des provinces que le français peut l'être du turc.

Pour simplifier le propos, je chargerai une seule entreprise, Sinopec, à Canton, et les épaules de son directeur, Zhuang, de l'ensemble des observations que j'ai accumulées depuis 1979 auprès d'une trentaine d'entreprises d'État réparties dans toute la Chine.

Zhuang, directeur de Sinopec, est prisonnier du rôle mimétique inhérent, dans le monde entier, à tout dirigeant d'entreprise du secteur public non soumis à la concurrence : feindre d'être aussi efficace qu'un entrepreneur privé. « Sinopec n'est plus une entreprise d'État socialiste de l'ancien modèle », m'explique-t-il longuement autour de l'inévitable bol de thé, entouré des incontournables acolytes chargés de compléter ses propos ou de surveiller leur exactitude. « L'usine appartient au peuple tout entier, et elle fonctionne comme si elle était soumise aux lois de l'économie de marché. » Ou presque, car la « Chine est en transition », etc.

Air connu. Zhuang n'est pas un mauvais diable. Je le soupçonne même d'être honnête et compétent, ce qui advient parfois chez les apparatchiks. Mais le directeur de cette usine d'engrais, un monopole pour la province de Canton, est pris dans une logique de situation dont il ne peut maîtriser les implications ultimes. Sinopec, héritage de la période stalino-maoïste, est ingérable, comme l'étaient les entreprises d'État soviétiques et pour la même raison : un monopole d'État qui n'est sanctionné ni par la concurrence ni par les consommateurs est voué à gaspiller beaucoup d'énergie pour un faible résultat.

Comment Zhuang serait-il efficace, et comment mesurer la rentabilité de Sinopec, puisque l'entreprise est un monopole ? Aucun concurrent, ni privé ni public, ni chinois ni étranger, n'a le droit de produire et de vendre des engrais à l'intention des quarante ou cinquante millions de paysans de la province de Canton. En quoi le nouveau « socialisme de marché » diffère-t-il alors de l'ancien socialisme d'État ? Avant la Réforme, l'entreprise recevait la totalité de ses matières premières de l'administration centrale à un prix fixé ; elle restituait à un prix également fixé la totalité de la production d'engrais à une autre administration chargée de la distribution. Désormais, l'État central ne fournit plus que la moitié des matières premières, à charge pour Zhuang de trouver le solde par ses propres moyens. Là interviennent les intermédiaires équipés de leur téléphone cellulaire. A la sortie, Sinopec est contraint de fournir à l'administration centrale 20 % de la production à un prix fixé artificiellement bas. Cette livraison en nature est une sorte de prélèvement obligatoire, une contrainte qui s'applique à toutes les entreprises publiques comme à tous les paysans. Dans la *novlangue* du Parti communiste chinois, cela s'appelle le « système du contrat ». Drôle de contrat, non négociable, entre partenaires inégaux ! Au-delà de ce contrat, pour 80 % de la production, Zhuang peut librement vendre ses engrais au prix du marché. Ce qui lui a fait découvrir le marketing et constituer, pour la première fois dans l'histoire de cette industrie, une force de vente. La concurrence, à l'évidence, ne doit pas être bien vive, puisque le « service commercial » de Sinopec emploie, secrétariat et chauffeur inclus, douze personnes sur onze mille salariés...

Les consommateurs d'engrais, les paysans, ne sont donc pas rois, mais des victimes exploitées par le monopole Sinopec ; les conséquences en sont la pauvreté des campagnes, le retard de la productivité agricole, le renchérissement des prix alimentaires. Qui en profite ? Les onze mille salariés de Sinopec : l'ouvrier de l'usine d'État reste membre de l'élite privilégiée, une strate archéologique des « années Mao » que la Réforme ne parvient guère à résorber. Les dinosaures publics sont toujours indigestes ; en Chine, ils sont encore plus difficiles à convertir au marché, puisque le régime politique reste nominalement prolétarien. La souveraineté ultime, dans une entreprise d'État, est en principe exercée non par les managers, non par l'administration centrale, mais par l'« assemblée des travailleurs ». Fiction, bien entendu, mais qui, à l'usage, s'est enracinée dans la conscience des travailleurs en question et les rend réfractaires à toute atteinte à leur « bol de fer ». On les comprend : l'ouvrier d'État est recruté à vie, logé, nourri, soigné par l'entreprise, de même que sa famille. Il n'est pas rare que ce « bol de fer » soit héréditaire et que se constituent dans les entreprises d'État des dynasties ouvrières. En contrepartie, celles-ci soutiennent le régime communiste, comme on le constata en 1989 pendant la révolte de Tian 'anmen : on ne vit pas les ouvriers voler au secours des étudiants.

Licencier ? Impensable et à peu près impossible : il convient que l'assemblée des travailleurs l'autorise dans le cas où l'intéressé aurait commis plus qu'une faute grave : un véritable crime. Pour recruter, la marge de manœuvre de Zhuang n'est guère plus importante : les étudiants sont affectés d'office dans les entreprises, à leur sortie de l'université ou des écoles d'ingénieurs, de manière que tous reçoivent un emploi garanti ; ce sont en fait des employés de l'État.

A défaut de briser ou d'ébrécher le « bol de fer », la Réforme permet à Zhuang de le contourner un brin : les départs en retraite sont compensés, à effectifs constants, par des recrutements sous le régime du contrat. Un contrat de travail ordinaire, en économie socialiste de marché, dure de cinq à dix ans : où est la flexibilité de l'emploi ? Elle profite surtout, confesse Zhuang, au salarié qui peut désormais quitter l'entreprise d'État et partir travailler dans une joint-venture ou une coopérative.

Le « bol de fer » est incassable et, de surcroît, il n'appartient à personne.

De même que l'on ignore à qui appartiennent les coopératives chinoises, on ne sait plus, dans les usines d'État « réformées », qui décide quoi : l'assemblée des travailleurs est théoriquement souveraine, mais les décisions stratégiques sont prises par l'administration de Pékin, et les managers prétendent diriger. J'allais oublier le Parti communiste : mille membres dans l'entreprise Sinopec, dont le secrétaire surveille Zhuang de manière, dit-il, que « l'entreprise n'oublie pas d'édifier le socialisme ».

Cette dilution des responsabilités n'est-elle pas précisément le but recherché ? Peut-être suis-je trop critique et sous-estimé-je la dynamique de la Réforme ? La logique de la Réforme ne devrait-elle pas conduire à la privatisation ?

Stupéfaction chez mes interlocuteurs : « Reprenez donc un peu de thé. » « N'avez-vous pas trop chaud ? » « Le printemps cette année est précoce, ne trouvez-vous pas ? » « Buvons à la reconnaissance de la Chine par le général de Gaulle ! »

Mais la privatisation, disais-je...

Zhuang a retrouvé le fil de son discours : « Ce serait une régression par rapport à l'économie socialiste de marché, puisque la propriété collective est supérieure à la propriété capitaliste. De plus, ajoute-t-il, le peuple ne l'accepterait pas. »

J'explique à mon tour à Zhuang qu'il n'existe que deux manières connues de gérer efficacement une entreprise publique : soit la privatiser, soit la mettre en concurrence, et qu'en excluant l'une et l'autre, il condamne l'économie chinoise à la stagnation et enferme les nouveaux entrepreneurs privés dans des activités périphériques ou parasitaires.

Zhuang propose une troisième hypothèse : « Si une entreprise publique perd de l'argent, c'est parce qu'elle est mal gérée et que ses travailleurs ne sont pas assez motivés. » Curieuse analyse, radicalement antimarxiste, puisque, faisant fi de toutes les conditions réelles, elle propose une approche purement subjective des comportements économiques. Mais admettons. Comment Zhuang motive-t-il ses onze mille travailleurs ? Par des slogans. L'usine Sinopec est enrubannée de bannières calligraphiées du style « Vive la qualité ! », « Tous ensemble nous soutiendrons la Réforme », « Le client est roi ». Des panneaux affichent les portraits des travailleurs méritants : « Hua n'a jamais ménagé ses efforts pour atteindre les objectifs du Plan. Il a sacrifié sa vie personnelle pour aider ses camarades dans le besoin. » L'irrépressible passion du régime communiste pour les slogans, héritage d'une longue tradition de légitimation du pouvoir impérial par la calligraphie, suffira-t-elle à passer du socialisme d'État au socialisme de marché ?

Ce n'est pas Mao qu'il conviendrait de réveiller pour le prévenir que les Chinois sont devenus capitalistes, mais plutôt Marx qu'il serait recommandé de relire pour rappeler que l'homme est un animal social qui répond aux conditions objectives qui lui sont imposées.

Ultime sujet d'étonnement : ces onze mille titulaires du « bol de fer », où sont-ils passés ? Une visite attentive de l'entreprise Sinopec m'a permis d'en dénombrer quelques centaines ; multiplié par trois équipes de huit heures, l'effectif réellement au travail ne saurait dépasser deux mille. Et les autres ?

C'est l'heure de la pause, m'avait dit M. Zhuang lorsque j'étais arrivé sur le coup de huit heures du matin. Je suis reparti à midi ; c'était à l'évidence encore et toujours l'heure de la pause. Voilà qui me rassure sur l'individualisme chinois et l'art d'échapper au despotisme...

La « maladie de Gorbatchev »

Ma critique des entreprises stalino-maoïstes de Chine n'est pas la simple manifestation de quelque intransigeance libérale : la plupart des économistes du Parti communiste chinois la partagent. Ma Hong, grand architecte de la Réforme de 1979, plus influent que jamais en raison de ses quatre-vingt-cinq ans, m'expliqua en 1993 que les ouvriers du secteur public industriel « travaillaient en moyenne deux heures par jour, mais étaient payés huit heures ; que si le fils d'un ouvrier est un incapable, il succédera inévitablement à son père ; et que le contribuable chinois finance trois fois le déficit du secteur public : une première fois parce que l'énergie et les matières premières sont subventionnées et gaspillées, une seconde fois parce que les produits finis sont rares et chers, et une troisième fois parce que le contribuable règle le déficit ». J'entends ce discours critique en Chine depuis 1986, y compris de la bouche de Ma Hong, et depuis lors rien n'a changé. Sans doute est-il extraordinairement difficile de reconvertir les méga-entreprises d'État. Plus que des entreprises, ce sont de petits royaumes indépendants en charge de leurs salariés, sujets et citoyens de leur venue au monde à leur mort : le directeur n'est pas seulement responsable de la production, mais aussi bien du contrôle des naissances (un enfant par couple) que du règlement des obsèques. Comment dissoudre ces féodalités et les restituer au marché, sachant que le stalino-maoïsme leur a donné forme, mais que la Chine classique connaissait déjà ce mode de production où le paysan, l'artisan étaient attachés à une unité de travail qui était aussi une unité de vie ? La libéralisation du secteur public constituerait une rupture avec le modèle socialiste des années 1950 qui a créé sa clientèle, ses droits acquis, ses groupes de pression ; elle romprait aussi avec des coutumes plus anciennes, et impliquerait un processus d'individualisation dans ce qui a toujours été une civilisation à dominante communautaire. Pour prendre une bonne mesure de cette difficile libéralisation, rappelons qu'en Europe occidentale il a fallu plus de trente ans pour incorporer dans le marché concurrentiel nos industries minières ou sidérurgiques, et à quel prix ! La Réforme en Chine ne date que de quatorze ans, et la Chine est pauvre.

La difficulté étant admise, la stratégie fixée par les Réformateurs chinois depuis 1979 n'est pas pour autant la bonne. L'absence de résultats concrets dans les entreprises d'État le prouve. Comme l'idéologie du Parti interdit la privatisation, la Réforme ne concerne que le mode de gestion, par l'indépendance accordée aux patrons. Admettons que ces patrons prennent le pouvoir contre toutes les forces concurrentes : Parti, assemblée des travailleurs, administrations nationales, provinciales et locales de tutelle. L'entreprise publique autonome deviendrait-elle pour autant efficace ? Elle le deviendrait seulement si les prix des matières premières et de l'énergie, comme les prix de vente, étaient fixés par le marché, la concurrence réelle, l'épargne rémunérée et le choix du consommateur libre. Or, à de rares exceptions près, aucune de ces conditions n'existe en Chine.

Le précédent gorbatchévien fait craindre que l'autonomie des entreprises publiques en Chine n'aggrave à la fois la mauvaise utilisation des ressources, la dégradation de l'environnement et la pénurie. Quand Gorbatchev comprit cela, il s'engagea dans la perestroïka, mais commit une erreur technique fatale : il donna toute liberté au secteur d'État pour fixer ses prix, sa production et ses effectifs, sans lui imposer la concurrence et en refusant la privatisation. Ainsi se condamna-t-il lui-même au désastre : les dirigeants des entreprises publiques à monopole, en parfaite logique économique, augmentèrent leurs prix, réduisirent leur production et leur personnel de manière à accroître leur bénéfice. Les conséquences inéluctables furent la pénurie « organisée » et la révolte populaire.

Comme dans l'URSS gorbatchévienne, la concurrence entre les entreprises publiques, souhaitée par les réformateurs, n'existe que rarement, parce que la Chine n'importe rien — elle n'en a pas les moyens — et que la pénurie est la règle sur le marché intérieur. De surcroît, ce marché intérieur est cloisonné par les querelles provinciales et la faiblesse des moyens de communication.

Cette défaillance stratégique de la Réforme est aggravée par le mode de recrutement des patrons. Dans un régime capitaliste, le patron est un entrepreneur autodésigné par la création de son entreprise, promu par son succès ou choisi par les actionnaires ; s'il est mauvais, la concurrence tend à l'éliminer (pas toujours, mais le plus souvent). Or, comment devient-on en Chine patron d'une entreprise d'État ou d'une communauté agro-industrielle villageoise ? En règle générale, m'a-t-on répondu, parce que l'on est « un bon communiste ». Si je fais observer que les critères de recrutement et d'avancement au sein du Parti communiste chinois ne garantissent pas des qualités de manager, il m'est répondu que, désormais, ce sont sur ces qualités-là que sont promus les bons communistes. Voilà qui paraîtra étrange si l'on se souvient des « années Mao » où il était plus important d'avoir le « cœur rouge » que des connaissances ou des compétences. Pour démontrer que le communisme chinois n'a désormais d'autre ambition ni d'autre légitimité que de gérer l'économie, on vous avance pour preuve que le vice-président de la République est lui-même un industriel milliardaire autodidacte. Doit-on en conclure que le Parti communiste chinois est devenu un syndicat patronal ?

Ce parti de patrons, si pragmatique qu'il soit devenu, ne l'est tout de même pas à cent pour cent, puisqu'il doit adhérer ou faire semblant d'adhérer à une idéologie. Idéologie laxiste, certes, mais pas assez pour envisager la privatisation. Or, on ne peut pas gérer le secteur public comme s'il était privé et mimer le capitalisme tout en restant socialiste.

Les dirigeants chinois invoquent l'expérience d'entreprises publiques françaises bénéficiaires. Cette comparaison n'est pas recevable, car lesdites entreprises françaises ne furent efficaces que dans la mesure où elles étaient exposées à la concurrence sur le marché national et mondial, ce qui n'est pas le cas des chinoises. Le rappel de l'expérience ratée du gorbatchévisme s'applique mieux à la Chine que le précédent français.

L'échec prévisible de l'économie socialiste de marché à la chinoise ne conduira pas nécessairement à l'effondrement de la Réforme, mais l'inefficacité du secteur public ralentira la croissance de l'économie, entretiendra l'inflation et la pénurie. Or, comme le Parti communiste chinois fonde sa légitimité sur l'affichage de taux de croissance hyperboliques, cette légitimité ou ce qui en subsiste disparaîtra totalement. Mais si le Parti disparaît, l'Administration disparaît *ipso facto*, car en Chine comme dans l'ex-URSS, l'État c'est le Parti, et réciproquement. Cette absence d'État véritable, d'un État qui serait indépendant du Parti, me paraît constituer, autant que le refus de privatiser, un obstacle majeur au progrès soutenu de l'économie.

Un modèle voué à l'échec

Tout voyageur en Chine constate qu'une agitation fébrile s'est emparée de la population depuis la Réforme. Pas une rue, pas une place, pas un village où chacun et chacune, enfant ou vieillard, n'aillent négociant, trafiquant, s'affairant : tout Chinois paraît avoir quelque chose à vendre. On vit même certains contestataires de la place Tian 'anmen, pris par la « fièvre des affaires » *(Gongsi Re)*, se reconvertir dans les affaires dès leur sortie de prison. Si le taux de croissance du pays dépendait seulement de ce degré d'affairement, les 10 à 12 % de croissance annuelle affichés par le gouvernement de Pékin paraîtraient crédibles. Malheureusement — et en cela, l'économie est une discipline injuste —, l'organisation du travail est plus déterminante dans le résultat final que l'énergie investie par chacun à titre individuel : hormis ceux qui arborent le téléphone cellulaire du *comprador*, les Chinois qui se dépensent sans compter sont mal récompensés de leurs efforts, parce que le système dans lequel ils travaillent dégrade l'énergie plus qu'il ne la valorise.

Ce régime d'entropie peut-il s'inverser, permettant à la Chine, à l'instar du Japon ou de la Corée, de passer du stade primitif à un stade plus élaboré du capitalisme où l'obsession de l'enrichissement rapide le céderait à l'investissement à long terme, tirant non pas seulement quelques « profiteurs » hors de la pauvreté, mais la société chinoise tout entière ? En l'état actuel de l'« économie socialiste de marché », il est improbable que cette mutation réussisse.

On trouvera les raisons de ce scepticisme dans les travaux de Max Weber et de Schumpeter. Pour que le capitalisme soit rationnel, écrit Weber dans son *Histoire économique*, cinq conditions doivent être réunies : 1) une appropriation des moyens de production par des entreprises privées ; 2) la liberté du marché ; 3) une technique rationnelle ; 4) le travail libre. Ces quatre conditions pourraient plus ou moins se réaliser en Chine. Mais Weber en ajoute une cinquième, décisive : un droit rationnel, calculable. Or, en Chine, il n'existe d'autre loi que l'humeur changeante du souverain ou les rapports de force entre féodaux du Parti. Cette nature instable du droit, dans toute partitocratie, conduit les acteurs économiques à spéculer plutôt qu'à investir sur le long terme. Cela condamne la Chine à ne progresser que par des travaux de sous-traitance.

De même qu'il y a peu d'investissement industriel, l'investissement dans le capital humain est médiocre : la partitocratie néglige les obligations élémentaires d'un véritable État en laissant se délabrer les écoles dans un pays réputé confucéen. Moins d'un pour cent d'une classe d'âge fréquente l'Université : l'un des taux les plus bas du monde. Par ailleurs, des millions d'enfants ne sont pas scolarisés du tout, parce que leurs parents n'ont pas déclaré leur naissance afin d'échapper à la répression démographique ; ces gosses sans existence légale ne peuvent être éduqués. Ce faible niveau de l'enseignement enferme la

Chine dans un modèle de développement où le seul avantage comparatif est le bas salaire d'une main-d'œuvre sous-qualifiée. Une stratégie aux antipodes de celle des « dragons » d'Asie.

Rien d'étonnant à cela, puisque la partitocratie recherche l'enrichissement rapide de ses membres individuels, alors qu'un véritable État serait ancré dans la durée, l'indispensable socle du capitalisme authentique.

A cette fragilité constitutive de l'économie « socialiste de marché » s'ajoute enfin un malentendu classique dans la pensée socialiste : l'incapacité des dirigeants d'accepter le processus schumpétérien de la « destruction créatrice ». L'esprit de planification crée des entreprises, il n'en supprime jamais. Or le développement capitaliste, explique Schumpeter, réside dans la destruction créatrice : fermeture d'entreprises remplacées par d'autres, rotation incessante des capitaux, du savoir, de la main-d'œuvre et des profits. Cela est inenvisageable dans un régime où domine le secteur d'État ; par nature, l'État est immuable et tend à contaminer par cet immobilisme tout ce qui dépend de lui.

En d'autres termes, l'actuel ralliement du Parti communiste à une relative libéralisation de l'économie paraît provisoire. Dans l'épreuve finale, l'un ou l'autre est condamné à terme et ce ne sera pas nécessairement la libéralisation qui l'emportera. On peut aussi bien assister à un retour du collectivisme.

CHAPITRE 6

Un milliard de cobayes

Dans les campagnes chinoises, les tracteurs ne servent pas à travailler la terre, les lopins sont trop exigus, mais à circuler sur les routes défoncées et à transporter les légumes jusqu'au marché voisin. Dou Dian fait exception. C'est un des rares villages de Chine du Nord où l'on voit le matériel agricole à l'œuvre dans les champs.

Mes hôtes du gouvernement chinois avaient absolument tenu à m'y conduire. En pareil cas, il faut céder, par courtoisie mais aussi parce que le choix du modèle révèle au visiteur la ligne politique de l'heure. Du temps de Mao Zedong, tout étranger se rendait à Dazhai ; l'étude de la « pensée mao » suffisait, disait-on, à y suppléer la technique occidentale et à décupler les rendements. Seuls des Occidentaux le crurent. A partir de 1985, il fallait visiter Tuanjie dans la province de Sichuan : la terre avait été décollectivisée et restituée à l'exploitation familiale ; la Réforme avait « décuplé la production et fait le bonheur des paysans ». Ceux-ci n'avaient-ils pas remplacé les affiches de Mao par celles de Deng Xiaoping ?

Les observateurs occidentaux avaient vu dans cette redistribution des terres une privatisation. A tort : même après la Réforme, la Chine n'a pas rejoint le camp libéral. La terre reste la propriété de l'État : en économie socialiste de marché, la propriété du sol est allouée par un bail de longue durée aux familles exploitantes, sous le contrôle des chefs de villages, zélotes indéracinables du Parti communiste. Pour partie, ce bail est une manière de privatiser la terre sans le dire, afin de respecter les apparences de l'idéologie marxiste. Mais il n'est pas que cela. « Il faut comprendre le bail, précise en 1993 l'économiste Ma Hong, comme un approfondissement du socialisme. » Qu'est-ce à dire ? La terre n'est confiée à l'exploitation des paysans que pour en améliorer le rendement : un contrat rigoureux détermine ce que chaque famille doit produire, en quantité et en prix, quitte à être pénalisée. Ce « contrat » entre le paysan et le représentant local du Parti communiste contraint donc l'exploitant à livrer aux organismes d'État un quota de céréales, légumes ou viande : une sorte de prélèvement en nature, ou métayage, versé au Parti propriétaire. Si l'exploitant réussit à dépasser son quota, le surplus lui revient et il peut le commercialiser sur les marchés libres.

Grâce à cette Réforme, la plupart des paysans de Chine — un milliard — sont passés de la malnutrition ou de la famine, à la fin des années 1970, à la survie à la fin des années 1980. Bel exploit ! Mais il n'a fait qu'annuler les dégâts provoqués antérieurement par trente ans de collectivisation maoïste. Au-delà de ce rétablissement de l'équilibre antérieur, les paysans les plus dynamiques, mais aussi les dignitaires communistes qui ont reçu les meilleurs lots au moment de la redistribution, se sont enrichis sur le marché libre. Certains y font fortune. Combien parmi ces nouveaux riches se trouvent être simultanément les dirigeants du Parti communiste local passés du statut de nomenklaturiste à celui de koulak ? Ce genre de statistique n'existe malheureusement pas en Chine.

Le régime de la terre sous contrat, considéré comme génial par ses promoteurs chinois et leurs thuriféraires occidentaux dans les années 1980, ne l'est plus dans les années 1990. La réforme agricole aurait, dit-on officiellement à Pékin, « épuisé ses effets ». Quelle est ici la part de la manœuvre idéologique et celle de la réalité ? Les gérontes du Parti estiment-ils soudain que les paysans sont devenus trop libres, ou trop riches ? A moins que la stagnation ne soit réelle ?

« Depuis 1986, la production déclinait », laisse entendre sur le ton de la confidence le célèbre économiste Dong Furen. Mais Dong Furen est aussi membre de l'Assemblée du peuple : que vaut son diagnostic ? « La redistribution des terres, explique-t-il encore, a abouti à une parcellisation telle qu'une exploitation moyenne est de l'ordre d'un tiers d'hectare ; ce qui interdit l'utilisation des machines et la plupart des améliorations techniques. » Il est donc urgent de dépasser la Réforme. Comment ? Je propose à Dong Furen plus de liberté : « Ne pourrait-on donner la terre aux paysans en pleine propriété, de sorte qu'ils la louent ou la vendent et créent ainsi des exploitations plus grandes et plus rationnelles ? » Cette solution libérale a été repoussée par le Parti ; elle conduirait, dit Dong Furen, à « une régression sur la route du socialisme et à l'apparition d'inégalités sociales entre paysans riches et paysans pauvres ». Certes ! Mais ces inégalités existent déjà et ce ne sont pas nécessairement les paysans les plus efficaces qui sont les plus riches. En fait, la libéralisation éliminerait le pouvoir que le Parti communiste exerce grâce au système du contrat et aux livraisons obligatoires. C'est pour perpétuer ce pouvoir que la privatisation des terres est exclue. En Chine, la liberté individuelle n'est qu'une concession provisoire accordée ou retirée par les mandarins au pouvoir.

« Le trait le plus constant de la pensée chinoise, écrit l'historien Benjamin Schwartz, est que la société peut être façonnée par une élite si celle-ci est morale. » Mais les mandarins sont-ils moraux, et qui peut en juger puisque la démocratie est absente ? Aussi est-ce en toute impunité, à moins de n'être sanctionnés par le parti, que des économistes comme Ma Hong ou Dong Furen (au moins ceux-ci sont-ils compétents) manipulent les Chinois, aujourd'hui au nom du socialisme de marché, comme ils l'auraient fait hier au nom du mandat du Ciel. Ces mandarins ne cessent d'expérimenter sur leur nation-cobaye quelque nouveau modèle : commune populaire, industrialisation rurale,

« Réforme », bail, contrat, éloge du renoncement, éloge de l'enrichissement. Tous ces « bonds en avant » massifs auront été infligés en moins d'une génération à cette immense nation par une poignée de vieillards auquel leur âge est traditionnellement supposé conférer la sagesse.

Ces « modèles » peuvent être imposés d'autant plus facilement aux paysans que ceux-ci constituent une catégorie sociale inférieure : un « paysan », en Chine, ne l'est pas par son activité, mais de manière statutaire et héréditaire, ce qui lui interdit par exemple d'habiter en ville ou d'acheter des biens de consommation subventionnés, réservés aux citadins. Pour changer de statut et quitter la paysannerie, il faut une décision administrative, c'est-à-dire l'agrément du Parti. Dans le cadre de cette révolution permanente amorcée en 1949, le Parti expérimente depuis 1992 une recette nouvelle, la recollectivisation volontaire, nouveau stade supérieur du socialisme, selon Ma Hong : le premier fut la collectivisation ; le deuxième, le bail familial ; voici le troisième, intitulé « approfondissement de la Réforme ». C'est là que le village de Dou Dian entre en scène.

Le retour du socialisme réel

« Spontanément », les mille familles paysannes de Dou Dian ont renoncé à leur lopin de terre pour le remettre en exploitation communautaire sous la direction de Zhang Zhenliang, le secrétaire du Parti communiste local. Nous sommes loin des néons de Pékin ou Shanghai, dans la province du Hebei où la terre pauvre et non irriguée n'autorise que de médiocres récoltes de céréales. Zhang assure qu'il n'a nullement contraint les villageois ; il les a seulement « persuadés » de l'inefficacité de l'exploitation individuelle.

Zhang appartient à la caste des Tu Huangdi, les empereurs de village, dont l'autorité est absolue sur la vie économique et personnelle des paysans : ils dispensent autorisations de quitter le village, de se marier, d'avoir des enfants, de manière discrétionnaire et moyennant quelque faveur. « A l'origine, le pouvoir central à Pékin fut choqué par mon initiative », prétend Zhang ; mais « la réussite de Dou Dian a persuadé le Comité central que c'était bien le modèle à suivre ». Le génie chinois venait, à la base, de faire une nouvelle découverte dans l'édification du socialisme : c'est ainsi que l'on écrit l'Histoire en Chine.

Toutes les terres de Dou Dian ont donc été réunifiées dans une exploitation coopérative, ce qui a effectivement permis l'introduction de techniques modernes et d'élever les rendements. Qui a payé ces rutilants tracteurs ? « Notre commune », répond Zhang. Faut-il le croire, sachant que le gouvernement central investit souvent beaucoup d'argent en sous-main pour démontrer qu'une expérience est un succès ? C'est ce qui avait été fait à Dazhai pour berner les étrangers et, en définitive, se berner soi-même. Les paysans de Dou Dian se sont reconstitués en équipe de travail ; le principe du « contrat » est maintenu, mais il est dorénavant conclu entre la commune et l'« équipe » tout entière. Traduit en vocabulaire « capitaliste », les paysans sont devenus des salariés de la commune, c'est-à-dire du Parti, car l'une et l'autre se confondent. Si l'équipe des paysans (désignés comme « familles spécialisées ») dépasse le quota imposé par le patron Zhang, une prime sera répartie égalitairement entre tous. Pas question ici, comme dans le reste de la Chine, de vendre les surplus sur les marchés libres. En dépit de cette tirade officielle, que font ces femmes accroupies dans les ruelles de Dou Dian à proposer quelques navets et choux ? « Elles viennent, commente Zhang avec mépris, du village voisin qui en est resté au contrat familial. »

Le regroupement des terres de Dou Dian a probablement amélioré la productivité ; il a aussi « libéré » de la main-d'œuvre, ressuscitant le vieux dilemme chinois : avec trop d'habitants sur peu de terres cultivables, comment arbitrer entre l'exploitation familiale inefficace et l'efficacité qui conduit à un exode rural massif ? Déjà, au XVIIIe siècle, la dynastie des Qing tenta de freiner l'exode vers les villes en confiant aux paysans des travaux à façon. Cette méthode stabilisa la paysannerie, mais elle bloqua l'émergence des manufactures industrielles. Dans l'empire du Parti communiste chinois, selon la théorie de la Réforme, l'« industrialisation rurale » permettrait d'échapper à ce dilemme historique. Plusieurs petits ateliers de textile ont été installés à Dou Dian grâce aux capitaux des Chinois d'outre-mer ; sur des machines rudimentaires sont employées la quasi-totalité des femmes du village en âge de travailler. Les vêtements confectionnés ici sont destinés au marché allemand, par quelque mystérieux circuit commercial contournant les interdits de l'Union européenne. Qui affecte les bénéfices de cette manufacture ? « Le village décide », répond Zhang. En vérité, le village, c'est lui, puisqu'il est simultanément le maire, le directeur général de l'entreprise et le secrétaire général du Parti communiste.

Ici, au demeurant, le Parti recrute peu, ce qui permet de ne pas disperser le pouvoir des chefs : cent quarante membres, me dit-on à Dou Dian, pour quatre mille habitants. Ne devient pas apparatchik qui veut. En 1993, pour l'ensemble de la Chine, un candidat sur douze seulement fut reçu au Parti : y entrer donne le droit de s'approprier la plus-value produite par les citoyens non-membres...

Dou Dian paraît prospère, à l'aune des campagnes chinoises ; on peut même y trouver une pharmacie où cohabitent médicaments occidentaux et médecine traditionnelle chinoise. Ce village ne serait-il pas la juste synthèse entre technique occidentale et culture chinoise, entre ouverture au monde et continuité de la civilisation ? Comment savoir, et à qui demander ?

Quand, avec mon interprète, nous entrons au hasard dans les modestes demeures des paysans et ouvriers de Dou Dian, tous nous font asseoir sur le fauteuil bas aux accoudoirs brodés, réservé aux hôtes, servent le thé, affichent le même sourire de satisfaction et serinent le même discours : « Grâce à la Réforme, nous vivons mieux que jamais, etc. » Les mêmes, en 1977, m'avaient dit : « Nous avons une montre et un vélo : cela suffit à notre bonheur ; nous ne sommes pas des consommateurs capitalistes. » Dou Dian, conclut M. Zhang, a choisi de « s'enrichir collectivement et pas égoïstement ; nous évitons les inégalités des villages qui en sont restés au contrat familial ».

Bienheureuse utopie, ce phalanstère oriental n'existera peut-être plus lorsque je reviendrai en Chine. Il aura pu faire école, mais aussi bien disparaître, absorbé par quelque nouvel « approfondissement » de la Réforme. Mais Zhang sera toujours là. Ou quelque autre empereur de village qui lui ressemblera : seul, en Chine, le pouvoir reste immuable.

J'ai visité Dou Dian au Hebei, mais je n'ai pas visité Renshou au Sichuan. Aucun étranger ne s'y est jamais rendu. A Renshou, en janvier 1993, nous savons, grâce à Liu Binyan, journaliste en exil aux États-Unis, que dix mille paysans se sont révoltés contre les exactions du Parti. Les apparatchiks de ce village — la pratique n'est pas isolée — exigeaient des taxes et redevances sur tout, y compris pour que les enfants pussent se rendre à l'école publique. Quand les paysans refusaient de payer, la police confisquait les récoltes, s'emparait des biens personnels des familles, du téléviseur, du vélo. Les affrontements avec la police firent de nombreuses victimes de part et d'autre.

Je n'ai pas visité non plus — aucun étranger ne s'y est rendu — le village de Hangzhou, dans le Zhejiang. Là, on le sait aussi par Liu Binyan, depuis 1992, les paysans se sont révoltés à plusieurs reprises parce que le Parti payait les livraisons « contractuelles », c'est-à-dire obligatoires, non pas en yuans, mais avec des assignats. Ces assignats n'étaient utilisables que dans des magasins d'État mal approvisionnés. On sait que dans le Zhejiang, mais aussi en d'autres provinces, le Hunan en particulier, des paysans, lassés de travailler pour le Parti, ont abandonné par millions leurs champs et ont fui vers les villes, grossir ce que l'on appelle la « population flottante » : probablement quatre-vingt millions de déracinés à la recherche d'emplois aléatoires.

Tant et si bien que la Réforme, dont le Parti ne cesse de proclamer les incessants succès, a conduit à ce qui ne s'était encore jamais vu dans l'histoire de la Chine : des terres abandonnées, des friches (un tiers de la terre à Hangzhou), alors que les sols cultivables sont si rares ! Les paysans chinois qui désertent leur village démontrent qu'ils sont plus rationnels que le Parti qui les dirige. A quoi bon travailler la terre pour tout donner au Parti et ne plus pouvoir scolariser ses enfants ?

Cas extrêmes, certes, isolés ou non, mais ligne de fuite inéluctable dans la mesure où le Parti persistera à piller les campagnes pour financer son train de vie, acheter la stabilité sociale dans les entreprises publiques déficitaires et dans les agglomérations.

Peut-on se passer du Parti communiste chinois ?

Zhu Rongji, le chef de l'Économie chinoise que l'on dit à l'Ouest « compétent et pragmatique » — comme on le disait de Gorbatchev et, avant lui, d'Andropov — reçoit ses visiteurs assis dans un fauteuil juché sur une estrade. De là-haut, il prophétise tandis que je prends des notes et sirote mon thé.

« Sans le Parti communiste chinois, dit Zhu Rongji, il n'y aurait pas d'unité de la Chine, et sans unité il ne peut y avoir de développement. » Telle est désormais la ligne de défense du socialisme réformé : la légitimité du Parti n'est plus idéologique, elle est économique.

Le Parti communiste, par cette ultime mutation, échappera-t-il à la débâcle ? Lorsque Zhu Rongji soutient que le développement est impensable sans l'unité, il implique par là l'unité politique, mais aussi l'unité du marché. Or cette unité du marché est fictive. La faiblesse des infrastructures et moyens de communication isole les provinces les unes des autres. S'y ajoute un fort sentiment d'indépendance des gouvernements provinciaux. Une manifestation tangible de cette fragmentation du marché chinois est la fiscalité nationale, qui brille par son absence. Le gouvernement central, à la manière de l'empereur de Chine autrefois, doit négocier chaque année, avec chaque province, le montant forfaitaire de l'impôt — ou plutôt le tribut que les Partis locaux s'engageront à payer au Parti central. Pour parachever cette fragmentation du marché, les gouvernements provinciaux instaurent des taxes et octrois au passage de leurs frontières intérieures, et interdisent parfois par la force le franchissement de certaines marchandises. Au total, le PC ne fait pas le marché, et l'Union européenne, par exemple, est plus unifiée que ne l'est réellement la Chine.

Interrogeons-nous aussi sur l'authenticité du taux de croissance. Est-il exact, et le Parti y est-il pour quelque chose ? Et d'abord qui croire ? 12,4 % de croissance en 1993, annonce Zhu Rongji ; 8 % en moyenne depuis 1979, précise-t-il ; et il annonce le « choix » effectué par le Parti : 9 % pour les dix années à venir. On comprend pourquoi le Parti affiche des chiffres aussi pharamineux, jamais atteints, même par les quatre « dragons » d'Asie ni par le Japon : sa légitimité est indexée sur ce taux de croissance.

Certes, partant de très bas, et ne serait-ce que pour compenser les désordres antérieurs à 1979, la croissance est probablement forte. Faut-il pour autant glorifier le Parti parce qu'il a renoncé à ses erreurs ? Le Parti démontre seulement que les Chinois, dès lors que le droit de s'enrichir leur est rendu, logiquement s'y adonnent. Tout autre gouvernement stable aurait abouti au même résultat sans infliger à son peuple les désastres des trente années de maoïsme.

Au surplus, en admettant que l'on puisse disposer de statistiques valables dans cet immense pays rural, les chiffres annoncés ne sont pas crédibles. Faut-il comptabiliser les choux et navets vendus au bord des routes par les paysans ? Certains prix sont libres, d'autres fixés par l'État : comment, dans ces conditions, évaluer la valeur de la production ? Sachant que 80 % de la population reste rurale, que l'agriculture stagne ou ne progresse que lentement par nature et en raison de la fragmentation foncière, comment croire à ce taux annuel de 12,4 % ? Il supposerait que l'industrie progresse au rythme de 80 % l'an... Or, d'après les autorités chinoises elles-mêmes, on sait que la production stagne dans la plupart des entreprises d'État, autrement dit dans les neuf dixièmes de l'industrie. Le désordre des transports, la faiblesse des moyens de communication, le manque de ressources en énergie font également douter de ces taux de croissance officiels. Sans doute les chiffres publiés par le PC ne tiennent-ils pas complètement compte de l'inflation, que le régime communiste minore délibérément.

On m'objectera qu'il suffit d'ouvrir les yeux pour constater que la consommation augmente. C'est vrai, mais en grande partie parce que la société civile urbaine s'enrichit à mesure que l'État s'appauvrit : malgré les forfaits prélevés par le Parti à tous les échelons — de l'État sur les provinces, des provinces sur les villes, des villes sur les districts, des districts sur les villages, des villages sur les paysans —, la Réforme laisse une plus grande fraction de valeur ajoutée à ceux qui travaillent, et moins à ceux qui les surveillent. L'augmentation de la consommation, visible dans certaines provinces, ne permet donc pas de mesurer la croissance réelle de l'économie. Faut-il d'ailleurs louer le Parti communiste d'être devenu moins prédateur et de favoriser le négoce ? L'important est de travailler au bon endroit : le commerçant prospère, mais l'universitaire dépérit, sauf s'il devient lui-même commerçant.

En vérité, le facteur déterminant de la croissance, là où elle est la plus spectaculaire, dans le Sud, sur les côtes, n'est pas le Parti communiste : c'est la diaspora chinoise. Sans les investissements des Chinois d'outre-mer et de Taiwan, sans l'exploitation des bas salaires du continent par les capitalistes chinois de l'extérieur, il n'y aurait pas de croissance du tout. C'est l'ouverture au capital « étranger » qui est à l'origine de la croissance, non pas à cause du Parti communiste, mais malgré lui. Loin d'accélérer la croissance, le Parti la ralentit : la preuve en est que plus il est présent dans les industries d'État, plus l'économie va mal.

Peut-on, au total, calculer le taux de croissance réel de la Chine ? L'estimation la plus fiable est celle de la Rand Corporation, une fondation californienne : 4,7 % l'an depuis 1980. C'est le seul chiffrage qui semble cohérent et tienne compte du véritable pouvoir d'achat des Chinois. Une croissance forte, donc, surtout par contraste avec la récession maoïste, mais pas exceptionnelle pour autant et fort en retrait sur Taiwan ou la Corée. Une croissance qui s'explique moins par l'efficacité de la voie chinoise que par le transfert massif de la main-d'œuvre rurale vers l'industrie. Les gains de productivité sont toujours énormes à ce stade élémentaire de toute révolution industrielle ; le retard structurel de la Chine fait que l'expérience chinoise ne peut être comparée avec les stratégies de sortie du collectivisme en Russie ou en Europe centrale, lesquelles sont déjà industrialisées.

La comparaison n'est pas non plus possible avec les « dragons » d'Asie ; à leur opposé, la croissance chinoise est fondée sur un gigantesque gaspillage des ressources naturelles et, plus grave encore, des ressources humaines ; l'effondrement de l'éducation, en qualité et en effectifs, le mépris dans lequel sont tenus les intellectuels érodent à la fois la civilité et la connaissance. Le Parti prédateur laissera derrière lui une Chine sans élite et sans culture : le modèle chinois aura inventé le développement sans le progrès. Si l'on a pu comparer Taiwan, Singapour, la Corée et Hong Kong à des « dragons », je serais tenté de définir la Chine comme un tigre qui se mord la queue !

Au bout du compte, le Parti ne peut se vanter que d'avoir renoncé à ses plus tragiques erreurs, et du compromis qu'il a passé avec les Chinois d'outre-mer. Et de rien d'autre.

Paradoxe : des « experts » occidentaux glorifient le Parti et feignent d'ajouter foi aux taux de croissance annoncés. Pourquoi cette complaisance, alors que les statistiques chinoises, depuis 1949, ont toujours été fausses ? Parce que les experts ne veulent point déplaire à la Grande Chine. Parce que les Occidentaux fantasment sur le grand marché chinois à mesure que les perspectives d'expansion s'assombrissent partout ailleurs dans le monde. Parce que bien peu, en Occident comme au Japon, souhaitent voir déstabiliser le Parti : les gouvernements préfèrent traiter avec un mal qu'ils connaissent, le Parti communiste, plutôt qu'avec autre chose qu'ils ne connaissent pas encore et qui serait probablement plusieurs Chines au lieu d'une seule...

Le nouvel « empire éclaté »

Admettons que le Parti communiste garantisse l'unité politique de la Chine. En quoi cette unité est-elle nécessaire ? La culture chinoise, avec une seule écriture mais plusieurs langues, existe sans discontinuer depuis trois mille ans ; mais elle n'a coïncidé qu'occasionnellement avec un État centralisé. Les périodes les plus prospères de la culture et de l'économie chinoises ne furent pas celles où elles coïncidèrent avec un Empire unifié. Ce n'est que dans l'historiographie officielle écrite par les mandarins pour les mandarins que l'unité est glorifiée, notamment depuis 1949.

Argument sans cesse avancé pour justifier cette unité : préserver la Chine de la guerre civile. Mais peut-on imaginer un génocide plus massif que celui perpétré par le Parti, au nom de l'unité, depuis 1949 ? Soixante millions de victimes au moins : morts organisées par le Parti au moment de sa prise de pouvoir, des famines qu'il a provoquées, et de la Révolution culturelle. Quelle hypothétique guerre civile aurait provoqué pires ravages ? Aucune, dans l'histoire de la Chine divisée, ne fut aussi meurtrière que cette folle campagne d'unification.

L'argument ultime du Parti, prêt à abandonner tout son attirail idéologique pour se réfugier derrière le principe d'unité, ne résiste donc pas à l'examen, ni historique, ni empirique. Aussi serait-il parfaitement envisageable que la Chine abandonnât le mythe de la souveraineté nationale, concept emprunté à l'Occident, pour s'organiser sur la base de ses provinces réunies entre elles en confédération : le schéma est d'autant plus probable, si le Parti communiste venait à disparaître, que les allégeances ethniques et linguistiques sont restées profondes, en dépit de l'unité de la soi-disant « race » des Han. En 1993, la ville de Suzhou, à cent kilomètres de Shanghai, confiait son développement à Singapour : cette sous-traitance revenait à reconnaître la supériorité du modèle de la cité-État périphérique sur l'État-nation centralisé. La confédération est d'ailleurs le projet commun de tous les démocrates chinois en exil depuis la répression de

Tian'anmen, en particulier celui de Yan Jiaqi, qui fut le leader intellectuel de leur mouvement.

Le Parti communiste, inutile et incertain dans l'ordre économique, l'est ainsi tout autant dans l'ordre politique ; la modernisation par un capitalisme réel aurait plus de chances de réussir sur un continent divisé en autant de provinces du modèle de Taiwan, Hong Kong ou Canton, que dans un « tout » ingérable à partir d'un centre totalitaire.

Comment naîtrait la démocratie ?

« Qui peut prétendre connaître la Chine ? » L'homme qui se pose cette question est peut-être celui qui la connaît le mieux. Liu Binyan, figure emblématique du combat pour la démocratie, exilé à Princeton depuis Tian 'anmen, a créé dans les années 1970 ce qui n'existait pas avant lui dans son pays : le journalisme d'investigation. Profitant des interstices de liberté après la mort de Mao, il a voyagé dans toute la Chine ; il en a rapporté les comptes rendus les plus émouvants ou les plus effroyables, révélant aussi bien la corruption des bureaucrates, le cannibalisme auquel se livrèrent des paysans affamés pendant le « Grand Bond en avant » de 1959, ou encore celui qui fut perpétré sous les ordres du Parti dans les provinces de Hunan et du Guangxi : pendant la Révolution culturelle, des élèves y dévorèrent leurs professeurs. « Les Chinois, commente Liu Binyan, n'ont pas, de tradition, un grand respect pour la vie ; les famines et les violences organisées par le Parti n'ont fait là qu'exacerber des coutumes millénaires de haine et de vengeance. »

Depuis sa retraite forcée aux États-Unis, Liu Binyan accumule les informations qui lui parviennent de toute la Chine par de multiples canaux, parfois même par des dirigeants du Parti qui préparent l'après-Deng Xiaoping. Liu Binyan fut lui-même membre du Parti, exclu pour droitisme, puis réintégré, puis exclu définitivement : parcours classique pour un intellectuel chinois survivant.

Ce dissident en exil rapportera-t-il en Chine la démocratie à la manière dont Sun Yat-sen, en 1911, revint du Japon à Canton pour y proclamer la République ? Liu Binyan n'y croit pas un instant. Les organisateurs de Tian 'anmen n'avaient, selon lui, ni théorie ni stratégie ; ils n'avaient pas réfléchi à la situation de la Chine, et l'exil les a éloignés davantage encore des réalités. L'influence des dissidents de l'extérieur est nulle, la sienne incluse ; si la Chine se libéralise, ce sera, estime Liu Binyan, de l'intérieur.

La libéralisation, la démocratie, le capitalisme en Chine continentale ? A terme, ce n'est pas, estime Liu Binyan, tout à fait impensable : non pas en poursuivant la Réforme à la Deng Xiaoping, mais en rompant avec elle. Car la Réforme ne rapproche pas la Chine du capitalisme, elle l'en éloigne : « Comment les Occidentaux, demande Liu Binyan, peuvent-ils croire à la croissance et à l'enrichissement claironnés par le Parti communiste alors que, depuis 1949, le gouvernement de Pékin n'a cessé de mentir ? Pourquoi les mêmes diraient-ils soudain la vérité ? » Le capitalisme supposerait que se constitue en Chine une bourgeoisie entreprenante. Or, ceux que les Occidentaux prennent pour des entrepreneurs ne sont que les dirigeants du Parti et leurs enfants ; ils pillent les ressources naturelles, exploitent une main-d'œuvre à bon marché, pressurent les paysans, spéculent sur les terrains, montent de fausses joint-ventures, trafiquent sur les devises. Ils amassent le plus rapidement possible, avant la prochaine révolution de palais, des réserves de dollars immédiatement transférées sur des comptes bancaires à l'étranger. De nouvelles entreprises publiques sont créées uniquement pour employer les clientèles du Parti et afficher de prétendus succès industriels, dans une totale indifférence à ce que ces entreprises produiront ou vendront.

Le capitalisme supposerait que se créent de vraies entreprises, avec des investissements à long terme : ce n'est pas le cas. L'économie de marché supposerait que les entreprises publiques soient gérées rationnellement : ce n'est pas le cas et cela ne peut pas le devenir, car les dirigeants communistes

« achètent » le soutien des ouvriers et la paix sociale en laissant fonctionner à perte le secteur public. La situation est pire encore dans les campagnes, où les bureaucrates du Parti extorquent aux paysans des droits et taxes sur tout. Depuis 1985, estime Liu Binyan, le niveau de vie des paysans baisse de 3 % par an. Fatigués des extorsions du Parti, ils quittent la terre et vont grossir la population flottante. Les professionnels urbanisés, les fonctionnaires, lorsqu'ils sont honnêtes et n'ont qu'un seul métier, sont également en voie de paupérisation, leur pouvoir d'achat rongé par l'inflation. Toutes les conditions d'une révolution sont réunies, mais, estime Liu Binyan, elle ne se produira pas. Certes, des émeutes paysannes éclatent ici et là, mobilisent des milliers de manifestants contre les représentants du Parti lorsque ceux-ci viennent exiger quelque tribut supplémentaire. Mais ces jacqueries restent sans idéologie, sans stratégie, sans dirigeants.

Peut-on envisager le retour d'une gauche « pure », ou de quelque messianisme qui, dénonçant la corruption, rétablirait l'ordre moral ? Certains s'y essaieront probablement, mais, estime Liu Binyan, ils échoueront. Car il n'existe plus de tradition chinoise de moralité : le Parti communiste l'a tuée. La métamorphose du peuple chinois est si profonde qu'il serait absurde de raisonner sur son avenir en invoquant son passé et sa culture ancienne. C'est avec un regard neuf que Liu Binyan invite à comprendre l'homme chinois et à nourrir quelque espoir paradoxal : « Les Chinois, dit-il, ne croient plus en rien, ni en leur tradition oubliée, ni dans le Parti qui les a trahis : reste une nation d'individualistes, exclusivement préoccupés de leur survie matérielle, passés maîtres dans l'art de l'autodéfense. » Dans cette nation recrue d'épreuves, il voit émerger une société civile, la première dans toute l'histoire de la Chine.

Quelques indices : des radios « libres », à Shanghai et Canton, évoquent les préoccupations privées, amoureuses même, des auditeurs qui interviennent en direct à l'antenne. Banal en Occident ; révolutionnaire en Chine traditionnelle ou communiste où l'individu n'eut jamais droit à la parole. Autre signe : des parents se regroupent spontanément et s'organisent pour retrouver leurs enfants kidnappés, pratique malheureusement courante de la part de familles en quête d'héritier adoptif. Des citoyens se constituent en comités pour exiger réparation des dommages de guerre causés par les Japonais, ce que le gouvernement chinois n'avait jamais osé faire...

A partir de ces observations éparses, brindilles à la surface du maelström chinois, Liu Binyan perçoit les fondements possibles d'une démocratie. Qui en seraient les acteurs ? Il n'exclut pas que le Parti communiste se pluralise de l'intérieur, pour survivre, et cohabite avec les petits partis démocratiques qu'il a jusqu'ici tolérés en Chine même et qui regroupent toujours quelques intellectuels non dissidents. Dans cette Chine pluraliste où le peuple ne serait plus exploité par le Parti unique, le capitalisme deviendrait un produit naturel de la démocratie.

Un cheminement inverse de celui de Taiwan ou de la Corée où le capitalisme a précédé la démocratie ? Les expériences ne sont pas comparables, explique Liu Binyan : « Taiwan et la Corée ont conservé la tradition confucéenne qui confère au pouvoir une légitimité ; en Chine continentale, la destruction de la tradition a ôté toute légitimité à tout pouvoir. » La démocratie serait donc le préalable au capitalisme, et non son corollaire, rapprochant le cas chinois de l'expérience russe ou du modèle est-européen plutôt que de celui des « dragons » d'Asie.

Que la démocratie et le capitalisme puissent devenir, sinon des réalités, du moins des aspirations universelles décevra les tenants d'une Chine éternelle qui la vouent à la fatalité d'un immuable despotisme ou lui assignent une permanente mission révolutionnaire. Ces adeptes d'une Chine rêvée sont, il est vrai, plus souvent occidentaux que chinois.

CHAPITRE 7

Le capitalisme Far West

« On dit que le capitalisme a gagné, proteste Milton Friedman. En Europe de l'Est, peut-être. Mais, aux États-Unis ou en France, le socialisme progresse ! »

Rares sont les hommes ou les femmes de notre temps dont le nom a été adjectivé par la seule vertu de leur œuvre intellectuelle. Milton Friedman est de ceux-là. Tout ce qui, dans l'univers des idées, désigne une conception intégrale — ou intégriste — du marché libre, de l'individualisme, du capitalisme et de l'antiétatisme, peut être qualifié de friedmanien. Sur la scène politico-culturelle des États-Unis, et ailleurs par mimétisme, un *friedmaniste* désigne, en positif ou en négatif, toute sentinelle vigilante du capitalisme comme seul système capable d'assurer à la fois la liberté et la prospérité contre l'éternel adversaire : le socialisme.

Passé quatre-vingts ans, Milton Friedman, d'une incroyable vitalité, n'est pas devenu plus tolérant, mais, au contraire, persiste à débusquer partout le socialisme. Il est vrai qu'il a du socialisme une conception extensive, puisqu'il désigne par là toute intervention de l'État hors des deux domaines « naturels » que lui concède la doctrine depuis Adam Smith : garantir la défense nationale et la liberté du commerce.

Il retient pour critère le pourcentage de la richesse nationale qui transite par l'État : 30 % aux États-Unis, 40 % en France. La France serait donc à demi socialiste, et les États-Unis pour un tiers. « Lorsque j'étais au collège, à New York, à la fin des années 1920, se souvient Friedman, l'État ne gérait que 10 % de nos ressources : nous étions plus pauvres, mais nous étions bien plus heureux ! »

Le dernier combat de Milton Friedman

Diable ! Y aurait-il quelque relation démontrable entre l'intervention de l'État, le progrès et le bonheur humain ? Milton Friedman n'en doute pas. Telle est la raison profonde de sa passion pour le capitalisme et de sa haine de l'étatisme. « Avec Rose — son inséparable épouse et complice intellectuelle —, nous venons d'un monde où n'existaient pas le téléphone et la voiture pour tous, où les antibiotiques étaient inconnus, la médecine balbutiante, le réfrigérateur et la machine à laver à l'état de prototypes, l'ordinateur impensable. » Or, tous ces acquis de la modernité, qui ont objectivement amélioré notre existence, à commencer par celle des plus modestes, sont l'œuvre des entrepreneurs capitalistes. Le capitalisme seul est à l'origine de la création de ces objets et de leur diffusion populaire. C'est aussi le capitalisme qui a suscité un cadre de vie plus plaisant, des conditions de travail plus agréables, des transports plus confortables, un environnement moins pollué. Le capitalisme, au XXe siècle, aura été le moteur du progrès.

Mais l'État, qu'a-t-il produit d'équivalent ? En quoi a-t-il contribué au progrès ? Qu'est-ce que l'État a fait que le capitalisme n'aurait pu faire par lui-même ? Milton Friedman, redoutable dialecticien, ne pose que des questions dont il possède la réponse. Sa réponse est : « Rien ou pas grand chose. » L'État ne produit rien qui contribue au progrès, et pourtant son emprise sur la société n'a cessé de croître, les efforts de sa bureaucratie pour réprimer l'esprit d'entreprise ne se relâchent jamais.

Friedman se demande pourquoi, en dépit des progrès engendrés par le capitalisme, nous ne sommes pas plus heureux qu'il y a soixante ans. Si les sociétés développées éprouvent des angoisses collectives qu'elles ignoraient lorsqu'elles étaient pauvres, c'est l'État avant tout qui en est responsable.

Excessif, Friedman ? Il me paraît plutôt posé, calé dans son fauteuil devant un feu de bois. Derrière nous, la baie de San Francisco. Aucune ville au monde, dit-il, n'est plus proche du paradis sur terre. Il justifie ainsi ses réticences à répondre au flot ininterrompu d'invitations qui lui parviennent des quatre coins du monde. « Pourquoi quitterais-je le paradis ? »

Revenons au procès de l'État, coupable de nos angoisses. Dans le cas des États-Unis, que l'Europe occidentale est en passe de rejoindre, Milton Friedman distingue quatre problèmes sociaux majeurs causés par l'État :

Tout d'abord, la violence criminelle, directement liée à la drogue, ou plus exactement à la prohibition de la drogue. Si la drogue était légalisée, Friedman en conclut que les mafias et agressions reviendraient à leur étiage normal, de la même manière que la fin de la prohibition de l'alcool, en 1934, ramena le crime à ce qu'il est dans toute société. C'est donc l'État qui, en prohibant la drogue, nourrit la violence à un degré jusque-là jamais atteint dans les sociétés modernes.

Deuxième maladie sociale causée par l'État : l'apparition d'une classe de pauvres, l'*underclass*. Cette « nouvelle pauvreté » qui tend à se reproduire d'une génération à l'autre n'existait pas quand l'État ne « protégeait » pas les pauvres par le filet de l'assistance sociale qui leur est devenu une prison. L'État crée des pauvres et les enferme dans la pauvreté.

Le chômage ? Sans le salaire minimum légal et les multiples taxes imposées aux employeurs, chacun trouverait un emploi, en particulier les jeunes sans qualification.

Les ghettos, le délabrement urbain, inconnus dans l'Amérique des années 1920 ? L'État est coupable, répète Friedman. Le contrôle des loyers dans les grandes villes dissuade les propriétaires d'entretenir les immeubles et n'incite pas les locataires qui ne paient rien à respecter un patrimoine en déshérence.

Le malaise américain, les maladies sociales et urbaines qui hantent la conscience collective et interdisent de jouir pleinement du progrès auraient donc une cause dominante sinon exclusive : l'État, encore et toujours l'État.

Faisons la part de l'esprit de système, gommons de la démonstration quelques excès rhétoriques ; il n'en reste pas moins que les arguments de Milton Friedman paraissent rationnels. Mais, s'ils sont rationnels, comment comprendre que l'État en vienne à provoquer délibérément des troubles qu'il s'emploie ensuite à réparer par des politiques sociales dont l'expérience révèle l'inefficacité ? La réponse de Friedman est que l'État lui-même, ou, pour être plus précis, les gestionnaires de l'État n'obéissent qu'à leurs propres critères. Non qu'ils soient pervers, mauvais ou égoïstes, mais parce que la logique de situation dans laquelle ils évoluent leur dicte ce comportement.

Par exemple, observe Milton Friedman, on ne voit jamais une administration disparaître, même après que son objet a disparu. Voit-on jamais un gouvernement reconnaître qu'une politique a échoué ? S'il est manifeste qu'elle a échoué — aide aux pauvres, lutte contre la drogue —, les gouvernants en concluent que les moyens affectés à cette politique étaient insuffisants, et par conséquent les accroissent. Les gouvernants, ajoute Friedman, sont d'autant plus enclins à poursuivre des politiques inutiles ou perverses qu'elles renforcent leur contrôle sur la société et qu'eux-mêmes ne sont pas affectés par leurs conséquences. Cela fait bien longtemps, estime-t-il, que les sociétés occidentales ne vivent plus vraiment en démocratie, parce que les gouvernants — classe politique et classe bureaucratique confondues — poursuivent des objectifs indépendants de la volonté populaire. Une administration, quel que soit le parti au pouvoir, ne poursuit d'autre ambition que d'étendre son autorité et son budget. Si des référendums pouvaient être organisés sur la plupart des grandes décisions de l'État, on constaterait que, dans la plupart des cas, l'opinion trancherait à l'opposé de la classe politique.

Après la révolution conservatrice, la révolution populiste

Milton Friedman serait-il un populiste ? Oui, absolument ! « A l'âge de quatre-vingts ans, dit-il, j'en suis arrivé à la conclusion que le capitalisme ne pourra être sauvé et les "problèmes sociaux" résolus qu'en modifiant radicalement les institutions de l'État. Nous devons faire en sorte que celui-ci repasse sous le contrôle populaire, que le personnel politique redevienne le censeur, et non plus le complice de la bureaucratie. » Il ne suffit pas, pour y parvenir, d'élire le bon candidat. Ce sont les institutions elles-mêmes qui génèrent la dérive bureaucratique. Cette révolution antiétatique, Ronald Reagan l'a tentée, souligne Friedman qui fut son conseiller, mais la tyrannie du *statu quo* imposée par le Parlement l'a fait capoter. Malgré l'engagement idéologique sans faille de l'élève Reagan dans l'école friedmanienne, au bout de huit ans de présidence, le poids de l'État dans la société américaine est demeuré inchangé.

C'est donc « par le bas », désormais, que Milton Friedman repart en guerre contre le « socialisme ». Dans cette bataille, les référendums d'initiative populaire, dans les États américains où ils sont autorisés, en particulier en Californie, constituent l'arme essentielle. Depuis le début des années 1990, des référendums d'initiative populaire dont Milton Friedman est l'inspirateur combattent la classe politique traditionnelle sur deux terrains : le « chèque éducation » et la limitation de la durée des mandats électoraux. Milton Friedman ne doute pas que ce mouvement « populiste » finira par l'emporter.

Le chèque-éducation ferait perdre aux bureaucraties publiques tout droit de regard sur l'enseignement. Chaque famille recevrait de l'État un « coupon » valable pour un an de scolarité par enfant dans toute école publique ou privée librement choisie par les parents. Les écoles deviendraient alors des entreprises en concurrence, promises au succès ou risquant la faillite. Le rôle de l'État, subsidiaire, ne consisterait plus qu'à garantir le respect des règles du jeu.

La limite des mandats électifs (six ans au maximum pour les sénateurs comme pour les représentants dans la plupart des référendums portant sur le sujet) ne pourrait s'imposer qu'après le consentement de la Cour suprême des États-Unis. Mais si la voix populaire s'amplifie, on ne peut exclure l'adoption d'un amendement qui lui donnerait force constitutionnelle. Milton Friedman en attend — avec quelque optimisme, me semble-t-il — une modification profonde du recrutement et du comportement de la classe politique. Les jeunes ambitieux seraient moins tentés par une carrière politique à terme définitivement échu au bout de six ans ; en revanche, des hommes et des femmes vers la fin de leur vie active seraient tentés de représenter le peuple et de servir l'intérêt général, avec une grande indépendance envers les lobbies et sans ambition particulière pour eux-mêmes : un Parlement des sages, en somme, censeurs et non plus complices de la bureaucratie.

Est-ce contagieux ?

Verrons-nous ces initiatives californiennes déborder les frontières des États-Unis ? Souvenons-nous d'un précédent important : c'est d'une révolte « populiste » en Californie, à la fin des années 1970, qu'est né le mouvement en faveur de la réduction des impôts directs. De Californie, ce mouvement est devenu national. Il a conduit à réduire massivement la progressivité de l'impôt sur le revenu aux États-Unis sous Ronald Reagan, puis, par contagion, dans le reste du monde. Jamais plus on ne verra nulle part des taux aussi confiscatoires que ceux qui avaient cours avant la révolution conservatrice américaine.

Ayons à l'esprit que si les révolutions du XIXe siècle sont nées en Europe, celles de notre fin de siècle sont parties de Californie : Mai 68, qui a métamorphosé la culture occidentale, les relations parents-enfants, les hiérarchies sociales et les comportements sexuels, a commencé, dès 1964, sur le campus de l'université de Berkeley. Le transistor, la bombe atomique, le circuit intégré, l'ordinateur personnel ont été inventés en Californie. La révolution libérale, qui a bouleversé les pratiques économiques et imposé le monétarisme comme modèle universel, a été conçue par un club d'intellectuels à l'Institut Hoover de Stanford, près de San Francisco. Dans ce monastère universitaire contemporain, Milton Friedman et ses complices George Stigler, Gary Becker (trois prix Nobel d'économie), Martin Anderson, Thomas Moore, ont, à eux seuls, inventé les nouveaux concepts de privatisation, de chèque éducation, de déréglementation, de taux de change flottants, tous les paradigmes économiques de notre temps.

Impérialisme culturel américain ? La puissance des États-Unis, la suprématie de la langue anglaise, la maîtrise américaine des médias, l'attraction des universités américaines sur des élites recrutées dans le monde entier, le dollar comme monnaie universelle, tout cela contribue de manière décisive à valider le friedmanisme, que l'on y soit favorable ou hostile. Milton Friedman estime que les instruments qu'il propose sont culturellement neutres, et non pas l'expression d'un quelconque impérialisme des États-Unis. Faux, assurément ! Le capitalisme n'est pas culturellement neutre. Il détruit les solidarités communautaires, les hiérarchies anciennes, il érode le « machisme », le sentimentalisme, le clientélisme. Il leur substitue le commerce entre individus libres et consentants. Ce qu'il est permis d'exécrer. Mais on ne saurait échapper à l'influence du modèle californien, que l'on choisisse d'y succomber, d'y résister ou de l'acclimater. La problématique friedmanienne d'une guerre entre les deux cultures, celle de l'État et celle du marché, est en passe de devenir une problématique universelle.

Quittant Rose et Milton Friedman, je me remémorai, sur le seuil, un adieu plus ancien, lorsque, en 1988, je laissai, au terme d'une ultime visite, Friedrich von Hayek à Fribourg. Le vieux philosophe, maître incontesté du libéralisme au XXe siècle, m'avait un instant retenu par le bras et imposé une dernière leçon : « Il faut, me dit-il, défendre le capitalisme non parce que nous l'aimons — Hayek, l'aristocrate d'Europe centrale, n'aimait rien de ce qui était moderne —, mais parce que le sort matériel de l'humanité en dépend. » Dans ses dernières œuvres, publiées alors qu'il approchait les quatre-vingt-dix ans, Hayek estimait que le capitalisme était menacé non par le principe démocratique en soi, mais par la dérive des institutions démocratiques. Il proposait donc, pour préserver l'alliance indispensable du principe démocratique avec le capitalisme, de substituer au règne des partis une assemblée de sages élus pour un seul mandat.

Ne s'agit-il là que d'élucubrations d'économistes abscons, de philosophes en chambre ? Ne négligeons pas le fait que les philosophies en chambre ont pu par le passé changer la face du monde et la changeront encore. En temps normal, remarque Milton Friedman, on ne convainc jamais personne par des arguments rationnels. Mais, en temps de crise, ce sont les utopies disponibles qui s'imposent et viennent combler le vide. Défendre le capitalisme, nous enjoint Milton Friedman, y compris contre les abus commis au nom d'une soi-disant justice sociale et derrière le masque de la démocratie !

Les frontières du capitalisme

Nous avons accompagné Milton Friedman jusqu'au terme de sa réflexion, ce qui n'implique pas que nous la partageons. Le militantisme nécessaire de Milton Friedman est, autant qu'une logique interne au capitalisme, le reflet d'une culture, d'une expérience historique, celle des États-Unis. Il ne saurait y avoir de Milton Friedman français, je le lui ai dit, notre expérience est par trop différente. L'histoire des Français est indissociable de celle de leur État, que l'on s'en réjouisse ou qu'on le déplore ; notre nation, à l'opposé des États-Unis, fut l'œuvre de fonctionnaires, pas celle de pionniers. Les penseurs et conseillers américains qui s'emploient à exporter le capitalisme se rendent mal compte à quel point ils recommandent aux Russes ou aux Mexicains d'adopter non pas le capitalisme démocratique, mais *leur* version d'un capitalisme démocratique tout à fait inhérente à leur culture. Cette confusion entre l'américain et l'universel, caractéristique de toute puissance dominante, est à l'origine de bien des malentendus et chocs en retour.

L'école libérale européenne ne pèche pas par cet excès-là ; elle aurait plutôt tendance à trop valoriser la culture de l'autre, au point de lui dénier l'accès au capitalisme démocratique ! C'est ainsi que nombre de libéraux français considèrent *a priori* que les Russes n'ont pas vocation à devenir capitalistes, ou que nous ne saurions imposer la démocratie aux Chinois. Cet excès de révérence pour la diversité des peuples, qui fait pendant à l'excès de prosélytisme des Américains, revient, comme dans le second cas, à laisser durablement ces peuples au bon vouloir de leurs despotes, à leur dénier la part d'universel à laquelle ils souhaiteraient certainement accéder s'ils étaient consultés.

L'autre faiblesse du libéralisme friedmanien, considéré d'un point de vue européen, est de nier l'autonomie du politique, l'existence du social et la pérennité des mythes. Non, le marché n'a pas réponse à tout. Certes, davantage de marché résoudrait tout ou partie des dysfonctionnements que l'intervention de l'État aggrave. Mais le rôle irremplaçable du jeu démocratique que Friedman conteste est de gérer sans violence, par une autre logique que celle du marché, des conflits que le marché n'élimine pas. Le capitalisme peut satisfaire les aspirations du producteur et du consommateur, réduire l'agressivité sociale, mais il est incapable de satisfaire toutes les aspirations du citoyen ou du « sujet » moderne, pour reprendre le concept d'Alain Touraine. La politique peut s'analyser comme un marché aux voix, et les politiciens comme des entrepreneurs ; mais la politique, même considérée comme marché, restera distincte du marché économique : au marché économique échoit le bien individuel, au marché politique le Bien commun. Certes, nul ne saurait définir ce Bien commun sans être aussitôt assailli par ses contradicteurs, mais la démocratie est le lieu civilisé de cette querelle d'opinions.

En somme, les adeptes du marché devraient défendre avec intransigeance ce qu'ils maîtrisent, la connaissance du marché, et admettre leurs limites, à moins de verser à leur tour dans l'idéologie. La pensée libérale n'explique pas les mythes ni les passions collectives pour la nation, la classe, la justice, etc. Or, dans les sociétés humaines, les mythes et les symboles sont aussi des objets réels.

II

La culture du capitalisme

Le capitalisme prend racine dans les cultures les plus variées. La graine, initialement germée en terre calviniste, s'est acclimatée dans l'Espagne catholique, la Turquie musulmane, la Chine taoïste. Mais le capitalisme ne produit pas seulement des biens, il fabrique aussi des comportements nouveaux sans lesquels il s'épuiserait. Passion de consommer, non-violence, respect des contrats, responsabilité personnelle : ces traits, s'ils n'existaient pas ou guère dans la société initiale, prospèrent dans le capitalisme. La machine produit ainsi son oxygène. Elle génère aussi ses toxines : amoralité, concurrence entre l'éthique du travail et l'hédonisme, dont le capitalisme mourra peut-être, mais dont il est encore loin d'être mort.

Cette production d'une culture du capitalisme participe de son universalisation : partout où il est à l'œuvre, le capitalisme fonde de la religion, de l'individualisme et de la démocratie.

La religion ? L'observation empirique oblige à constater que dans le monde capitaliste, les religions changent plutôt qu'elles ne disparaissent ; mais toutes, nous le verrons, tendent vers une même direction, comme si le capitalisme universel suscitait une religion universelle qui le légitimerait.

L'individualisme ? Connu dans les sociétés occidentales, il l'est moins bien en Asie. C'est en Asie que nous montrerons comment le capitalisme fait passer les sociétés de leur « groupisme » originel à un individualisme commun.

Avec la démocratie, enfin, les relations sont complexes ; mais s'il peut naître hors de la démocratie, le capitalisme tend au bout du compte à la produire. Les formes de cette démocratie peuvent être variées, ses principes sont cependant universels. Une universalité qui n'implique nullement que le monde est tout entier destiné à adopter la culture du capitalisme démocratique. Plus probablement, une nouvelle frontière séparera le bloc capitaliste des nations qui ne seront pas parvenues à y entrer et poursuivront leur chemin sur une autre trajectoire.

CHAPITRE 1

La religion du capitalisme

« La réussite ici-bas rassure le calviniste sur son élection divine. » C'est par cette obsession du salut que Max Weber a expliqué l'origine du capitalisme. Suffit-elle à expliquer que le capitalisme ait été protestant plutôt que catholique ?

L'Histoire paraît donner raison à Max Weber jusqu'aux années 1960. C'est alors seulement que l'Espagne, l'Italie ou le Québec rejoignent avec un certain retard le capitalisme démocratique. La France aussi ne se rallie franchement au capitalisme qu'après le gaullisme : décalage par rapport au monde anglo-saxon qu'Alain Peyrefitte expliqua, à la manière webérienne, par des considérations morales et religieuses. Mais est-ce au catholicisme en tant que corps de principes ou à l'Église en tant qu'organisation que l'on doit imputer ces réticences envers le capitalisme ?

Il semble que l'Église catholique freine le capitalisme là où elle exerce un monopole (en Espagne, en Italie, en Irlande) ou un quasi-monopole, comme en France. Là où elle est minoritaire ou pour le moins en concurrence (Allemagne, Autriche, Suisse...), le capitalisme s'impose plus facilement. La concurrence économique, la liberté d'entreprendre apparaissent donc comme la photographie inversée de la concurrence religieuse :

l'esprit d'entreprise se faufile dans les interstices des pouvoirs, dans le « jeu » laissé libre par les rivalités entre curés et pasteurs, entre papes et empereurs. Serait-ce que l'Église s'est longtemps opposée au capitalisme par tentation de la théocratie plus que par des considérations spirituelles ? On ne saurait l'exclure. A l'inverse, on peut se demander si les calvinistes deviennent capitalistes parce qu'ils doutent de leur élection (raison théologique), ou parce qu'ils sont minoritaires (raison sociale). Les entrepreneurs capitalistes des origines appartiennent souvent à des minorités calvinistes en Europe, mais les premiers capitalistes émergent aussi en Inde dans les minorités parsies de Bombay, à Taiwan dans les minorités taoïstes, en Afrique orientale chez les sikhs, dans les minorités luthériennes au Brésil, coréennes en Californie, maronites en Afrique occidentale, et chez les mormons dans l'Utah. L'historien Werner Sombart a attribué la naissance du capitalisme aux Juifs d'Europe centrale non parce qu'ils étaient juifs, mais parce qu'ils étaient minoritaires.

Au total, le capitalisme semble s'accommoder de bien des religions, y compris de celles que Max Weber jugeait incompatibles avec lui, comme le confucianisme en Asie ou l'islam en Turquie. Mais, dans tous les cas, le départ est donné par une minorité. Celle-ci, ancrée dans des convictions éthiques, affirme par l'économie son droit à l'existence à défaut de dominer la société politique.

Bien entendu, une minorité religieuse ne suffit pas en elle-même ; il convient aussi que les conditions juridiques, sociales et politiques permettent qu'elle se transforme en bourgeoisie entreprenante.

Comment départager, dans la naissance du capitalisme, la raison sociale de la raison morale ? Nous aimerions le savoir de manière à prédire l'avenir de la Russie ou du tiers-monde. Mais la réponse incontestable n'existe pas, car les sociétés ne permettent pas de répéter des expériences *in vitro*. Il existe cependant quelques laboratoires qui invitent à la comparaison.

Le laboratoire du Québec

Le Canada est l'un de ces laboratoires, puisque sur un même territoire coexistent depuis deux siècles des Français catholiques et des Anglais protestants. Or il est clair que les Anglo-protestants ont fondé le capitalisme canadien, tandis que les Québécois catholiques ne les ont rattrapés que depuis une trentaine d'années. L'Église catholique a-t-elle été un agent de ralentissement économique, le véhicule éthique et social de valeurs anticapitalistes ? Tel est le sentiment commun dans le Québec contemporain où, à une profonde religiosité, ont succédé le culte de la consommation de produits « fabriqués aux États », c'est-à-dire *made in USA*, et un certain anticléricalisme.

Nous pourrions en conclure que les Québécois ont rejoint le capitalisme de leurs compatriotes anglais par renoncement à leurs croyances catholiques ; d'ailleurs, des sectes protestantes, pentecôtistes, adventistes s'installent au Québec dans les espaces libérés par les prêtres. Mais cette lecture culturelle, pour tentante qu'elle soit, est contredite par l'analyse historique. Il est vrai qu'un « cléricalisme triomphant » a encadré les Québécois jusqu'au milieu de ce siècle ; les prêtres détournaient leurs fidèles de la ville corruptrice et les orientaient vers l'agriculture, conservatrice des valeurs traditionnelles. Mais, simultanément, ces prêtres se sont comportés dans les campagnes comme de véritables « agents de développement », pour reprendre l'expression du sociologue Louis O'Neill. Le curé de village québécois était un entrepreneur. Au-delà de ses tâches sacerdotales, il introduisit au Québec l'éducation, l'hygiène et l'électricité. Nous devons donc, à suivre O'Neill, adopter une tout autre lecture du rôle de l'Église et du « retard québécois ». Ce ne serait pas l'Église, mais le colonialisme britannique qui aurait retardé le développement du Québec : le politique plutôt que le religieux. La preuve en est que les Québécois, après avoir pris le pouvoir politique par « la Révolution tranquille » de 1973, ont rattrapé le niveau économique des Anglo-protestants ; s'ils y sont parvenus en seulement vingt ans, c'est précisément, souligne non sans raison O'Neill, parce que l'Église avait pourvu à leur éducation. Au terme de ce rattrapage, l'Église au Québec a perdu son rôle d'encadrement ; ce qui n'implique pas qu'il y ait moins de catholiques qu'autrefois, mais ce sont désormais des catholiques « individuels ». Le Québec est ainsi devenu une société capitaliste comme les autres, où à la religion instituée s'est substitué un foisonnement de comportements religieux non reliés.

Cette lecture sociale plutôt que morale du rôle de l'Église dans la naissance du capitalisme me paraît reproductible à l'identique en Espagne ou en Italie. Je sais bien que ce n'est pas là la mode dominante : depuis la mort du marxisme, la tendance est au « tout-culturel », au webérisme, à l'évacuation de l'Histoire. Qu'il ait vu juste ou faux, Weber a ouvert un débat sans fin, devenu cependant rétrospectif depuis que le catholicisme s'est accommodé du capitalisme. Une accommodation de fait, qui a reçu sa sanction théologique en 1990. Par l'encyclique *Centesimus Annus*, Jean-Paul II a rompu avec la tradition du double rejet symétrique du socialisme et du capitalisme. Le style reste mesuré, comme il convient au genre, mais la rupture n'en est pas moins claire dès lors que le pape a admis que seule ce qu'il appelle l'« économie libre » peut conduire à la dignité et au développement. Un constat peut-être suicidaire pour l'Église...

Le capitalisme détruit-il la religion ?

Si nous admettons que l'éthique religieuse produit le capitalisme, comment ne pas constater que ce même capitalisme, dans une seconde phase, corrode ses fondements mêmes ? La frugalité fut le caractère dominant du capitalisme des origines. L'hédonisme l'a remplacée : peut-il durablement fonctionner comme moteur du capitalisme contemporain ? Max Weber avait pressenti cette dégradation, mais il estimait que le capitalisme, une fois « lancé », se perpétuait de lui-même, chacun trouvant mécaniquement sa place dans la machine créée :

l'éthique du capitalisme n'était, selon lui, nécessaire qu'à l'allumage. Le mouvement perpétuel, chimère des mécaniciens, fonctionnerait-il dans l'ordre économique ?

Pour l'heure, il est vrai que la substitution de l'hédonisme à la frugalité paraît accélérer plutôt que ralentir la croissance capitaliste, suscitant sans cesse de nouveaux désirs qui aiguisent l'appétit des consommateurs et l'imagination des producteurs. Il est également vrai que l'érosion de l'éthique du travail dans le capitalisme mûr ne freine pas la croissance tant que les robots et autres machines travaillent plus là où les hommes travaillent moins. Dans le capitalisme occidental, cette usure morale est également ralentie par l'immigration de nouvelles élites entreprenantes, comme les Chinois en Californie.

Mais cette perspective optimiste ne s'applique pas aux nations qui ne sont pas encore capitalistes et voudraient le devenir. Pensons à ces peuples du tiers-monde où le désir de consommation précède la capacité de production, où l'hédonisme local ou importé précède l'éthique indispensable au décollage économique. De même, il n'est pas garanti qu'à l'avenir, l'érosion de l'éthique « protestante » ou de ses équivalents fonctionnels, confucianistes ou parsis, ne conduira pas çà et là à un épuisement du capitalisme, privé de son carburant moral. La progression du chômage dans les sociétés développées peut s'expliquer — en partie seulement, mais en partie quand même — par cette érosion éthique, chez les entrepreneurs comme chez les salariés, autant que par les défaillances de l'économie de marché ou par certains excès de la protection sociale.

Est-ce à dire que le capitalisme est condamné à terme par la contradiction entre le principe d'épargne et le principe de consommation ? Qui remboursera les dettes des hédonistes si la société n'est plus composée que d'hédonistes ? Un exemple au moins, celui de l'Argentine, a montré comment une société, après avoir épuisé sa rente de situation, peut passer en une génération de la prospérité à la faillite, faute d'entrepreneurs capitalistes et d'éthique du travail. Ce péril hédoniste, inversion du théorème webérien, hante les moralistes occidentaux : pour

Irving Kristol aux États-Unis, ou Louis Pauwels en France, le recul de la religion conduit à un effondrement de l'éthique qui mène inévitablement à la disparition du capitalisme. Dans cette perspective, loin d'être un mouvement perpétuel, le capitalisme se condamnerait de lui-même à la décadence. Pessimisme séduisant par son caractère déterministe ; mais pas nécessairement fondé, car le capitalisme crée des religions autant qu'il en détruit.

Vue de France, cette proposition paraîtra inconcevable ; mais vue de France seulement. Hormis quelques sursauts chez les catholiques charismatiques ou les juifs conservateurs, la religion est devenue chez nous un phénomène minoritaire. Beaucoup en concluent que la modernité capitaliste porte en elle le rationalisme et élimine à terme toute forme de spiritualité. Voltaire ne l'avait-il pas prédit ? Mais, pour l'instant, c'est en France, en Espagne et en Italie que les religions classiques disparaissent sans être remplacées par d'autres. Ailleurs, ce qui est caractéristique du capitalisme, c'est moins l'effondrement de la religion que sa transformation : remplacement de religions anciennes par des religions nouvelles, ou formes nouvelles d'une même révélation.

La réconciliation de l'Église avec le capital

« L'entrepreneur est l'aristocrate des temps modernes, avec les obligations et les contraintes de toute aristocratie. » Le propos serait banal s'il était tenu dans quelque organisation patronale. Mais Rafael Alvira, qui dit cela, enseigne la philosophie à l'université de Navarre, foyer intellectuel de l'Opus Dei, une « œuvre religieuse de sanctification par le travail », pour reprendre la définition de son fondateur, José Maria Escriva de Balaguer, béatifié en 1991.

Le 2 octobre 1928, l'abbé aragonais avait « vu » — terme qu'il employa par la suite — ce que Dieu attendait de lui : conduire les hommes de toutes conditions à rechercher la sainteté dans l'exercice même de leur métier. Et cela sans changer d'état. Ce travail apostolique, Escriva de Balaguer l'appellera l'« Œuvre de Dieu ». L'« Œuvre » n'est pas un ordre, mais une association volontaire de prêtres et de laïcs réunis par une même conviction.

A la mort du « fondateur », à Rome en 1975, l'Opus Dei comprenait soixante mille membres de quatre-vingts nationalités différentes. Un millier environ sont français. Désormais, l'Opus Dei n'est pas plus espagnole que ne le fut l'ordre des Jésuites d'Ignace de Loyola.

Quel rapport avec le capitalisme ? Essentiel, me semble-t-il. On sait comment le capitalisme en Europe a mieux défait l'Église catholique en un siècle que n'y étaient jamais parvenus les philosophes des Lumières et autres rationalistes. Est-ce à dire que l'Opus Dei tente de « remoraliser » le capitalisme et de le réconcilier ainsi avec l'Église ? Ce n'est pas de cette manière que s'expriment les membres de l'Œuvre, mais, vu de l'extérieur, c'est ainsi que j'interprète son rôle objectif.

L'Opus Dei, précise Rafael Alvira, « ne se prononce pas sur la sainteté de tel ou tel système économique, mais demande à ses membres, s'ils sont patrons, de se conduire en patrons chrétiens, d'humaniser leur manière de gérer l'entreprise, de se comporter avec noblesse pour résoudre les contradictions sociales qui pourraient surgir du capitalisme ». Quoi qu'en dise Alvira, cette acceptation du capitalisme et le désir légitime de le « remoraliser » s'inscrivent en rupture avec un siècle d'hostilité de l'Église catholique envers le capitalisme, jusqu'à *Centesimus Annus*. Par cette encyclique, l'Église a pour la première fois renoncé à sa quête d'une hypothétique troisième voie ; elle reconnaît désormais la supériorité de l'« économie libre », y compris pour le tiers-monde, tout en appelant à lutter contre ses injustices, mais de l'intérieur. A cette révolution théologique, l'Opus Dei n'est pas étrangère ; mieux, elle est chargée de la mettre en œuvre par une méthode bien particulière.

Ce ne peut être un hasard si les premières institutions d'enseignement établies par Escriva de Balaguer furent, en dehors des cours de philosophie, une *business school* à Barcelone et une école de journalisme à Pampelune : former des managers, mais chrétiens, et des journalistes qui cesseraient de dénigrer l'ordre établi, en particulier l'ordre du marché. Pour l'Opus Dei, il est plus urgent d'« imprégner le monde des valeurs chrétiennes » que de recruter ; il est d'ailleurs difficile de se faire accepter comme membre de l'Œuvre. Le directeur de l'Institut supérieur de commerce de Barcelone espère que ses anciens élèves, lorsqu'ils deviendront patrons, « s'opposeront à la fraude, à la concurrence déloyale, aux rentes générées par les monopoles, à une injuste répartition des profits ». Tout apôtre du capitalisme approuverait ces recommandations. Ce bel enseignement est-il suivi d'effet ? Les anciens élèves formés par l'université de Navarre sont recherchés par les entreprises espagnoles ; il en va de même de leurs homologues en Amérique latine : « pour leur moralité », dit le recteur Alejandro Llano. Deux mille journalistes en Espagne sont issus de cette université ; se sanctifieront-ils par le travail et remoraliseront-ils le capitalisme ? Imprègnent-ils la société de l'esprit de l'Œuvre, à supposer qu'eux-mêmes en soient imprégnés ? Ou bien, repris par le siècle, seront-ils contaminés par la modernité laïque ? Noyautage, *reconquista* catholique du pouvoir culturel et des médias, moralisation du capitalisme, ou rien de tout cela ? Il est encore trop tôt pour le savoir, admet le recteur.

Est-il permis de parler de l'Opus Dei en ignorant les controverses qu'elle soulève ? Il me semble que la polémique est en relation directe avec notre sujet : les ennemis de l'Œuvre se trouvent être aussi des ennemis du capitalisme. « Les campagnes contre l'Opus Dei, laisse entendre à quart de mot Mgr Carrasco, recteur de l'université de l'Opus Dei à Rome et psychiatre de formation, sont nées non pas dans les médias, mais au sein de l'Église même. » Querelle d'influence, et aussi querelle théologique. En considérant que le travail peut mener à la sainteté, Mgr Escriva bouleversait la hiérarchie des valeurs ecclésiales qui, de tradition, plaçaient au pinacle le contemplatif et le pauvre. On sait, rappelle Carrasco, la méfiance des Évangiles envers les riches ; or l'Opus Dei n'exclut pas qu'un grand patron richissime accède à la sainteté. L'homme a été créé, rappelait Escriva, « *ut operaretur* » — pour travailler (Genèse 2, 15), et le Christ apprit de Joseph le métier de charpentier. C'est donc, estimait le fondateur, qu'on peut se sanctifier par le travail, « que l'on soit ministre ou balayeur ».

Selon que l'on sera pour ou contre le capitalisme, l'Opus Dei apparaîtra ainsi sous des couleurs claires ou sombres. Les ennemis de l'Œuvre dénonceront son emprise tentaculaire, son alliance avec un grand patronat qui, en bonne logique, la finance généreusement. Qu'un banquier en soit membre et ses adversaires chrétiens ou athées dénonceront, au nom de la justice sociale, la passion de l'Opus pour l'argent.

L'Opus Dei, observe Mgr Carrasco, dénonce elle aussi la passion de la consommation, mais « à condition qu'il y ait quelque chose à consommer. Ce qui n'est pas le cas dans les pays pauvres où sévit la théologie de la libération ». La prétendue « option pour les pauvres » des ecclésiastiques de gauche, ajoute-t-il, traduit seulement leur ignorance de l'économie. Par conséquent, c'est avant tout au sein même de l'Église que l'Opus entreprend de réconcilier les prêtres avec l'économie : rude tâche !

La plupart des prêtres, reconnaît Carrasco, vivent en dehors de l'économie, rien ne les prépare à y comprendre quoi que ce soit. L'Opus Dei entend changer cela en améliorant la formation des prêtres dans son Athénée romain et en évinçant des sommets de l'Église les adversaires de l'économie de marché. Devons-nous en conclure qu'à terme les Jésuites anticapitalistes seront remplacés par l'Opus Dei procapitaliste ? Une victoire de la réaction ?

Contrairement aux idées reçues, l'Œuvre en tant que telle — sinon chacun de ses membres — ne me paraît pas réactionnaire, mais objectivement progressiste dans la mesure où seule l'économie capitaliste a jamais produit des progrès réels par plus de prospérité et de justice. Les ennemis de l'Œuvre l'accusent de dé-moraliser l'Église en s'alliant avec le capitalisme ; les défenseurs du capitalisme en espéreront une remoralisation, une légitimité éthique et plus seulement technique de l'économie libre. L'Opus ne changera certes pas le monde, mais elle peut changer l'Église, ce qui n'est pas si mal.

La rédemption gérée comme une entreprise

« *This is the right place* », le but du voyage, le lieu où sera édifiée la Jérusalem du Nouveau Monde. Nous sommes en 1847. Brigham Young, accompagné d'une centaine de compagnons, vient de parcourir deux mille kilomètres en un an et demi. Du haut des montagnes Rocheuses, comme Moïse sur le mont Nébo, il contemple l'un des paysages les plus désolés qui soient au monde, un grand lac salé cerné par le désert. Mais, d'emblée, Brigham Young reconnaît qu'ici l'a conduit la Providence.

Cent cinquante ans plus tard, à l'angle droit de Main Street et de North Temple Street, sous un soleil de plomb, des hommes à l'allure de managers, costume gris, chemise blanche et cravate unie, cheveux courts et attaché-case, se dirigent d'un pas pressé vers leurs entreprises. Il est sept heures du matin. Tous respectent les feux rouges et manifestent les uns à l'égard des autres une parfaite courtoisie. Au vingt-cinquième étage du siège social de l'Église des Saints des derniers jours, le vénérable Elder Charles Didier gère les affaires de ce Royaume de Dieu. Belge d'origine, économiste de métier, il est le premier non-Américain à avoir accédé au Conseil des Soixante-Dix qui dirige l'Église des Saints des derniers jours, plus connue par son surnom : « mormone ».

Dans le *Livre de Mormon*, rédigé en 1840, Joseph Smith révéla comment les tribus perdues d'Israël vécurent en Amérique du Nord : en l'an 400 de notre ère, Jésus-Christ leur rendit visite. Cette extraordinaire épopée, comparable aux grands romans de l'époque, devrait pour le moins figurer dans l'histoire littéraire du temps. Mais *Moby Dick* n'a pas conduit au culte des baleines, sauf chez les écologistes, tandis que Joseph Smith puis Brigham

Young, son successeur, se proclamèrent prophètes élus de Dieu.

La révélation de Joseph Smith serait peut-être restée sans suites s'il n'avait eu l'idée de fonder un peuple : à la manière dont les Juifs se distinguent des autres nations, les mormons se singularisèrent par un code de conduite associant la polygamie à des interdits alimentaires et à des mœurs ascétiques. La polygamie a disparu, mais les autres interdits ont survécu. Les mormons, peuple à part, Hébreux du Nouveau Monde, vivent plus longtemps que la moyenne des Américains, ont davantage d'enfants, un niveau d'éducation plus élevé et sont beaucoup plus riches. Les maux du capitalisme moderne semblent les avoir épargnés : les mormons ne consomment pas de drogue, ne boivent même pas de café et, bien entendu, ne fument pas. Chez eux, pas de divorces, pas de mères célibataires, pas de chômeurs, pas de mendiants. Est-ce la foi ou l'organisation qui explique le comportement éthique et le succès économique de cette religion ? Pourquoi s'accommode-t-elle si bien du capitalisme, au point de s'être pratiquement identifiée à lui ?

« Les mormons, explique Eder Didier, ne distinguent pas entre la foi, la connaissance, la morale, l'organisation, la solidarité et le travail. » S'il ne travaille pas, un mormon sera rapidement repris en main par son évêque ; celui-ci lui trouvera un emploi grâce au réseau d'entreprises qui appartiennent en propre à l'Église ou sont dirigées par des mormons. Si une famille se trouve en difficulté, la solidarité joue immédiatement. Chaque famille est régulièrement visitée, à titre préventif, par des prêtres qui s'assurent que « tout fonctionne ». Prêtres bénévoles, car l'Église n'a pas de clergé ; mais elle a des administrateurs.

Impossible au visiteur ignorant qui pénètre dans le « siège social » de l'Église des Saints des derniers jours de deviner qu'il s'agit d'une Église ; il pourrait aussi bien se trouver chez IBM ou Rank Xerox. Comme IBM ou Rank Xerox, l'Église des mormons, à l'origine entreprise locale, puis nationale, est devenue transnationale : la moitié des mormons dans le monde résident désormais hors des États-Unis. L'Église, explique Didier, emploie soixante mille missionnaires. Faut-il ici parler de marketing ou de prosélytisme ? Le « taux de croissance » des mormons aux États-Unis est de 6 % l'an, la plus forte progression de toutes les Églises sur le « marché » de la religion. Elle gère chaîne de télévision, radios, éditions, banque, assurances. Elle est dirigée par un président, Ezra Taft, autrefois ministre du président Eisenhower, assisté d'un conseil des Douze et de l'assemblée des Soixante-Dix. Ne dirait-on pas le *board* d'une multinationale ? Coïncidence, assure Didier ; selon la théologie des mormons, cette organisation reproduit celle que Jésus-Christ avait en son temps instaurée dans son Église. Le président en exercice est d'ailleurs aussi prophète au sens hébraïque du terme, en communication permanente avec Dieu. Car, pour les mormons — et cela les distingue de toutes les autres Églises chrétiennes —, la Révélation continue, adaptée aux circonstances du temps. L'Église des Saints des derniers jours fonctionne donc comme une entreprise capitaliste, mais une entreprise *inspirée.* Le but n'est pas le profit : les mormons sont devenus des entrepreneurs non par amour du capitalisme, mais afin d'édifier le royaume de Dieu.

L'Église des Saints des derniers jours est la religion américaine par excellence, celle qui coïncide le mieux avec la destinée manifeste des États-Unis, mais cette convergence n'explique pas seule son succès dans la société capitaliste. Celui-ci peut aussi s'interpréter, me semble-t-il, par des raisons strictement religieuses. « Dans une Église catholique, commente le révérend Didier, l'image de la Crucifixion est centrale ; dans un temple protestant, la Croix est nue, Jésus est ressuscité ; dans un temple mormon, la Croix est absente, car Jésus est vivant parmi nous. » C'est même un Jésus hollywoodien : ses représentations, telles qu'on peut les voir à Salt Lake City et dans les imageries des mormons, en font un athlète bronzé à l'allure de *surfer* californien. « La détresse de la Passion, admet Didier, n'intéresse pas les mormons. » Ce qui les captive, c'est la perspective de l'immortalité. Grâce à leur ascèse, au respect des normes édictées par Joseph Smith, sous la conduite de leur président-prophète, les mormons vivent plus longtemps en ce monde et sont persuadés qu'une autre vie « plus intéressante encore », souligne Didier, commence après la mort. « Puisque Dieu a fait les hommes à Son image, c'est que nous sommes des dieux. » Tout Mormon se considère comme un dieu en devenir.

Cette autodivination de l'homme, cette immortalité vécue, ce Christ « en forme » correspondent exactement à la culture capitaliste moderne, exaltation de la forme physique, de l'éternelle jeunesse, et évacuation radicale de la mort. La relation spirituelle entre les mormons et la culture moderne me paraît déterminer leur vigueur au moins autant que leurs coïncidences sociologiques et organisationnelles avec le capitalisme. L'Église des Saints des derniers jours prospère dans le monde moderne parce qu'elle apporte une légitimité quasi métaphysique à la *success story* du capitalisme américain triomphant.

La nouvelle religion américaine

D'après une étude d'opinion menée par l'International Survey Program (Chicago, mai 1993), 90 % des Américains déclarent qu'ils croient en Dieu et l'immense majorité d'entre eux croient au paradis et à la survie de l'âme. Jamais dans l'histoire de l'humanité la dévotion religieuse n'aura été aussi fervente que dans l'Amérique contemporaine, commente l'auteur de cette étude, le révérend Andrew Greeley. Dans la même catégorie statistique — l'étude étant comparative — se retrouvent l'Irlande et la Pologne, suivies par l'Italie, la Grande-Bretagne et la Nouvelle-Zélande. Dans le monde occidental, les nations les moins croyantes semblent être l'Allemagne de l'Est (les communistes n'ont pas tout raté), la France (la Révolution de 1789 l'a emporté) et, curieusement, Israël (les Juifs ont toujours été plus sceptiques que croyants). Le pays le plus capitaliste, les États-Unis, se révèle donc être le plus religieux.

L'interprétation classique en appelle à l'Histoire : la nation, fondée par des puritains, serait restée fidèle à ses origines. Explication peu convaincante, car le pays d'aujourd'hui a peu à voir avec celui des fondateurs ; le souvenir en a été dilué par le métissage ethnique et religieux qui constitue la nature même de la nouvelle culture américaine. Quatre-vingt-dix pour cent des Américains « croient en Dieu », mais s'agit-il bien de Dieu ? D'après le sociologue rationaliste Daniel Bell, les études d'opinion ne renseignent pas véritablement sur la foi des Américains, mais ne font que mesurer leur adhésion ou leur désir d'adhésion à une communauté. Ce désir serait plus vif chez eux que chez les Européens, car les États-Unis restent pour l'essentiel un conglomérat de communautés fédérées par un contrat politique (la démocratie), économique (le capitalisme) et conformiste (la religion, quelle qu'elle soit). Daniel Bell n'en conclut pas pour autant, comme Marx ou Voltaire, que le « progrès » élimine la religion. Il invite à distinguer entre deux niveaux : celui de la foi, plus résistant à la modernisation que ne l'imaginait Voltaire, et celui de l'organisation, que le capitalisme sécularise en sélectionnant les communautés religieuses les mieux adaptées à la société nouvelle qu'il engendre.

Admettons, avec Daniel Bell, que les Américains croient en la religion plus qu'en Dieu ; mais en quelle religion ou plutôt en quelles religions ? Face au vaste marché des religions américaines, qui toutes utilisent les techniques du marketing et les mass media, peut-on prétendre que l'Amérique capitaliste soit toujours chrétienne, voire judéo-chrétienne ? Qu'y a-t-il de commun entre les adventistes, les Témoins de Jéhovah et les mormons, qui se disent chrétiens mais ne suivent ni les mêmes prophètes, ni les mêmes pratiques ? Les juifs orthodoxes sont-ils encore juifs ou ne sont-ils pas d'abord américains, plus proches des baptistes que des juifs d'Europe ? En clair, par-delà cette diversité, n'assistons-nous pas à la production d'une nouvelle religion américaine ? Telle est la thèse de l'écrivain Harold Bloom, critique et théologien à l'université de Yale. Le premier, en 1992, il a attiré l'attention sur la convergence de tous les cultes aux États-Unis vers ce qu'il appelle précisément la « nouvelle religion américaine ».

Il est évident, observe Harold Bloom, que le sentiment religieux aux États-Unis est omniprésent, mais il ne se manifeste plus sur le mode classique des Églises. La « nouvelle religion américaine » est une collection de sectes fondées sur l'expérience personnelle du fidèle, qui vit « sa » religion selon son libre choix. Il est remarquable que la plupart des chrétiens américains déclarent avoir rencontré Jésus sans l'intermédiaire de leur prêtre ou de leur pasteur. La religion américaine n'est pas révélée, elle est expérimentée ; les Églises, dans cette expérience, ne sont plus guère que de simples coquilles ou des machines à produire des rites sociaux et de la ferveur communautaire.

Comment appeler cette nouvelle religion américaine ? La gnose, propose Bloom, par référence à une religion des débuts de l'ère chrétienne, fondée sur la connaissance plutôt que sur la révélation, sur l'individualisme plutôt que sur la communion, sur la recherche du divin en soi plutôt que sur un Dieu au-dessus de soi.

Cette autodivination de l'individu, comme production ultime de la modernité, est-elle un phénomène culturel propre aux États-Unis ? Plus seulement : la nouvelle religion américaine est partie à la conquête du monde.

Les illuminés du capitalisme

A des milliers de kilomètres au sud des États-Unis, Néstor García mène une double vie de psychanalyste et de pasteur pentecôtiste. Buenos Aires, avant même New York, est la ville au monde où le nombre de psychanalystes par dizaine de milliers d'habitants est le plus élevé. « Mais là où Freud est impuissant, dit Néstor García, Jésus peut sauver. »

A l'origine de sa conversion, Néstor García a entendu « témoigner » un pasteur venu des États-Unis dans un parc de Buenos Aires. C'est ainsi qu'il fut « saisi par la vérité de l'Évangile » et commença à son tour à témoigner dans des lieux publics. Puis il guérit un oncle atteint d'un cancer incurable. Il fut reconnu comme pasteur et, spontanément, autour de lui, une communauté se constitua. « Le miracle, explique-t-il, n'est pas le fondement mais est la méthode de l'Église pentecôtiste. » Les fidèles qui fréquentent son église « guérissent » réellement de leurs troubles psychiques ou pathologiques, ainsi que de leur instabilité socioprofessionnelle. Grâce à l'Évangile enseigné par Néstor García, des déracinés, des alcooliques, des toxicomanes recouvrent santé et prospérité. Ces résultats matériels, ajoute Néstor García, ne constituent pas les buts du pentecôtisme, mais les signes de sa vérité ; au-delà de cette phrase intermédiaire de réinsertion économique, l'objectif est ce qu'il appelle la « citoyenneté céleste » : retrouver Dieu après s'être débarrassé de tout lien avec la citoyenneté nationale, la race ou le statut social.

Les patients qui consultent García le psychanalyste savent-ils que leur thérapeute est par ailleurs pasteur pentecôtiste ?

— Parfois oui, parfois non, dit Néstor García, mais jamais je ne leur impose l'Évangile ; cependant, il se révèle être parfois plus efficace que la psychanalyse.

— Ne craignez-vous pas d'être un faux prophète ?

— Je me pose la question chaque jour, mais, jusqu'à présent, m'assure García, j'ai le sentiment d'avoir véritablement rencontré Dieu, et le devoir d'aider les autres à y parvenir...

Le pentecôtisme, religion néo-archaïque — moderne dans ses techniques de mobilisation, préchrétienne dans ses pratiques chamaniques — n'est plus seulement nord-américain. Il est devenu la religion « chrétienne » *made in USA* qui prolifère le plus rapidement en Amérique latine. Il s'y substitue progressivement à l'Église catholique. Toute évaluation est ici sujette à caution, car le pentecôtisme n'a rien d'une organisation structurée, c'est moins une Église qu'un mouvement. Il paraît cependant acquis que les pentecôtistes sont majoritaires au Guatemala et ont fidélisé le tiers des Brésiliens de São Paulo, l'État le plus développé du Brésil. Dans des sociétés aussi traditionnellement catholiques que le Chili et l'Argentine, le pentecôtisme regroupe des communautés considérables.

Plusieurs interprétations du phénomène sont possibles. Les pentecôtistes progressent là où l'Église catholique fut liée à un pouvoir politique conservateur et déconsidéré (Argentine, Chili), ou au contraire lorsque les prêtres se sont tellement gauchisés (Brésil, Uruguay) que les fidèles, de droite et de gauche, fuient. Au Chili, c'est à partir de Vatican II, quand les prêtres ont voulu se « rapprocher des pauvres » sous l'influence de la théologie de la libération et par le dépouillement du culte, que les chrétiens les plus modestes ont commencé à déserter les églises et à venir grossir les rangs des pentecôtistes. Il est probable que dans cette population métisse (au Chili, le degré de métissage est en relation avec la pauvreté économique), certaines traces des religions amérindiennes s'étaient perpétuées dans la liturgie catholique, et c'est précisément cette pensée magique que Vatican II évacua par inadvertance. Pensée magique que les ex-catholiques retrouvent dans les temples évangéliques qui poussent comme des champignons dans les banlieues pauvres, les *poblaciones* de Santiago. La « communication directe » avec Jésus chez les pentecôtistes chiliens du quartier de la Pintaña, où le phénomène a été étudié par le sociologue Arturo Fontaine, semble faire écho à la communication chamanique que les Indiens entretenaient avec les Esprits.

On peut aussi supposer que le pentecôtisme traduit chez ses adeptes un désir d'identification avec la prospérité du capitalisme : devenir pentecôtiste, c'est partager un peu du rêve nord-américain ; la plupart des « missionnaires » pentecôtistes viennent des États-Unis ou sont des « Latinos » qui en reviennent. A la Pintaña, les demeures même modestes des pentecôtistes se repèrent d'emblée par leur propreté, une ébauche de prospérité, l'absence de violence intrafamiliale et, bien souvent, la conversion du chef de famille à une micro-activité commerciale ou entrepreneuriale. Ce qui a fait écrire au sociologue de l'université de Boston, Peter Berger, que « Max Weber avait aujourd'hui ressuscité dans les faubourgs de Santiago ».

L'essor du pentecôtisme serait en somme une double conséquence du capitalisme : le capitalisme déstabilise certaines sociétés catholiques traditionnelles, atomise des individus en quête d'une nouvelle religion plus chaleureuse. Dans leur quête, ces individus atomisés rejoignent une communauté religieuse, à l'origine *made in USA*, qui leur donne l'espoir d'entrer dans la prospérité.

Cette double hypothèse paraît confirmée par l'étude d'Arturo Fontaine, qui a constaté que les pentecôtistes, paysans ou ouvriers « perdus » dans la grande ville, retrouvaient dans leur nouvelle Église un équilibre personnel, une solidarité communautaire et une morale. Cette réinsertion dans une discipline traditionnelle les conduisait dans un second stade à trouver un travail stable et à y réussir. Ainsi les pentecôtistes de Santiago reproduiraient, à trois siècles d'intervalle, le parcours des sectes calvinistes chères à Max Weber : sous des formes nouvelles, l'éthique du protestantisme serait à l'œuvre, comme préalable à un capitalisme à l'état naissant, à Guatemala City ou à Santiago.

Mais Max Weber n'avait pas imaginé que le capitalisme mûr deviendrait à son tour producteur de nouvelles sectes qui épousent les cultures particulières d'un capitalisme universel.

L'empire des sectes

Le jour de Noël 1993, un certain Ruyho Okawa révéla à cent mille disciples réunis dans le Tokyo Dome, le grand stade de base-ball de Tokyo, qu'il était la réincarnation simultanée de Bouddha, du Christ et de Moïse. Okawa, auparavant agent de change à la Bourse de New York, venait de fonder une activité lucrative : une religion. Plus précisément, ce qu'on appelle au Japon une « nouvelle religion ». Comme cette nation fonctionne sur le principe de l'accumulation et non pas sur celui de la substitution, aux religions populaires que restent le shintoïsme et le bouddhisme se sont d'abord ajoutées les « nouvelles » religions chrétiennes et se superposent désormais les « nouvelles religions » : des sectes par milliers, le plus souvent composites, à base d'occultisme et de chamanisme. Certaines n'ont qu'un maître et un disciple ! Mais la Science du bonheur, fondée par Okawa, revendique plusieurs millions de fidèles répertoriés sur ordinateur.

Ce soir-là, sur la scène du Tokyo Dome, en attendant Okawa, des chants et danses, collage de Disneyland et d'esthétique fascisante, conditionnaient la salle : au Japon « éternel » succède le règne du kitsch, sous-culture à l'usage des masses désorientées. Des dignitaires de la Science du bonheur en costume gris (uniforme du cadre d'entreprise respectable) et écharpe jaune (insigne de la secte) proclamaient leur bulletin de victoire : cinq millions de membres. Si le chiffre est exact, il mesure l'angoisse des groupes sociaux déstabilisés par le capitalisme.

Fumigènes, lasers et fanfare : surgit le prophète. « Je suis, annonce-t-il, Jésus, Moïse et Bouddha. » Okawa correspond mal à l'idée que je me faisais d'un prophète. Sa voix aiguë se brise dans le micro hi-fi, son costume jaune brodé et son tricorne évoquent irrésistiblement le roi de Siam dans l'opérette *Le Roi et moi* ; sans doute ai-je une vision trop européocentrique du messie.

« J'avais annoncé, hurle-t-il, la disparition du grand pays sous la neige : l'URSS a disparu ! » La foule se lève et applaudit. « Je vous annonce ce soir deux prophéties supplémentaires : l'Amérique, puis l'Europe disparaîtront à leur tour, emportées dans un immense ouragan ! » La foule se relève et applaudit de nouveau. « Mais le Japon survivra ! Vous survivrez ! Vous avez la chance d'être les contemporains d'Okawa ! »

« Nous allons maintenant lire les Évangiles et les mantra réécrits par Okawa. » Le texte s'affiche sur un écran que cent mille voix reprennent à l'unisson : la foule communie dans une lecture collective où se déclinent les couleurs de l'arc-en-ciel : « *Blanc* comme Jésus qui est amour, *rouge* comme Moïse qui est justice, *bleu* comme Kant qui est raison, *argent* comme Newton qui est science, *pourpre* comme Confucius, *vert* comme Lao-tseu... » « Courage, courage, courage ! » conclut Okawa en brandissant une sorte de sceptre marqué de ses initiales, « O.R. », avant de disparaître derrière le rideau de scène dans un nouveau jaillissement de fumigènes. Les lumières reviennent ; les fidèles se dispersent sagement en direction du métro.

Le nouveau messie n'accorde pas d'entretien particulier ; c'est par Kageyama Tanyo qu'il faut passer pour accéder à la connaissance, voire se convertir. Kageyama Tanyo ? Une star de la télévision japonaise, une sorte de Poivre d'Arvor ou de Dan Rather nippon. Kageyama, grand organisateur de cette soirée, paraît dans un grand état d'excitation. Serait-ce l'effet des prophéties d'Okawa ? Beaucoup plus important que cela : « Plusieurs hauts fonctionnaires du MITI, m'annonce-t-il, ont rejoint ce soir la Science du bonheur. » Or le MITI n'est autre que le principal ministère, le centre de décision suprême de l'économie nippone, l'incarnation du pouvoir d'État.

Pourquoi Kageyama lui-même a-t-il rejoint la Science du bonheur ? « Depuis 1945, répond-il, les Japonais manquent de valeurs morales et spirituelles : les enfants ne respectent plus leurs parents, les écoliers agressent leurs professeurs, on coupe les arbres dans les forêts sacrées et le fils de l'empereur joue au tennis. » Auparavant, Kageyama avait recherché sa voie dans le shintoïsme, le bouddhisme, le catholicisme ; il a même été tenté un moment par le judaïsme, « pour comprendre ce qui faisait la force des États-Unis » ; puis, écologiste, il a lutté contre l'énergie nucléaire, et enfin rallié la Science du bonheur. « J'ai compris il y a un an qu'Okawa était le Bouddha », déclare posément Kageyama. Mais est-ce bien là une religion ? On peut dire que c'est une religion, « puisqu'elle est exonérée d'impôts par l'administration japonaise en raison de son caractère religieux ! »

Savez-vous, me dit Kageyama, qu'Okawa a écrit cent cinquante livres ? Cent quarante-sept ont été directement inspirés par sa « communication avec les dieux de deuxième catégorie — Bouddha, Moïse, Jésus et Kant —, trois en toute conscience ». De manière inattendue, Kant surgit souvent dans les textes de la

Science du bonheur : le philosophe est au programme de l'université de Tokyo dont Okawa est diplômé, et les étudiants de sa génération chantaient autrefois une ritournelle intitulée *Dekanscho* (Descartes, Kant, Schopenhauer...). Okawa, précise Kageyama, n'a pas eu à réécrire le Coran, qui est de première main ; en revanche, il a réécrit les Évangiles et la plupart des textes bouddhiques, qui étaient de seconde main. Grâce à lui, nous disposons désormais de textes plus fidèles à l'Esprit saint que ceux utilisés avant sa réincarnation.

Tout cela est énoncé avec sérieux par Kageyama, qui n'est pas considéré au Japon comme un farfelu. Nombreux sont les écrivains, artistes et vedettes de la télévision japonaise à figurer parmi les adeptes de la Science du bonheur, qualifiée par ses détracteurs de première religion « cathodique » du Japon.

Mais qu'est-ce qu'une religion si elle ne prépare pas à la mort ? La Science du bonheur partage la croyance bouddhiste en la réincarnation, mais, à la différence de l'enseignement du Bouddha, Okawa dit que nous nous réincarnerons sans fin : donc que nous ne mourrons jamais. Telle est la formule du bonheur annoncée par Okawa : l'amour du bouddhisme plus la société de consommation comme nirvāna !

Faut-il être japonais pour en profiter ? Kageyama hésite. La Science du bonheur a beau « dépasser » toutes les religions révélées d'Orient et d'Occident, il est vrai que son clergé est exclusivement japonais. Pour l'instant !

Jamais autant de graves questions n'avaient été posées à Kageyama : « Ne seriez-vous pas une réincarnation de Spinoza ? » me demande-t-il le plus sérieusement du monde. Me voilà donc démasqué !

On ne peut traiter par la dérision un mouvement qui mobilise plusieurs millions de Japonais, des intellectuels de renom, des musiciens rock et des présentateurs de télévision. Comment Okawa a-t-il pu édifier une organisation aussi considérable ? On sait qu'avant de se révéler comme Bouddha il fut financier à New York. N'est-ce pas là-bas qu'il s'est familiarisé avec les techniques des prédicateurs évangélistes de la télévision américaine ? Cet épigone de la culture japonaise paraît un produit du capitalisme bien plus que de la « nipponité ». La preuve : quelques mois après la « révélation » d'Okawa, la Science du bonheur fit faillite comme une vulgaire entreprise...

Que sont devenus ses adeptes ? Partis à la recherche d'autres Églises improvisées. Il en surgit sans cesse de nouvelles. La dernière mode, en 1994, était à l'éthique du renoncement : croissance nulle, *look* pauvre, bars désertés. Une mode certainement provisoire dans l'empire de l'éphémère. Kageyama est devenu le disciple d'un certain Asahara, ermite barbu, vaguement tibétain, roulant en Mercedes blanche, qui reçoit le dimanche dans sa retraite au pied du mont Fuji. N'est-ce pas le symbole le plus pur du Japon « éternel » ? Certes, mais le Fuji est aussi la destination encombrée des Tokyoïtes qui s'y livrent au plus moderne de tous les cultes capitalistes : celui du week-end en automobile...

Tous born again

Pasteurs en transe, rabbins messianiques de Brooklyn, fidèles extatiques, millions d'Américains qui « parlent et marchent avec Jésus », persuadés que « Dieu les aime personnellement » : tout cela relève-t-il d'une énergie propre aux États-Unis, producteurs de mythes et d'images pour eux-mêmes et pour une consommation désormais universelle ? Le capitalisme mondial est-il seulement en voie d'américanisation, ou invente-t-il simultanément quelque nouvelle spiritualité universelle ?

Il se trouve que dans les pays les plus capitalistes d'Asie — Japon, Corée, Taiwan... — se manifestent aussi des formes religieuses qui ressemblent à la nouvelle religion américaine. Pourtant, les cultures d'Extrême-Orient ne doivent rien au christianisme, et fort peu à l'Amérique. Pourquoi cette passion de la jeunesse éduquée du Japon pour les sectes bouddhiques, les cultes tibétains, les pratiques chamaniques ? A Taiwan, les temples taoïstes ou spiritistes fonctionnent jour et nuit en symbiose avec la vie quotidienne, à la manière de nos églises du Moyen Age. En Corée, le chamanisme refait surface, notamment dans les milieux d'affaires. Comme nombre d'Américains, ces peuples d'Asie métamorphosés par le capitalisme ne renouent pas seulement avec les cultes anciens, ils inventent aussi des religions nouvelles. Le culte du Phénix, qui prospère à Taiwan, fondé sur la consultation des dieux grâce à l'écriture automatique des chamans, est, par rapport au taoïsme des origines, une dérive équivalente à celle que le pentecôtisme représente par rapport au christianisme. Dans les temples de Taiwan, Hong Kong ou Canton, comme chez les pentecôtistes, les fidèles ne communient pas, ne croient pas : ils consultent le maître ou le devin dont ils attendent santé et prospérité. Celui-ci entre en relation avec l'autre monde, à la manière dont les pasteurs évangélistes aux États-Unis communiquent avec le Saint-Esprit. En Chine du Sud, contrairement à l'authentique taoïsme, fondé sur la connaissance et l'initiation des maîtres, la « nouvelle religion populaire chinoise » repose sur l'adhésion individuelle, comme chez les pentecôtistes, dans l'espoir d'une récompense matérielle obtenue par l'intercession d'un chaman autoproclamé, comme le sont les pasteurs pentecôtistes. Autant de convergences qui, à partir d'un fonds spirituel différent, rapprochent les nouvelles religions d'Asie de la « gnose américaine ».

L'islam moderne est lui aussi contaminé par cette tendance « pentecôtiste », ainsi qu'on peut le constater dans les *revivals* islamiques en Turquie : des entrepreneurs et des intellectuels musulmans expérimentent des illuminations mystiques qui, certes, se relient à la tradition soufi, mais n'est-il pas curieux que les intéressés se déclarent *« born-again Muslims »*, à l'instar des *« born again »* évangéliques américains ?

Le même constat vaut pour les mouvements charismatiques admis au sein de l'Église catholique mais que leur goût pour la glossolalie rapprocherait davantage des évangélistes, voire du chamanisme que de la tradition vaticane.

Si nous relions ces fils épars d'une enquête fragmentaire, nous en conclurons que la modernité capitaliste ne génère pas le rationalisme voltairien ni l'athéisme marxiste, mais de nouveaux mythes, des religions sans autre Dieu que l'homme lui-même. Le capitalisme n'élimine pas la religion, il la transforme (Opus Dei) ou crée de nouveaux cultes (Phénix en Orient, évangélisme en Occident) qui renvoient davantage à la spiritualité orphique de l'Antiquité qu'aux grandes religions révélées.

Le marché des religions

Au sein des sociétés capitalistes, l'individu n'est pas plus ni moins croyant que dans les sociétés antérieures : toutes les enquêtes d'opinion en témoignent. La rupture par rapport à l'ordre précédent se situe ailleurs : les individus modernes *croient, mais ne croient plus ensemble.* La nouvelle religion est « à la carte » : le choix ne se limite plus aux vieux monothéismes, il s'élargit à de nouvelles religions. Dieu lui-même est devenu un dieu parmi d'autres ; chacun en adopte sa propre définition, métaphysique, économique, spiritiste, naturaliste, en soi ou au-dessus de soi. Cette « extension du marché aux biens du salut », comme l'écrit le sociologue québécois Raymond Lemieux, tend à rendre inutiles les institutions, Églises et pasteurs. Le croyant contemporain accède au sacré par son seul imaginaire ou par la messe médiatique qui s'est substituée à l'office ecclésial. Ce nouveau croyant est un consommateur de biens spirituels et, à l'instar du consommateur de biens matériels, il est condamné au « manque » perpétuel. Le marché, en effet, ne peut satisfaire ses besoins ; pour se perpétuer, le marché excite le besoin sans jamais le satisfaire. Cela vaut aussi bien pour le marché de la religion, qui devient une religion du marché. L'individu y est à tout instant livré à lui-même, libre de son choix mais isolé, tendu en permanence entre le bonheur de la liberté et la frustration de l'isolement.

D'une société « à Dieu », le capitalisme nous fait passer à une société « à dieux » plutôt que sans Dieu. Cette société à dieux basculera-t-elle dans un relativisme moral où tout sera permis, non parce que Dieu n'existe plus, mais parce que les dieux seront devenus trop nombreux ? Ce n'est pas encore le cas, car à défaut de religion partagée, les sociétés capitalistes en partagent encore le souvenir. Ceux qui ne sont plus de religion juive ou chrétienne (ou autre) sont encore de culture juive ou chrétienne et en respectent les impératifs ou interdits bien après qu'ils ont perdu la foi ou abandonné la connaissance.

Les pessimistes s'inquiéteront de la pérennité d'une morale sans transcendance. Les humanistes, qui croient en l'homme — souvent à l'excès ! —, considéreront que la morale n'a pas d'autre fondement qu'elle-même, que l'éducation civique vaut l'éducation religieuse, qu'une religion « civile » peut se substituer à la religion ecclésiale. Cela était vrai dans une culture juive et chrétienne, musulmane ou bouddhiste ; nous ignorons si cela restera éternellement vrai dans une culture sans mémoire religieuse. Quelque chose, quelqu'un viendra-t-il s'inscrire dans ce manque ?

Nous assistons, dit le talmudiste Léon Askenazi, plus connu sous son surnom de « Manitou », à une offensive du paganisme engendrée par le capitalisme en quête d'une autolégitimation béate et immanente. Ce nouveau paganisme deviendra-t-il aussi universel que le devient le capitalisme, et suffira-t-il à fonder la morale commune sans laquelle l'esprit du capitalisme et toute société civile sont voués à dépérir ? Nous ne le savons pas, et anticiper reviendrait à prophétiser à notre tour. Manitou nous en détourne : « Seul le fou, dit-il, prophétise en des temps non prophétiques. »

CHAPITRE 2

Comment le capitalisme change les cultures

Le capitalisme érode l'appartenance communautaire et fabrique partout de l'individualisme. Un Européen contemporain ne pense pas comme ses ancêtres du début du siècle. Le capitalisme modernisateur l'a déraciné, remodelé, laïcisé. Sa culture en a été bouleversée. Pourtant, il reste européen : la culture est ce mélange de métamorphoses et d'invariants. Nulle société devenue capitaliste n'échappe à ce labourage profond, et des peuples réputés immobiles se transforment sous notre regard. L'exotisme y perd, la liberté personnelle y gagne. Les cultures nouvelles que génère le capitalisme ne sont pas nécessairement supérieures à celles qu'elles remplacent, mais c'est ainsi. En lieu et place de la théorie webérienne instaurant une relation déterministe entre culture fixe et économie, le capitalisme mûr impose un autre modèle, circulaire : les cultures nationales sont transformées par le capitalisme en action qui, lui-même, évolue.

Pour illustrer cette production d'un « homme nouveau » par le capitalisme, j'ai choisi le Japon, qui conserve la réputation infondée de demeurer immuable : laboratoire exceptionnel, puisque le capitalisme s'y est enraciné si brusquement que dans un même milieu coexistent les vestiges de la culture ancienne, les effets de la modernité et les germes de ce qui s'ensuivra.

Au Japon, qui n'est plus « éternel », le capitalisme fabrique une nouvelle culture, plus individualiste et moins « groupiste ». Les Japonais ne deviennent pas pour autant « comme nous », car le capitalisme transforme les cultures sans pour autant les remplacer par une seule qui serait « la » culture du capitalisme. En fait, le capitalisme n'engendre pas une culture unique, mais une multiculture : la possibilité offerte à chacun, s'il le souhaite, de participer simultanément à deux mondes, le local et l'universel.

Adieu au Japon précapitaliste

Une brume d'été rendait le Fuji invisible. Au pied du mont emblématique, réfugié dans une maison de bois, loin de l'agitation de Tokyo, vit le maître nostalgique du Japon précapitaliste et qui ne cesse de le reconstituer : Akira Kurosawa. Au cinéaste, je demande ce qu'il pense du Japon contemporain. Hélas, quelle sottise n'avais-je pas énoncée, transperçant par inadvertance le cœur du vieil homme ! « Le Japon n'existe plus », me chuchote Kurosawa. Ne serait-ce pas seulement sa jeunesse qui s'est enfuie ? Kurosawa est un conteur, les conversations abstraites l'ennuient : « Je vais vous raconter une histoire, propose-t-il. Mais d'abord, buvons. » Dans ses films, Kurosawa n'a cessé de mettre en scène des ivrognes. Lit-il dans mes pensées ? « Vous savez, je ne bois plus que quatre verres de whisky par jour, et encore, coupés d'eau. Ordre de mon médecin ! Évidemment, je triche un peu... »

« Il y a quarante ans, commence Kurosawa, lorsque je me rendais au village de mon père, près d'Akita, dans le nord du Japon, j'avais remarqué une étrange tradition. A l'entrée d'un pont, les jeunes femmes déposaient des fleurs sur une pierre avant de franchir la rivière. Je leur demandai la signification de leur geste ; aucune ne fut capable de me répondre. Elles perpétuaient une coutume dont elles ignoraient l'origine. Dans le village, un vieillard sut m'éclairer. Il avait au moins quatre-vingt-dix ans. Lui savait qu'en cet endroit, des siècles auparavant, un samouraï avait été tué en duel. Lorsque je suis retourné à Akita dans les années 1970, les jeunes filles ne déposaient plus de fleurs sur la roche ; le vieillard était mort ; la rivière avait été canalisée entre deux parois de béton. »

Kurosawa tend le bras et me désigne, par-delà les mélèzes qui entourent sa maison, les lignes électriques, les pylônes d'acier, un terrain de golf taillé dans la forêt, l'autoroute qui mène de Gotemba à Tokyo : « Voyez vous-même ! »

Mais, grâce à Kurosawa, le vieillard d'Akita n'est pas tout à fait mort, la coutume pas totalement oubliée. Cette histoire, le cinéaste l'a reconstituée dans *Rêves*. Seule inflexion imprimée au passé : dans le film, le vieil homme a cent dix ans et inflige aux spectateurs une tirade pacifiste et écologiste. Est-ce l'idéologie de Kurosawa ? Il s'en défend : « Je n'ai pas de message à délivrer, c'est le vieillard qui parle. » Pieux mensonge : Kurosawa parle aux arbres et idolâtre la nature autant qu'il déteste le Japon moderne.

Voici le soleil qui décline, dissipe la brume, passe derrière le Fuji, en dessine la forme parfaite, révèle la cime enneigée. Nous en restons muets de contemplation. Lugubre, Kurosawa rompt l'enchantement : « Sur l'autre versant, une route monte jusqu'au sommet ; il y a aussi un téléphérique, et il est question d'aménager un parking. »

L'invention du modèle japonais

Le Japon vu de loin ? Une nation de fourmis laborieuses, un projet collectif de conquête impériale. Vu de près, le Japon offre une image plus hétérodoxe. Dans Ginza, le quartier des affaires, passé l'heure de fermeture des bureaux, Tokyo se distingue des grandes cités occidentales par le spectacle des *salary men* titubant à la sortie des bars, points de passage obligés entre l'entreprise et le lointain domicile. A Ginza toujours, épicentre de la modernité capitaliste, ces mêmes *salary men* font la queue devant des chiromanciens de rue qui officient, assis sur un pliant, à la lumière d'une bougie. Certains historiens imputent la chute de l'Empire romain au saturnisme : les Romains auraient succombé à l'eau et aux aliments chargés en plomb, métal entrant dans la fabrication de leurs ustensiles et de leurs canalisations. Dans l'avenir, quelque chroniqueur simpliste — il n'en manque pas, s'agissant du Japon — pourrait expliquer l'effritement du « modèle japonais » par la bière et les superstitions.

A moins que le « modèle japonais » n'existe pas ? Par modèle, j'entends un système socio-économique original et universel, endogène et exportable, qui combinerait la continuité culturelle avec l'efficacité productive. Ce n'est pas parce que cent ouvrages et mille colloques ont été consacrés à comprendre ce modèle que son existence est démontrée.

Les Japonais eux-mêmes admettent qu'il est en crise. N'est-ce pas indiquer d'emblée qu'il n'existait que comme un moment particulier dans l'évolution du capitalisme, voire comme production idéologique conjointe de l'Orient et de l'Occident ? N'excluons pas en effet que les Japonais, ébahis par leurs propres succès économiques, de concert avec des Occidentaux effarés par l'émergence d'un concurrent non européen, aient conçu ensemble, pour des motifs opposés, un prétendu « capitalisme japonais » supposé plus communautaire, socialement conservateur et performant que le capitalisme européen. Cette construction permettait aux Japonais de se rassurer sur la pérennité de leur identité nationale alors même qu'elle était désagrégée par la modernisation ; par symétrie, elle aidait les Occidentaux à se persuader du caractère « anormal » du développement hors de son aire culturelle d'origine.

Mais, s'il existe un capitalisme japonais d'une nature différente de celle du capitalisme occidental, on ne comprend pas pourquoi il ne serait apparu au Japon qu'un siècle après l'avènement de ce dernier en Europe, et seulement après le choc de la rencontre Orient-Occident. En contradiction avec ces japoniaiseries, le seul examen de la chronologie révèle combien le capitalisme japonais est bel et bien celui de l'Occident, pour la raison que le gouvernement Meiji l'a importé « clés en main ». Évidemment, à partir de cet instant, le capitalisme importé devint japonais, tout comme le capitalisme allemand est allemand, ou le capitalisme américain est américain. Par nature, contrairement au socialisme d'État, le capitalisme combine toujours des traits identitaires nationaux avec des principes d'organisation universels. Si, entre 1950 et 1990, la croissance au Japon fut plus forte qu'en Occident — facteur quantitatif qui laissa croire en l'originalité qualitative du modèle —, ce n'est pas qu'un nouveau capitalisme avait été inventé, mais parce que les Japonais rattrapaient leur retard en utilisant des techniques déjà mises au point aux États-Unis. Le même raccourci a d'ailleurs permis le rattrapage de la Corée ou de Taiwan.

Les promoteurs du capitalisme nippon — au premier rang, les fonctionnaires du MITI et leurs thuriféraires occidentaux — sont au demeurant bien en peine de décrire en quoi leur capitalisme serait spécifiquement japonais. Ses principes économiques sont rigoureusement identiques à ceux de tout capitalisme : propriété privée, concurrence très vive sur le marché intérieur, destruction créatrice à la Schumpeter par laquelle de nouveaux entrepreneurs entrent sans cesse sur le marché et en disparaissent, le tout sous le contrôle d'un État d'abord pesant mais qui va, comme ailleurs dans le monde capitaliste, s'allégeant quelque peu. Cet État, depuis vingt ans, a renoncé à « orienter » la stratégie des entreprises, il n'a commis ni plus ni moins d'erreurs que les bureaucraties occidentales et se manifeste surtout pour accompagner la reconversion douloureuse des industries lourdes, comme aux États-Unis ou en Europe.

Le capitalisme japonais paraît donc banal dans ses grands principes, ses mécanismes, les relations que les entreprises entretiennent entre elles, sur le marché et avec l'État. Son indéniable originalité culturelle est ailleurs, à l'intérieur même de l'entreprise. La légitimité patronale, la fidélité des salariés à leur employeur, l'emploi à vie ou la très faible mobilité des travailleurs, l'indexation des rémunérations sur les résultats par le biais de primes semestrielles, la fusion entre vie personnelle et vie professionnelle, l'avancement à l'ancienneté mais aussi le rejet des anciens dès l'âge de soixante ans : ces traits des entreprises petites et grandes constituent à des degrés divers la culture locale du capitalisme, non pas dérivée d'une quelconque théorisation économique, mais comme le reflet d'un traditionnel esprit de clan. L'entreprise japonaise est tribale parce que le Japon fut une société clanique ; la fidélité clanique s'est reportée sur le patron, nouveau maître temporel dans cette civilisation sans dieux exigeants et sans suzerains depuis l'anéantissement par Meiji de l'ancienne aristocratie, puis la réforme foncière imposée par l'occupant américain.

Mais ces traits culturels qui imprègnent les entreprises s'érodent désormais rapidement. Les principes universels du capitalisme tendent à éliminer des traditions qui paraissaient fonctionnelles dans la phase initiale d'édification du marché japonais et qui deviennent de dérisoires archaïsmes pour les générations montantes. Depuis dix ans au moins, les salariés japonais n'inaugurent plus leur journée de travail en entonnant l'hymne de l'entreprise, et ils accueillent avec ironie les exhortations patronales à l'« Harmonie », c'est-à-dire à travailler plus en gagnant moins. Les efforts des dirigeants d'entreprises pour préserver la vieille culture, sous couvert de cette « Harmonie » présentée comme nécessaire à l'épanouissement de la productivité, confinent d'ailleurs parfois à la cocasserie. Seuls ces patrons en sont encore dupes.

Afin que mon propos ne paraisse point abstrait ni arbitraire, j'en donnerai une illustration significative : la véritable aventure de Fusao Sekiguchi.

Le règne du kitsch

Parmi les nouveaux entrepreneurs du Japon à n'être pas issus de féodalités industrielles, Fusao Sekiguchi est l'un des plus remarquables. En 1974, il fonde Meitec, la première compagnie d'*engineering* au Japon. En 1994, Meitec emploie quatre mille consultants, ingénieurs et techniciens, recrutés à la sortie des collèges et universités, et formés de manière plus concrète dans ce que Sekiguchi appelle pompeusement ses « technocentres » de Kobe et Nagoya. Meitec domine le marché du logiciel sur mesure pour l'industrie japonaise. Jusque-là, rien que de très banal : les salles d'ordinateurs et les ingénieurs de Meitec pourraient être transportés à Silicon Valley ou à Saclay sans que rien ne change dans leur comportement ou leurs méthodes de travail.

Mais l'accès ou plutôt la *montée* jusqu'à Sekiguchi est une tout autre affaire. Il faut s'y préparer à la manière dont il convenait sans doute en d'autres temps de s'apprêter à la rencontre avec le daimyo local. Ôter ses chaussures n'a rien que de normal ; être enfermé dans une minuscule salle de méditation et s'agenouiller sur le tatami pour favoriser la concentration intérieure est déjà plus rare ; constater que l'éclairage se réduit peu à peu jusqu'à plonger le visiteur dans le noir est plutôt étrange. Ce stade initiatique franchi avec succès, sans manifester sa claustrophobie, débouche sur l'étape suivante : la cérémonie du thé, incongrue au sein d'une entreprise, dans un salon traditionnel reconstitué à cet effet. Pour se montrer à la hauteur de l'événement, il convient de saisir le bol de la main gauche, de le faire pivoter deux fois, avant d'avaler d'un trait le breuvage épais au goût de laitue, sous le regard scrutateur de deux hôtesses vêtues non pas du kimono d'usage, mais de l'uniforme de Meitec, plus proche de la tenue d'hôtesse de l'air que de celle de geisha.

Enfin Sekiguchi vint : cinquante ans, les cheveux teints, des chaussures en croco à semelles compensées, d'énormes boutons de manchette sertis de diamants, une épingle de cravate en rubis. Le président reçoit allongé dans une sorte de fauteuil de relaxation qu'il a lui-même conçu et qui vibre en permanence pour lui masser, dit-il, le corps et l'esprit. Le personnage, qui ne respire pas l'éthique de la frugalité et du dépouillement, prétend s'être converti au bouddhisme zen. Le zen et la passion de la technique : tels seraient ses principes directeurs et la philosophie de son entreprise. L'entourage rapproché de scribes et de secrétaires opine chaleureusement : c'est leur fonction.

Quelques bières, bouteilles de whisky japonais et flacons de saké plus tard, la façade kitsch se lézarde et Sekiguchi cesse d'être dupe de son personnage : « J'essaie, m'avoue-t-il, de maintenir les apparences de la culture japonaise et de la combiner avec l'innovation technique, mais la bataille est perdue. » Le capitalisme japonais, précise-t-il, « n'est plus rien d'autre que le capitalisme américain avec dix ans de retard ». La progression de l'individualisme chez les jeunes recrues est irréversible. L'emploi à vie ? Dans une économie vouée désormais à une croissance lente, parce que parvenue à maturité, les entreprises ne pourront plus le garantir à leurs salariés. Le bonus calculé en fonction du résultat ? Les salariés de Meitec considèrent qu'il est fixe et fait partie intégrante de leurs droits acquis. La fidélité à l'entreprise ? Les ingénieurs formés par Meitec saisissent la première occasion pour chercher fortune ailleurs ou créer leur propre entreprise concurrente. Il ne reste plus, soupire Sekiguchi, qu'à créer au Japon un État-providence, des allocations de chômage équivalentes à celles de l'Occident, et le capitalisme japonais cessera tout à fait d'être japonais, il ne sera plus que capitaliste. Les entreprises nippones n'auront plus seulement à affronter la concurrence nationale et étrangère, elles devront aussi supporter la bureaucratie d'État, que Sekiguchi juge, comme il se doit, incompétente et anticapitaliste.

Pourquoi tant de morosité chez ce patron modèle ? La stagnation économique en est la cause immédiate, provisoire ou définitive, nul n'en sait rien, mais qui anéantit à coup sûr le concept même d'un « modèle japonais » différent du capitalisme universel. Le Japon s'est banalisé, la modernisation a atténué les particularismes ; en même temps que les États-Unis et l'Europe, il entre dans la seconde phase du capitalisme, celle de la contradiction intérieure : l'instant décisif où le développement économique mine les fondements culturels et moraux qui avaient présidé à ses origines.

Au Japon comme à l'Ouest, le capitalisme à l'œuvre érode les comportements productifs, l'éthique du travail, et nourrit ses contestataires : anticapitalistes, écolos, archéo-gauchistes, nationalistes, antirationalistes. Découvrant combien elle est devenue moderne et moins japonaise, la société nippone se perçoit comme en crise, divisée entre les tenants de l'individualisme et de la postmodernité, d'une part, et, de l'autre, les adeptes du « groupisme », qui organisent une nostalgie identitaire de type fondamentaliste.

Une nation désorientée

Si j'en crois Susumu Nishibe, le XXIe siècle ne sera pas japonais. Il existera toujours des Japonais, dit le sociologue, mais leur influence dans le monde sera nulle ; elle est déjà anémique. Nishibe, intellectuel iconoclaste, n'est pas un marginal : chacun peut lire ses commentaires moroses dans la presse à grande diffusion. Les sentiments qu'il traduit ne sont pas avoués parmi les milieux patronaux ou les fonctionnaires en relation avec les Occidentaux, mais sont fréquents chez les universitaires. Et pas seulement chez eux : « Je passe l'essentiel de mon temps dans les bars de Tokyo, explique Nishibe, et mes constats désabusés sont partagés par tous mes compagnons de beuverie. »

Que boit Nishibe ? Surtout du *shochū* : un alcool de pommes de terre qui, en 1992, a tué le grand romancier Nakagami Kenji. Les Japonais n'ont pas toujours bu autant ; d'après Nishibe, ce comportement récent est une conséquence du « stress capitaliste ». Les adeptes du « modèle japonais » n'évoquent jamais l'alcoolisme ; de même, ils persistent à croire que les Japonais travaillent beaucoup. « Ils ont beaucoup travaillé », corrige Nishibe ; désormais, ils sont longuement absents de chez eux, ce qui ne signifie pas qu'ils travaillent.

La croissance se traîne au rythme de celle de l'Europe ou des États-Unis. Crise passagère ? Non, une mutation culturelle. Les Japonais, explique Nishibe, ne sont plus ni conformistes ni

« groupistes ». Lorsque, en 1945, l'empereur annonça la fin de la guerre, le peuple entier passa du jour au lendemain de la vocifération belliqueuse au petit commerce intensif. De 1945 jusqu'au début des années 1990, au conformisme guerrier ont succédé le conformisme démocratique et le « groupisme » industriel : ces nouveaux conformismes de circonstance ont apporté aux Japonais la paix civile et la prospérité. L'une et l'autre ayant été obtenues, le « groupisme » est révolu ; désormais, il n'y a pas plus individualiste qu'un Japonais, constate Nishibe.

L'individualisme a tout anéanti : dans les familles, la domination de l'homme sur la femme et du père sur les enfants ; à l'université, les étudiants ne font plus grand-chose et les professeurs ont perdu leur influence ; dans les entreprises, dirigeants et cadres ont abandonné l'essentiel de leur autorité, ils n'expriment plus qu'un consensus négocié à la base. Les rituels ont changé à tel point que les patrons disent bonjour à leur secrétaire et partagent le même ascenseur que leurs employés. Impensable il y a dix ans !

Des valeurs morales issues pour l'essentiel du confucianisme, il ne reste rien. Dans le métro de Tokyo, les jeunes s'emparent des sièges réservés aux invalides et aux personnes âgées. « Soit les jeunes Japonais sont fatigués, soit Confucius est mort », commente Nishibe. La pudeur confucianiste ? Tout le monde lit en public des bandes dessinées pornographiques, ce qui serait impensable dans les sociétés dites permissives d'Europe et des États-Unis. Les vacances les plus prisées des *salary men* japonais ? Les *sex tours* aux Philippines et en Thaïlande. L'éthique du travail ? Il n'y a plus guère que les robots qui soient productifs ; les salariés, eux, sont au bar. « En vérité, j'ai honte d'être Japonais, conclut, en me saluant bien bas, Susumu Nishibe. Nous ne sommes que des technomaniaques, spirituellement nus. »

La scène m'embarrasse plus que lui. Je lui tends une perche :

— Que proposez-vous ?

— Rien, ou pas grand-chose. Les Japonais ne pensent qu'à consommer et les élites ont trahi en s'abandonnant aux idées étrangères. Ce qu'il nous faudrait, c'est une bonne défaite !

— Ne l'avez-vous pas déjà subie en 1945 ?

— Pas vraiment. Les combats se déroulèrent loin du Japon ; les bombardements furent vécus comme un tremblement de terre, une calamité, pas comme une bataille perdue. Puis, la paix revenue, les Américains, au lieu de nous punir, nous ont « nursés » dans un couffin. Nous avons grandi, mais nous sommes restés des bébés.

Nishibe entame son second flacon de *shochū* authentiquement japonais.

Ni plans ni complot

Shuichi Katoh habite Tokyo, c'est-à-dire nulle part. Habiter Tokyo, ce n'est pas comme habiter Paris. Tokyo n'existe pas. Ce n'est pas une ville, mais une contrée avec de multiples chefs-lieux, d'innombrables faubourgs et banlieues. J'ai donc quelque excuse à arriver chez le grand écrivain et historien de la littérature japonaise avec deux heures de retard.

La minuscule maison de Katoh, à Tokyo-Setagayaku, est à l'image de la culture nationale : miniaturisée et « sédimentaire ». Au Japon, convient Katoh, nous accumulons les objets anciens et nouveaux, les traditions nationales et importées, les religions d'ici et d'ailleurs. Rien ne remplace autre chose, tout s'ajoute. Depuis des siècles, les Japonais sont des consommateurs invétérés, montrant peu de discernement, « ce qui nous conférait une vocation particulière à rejoindre le capitalisme ! » La passion des marques, le snobisme, l'accumulation de styles contradictoires, le kitsch, tout ce à quoi les Occidentaux identifient le Japon contemporain, existait déjà, selon Katoh, dans le Japon ancien, mais a été exacerbé par la consommation moderne.

Les Japonais n'opposent pas l'ancien au nouveau ; ils n'ont jamais eu, en art ou en littérature, de querelle des Anciens et des

Modernes, pour la simple raison qu'ils ne vivent ni dans le passé, ni dans le futur, mais dans le présent. « Laissez l'eau courante emporter le passé », dit un célèbre haïku. « Demain, le vent soufflera dans une autre direction », ajoute un proverbe populaire.

Les Occidentaux, dit Katoh, ont tort d'imaginer que le Japon nourrit quelque dessein caché. Pour qu'il y ait complot ou même projet, il est indispensable d'avoir le sens de l'avenir. Ce qui n'est pas le cas des Japonais. La musique exprime bien cette opposition entre les Occidentaux, installés dans la durée, et les Japonais qui ne vivent que dans l'instant. Une sonate européenne a un début, un ou plusieurs thèmes, une construction, une fin ; l'auditeur est supposé l'écouter en entier et dans l'ordre. La musique japonaise n'a pas de structure ; seule compte la qualité du son. Il est permis d'entrer et de sortir d'un récital de musique japonaise à tout moment, car c'est une succession d'instants pleins se suffisant à eux-mêmes. Dans un spectacle de nô, un son de flûte peut se révéler plus important que l'argument de la pièce.

Les Japonais, en déduit Katoh, sont incapables de concevoir des plans : « Lorsque les Occidentaux imaginent qu'il existe un complot japonais visant à contrôler l'économie mondiale, ils projettent sur le Japon une vision rationnelle de l'Histoire qui n'est pas la nôtre. »

Quand les Français ont construit leur métro parisien, ils ont conçu d'emblée un réseau complet, bâti pour durer cent ans. « A Tokyo, lorsque nous avons construit le métro, nous avons tracé une ligne ; puis, à l'usage, nous en avons ajouté d'autres, mais sans vue d'ensemble. » De même, l'urbanisation de la ville est incohérente, sans schéma directeur : une prolifération organique. Seuls les auteurs occidentaux expliquent les percées économiques du Japon par l'existence d'une poignée de planificateurs géniaux au cœur de la bureaucratie d'État. En fait, rien ne fut planifié. Lorsque des stratégies nationales furent proposées par le MITI, elles ne furent guère suivies. La politique économique du gouvernement japonais n'est qu'une succession d'improvisations brouillonnes. Les seuls plans à long terme sont ceux des grandes entreprises, qui n'ont pas le choix : dès lors que Toyota ou Toshiba garantissent l'emploi à vie, il leur faut conquérir des parts de marché, à moins de trahir le contrat qui unit les managers aux salariés.

Mais la pénétration des marchés par les produits japonais n'est tout de même pas un mythe ? Si, en grande partie ! réplique Katoh. Les entreprises japonaises exportent moins que les américaines, les allemandes ou les françaises. Mais nos marques sont plus visibles, parce qu'elles sont asiatiques ; elles suscitent l'impression et la crainte d'un déclin de l'Occident. Ce qui est plutôt paradoxal, dans la mesure où les Japonais n'exportent que des objets conçus en Occident. Le walkman est fabriqué au Japon, mais qui l'utilise pour écouter de la musique japonaise ? Pas même les Japonais : le capitalisme les a privés de leur identité !

La réaction identitaire

Cette perte de l'identité culturelle inquiète le patronat des grandes entreprises, les gérontocrates des partis conservateurs, les hauts fonctionnaires de l'État. Ils y voient le risque d'un ralentissement économique, le retour de la dépendance vis-à-vis des États-Unis, et surtout une réduction de leur influence sur les salariés, devenus turbulents et individualistes.

Comment accommoder capitalisme et tradition ? Dans le monde chinois, les dirigeants s'y évertuent par la réinvention du confucianisme. Au Japon, sur un mode symétrique, c'est par une « nipponité » éternelle que les élites dirigeantes voudraient légitimer en même temps l'ordre ancien et le mouvement moderne. Une nipponité à recréer.

En 1987, à Kyoto, le Premier ministre Nakasone inaugura à cet effet le Centre d'étude de l'histoire du Japon, abondamment subventionné par le patronat. Là, des chercheurs animent un mouvement de pensée appelé « nouvelle école de Kyoto », en mémoire d'un établissement comparable qui, dans les années 1930, s'était déjà efforcé de lier identité nationale et modernisation.

Le penseur le plus réputé de cette nouvelle école de Kyoto est un psychanalyste, Hayao Kawaï, formé en Suisse par Carl Gustav Jung en personne. Aucune tendance de la psychanalyse ne convient mieux à la recherche identitaire que le jungisme puisque, selon Jung, chaque culture est une structure immuable, constituée d'archétypes intangibles. « La culture occidentale, explique Kawaï, est à base paternelle : l'image du père domine la religion, la famille, la mythologie, la politique. Le père — Zeus, Dieu, le chef, le président — constitue le principe d'autorité de l'Occident face à des individus atomisés. » Rien de tout cela ne se retrouverait, selon Hayao Kawaï, dans la culture japonaise qui est « à base maternelle ». La mère est le personnage central de sa mythologie : une déesse a fondé le Japon ; dans la tradition médiévale, une mère est la gardienne des sanctuaires ; elle reste aujourd'hui la « patronne » de la famille à qui tout *salary man* remet la totalité de son salaire. La clé du comportement d'un adulte japonais serait la permanente dépendance envers la mère ou les substituts de la mère (le clan ou l'entreprise). En contrepartie de cette dépendance volontaire, l'homme japonais reçoit de sa mère (de son épouse, de l'entreprise, de l'école, de l'État...) une permanente « indulgence » : en japonais *amae*, paramètre essentiel de l'identité nationale.

Dans les contes de fées japonais commentés par Hayao Kawaï, on ne rencontre jamais de beau chevalier quittant sa famille pour épouser une princesse ; cet archétype n'existe pas. De même que cette société exclut l'aventure individuelle, elle ignore les sanctions personnelles : les écoliers ne redoublent jamais, afin de ne pas être séparés de leur groupe ; les juges ne condamnent pas, mais morigènent les coupables qui se repentent ; les patrons ne licencient pas.

Où est donc le pouvoir dans la société à base maternelle ? Il n'existe qu'en creux : « le centre est vide ». Dans la mythologie, l'incarnation du pouvoir est une femme, la déesse de la Lune.

Or, la déesse de la Lune ne fait rien, c'est sa fonction ; son sceptre est un miroir qui réfléchit le monde. Le pouvoir au Japon est lieu de la conciliation, non de la décision ; symboliquement, le centre de la ville de Tokyo est occupé par un grand vide, le parc impérial. L'empereur ne gouverne pas, le Premier ministre ne décide rien, les patrons ne sont pas charismatiques.

Est-il néanmoins possible de savoir qui décide réellement ? La question n'a pas de sens, puisque la décision n'est pas prise : elle résulte d'une harmonie naturelle.

L'individualisme de type occidental n'aurait donc aucune place dans cette société cocon : c'est ce qu'entend démontrer la nouvelle école de Kyoto. Le capitalisme, à en croire Kawaï, n'aurait en rien érodé cette identité permanente. C'est elle, au contraire, qui modèlerait le capitalisme japonais et le rendrait irréductible au capitalisme de type occidental.

Cette théorie séduit les conservateurs japonais. Elle plaît aussi à ceux qui, en Occident, regrettent l'individualisme et la « perte de valeurs » auxquels conduirait l'économie de marché. Mais elle n'est sans doute qu'une vue de l'esprit, ou bien une idéologie.

L'individu postmoderne

Le capitalisme « maternel » ? « Un bric-à-brac, une nipponité de pacotille, un harmonisme bricolé à partir des mythes d'un faux Japon éternel » : voilà comment Akira Asada juge l'école de Kyoto. Asada : l'intellectuel médiatique, le penseur du Japon postmoderne, gourou d'une jeune génération dont les préoccupations principales sont de voyager, de multiplier les aventures amoureuses, d'accorder ses montures de lunettes au coloris de ses pulls de cachemire importés.

Nous avons jusqu'ici entendu des hommes âgés pleurer sur un Japon perdu, regretter une communauté désagrégée par le capitalisme, et qui tentent de la réinventer. Mais de la modernité capitaliste sont issus des nouveaux Japonais peu nostalgiques de l'ordre ancien ; ils ne l'ont jamais connu et il ne les intéresse pas. Ces Japonais-là s'investissent dans la consommation et la sexualité, lisent des bandes dessinées, vivent à l'occidentale et prétendent s'amuser énormément. Ils arborent des marques, européennes de préférence, à la manière dont leurs ancêtres affichaient leur clan : Gucci et Saint Laurent plutôt que Tokugawa, BMW plutôt que Toyota. Pour cette génération que le romancier Yasuo Tanaka a appelée la « génération de cristal », avec ses rites et son langage propres, il est important d'être *teketeke* (« dans le coup »).

De cette frénésie hédoniste — la consommation comme existentialisme —, Akira Asada a tiré une philosophie baroque, accumulation de références au structuralisme et au déconstructionnisme français, bardée d'allusions à Derrida et à Deleuze, au total assez peu claire. Mais qu'importe : les lecteurs et surtout les téléspectateurs retiennent qu'Asada légitime leur comportement de consommateurs indifférents à la tradition et au « groupisme ».

La frénésie consumériste, insiste Asada, place le Japon à l'avant-garde de toutes les autres nations, parce qu'il édifie le premier individu postmoderne, un nomade bardé d'électronique, sans attaches culturelles ni nationales. Non seulement l'individualisme n'est pas haïssable, ajoute-t-il, mais il reste encore insuffisant au Japon ; l'esprit communautaire nuit encore trop à la créativité. « Si les entreprises américaines ont gagné la bataille des logiciels informatiques contre le Japon, explique-t-il, c'est parce que le Japon ne nourrit pas assez l'individualisme, qui est le terreau culturel de la création de programmes. Nous sommes capables de concurrencer IBM, les fabricants de matériel en série, mais ni Apple ni Microsoft : nous manquons cruellement de *computer freaks* du modèle californien, parce que les gérontes du Japon ne les supportent pas. Dieu merci, la pression des salariés pour faire passer les loisirs avant la rémunération conduit à des changements irréversibles et souhaitables... »

En somme, si le capitalisme japonais reste fragile, conclut Asada, ce n'est pas à cause de la montée de l'individualisme, mais à cause des efforts contre-productifs de la gérontocratie, qui essaie de perpétuer ou de réinventer la vieille culture communautaire.

Citoyens du monde

Comment arbitrer entre une culture éternelle, imperméable au capitalisme, et un capitalisme « mondialisant » qui sécrète l'uniformité des apparences et l'homogénéité des comportements ? Mais pourquoi choisir, puisque la culture japonaise, nous a expliqué Katoh, ne fusionne pas, mais superpose ? Au demeurant, quel est le vrai Japon ? Celui que nous jugeons authentique n'a souvent que cent ans d'âge. C'est l'empereur Meiji, il y a un siècle, qui a inventé la bureaucratie, l'État central, une capitale, une armée nationale, des rythmes de travail infernaux, une scolarisation féroce. Ces Japonais laborieux et frugaux, soumis à l'autorité hiérarchique, rationnels et positivistes, que nous prenons pour les vrais Japonais, sont des produits de l'importation des institutions occidentales décidée par Meiji de façon à résister à l'Occident.

Sous cette strate de « tradition moderne » resurgit, en cette fin de siècle, une strate plus ancienne, s'exprimant dans un mouvement que le philosophe Shinichi Nakazawa définit comme le « retour en Asie ». Le capitalisme, dit-il, a apporté aux Japonais la prospérité et l'indépendance qu'ils en attendaient. Pourquoi, dans ces conditions, feraient-ils encore semblant d'être démocrates comme les Américains, travailleurs comme les Allemands, alors qu'ils peuvent redevenir, comme le furent les Japonais d'avant Meiji, jouisseurs et mystiques ? De la tradition Meiji, les Japonais sont las ; ils aspirent à renouer avec leur identité antérieure, asiatique, éprise de magie, lascive.

A cette hésitation du Japon moderne entre deux traditions, l'avant et l'après-Meiji, correspond la rivalité géographique entre Tokyo, la capitale bureaucratique Meiji, et Osaka, la capitale commerçante, artistique et asiatique. Tokyo s'éloigne du Japon à la manière dont New York ne reflète plus la véritable essence des États-Unis. Osaka se retrouve le véritable centre du nouveau Japon, comme il le fut dans le Japon classique.

Les Occidentaux verront dans ce « retour en Asie » une réaction antimoderne ou anti-occidentale. Ce n'est pas ainsi qu'il convient de l'interpréter : le « retour en Asie » enseigne que le capitalisme fabrique de la diversité autant que de l'homogénéité, du néo-tribalisme autant que de la mondialisation. Le capitalisme n'est pas ce rouleau compresseur fomentant l'américanisation de toutes les cultures, il additionne tradition et recréation de la tradition.

La représentation de la culture du Japon capitaliste — et du capitalisme en général —, je la trouve résumée dans ces galeries marchandes de Tokyo où sont reconstitués tous les restaurants du monde : une fausse taverne bavaroise à côté d'un pseudo-bistrot français, voisinant avec un non moins artificiel *sushi bar.* Qui est vrai, qui est faux, qui est traditionnel, qui ne l'est pas ? Pleurons sur la perte d'authenticité, sur la vulgarité du capitalisme, mais célébrons la liberté de choix qu'il nous offre ! N'en concluons pas que, dans un capitalisme mondialisé, une seule culture « synthétique », artifice et synthèse, destituera toutes les cultures communautaires ou nationales. Il est plus probable que l'individu, dans le monde capitaliste, passera de l'enracinement contraint dans une seule culture à un poly-enracinement. Le citoyen universalisé n'aura plus une seule culture, mais plusieurs ; il réconciliera dans sa personne la contradiction artificielle entre culture nationale et culture cosmopolite.

Ce cosmopolite, citoyen du capitalisme-monde, ne sera pas un déraciné, mais, comme l'écrit Edgar Morin, un « pluri-raciné ». De même que la plupart des peuples traditionnels furent bilingues (voire multilingues) et le sont encore avant de devenir monolingues au temps de l'État-nation, le citoyen du capitalisme-monde redevient multilingue et multiculturel. Cela n'appauvrit personne mais enrichit au contraire tout le monde, conformément à un principe d'harmonie des intérêts contradictoires qui est le moteur du marché libre comme de la pensée libérée.

CHAPITRE 3

La faute à Confucius

Pourquoi le capitalisme moderne est-il né en Occident plutôt qu'en Orient ? Au XIIe ou XIIIe siècle, la Chine était plus avancée que l'Europe, que ce soit dans le domaine des connaissances scientifiques, par la qualité de son administration ou par le niveau général de l'éducation. A cette énigme centrale de la science économique, Max Weber a proposé une solution simple. Le capitalisme, écrivit-il en 1904, ne peut naître sans une classe d'entrepreneurs ; or, il ne peut y avoir d'esprit d'entreprise sans un modèle éthique, et cette légitimation morale ne saurait être fondée que sur une religion. Voilà comment, selon Weber, le calvinisme, sans que cela fût son intention première, légitima l'enrichissement personnel par le capitalisme et généra par conséquent la modernité en Occident.

Déchiffrant le monde chinois à travers la lunette qu'il s'était ainsi inventée, Max Weber corrobora *a contrario* son hypothèse : la Chine n'était pas capitaliste et ne pouvait pas le devenir dans la mesure où le confucianisme, qui y tenait lieu de religion nationale, préconisait le conservatisme en tout. « Le rationalisme confucéen, écrit Weber, justifiait un ajustement rationnel au monde ; le rationalisme puritain signifiait la mainmise rationnelle sur le monde. » « Le capitalisme, devait ajouter dans les années 1950 son disciple Talcott Parson, aurait fait basculer la synthèse confucianiste. »

Que savait Max Weber de l'histoire économique de la Chine ? Ce qu'on en connaissait quand il écrivait, c'est-à-dire à peu près rien. Ce qui n'empêcha pas son hypothèse de devenir une idée reçue. Mais est-elle exacte ? En quoi un certain Confucius, né il y a quelque deux mille cinq cents ans au royaume de Lu, peut-il être tenu pour responsable de l'absence de capitalisme en Chine ?

Les bourgeons gelés du capitalisme

La fatalité culturelle : les premiers à la nier furent les idéologues marxistes. Pour que Mao prît le pouvoir au terme d'une révolution prolétarienne, n'était-il pas nécessaire que la Chine fût passée par toutes les étapes décrites par Marx ? Le dogme exigeait que la Chine, avant de rejoindre le communisme, eût été, à un moment donné de son histoire, capitaliste. A l'évidence, dans les années 1940, la Chine n'était pas capitaliste : comment pouvait-elle donc devenir communiste ? Mao Zedong résolut la contradiction par la théorie dite des « bourgeons du capitalisme ».

En 1942, il pressa les historiens de déterrer un passé capitaliste et de démontrer que les « bourgeons » en furent anéantis par l'impérialisme occidental. La première exigence de Mao fut facile à satisfaire : la Chine était effectivement un pays « industrialisé » depuis des siècles, produisant coton, soie et porcelaine. A la même époque, sans pour autant répondre aux injonctions de Mao, l'historien Fernand Braudel estimait le commerce chinois antérieur au XVe siècle si élaboré qu'il fallait bien, écrit-il, le qualifier de « capitaliste », en avance sur l'Europe du temps.

Commerce actif et industrie textile permettaient-ils cependant d'affirmer l'existence d'un capitalisme antérieur à l'Occident, un capitalisme original, non occidental, que l'Occident aurait détruit ? Oui, si l'on renonce à définir le capitalisme ; car le commerce décrit par Braudel et les maoïstes ne constitue pas en soi le capitalisme. La production industrielle chinoise resta, jusqu'au XIXe siècle, organisée sur un mode artisanal ; les manufactures étaient l'exception. Dans la Chine impériale, le commerçant urbain distribuait les tâches dans les villages, un « travail à façon » qui ne réunissait aucun des caractères propres au capitalisme : pas d'accumulation du capital, pas de concentration de la main-d'œuvre et de l'énergie en un lieu unique. Max Weber avait donc raison de conclure que la « Chine confucéenne » n'était pas capitaliste, tout en sous-estimant la productivité d'une autre forme d'industrie, viable aussi longtemps qu'elle ne fut pas confrontée à la concurrence occidentale.

Est-ce l'Occident qui anéantit les bourgeons, ou bien n'y avait-il pas de bourgeons du tout ? Dans ce dernier cas, le coupable ne serait pas l'impérialisme occidental, mais un démon domestique.

Le confucianisme comme religion d'État

Est-ce la faute du confucianisme si la Chine ancienne s'en tint à son mode de production prémanufacturier ? Il est vrai qu'au XVIIIe siècle, au moment décisif où la révolution technique paraît possible en Chine, les mandarins louent le mode de vie rural, placent au pinacle la littérature et la calligraphie, et, tout en bas, les commerçants. Ces lettrés appartiennent-ils véritablement à la tradition confucéenne dont ils se réclament ? En vérité, recrutés par examen — examen de conformisme, puis examen idéologique —, ils pratiquent un confucianisme sélectif : ils retiennent de Confucius la hiérarchie, mais gomment les aspects humanitaires, individualistes, parfois anarchisants du Confucius des origines et de son successeur Mencius. Plutôt que des intellectuels indépendants, ce sont des « collaborateurs » de la cour impériale, celle des Ming, puis des Mandchous qui les ont remplacés.

Depuis deux mille ans, les empereurs gouvernent les provinces variées qui composent la Chine en s'appuyant sur une armée de fonctionnaires. Ne tenant leur autorité ni de la propriété ni du travail, mais de leur fonction, ces mandarins ont naturellement idéalisé leur savoir et méprisé l'économie. C'est ce que souhaitent les empereurs ; le développement ne les intéresse pas, ils ne veulent que piller la Chine et perpétuer leur autorité. Les lettrés leur fournissent la légitimité rhétorique. Constatant, à partir de la fin du XVIIe siècle, que la population s'accroît, les empereurs mandchous exhortent les paysans à se cantonner à l'agriculture ; ils demandent à leurs fonctionnaires de les « persuader » de ne devenir ni commerçants ni artisans, activités considérées — sous l'invocation de Confucius — comme improductives et déstabilisatrices de l'ordre social. Pour la même raison, les foires sont interdites alors qu'on connaît leur rôle essentiel en Europe dans la naissance de la bourgeoisie et du capitalisme. Les bureaucrates confucéens encouragent la production manufacturière nécessaire à la Cour à condition qu'elle ne contribue pas à subvertir les hiérarchies traditionnelles. L'industrie rurale, forme de production que l'on retrouvera avec le maoïsme, satisfait à cette double exigence, productive et conservatrice, tout en bloquant effectivement le passage au capitalisme.

Aucun doute possible : l'alliance de l'État et du confucianisme a bel et bien interrompu le développement de l'économie et les applications pratiques de la science en Chine, de manière à préserver avant tout l'autorité impériale. Comme l'a observé le premier historien de l'économie chinoise, Étienne Balazs, « ce qui manqua le plus en Chine pour un développement continu du capitalisme, ce ne fut ni l'habileté mécanique ni l'aptitude scientifique, ni même une accumulation suffisante de richesse, mais le champ ouvert à l'entreprise individuelle. Il n'y avait ni liberté individuelle ni sécurité pour l'entreprise privée, pas de fondements légaux pour des droits autres que ceux de l'État, pas de garantie contre l'arbitraire des fonctionnaires ou l'intervention de l'État ».

Tout au long de l'histoire de la Chine jusqu'à ces récentes années, la bureaucratie a découragé l'initiative privée, le commerce avec les Occidentaux, le développement d'activités industrielles qui auraient risqué d'amoindrir son autorité. Cette bureaucratie s'est réclamée de Confucius sous l'Empire, de Marx depuis 1949 : la légitimation change, mais l'oppression demeure.

Sans cette oppression bureaucratique, le capitalisme serait-il apparu en Chine ? La bureaucratie peut assurément être tenue pour responsable de s'être opposée à ce que les vertus économiques des Chinois se manifestent. En ce sens-là — mais en ce sens seulement —, le confucianisme et le capitalisme furent bien antinomiques dans la Chine classique. Mais s'il existe un drame particulier à la culture chinoise, il tient moins au confucianisme qu'à la place excessive occupée par le pouvoir au sein de la société. La preuve s'en lit continûment dans l'Histoire. A Pékin, les paysans-soldats maoïstes prennent le pouvoir : le développement s'arrête. A Hong Kong, un technocrate britannique dirige : les Chinois ne songent qu'à s'enrichir. En exil, les Chinois font merveille. Or ce sont les mêmes Chinois : les circonstances politiques ont varié, la culture fort peu.

Les excès du « tout-culturel »

Rien n'illustre mieux les aléas du déterminisme culturel que les aventures de Confucius dans le monde asiatique. A partir des années 1960, la Corée, Singapour, Taiwan et Hong Kong se sont engagés dans ce qui semble être une réinvention du capitalisme ; la province de Canton, en Chine méridionale, paraît les rejoindre. Or, quel fonds commun partagent ces nations par-delà leurs différences culturelles et ethniques ? Ne serait-ce pas l'héritage confucéen ?

Voilà qui conduirait à inverser le raisonnement webérien. Le pas fut franchi en 1979 par le futurologue Herman Kahn : « La morale confucéenne, prophétisa-t-il, produira des taux de croissance supérieurs à ceux des autres cultures. » Selon le très webérien Peter Berger, « le confucianisme en Asie est le substitut fonctionnel du calvinisme en Occident ». Après relecture de Confucius, il apparaît à ces auteurs américains que Maître Kong était sans nul doute un fieffé conservateur, mais l'insistance avec laquelle il prône le respect des normes, des hiérarchies, de la frugalité, n'est pas sans galvaniser l'ardeur d'une main-d'œuvre docile. Ainsi, au terme d'un saut périlleux, la pensée Max Weber retombe-t-elle sur ses pieds !

Comme l'observe le sinologue du CNRS Chan Hing Ho : « A partir du moment où une relation directe est créée entre la culture et le développement, à partir du moment où elle est appliquée au confucianisme et à la Chine, elle peut être retournée dans tous les sens. » Certains diront que le confucianisme détermine l'immobilité, théorie dominante jusqu'aux années 1960 ; d'autres expliqueront que le confucianisme conduit au développement, nouvelle théorie dominante depuis les années 1970. Mais, en apparence opposés, note Chan Hing Ho, les uns et les autres raisonnent à l'intérieur d'un même système. Ce déterminisme culturaliste séduit d'autant mieux les esprits contemporains que, depuis l'effondrement du marxisme, les facteurs « objectifs », économiques ou politiques, ennuient les intellectuels. Grâce à cet effet de mode, le confucianisme paraît plus convaincant que les circonstances politiques dans l'explication du miracle asiatique.

Confucius, la colonisation japonaise, l'imposition du capitalisme par les Américains : comment départager le « tout-culturel » et « le tout-politique » ? S'il suffit d'être confucéen ou de l'avoir été, pourquoi la Chine ne se développe-t-elle qu'à partir de 1980, et pourquoi le Viêt-nam ne se développe-t-il toujours pas ? L'économiste français Serge-Christophe Kolm a cru trouver une clé de rechange, au début des années 1980, dans le bouddhisme. Le Calvin du capitalisme asiatique n'était plus Confucius, mais Bouddha. Le fonds bouddhiste n'est-il pas commun aux « dragons » d'Asie et au Japon ? A l'époque, la Thaïlande, également bouddhiste, paraissait sur le point de rejoindre ce groupe. Peu importait à Kolm que ce fût grâce à sa minorité d'entrepreneurs chinois taoïstes !... Pour Kolm, si la Chine stagnait, c'est parce qu'elle avait expulsé le bouddhisme et imposé chez elle le confucianisme ; quant au Parti communiste, il était devenu l'équivalent et le continuateur du mandarinat confucianiste qui condamnait la Chine à l'immobilisme.

Cette vogue bouddhiste s'est évaporée depuis que la Thaïlande cesse de tenir ses promesses et que la Chine vire au capitalisme. Reste le Viêt-nam, toujours embarrassant pour les tenants du confucianisme. Le sinologue Léon Vandermeersch devait à son tour proposer une réponse novatrice : le Viêt-nam, écrit-il, est victime de l'occidentalisation de ses élites (pour Vandermeersch, le marxisme est une forme de cette occidentalisation), et d'avoir dilapidé son héritage confucéen en abandonnant les idéogrammes chinois pour l'alphabet romain ; le confucianisme serait donc inséparable de son écriture. S'interrogeant sur ce qui relie des nations aussi différentes que la Corée, le Japon et la Chine, Vandermeersch a trouvé le passe qui ouvre toutes les portes : l'écriture chinoise. L'adoption de l'idéogramme, à un moment donné de leur histoire, par tous les peuples « sinisés », aurait imprégné leur culture d'une pensée commune, indissociable de sa graphie. A partir de la Chine, le confucianisme aurait irrigué le Japon, la Corée, Taiwan et les Chinois d'outre-mer, dont on connaît le rôle moteur dans l'essor du nouveau capitalisme asiatique. Le principe essentiel véhiculé par cette pensée graphique serait le principe communautaire : en Asie, à l'inverse de l'Occident, l'individu est subordonné à la communauté. Cette absence d'individualisme expliquerait pourquoi le capitalisme « chinois » se manifeste, plutôt que par l'« hubris » de l'entrepreneur occidental, par l'adhésion à l'entreprise, l'« esprit maison », qu'il concerne les entreprises familiales de Taiwan, les *chaebols* coréens, les *zaibatsus* du Japon ou les « unités » de la Chine continentale. Autre essence, selon Vandermeersch, du « capitalisme sinisé » : l'État y serait autoritaire et fonctionnel, comme l'exigeait Confucius.

Les citoyens n'exigent ni participation ni représentation, mais attendent du bon prince qu'il assure la paix et la prospérité.

Cette théorie du capitalisme sinisé à base confucéenne rend compte d'une certaine homogénéité du comportement dans cette partie de l'Asie ; mais l'homogénéité n'existe-t-elle pas surtout dans le regard occidental ? Si le confucianisme est le fondement du capitalisme sinisé, où sont passés les confucéens ? Les mandarins, les lettrés, les rites, les temples ont disparu. Réponse de Vandermeersch : le confucianisme s'est transmuté de normes anciennes en valeurs contemporaines. Le mandarin est devenu fonctionnaire au Plan à Pékin, ou au MITI à Tokyo ; les examens impériaux se sont métamorphosés en passion pour l'éducation ; la piété familiale a été transférée de la famille sur l'entreprise ; la frugalité est devenue épargne investie.

Sociologie ou métaphore ? Pourquoi, ironise le sinologue René Viennet, ne pas constater que l'ensemble du monde chinois mange avec des baguettes, et bâtir là-dessus une nouvelle théorie sur les origines du capitalisme asiatique ?

Le capitalisme, effet de la colonisation ?

La quête d'un insaisissable confucianisme ou d'une pensée communautaire modelée par l'écriture chinoise ne relève-t-elle pas d'une tentative d'anoblissement culturel de la réussite économique des « dragons » ? En deçà de leur confucianisme, les Dragons partagent en effet une expérience plus récente mais moins glorieuse : la colonisation. Par les Japonais, les Américains, les Anglais. Dès le début de ce siècle, les occupants japonais ont transformé Taiwan et la Corée en manufactures et plantations au service de la métropole, avec une efficacité productive de loin supérieure à ce que Britanniques ou Français ont jamais tiré de leurs propres colonies. L'arrachement à la civilisation agraire, la conversion des paysans aux normes de l'industrie ou de l'agriculture mécanisée sont la marque japonaise imprimée à ces territoires. A Hong Kong et à Singapour, parallèlement, l'administration britannique transformait ces entrepôts ensommeillés en ruches manufacturières ; la population locale y était certes prédisposée, mais ce sont les Britanniques qui ont allumé la mèche du développement, qui ont créé les infrastructures et fixé les règles juridiques sans lesquelles la croissance n'aurait pas été aussi soutenue. Après 1945, le relais pris par les Américains dans les anciennes colonies et au Japon lui-même fut également décisif pour faire passer ces économies naissantes d'une exploitation primitive à un capitalisme autonome. Les réformes agraires, l'abolition des monopoles d'État, l'interdiction des ententes par les experts libéraux américains détruisirent les féodalités, engendrèrent une nouvelle classe de fermiers productifs, libérèrent de la main-d'œuvre pour l'industrialisation et firent passer l'esprit d'entreprise de l'économie de la rente à une économie de la compétition.

La réforme agraire à Taiwan — seul succès au monde d'une telle réforme — fut la mieux achevée : les grands domaines furent démantelés en unités économiques viables vendus à crédit aux paysans, et les propriétaires indemnisés. Cette réforme agraire, téléguidée par les conseillers américains de Tchang Kaï-chek, créa une classe nouvelle de petits propriétaires fonciers ; les anciens propriétaires dépossédés mais indemnisés ont réinvesti leur capital dans les manufactures et constitué la future industrie légère exportatrice qui a fait la fortune de Taiwan. Là encore, il fallait bien que des dispositions culturelles propres aux Taiwanais, confucéens, taoïstes et nipponisés, les conduisent à entreprendre plutôt qu'à gaspiller ; mais cet esprit n'a pu fleurir qu'à partir de directives imposées par les colonisateurs.

N'est-ce pas ce qui faillit se produire en Chine même ? Les débuts de la révolution industrielle et d'un capitalisme brillant centré sur Canton, Shanghai et Nankin, naquirent de la colonisation japonaise et occidentale dans les années 1920, avant que la guerre civile et l'expulsion des étrangers ne « gèlent les bourgeons du capitalisme ». Cela jusqu'aux années 1980 où de nouveaux colons, cette fois Chinois d'origine, revinrent fertiliser le continent et y réintroduisirent l'exploitation capitaliste, sinon un capitalisme authentique.

Ces rappels ne visent pas à réhabiliter le colonialisme, mais il serait impensable d'écrire une histoire du capitalisme asiatique en en faisant abstraction. L'expérience de l'Asie confucéenne ne permet pas de conclure que le colonialisme en soi conduit au développement, puisque la coïncidence ne s'est produite que là, et pas ailleurs. La colonisation n'est donc pas la cause du développement, mais elle est le contexte sans lequel il ne se serait probablement rien passé. C'est probablement aussi parce que le capitalisme en Orient est une greffe importée que l'Asie capitaliste n'a jusqu'à présent inventé ni objet, ni service, ni forme *sui generis*. Aussi productifs soient-ils, les « dragons » d'Asie ont pour l'instant mimé le capitalisme occidental ; ils ne l'ont pas réinventé, ni n'ont proposé une autre forme d'organisation de production ou de distribution des richesses.

Peut-être cela signifie-t-il qu'il n'existe tout bonnement qu'une seule forme possible du développement, qui s'appelle le capitalisme universel...

Le véritable esprit des dragons

Que pensent les intéressés de ces élucubrations occidentales ? De Taiwan à Singapour, Canton ou Séoul, il est aussi facile de dénicher un philosophe confucéen que de retrouver trace d'un druide dans la France contemporaine. A part quelques monuments restaurés à l'intention des touristes, il n'existe plus en Chine, à Taiwan ou Singapour, ni mandarin lettré, ni rituel, ni temple. Les néo-confucéens rétorquent que le confucianisme est si intériorisé dans le monde sinisé qu'il n'est plus nécessaire de le représenter ni de l'expliquer. A moins que l'idée même d'une relation entre le confucianisme et le nouveau capitalisme chinois ne soit une fiction ? Voici ce qu'en pense le plus important industriel taiwanais, Winston Wang, fondateur de Formosa Plastics, à Taibei :

« Confucius ? J'en ai appris quelques maximes au cours de

mes études à Taibei : c'était une sorte de catéchisme obligatoire et desséché qu'il convenait de réciter aux examens d'entrée à l'université. »

S'il existait une relation de cause à effet entre le confucianisme et le capitalisme chinois, c'est en principe chez cet entrepreneur emblématique du « dragon » taiwanais qu'il devrait se manifester. Mais les raisons profondes qui l'ont hissé au sommet de l'industrie résident, selon lui, ailleurs : elles tiennent à l'histoire matérielle de son peuple plutôt qu'à sa philosophie. « Nous autres Taiwanais, explique Wang, avons subi une succession de malheurs : la colonisation japonaise, l'extermination de notre civilisation, la conquête de l'île par l'armée du Kouomin-tang en 1949. » Dès lors, les Taiwanais ont exploité le seul créneau que leur laissait la dictature militaire : le commerce, les exportations, le monde des affaires. « Nul n'est plus entreprenant qu'un Chinois, dit Wang, dès lors que le pouvoir politique lui permet de s'enrichir pour faire prospérer sa famille et éduquer ses enfants. » Si Wang pratique un culte, ce n'est pas, me confie-t-il, celui de Confucius, mais celui de ses ancêtres.

Ne seraient-ce pas, malgré tout, les valeurs confucéennes intériorisées par les travailleurs chinois qui font la prospérité de Formosa Plastics ? C'est là une vision d'Occidental, rétorque Wang. « Les Américains et les Européens cherchent désespérément à comprendre en quoi consiste l'avantage comparatif des « dragons » d'Asie sur le marché mondial et, à cet effet, ils ont déniché le confucianisme. En vain ! L'avantage ne tient pas à la qualité des travailleurs ; il tient à la qualité des entrepreneurs. C'est l'entrepreneur, sa stratégie, ses vertus de manager qui font le capitalisme. La preuve : Formosa Plastics obtient dans ses usines implantées aux États-Unis exactement les mêmes résultats, avec des salariés américains, qu'à Taiwan avec des salariés chinois. » Si ces derniers travaillent avec un acharnement particulier, ce n'est pas, selon Wang, parce qu'ils sont confucianisés, mais parce qu'ils veulent échapper à leur pauvreté toute récente. Montrent-ils un respect particulier de l'ordre établi et de leur patron, héritage confucéen ? Telle n'est pas l'expérience de Formosa Plastics. « Mes ouvriers n'ont jamais fait grève, mais ils n'hésitent pas à revendiquer — ce qui est très bien », estime Wang. « L'entreprise est d'autant plus productive que les travailleurs s'expriment. »

Les propos de Wang auraient séduit Jean-Baptiste Say. La théorie libérale classique serait-elle une meilleure explication du capitalisme asiatique que le confucianisme ? Telle est bien l'opinion de Wang, l'entrepreneur ; elle est partagée par les auteurs des stratégies économiques des Quatre Dragons. Le décollage de ces derniers n'est pas si ancien que l'on ne puisse en retrouver les concepteurs.

Considérons un trait saillant du capitalisme asiatique : l'épargne. Son niveau considérable n'est-il pas une marque du confucianisme ? « Balivernes ! réplique l'économiste Tsiang Shoh Chieh, qui fut le grand stratège du décollage économique de Taiwan. Si les Chinois d'outre-mer, les Taiwanais, les Japonais épargnent plus que les Occidentaux, c'est pour des raisons objectives qui ne doivent rien à leurs traditions culturelles. La première raison en est que l'épargne dans les pays d'Asie est mieux rémunérée qu'à l'Ouest où les taux sont parfois rendus négatifs par l'inflation. » A Taiwan, Tsiang a toujours veillé à ce que cette rémunération soit positive. Par ailleurs, le crédit à la consommation est peu développé en Asie, ce qui oblige tout acquéreur d'un bien important à se constituer une épargne. Enfin, les systèmes de protection sociale et de retraite garantis par l'État sont si modestes que les individus n'ont d'autres choix que de gérer eux-mêmes une épargne de précaution. Tsiang, formé aux États-Unis à l'université Cornell, considère qu'il n'existe qu'une seule science économique, que ses principes sont universels et qu'elle a été fondée par l'Écossais Adam Smith — pas par Confucius.

Même discours à Singapour chez Goh Ken Swee, fondateur du modèle économique de cet État. S'il lui fallait isoler un trait culturel des Chinois, me dit-il, ce ne serait pas le goût confucéen de l'épargne, mais plutôt « la passion du jeu, la prodigalité, l'ostentation ». Le gouvernement de Singapour fait si peu confiance à la frugalité des Chinois qu'il épargne à leur place : 40 % des salaires sont obligatoirement déposés sur un compte d'épargne individuel géré par l'État, le Central Providence Fund. Les Singapouriens n'ont le droit d'utiliser cette épargne que pour des dépenses jugées raisonnables par leur gouvernement : achat d'un logement, santé, retraite. Goh a été éduqué à la London School of Economics.

Essayons-nous à une synthèse. Admettons que le capitalisme des « dragons » chinois doive plus à Adam Smith et Jean-Baptiste Say qu'à Confucius, et qu'il a été importé d'Occident. Mais pourquoi ce capitalisme « marche »-t-il si bien ?

Deux explications sont à nouveau possibles. La première relève de l'économie classique : les « dragons » bénéficiant d'un avantage comparatif constitué par leur capacité de fournir un travail régulier et bon marché qui produit des biens correspondant à la demande mondiale. Mais nous devons constater aussi que ces produits — textiles, informatique, automobiles, navires, mécanique, jouets, électronique, etc. — ne sont jamais conçus en Asie ; ils sont occidentaux. Ne serait-ce pas dans ce caractère « réplicateur » ou répétitif que réside l'originalité du capitalisme sinisé ? Confucius invite à la reproduction par le rite, mais aussi par le geste de l'artisan, d'un ordre immuable des choses. Cet immobilisme, transmuté en travail, puis en produit exportable, est peut-être la seule vraie dimension confucéenne du capitalisme « chinois ».

Ainsi se réconcilieraient les deux thèses : les économistes observeront à juste titre que les « dragons » relèvent d'un capitalisme universel ; les culturalistes ajouteront que ses mécanismes fonctionnent grâce à une énergie, un esprit communautaire propres au monde sinisé.

Peut-on pour autant qualifier cet esprit de confucianisme ? Un confucianisme assez immatériel, insoluble dans les cultures nationales comme dans les religions les plus diverses ? Un tiers des Coréens sont chrétiens, de même que toute l'élite de Taiwan et dix pour cent des citoyens de Singapour. Les Chinois d'outre-mer sont plus taoïstes que confucéens, de même que ceux de Canton et du Fujian, les deux provinces les plus « capitalistes » de Chine continentale. Voilà qui conduit à s'interroger sur ce que peut être ce confucianisme à géométrie si variable.

Un ou plusieurs confucianismes

Comment un même Confucius peut-il au cours de l'Histoire s'avérer tour à tour pro- ou anticapitaliste, bloquer le développement en certaines circonstances et le favoriser en d'autres ? En Chine, à la fin du XIXe siècle, la renaissance confucéenne coïncide avec le rejet de l'Occident et des réformes économiques. Exactement à la même époque, l'inverse se produit au Japon. En réalité, l'énigme est artificielle, parce que les raisonnements sur « confucianisme et développement » supposent qu'il existe un seul confucianisme, alors qu'à l'évidence il y en a plusieurs.

Les confucianismes, tout en partageant un fonds commun, varient selon les cultures, les époques, les classes sociales. Dans le monde chinois, entre le confucianisme des lettrés, celui des commerçants et celui du peuple privé d'éducation, les distances sont au moins équivalentes à ce qu'elles pouvaient être entre un janséniste de cour, un calviniste de Genève et un catholique romain. Il est curieux que Max Weber, qui trace des distinctions si fines entre les sectes luthériennes à la source du capitalisme, n'ait pas manifesté la même rigueur, s'agissant du confucianisme. Il nous a légué un confucianisme « en bloc », qui n'agit sur l'économie qu'en détail...

L'expérience asiatique montre bien que le confucianisme agit positivement ou négativement sur le capitalisme en fonction de sa situation au sein de la société. Là où il exerce un monopole idéologique lié au pouvoir d'État, comme dans la Chine des Mandchous ou dans la Corée des Yi, avant 1910, il étouffe le développement. Il ne l'étouffe pas, me semble-t-il, à cause de la pensée de Confucius, mais du fait de son alliance avec le pouvoir. *A contrario,* au Japon, il a toujours été en concurrence avec d'autres religions, et le pouvoir est de tradition décentralisé, ce qui a facilité l'émergence du capitalisme. De même, la Corée contemporaine devint capitaliste après que le confucianisme eut perdu son monopole, concurrencé par d'autres religions, notamment le protestantisme. Il en alla pareillement à Hong Kong, à Singapour, à Taiwan où le confucianisme n'a jamais été religion d'État.

C'est donc seulement dans les situations où il est en concurrence que le confucianisme contribue au développement capitaliste. Nous pourrions en déduire que le critère de développement du capitalisme en Asie n'est pas le confucianisme en soi, mais le fait qu'existe ou non une idéologie d'État. Si notre hypothèse est juste, la diversité des expériences capitalistes et anticapitalistes dans le monde sinisé s'éclaire. Mieux encore, l'expérience asiatique rejoint les circonstances de la naissance du capitalisme en Occident. Car en Europe aussi, nous l'avons constaté plus haut, là où régnait une religion d'État, le capitalisme connut des débuts difficiles. En revanche, là où la concurrence était vive entre religions — Pays-Bas, Grande-Bretagne, Allemagne —, le capitalisme acquit une rapide légitimité. L'hypothèse pourrait également expliquer la stagnation du monde arabo-musulman là où l'islam exerce un monopole.

En Corée ou à Taiwan, c'est parce qu'il est permis d'être imprégné de confucianisme, mais aussi de n'être pas seulement confucéen, que le développement a pu se manifester. Quand la Chine, dans les années 1930, a transité entre confucianisme et communisme, le capitalisme est apparu ; le pays n'était alors plus totalement confucéen — les dirigeants du Kouo-min-tang étaient souvent chrétiens — et pas encore communiste. Dès qu'une nouvelle idéologie d'État, le communisme, a relayé le confucianisme d'État, le capitalisme s'est évanoui. Quand, dans les années 1980, la société chinoise a retrouvé un peu de « jeu », l'esprit d'entreprise s'est de nouveau manifesté. Mais si, au communisme actuel, un pouvoir futur venait à substituer un confucianisme d'État, l'esprit d'entreprise s'en trouverait certainement de nouveau anesthésié.

Ce n'est pas en renouant avec quelque néo-confucianisme que la Chine pourra se développer, mais en abandonnant la pensée unique pour une pensée plurielle. Ce qui est loin d'être acquis dans le monde sinisé.

La réaction néo-confucianiste et son échec

« Confucius nous a peu servi jusqu'à présent, mais c'est à partir de maintenant qu'il va nous être utile », m'a déclaré le philosophe Wu Teh Yao au bar du *Raffles*, à Singapour. Wu sait de quoi il parle : il est le maître à penser du maître de l'île, Lee Kuan Yew.

Il me paraît moins utile, désormais, de nous interroger sur le rôle du confucianisme dans l'apparition du capitalisme asiatique que sur son avenir en Asie comme idéologie. Rappelons-nous la séquence webérienne : la religion conduit à l'éthique, l'éthique légitime l'esprit d'entreprise, puis l'entrepreneur fonde le capitalisme. Or, en Asie, la séquence semble inversée : le capitalisme, loin de s'inscrire dans une continuité culturelle avec la tradition chinoise, y sème la contradiction. Il engendre une classe d'entrepreneurs qui conteste le pouvoir confucianiste, une classe moyenne qui exige des droits politiques, des syndicats qui réclament la participation, des chômeurs qui attendent des allocations publiques. Ce capitalisme importé ébranle les hiérarchies et la stabilité sociale : les empereurs chinois hostiles aux manufactures avaient vu juste. Le capitalisme a introduit les notions de créativité et de contestation, mal acceptées et même incomprises par les dirigeants de Taiwan, Singapour ou Canton. Ceux-ci, dès lors, sont confrontés à un dilemme : comment légitimer le capitalisme, qui conduit à la prospérité, tout en éliminant ses contradictions internes ? Sur quoi fonder la vertu d'un système importé ? Sur quelle idéologie, quelle morale, quelle religion ? Réapparaît ainsi Confucius.

Depuis 1919, le confucianisme était honni à Pékin comme la seule cause du retard de la Chine. Jusqu'en 1983, date à laquelle le Parti communiste chinois retrouve un authentique descendant de Confucius (77e génération), Kong Ling Ming, professeur à Shanghai, et le nomme à la Conférence politique consultative du peuple chinois. A Qufu, lieu de naissance de Confucius (où tous les habitants s'appellent Kong), son temple ravagé pendant la révolution culturelle est restauré en 1990. Même chose à Taiwan : la présidence du « Yuan des examens », chargé de la surveillance des concours universitaires, est confiée en 1984 à Kong Decheng, descendant de Confucius de la 78e génération. Le confucianisme, résumé en une sorte de catéchisme, devient matière obligatoire. Les auteurs ont pris soin d'éliminer de ce confucianisme aseptisé toute affirmation qui pourrait contredire les croyances religieuses des chrétiens, bouddhistes et taoïstes de l'île. L'enseignement de Maître Kong se réduit à une idéologie nationale et morale rappelant les devoirs des enfants envers leurs parents, des citoyens envers l'État, du cadet envers l'aîné, la réciprocité et la vertu. A Singapour, où le Premier ministre Lee Kuan Yew avait à l'origine imposé l'anglais comme langue nationale à la place du chinois et du malais, le revirement s'est opéré en 1983 avec la création de l'Institut des philosophes d'Asie orientale. Sa vocation est ainsi définie : « Faire progresser la compréhension de la philosophie confucéenne pour répondre aux besoins des sociétés modernes de l'Asie orientale. »

Dans le monde sinisé, ce n'est plus l'éthique confucéenne qui conduit au capitalisme, mais l'inverse. Ou plutôt, c'est ce que souhaiterait la classe dirigeante, pour contrer les effets délétères de l'occidentalisation que le capitalisme porte en lui. Depuis 1991, le confucianisme a été intégré à Singapour dans l'enseignement sous la forme d'une morale élémentaire dite des « cinq valeurs partagées » : « La nation passe avant la communauté, la société passe avant l'individu, la famille est l'unité de base de la société et de la prise en charge des besoins individuels, le consensus doit l'emporter sur la confrontation. » Tout cela est-il encore confucéen ? John Wong, directeur de l'Institut, préfère parler de « valeurs asiatiques communautaires qui devraient sauver le capitalisme oriental de l'individualisme destructeur venu d'Occident ». Dans le discours néo-confucianiste, l'individualisme est toujours destructeur. La langue chinoise y est pour quelque chose : les termes « liberté individuelle » n'y existent pas et l'idée ne peut s'exprimer que par des synonymes de relâchement ou de permissivité.

Ce combat destiné à préserver les prétendues valeurs communautaires est, à mon sens, une cause doublement perdue. D'abord parce que le capitalisme porte inéluctablement en lui l'individualisme. Ensuite parce que l'individualisme est une condition du développement par le capitalisme. Les valeurs communautaires ont certes contribué à hisser le capitalisme asiatique à son niveau actuel, mais elles le condamnent à rester médiocrement créatif : un conglomérat de sous-traitants. Taiwan, Singapour, Canton sont avant tout des fournisseurs de l'Occident et du Japon ; leur capitalisme relève de l'imitation de l'Occident plus que de la récréation, même quand le mime se révèle plus efficace que le modèle. De l'observation empirique du capitalisme sinisé, je serais tenté de conclure que s'il existe une relation entre confucianisme et capitalisme, elle devrait être formulée de la manière suivante : le capitalisme ne prospérera que sur les décombres du confucianisme officiel.

Cela ne va pas sans résistance de la bureaucratie, qui voit s'évaporer sa légitimité au profit des entrepreneurs. Rien de plus confucianiste que les lamentations du ministre de l'Éducation de Taiwan quand il m'explique que la jeunesse perd tout sens des « valeurs », se dope aux amphétamines pour réussir aux examens et devient — horreur ! — « individualiste ». « L'erreur, commente le ministre, aura été d'importer des États-Unis à Taiwan le concept absurde selon lequel les étudiants doivent prendre des initiatives, alors qu'ils ont avant tout besoin de discipline. Dans l'ancienne Chine, ajoute-t-il, les étudiants n'étaient pas libres et apprenaient par cœur : les résultats étaient excellents ! » Selon quel critère, le ministre n'en souffle mot.

Comment renouer avec ces temps anciens, sachant que dans la tradition confucéenne l'idéal réside dans le passé, à l'inverse de la tradition occidentale où ce sont les lendemains qui chantent ? « Rétablir, dit le ministre, le primat des humanités sur les sciences, de la philosophie sur les mathématiques, prendre en compte le comportement des étudiants dans leurs notes d'examen, et confucianiser les programmes de la télévision publique de telle sorte que celle-ci propage des valeurs, et non pas de la violence, que les enfants respectent de nouveau leurs parents, et les citoyens d'État. »

Quand on sait que la moitié des dix mille jeunes taiwanais qui partent chaque année étudier aux États-Unis y reste définitivement, il est probable qu'aucun n'en reviendrait plus si le ministre confucéen passait aux actes, et Taiwan retournerait à la pauvreté.

Rendons à Lao-tseu ce qui lui appartient

Nous avons jusqu'ici suivi les sociologues webériens et raisonné comme si le monde chinois était confucéen. L'est-il vraiment ? Il suffit d'ouvrir les yeux, dans les foyers du capitalisme chinois, à Taiwan, Canton, au Fujian, pour constater que des sanctuaires gérés par des guildes de commerçants prolifèrent, qu'il s'en édifie sans cesse de nouveaux, qu'ils sont ouverts et fréquentés jour et nuit ; or, ils ne sont pas confucéens, mais taoïstes ou dérivés du taoïsme.

Ce n'est pas Confucius qui trône au centre des autels de la Chine là où elle est capitaliste, mais le dieu du Ciel ou bien Mat-sou, la déesse des Commerçants de la Chine du Sud. A la fin du XIXe siècle, note Kristoffer Schipper, Pékin compte mille temples, un pour sept cents habitants en moyenne ; les lieux de culte se partagent également entre le bouddhisme et le taoïsme, et les autels confucéens sont à peu près introuvables hors de la Cité interdite, siège du pouvoir impérial. « Chaque Chinois, explique le théologien Zhao Fusan, est taoïste dans son for intérieur et confucéen dans ses manières extérieures ; le confucianisme est son mode de relation aux autres et à l'autorité, mais sa conviction intime est ailleurs, dans le taoïsme, religion individualiste et naturaliste. » Dualité difficile à comprendre pour les Occidentaux monothéistes...

A cette incompréhension culturelle des Occidentaux s'ajoute une longue histoire tissée de malentendus et de mauvaise foi. Depuis les premières explorations de la Chine par les Jésuites italiens et français jusqu'à nos modernes missions diplomatiques s'est constituée une étrange alliance entre ces visiteurs venus d'Europe et les mandarins confucéens. On comprend bien pourquoi, des origines à nos jours, la bureaucratie chinoise exige que toute relation avec l'Occident passe par elle : elle y puise sa légitimité et son profit. Les empereurs mandchous n'acceptaient pas que les Européens commercent avec les guildes cantonaises ; le pouvoir contemporain à Pékin supporte aussi mal que l'on traite avec les Taiwanais. Mais pourquoi les Occidentaux ont-ils toujours privilégié la Chine des bureaucrates confucéens par rapport à celle des commerçants taoïstes ? Les Jésuites ont instauré cette tradition ; ils ont feint de croire que les Chinois n'avaient pas de religion, que le taoïsme n'était qu'une simple collection de superstitions populaires, que le confucianisme était une belle philosophie, et qu'il suffirait de convertir l'empereur et les lettrés pour que la Chine devienne chrétienne. Lorsque MacCartney, dans sa célèbre ambassade de 1793 décrite par Alain Peyrefitte, voulut ouvrir la Chine au commerce anglais, il n'entendait traiter qu'avec l'empereur ; tout au long de sa route, les guildes de commerçants taoïstes lui firent des offres qu'il refusa d'entendre. Un diplomate ne traite que d'État à État, et si l'empereur ne veut pas ouvrir son marché, les Européens lui feront la guerre.

C'est ainsi que, confondant l'histoire réelle de la Chine avec son histoire écrite, confondant la nation chinoise avec sa bureaucratie athée, confondant le confucianisme officiel avec la philosophie de Confucius, les Occidentaux ont légitimé le pouvoir central contre la société civile. Fatale méprise : s'ils avaient su choisir pour interlocuteurs des commerçants taoïstes plutôt que des fonctionnaires confucianistes, les Occidentaux auraient négocié avec les guildes sans faire la guerre à l'empereur ; ils auraient fait prospérer le capitalisme chinois plutôt que le totalitarisme impérial, devenu fasciste dans les années 1930, puis communiste en 1949. Sans cette reconnaissance des Occidentaux qui tourna à la guerre contre les Occidentaux, les bureaucrates confucianistes auraient probablement sombré au XIXe siècle et ne se seraient pas métamorphosés en Comité central à Pékin, en dictature du Kouo-min-tang à Taibei.

Entre les confucéens et les taoïstes, entre les lettrés et la société civile, les émissaires occidentaux ont fait le mauvais choix. Le capitaliste, n'était-ce pas Lao-tseu, libéral de surcroît ? N'a-t-il pas écrit : « Le bon Prince est celui dont on ignore le nom », deux mille ans avant Tocqueville ?

Adieux à la Chine communiste, salut aux dragons capitalistes

« Le monde chinois est malade de l'argent », m'a dit maître Houang. Maître Houang est le dernier moine taoïste de Chine. A moins qu'il ne soit le premier. Qui le sait ? « Celui qui sait ne parle pas, a dit Lao-tseu, et celui qui parle ne sait pas. » Maître Houang Tao parle... un peu. C'est qu'il prétend ne pas avoir encore accédé à la connaissance : sur les dix mille ouvrages constitutifs du tao, il ne peut en réciter par cœur que la moitié, et il a quatre-vingts ans. S'il paraît beaucoup plus jeune, c'est qu'il a su, par la maîtrise de son souffle et de sa semence, préserver son énergie vitale. A-t-il au moins des disciples, des successeurs ? A Canton, dans le temple de Chun Yang Guan où je l'ai rencontré, ne vivent plus que quatre moines, tous âgés. Les moines taoïstes, m'explique maître Houang, ne pratiquent pas le prosélytisme ; ils n'acceptent les nouveaux venus qu'avec réticence, car ceux-ci seront-ils capables de consacrer leur vie à apprendre ? Pour devenir moine taoïste, il ne suffit pas de croire, encore s'agit-il d'apprendre.

Je constate que les autels et les dieux sont flambants neufs. L'argent de Hong Kong est passé par là : une famille de commerçants en exil a redressé le temple des ancêtres. Est-ce à dire que le capitalisme chinois conduit à une renaissance spirituelle ? Maître Houang est sceptique. Le temple est fréquenté, les familles dressent les autels, mais ce taoïsme populaire n'est pas le vrai tao. Les Chinois nouveaux riches n'en retiennent que les aspects les plus superficiels : la « boxe », le *xigong*, technique de maîtrise de l'énergie intérieure pour se maintenir en forme, les offrandes aux Immortels afin d'obtenir argent et bonheur. Maître Houang n'approuve ni ne désapprouve ces dévotions : le vrai tao, dit-il, ne peut rien apporter au monde, car il est hors du monde ; il ne peut favoriser l'action, puisqu'il est éloge de l'inaction. Sur ces dernières paroles, maître Houang s'est tu, a cessé de respirer, clos ses paupières, il est devenu aussi immobile que du bois mort, à l'image du vieux maître qui vécut, dit-on, mille deux cents ans sur le mont Kouen Louen.

Ce temple silencieux, dans la fourmilière de Canton, n'est-il qu'un relief oublié par l'Histoire ? Les jeunes gens et jeunes femmes qui se prosternent devant les Immortels aux couleurs vives ne recherchent-ils que la fortune, comme le prétend maître Houang ? Plus probablement, expriment-ils à leur manière le vide spirituel laissé par le matérialisme capitaliste.

Paradoxes à la manière de Lao-tseu : la révolution communiste a anéanti la morale sans susciter la modernité ; la « Réforme de Deng Xiaoping » engendre la modernité et suscite en retour un désir de morale. Mais les préoccupations de maître Houang, comme celles des néo-confucianistes, ne constituent qu'une étape dans la transition de l'Asie du capitalisme primitif à un capitalisme mûr sans autres valeurs que la liberté personnelle. Ce qui inquiète les dirigeants conservateurs : l'individualisme risquerait, selon eux, de ralentir la croissance.

En fait, contrairement à ce qu'ils affirment, la contradiction qui risque d'affaiblir le capitalisme asiatique ne se situe pas entre le développement et l'individualisme, mais entre leur propre autoritarisme et le développement. Si nous considérons dans son ensemble l'économie asiatique, abstraction faite de toute considération culturelle, nous constatons que partout où règne le totalitarisme, le développement a été bloqué et le demeure. C'est à partir du moment où le totalitarisme se fissure que les entrepreneurs se constituent en société civile autonome et commencent à créer des richesses. Les « dragons » prospèrent dès que les dynasties anciennes s'effondrent et que l'individualisme apparaît. La Chine continentale ne commence à se réveiller que lorsque le PC tend à s'effriter ; il ne s'est pas encore assez effrité pour qu'une nouvelle classe d'entrepreneurs s'impose durablement et tire l'économie hors de sa misère. Là où le capitalisme est véritablement à l'œuvre, l'individualisme remplace inéluctablement les fidélités communautaires, en dépit des efforts orchestrés par les néo-confucianistes au nom de la « culture », sollicitée pour la circonstance. En même temps que cette fidélité communautaire recule, les traditionnelles vertus de l'Asie, peu différentes de notre morale et de nos valeurs classiques, reculent elles aussi : preuve supplémentaire que le capitalisme d'Asie appartient bien à la même catégorie que le capitalisme d'Occident, producteur à la fois de richesses et d'individualisme. Destructeur, certes, ou plutôt transformateur des anciennes cultures, non pas en absence de culture, mais en nouvelles cultures.

CHAPITRE 4

Comment le capitalisme produit la démocratie

Voyageur qui part pour Singapour, sache qu'il est interdit de cracher par terre, coutume pourtant bien chinoise, que le chewing-gum y est banni (les touristes peuvent en introduire deux paquets pour leur usage personnel) et la consommation de drogue punie de mort. Si tu recherches l'exotisme, les odeurs de l'Asie, ses mystères, contourne Singapour, Suisse équatoriale où ne règne que le luxe climatisé. Ce Shangri-La du capitalisme asiatique est l'œuvre d'un homme seul, Lee Kuan Yew, dont on ne sait s'il a fondé un État ou s'il préside une compagnie multinationale dont le nom serait Singapour.

État ou entreprise, Singapour est désormais devenu trop exigu pour Lee Kuan Yew ; théoriquement retiré du pouvoir, le *Senior Minister* s'est fait l'apologiste le plus écouté en Asie d'un modèle de développement capitaliste *sui generis*, ancré dans les valeurs de l'Asie et voué — sous-entendu — à enterrer l'Occident décadent. Lee ne cherche-t-il par là qu'à légitimer son œuvre et sa propre autorité, ou bien existerait-il réellement deux modèles au moins, oriental et occidental, de capitalisme ?

Ce débat, en tout cas, passionne Lee Kuan Yew, inépuisable causeur et le plus plaisant des hommes d'État, si l'on parvient à franchir les innombrables contrôles de sécurité qui protègent sa résidence-forteresse d'Istana. Contre qui ?

Lee Kuan Yew se souvient-il de l'époque où il s'appelait Harry, étudiait à Cambridge et ne parlait pas le chinois ? Le vieil homme sourit et constate que je suis bien informé sur son passé, probablement mieux que la plupart de ses sujets.

La théorie du bon État

Singapour est une énigme économique, une aberration géographique et une réussite incontestable. Mais est-ce un État ? « Nous avons, dit Lee Kuan Yew, toutes les obligations d'un État envers ses citoyens ; le Parlement est élu, le Président aussi. » Certes, mais depuis l'indépendance, acquise en 1965, Lee détient en fait le véritable pouvoir sans autre titre que celui de *Senior Minister.* Le Parlement ? Le parti de Lee *(People's Action Party)* le contrôle depuis l'origine sans interruption. Le Président ? Pour être éligible, le candidat doit se targuer d'une expérience professionnelle reconnue à la tête d'une grande entreprise ou d'une banque. La presse ? Aux ordres du Parti. La télévision par satellite ? Interdite. Les journaux étrangers ? A diffusion restreinte. Les contestataires, étudiants ou syndicalistes, étaient, jusqu'à une date récente, arrêtés et incarcérés à titre préventif, suspects de « subversion communiste ». A l'évidence, Lee Kuan Yew, qui fut socialiste à l'époque où il s'appelait Harry, en a retenu les techniques du noyautage. « Nul n'est contraint de rester à Singapour, observe-t-il, chacun est libre de partir quand il le veut. » Les dissidents sont incités à aller étudier aux États-Unis et à y rester, avec parfois une bourse du gouvernement.

Malgré ces caractères autoritaires, lorsque j'invite Lee Kuan Yew à définir le régime si particulier qu'il a instauré, il n'hésite pas un instant : Singapour, prétend-il, est « un État capitaliste et démocratique, mais il s'agit du capitalisme asiatique et de la démocratie asiatique ».

Qu'est-ce à dire ? Les institutions du capitalisme et de la démocratie, explique Lee, sont neuves en Asie ; elles n'apparaissent qu'à la fin du XIXe siècle au Japon, il y a moins d'une génération à Taiwan, en Corée et à Singapour. « Il est trop tôt pour deviner ce que deviendront les formes mûres du capitalisme et de la démocratie asiatiques ; mais il est déjà évident que les graines importées d'Occident, plantées sous nos climats, ne donnent pas les mêmes fruits qu'à l'Ouest. » Ce serait, selon Lee, par ignorance ou naïveté qu'Américains et Européens conçoivent une seule espèce de capitalisme et une seule espèce de démocratie. De même, la définition occidentale des droits de l'homme fondée sur la liberté de l'individu serait « une forme d'impérialisme culturel que l'Ouest cherche à imposer à l'Est ». Non que Lee soit hostile aux droits de l'homme et aux graines occidentales : n'a-t-il pas introduit à Singapour l'éducation obligatoire des femmes, notion *a priori* totalement étrangère à la culture chinoise ? Ce qui, observe-t-il, a suscité une conséquence non prévue : les femmes chinoises diplômées ne trouvent pas de maris chinois...

Il convient donc, selon Lee, de distinguer, dans la démocratie, le capitalisme et les droits de l'homme, la part d'universel et la part des circonstances locales. En quoi le capitalisme démocratique d'Asie serait-il distinct de celui de l'Ouest ? Pour l'essentiel, répond Lee, l'Asie ne partage pas la conception occidentale du rapport de l'individu à la communauté. « Dans la civilisation asiatique — Lee dit *asiatique* et non pas chinoise, car Singapour, État multi-ethnique, inclut nombre de Malais et d'Indiens —, l'individu est naturellement subordonné à la communauté, notamment à la famille élargie. » Autre distinction peut-être temporaire, admet Lee : « L'attachement aux droits économiques l'emporte en Asie sur l'exigence de droits politiques » ; en termes confucianistes, l'espérance en un « bon » gouvernement, un bon État, prédominerait, dans l'esprit public, sur le désir, plus modeste, de participation. Et comment l'État serait-il « bon », si ce n'est en attirant les meilleurs ? Lee Kuan Yew paie ses ministres et hauts fonctionnaires plus cher que ne le sont les dirigeants des entreprises multinationales installées à Singapour. Une assurance contre la corruption et un moyen d'attirer les meilleurs au service de l'État. « Je ne théorise jamais, dit Lee ; je constate, sur la base empirique de mon expérience. » Selon lui, les Occidentaux passent leur temps à théoriser ; pas les Chinois.

L'expérience des nations, à suivre mon interlocuteur, démontrerait qu'en Asie le socle du progrès réside dans la solidarité familiale et non pas dans le libre arbitre des individus. Il est par conséquent essentiel que le bon État n'entreprenne rien qui puisse affaiblir cette solidarité. « Rude tâche, admet Lee, dans une société urbanisée et exposée à la télévision. » Aussi le gouvernement de Singapour se garde-t-il de créer toute institution ou tout mécanisme qui, de près ou de loin ressemblerait à l'État-providence de modèle occidental : pas de salaire minimum, pas d'allocation de chômage, pas de sécurité sociale. A Singapour, l'épargne et la famille constituent les seuls recours contre l'injustice, la pauvreté, la misère — rares, il est vrai, mais pas absentes. Comme le conseillait Lao-tseu à l'empereur, « pour préserver la famille, garde-toi de la charité ». Le bon État essaie même d'« améliorer » la famille. Au début des années 1980, Lee a proposé de subventionner les mères diplômées. Même à Singapour, un tollé général mit fin à l'expérience. En 1993, le gouvernement relança l'opération, mais à l'envers, en promettant des primes aux familles pauvres et inéduquées (malaises, le plus souvent) qui renonceraient à avoir des enfants.

Lee Kuan Yew évoque avec « crainte » le déclin de l'Occident, dont « il espère qu'il n'est pas inéluctable ». Un déclin qui serait, selon lui, déterminé par « l'excès d'individualisme, la dilution morale, l'effondrement de la famille ».

Démocratie communautaire contre démocratie individualiste, responsabilité de la famille contre État-providence : ces deux versions de la démocratie ne partagent pas seulement l'Est et l'Ouest. A l'Ouest aussi, des « conservateurs » sont séduits par le modèle asiatique. A tort, car la démocratie en Occident est née de l'individualisme ; on ne voit pas comment elle pourrait devenir orientale et « groupiste ». De même, le capitalisme occidental n'a jamais été ancré dans la famille étendue ; au contraire, les origines du capitalisme européen révèlent que l'éclatement familial a précédé le capitalisme et n'en est pas la conséquence. Il n'existe donc pas de choix possible entre deux démocraties et deux capitalismes ; il existe seulement deux histoires distinctes du capitalisme et de la démocratie, à l'Est et à l'Ouest, et peut-être en existera-t-il une troisième en Russie.

A partir de cette différenciation, il appartient aux politologues et aux économistes de disserter sur la nature commune ou distincte de la démocratie et du capitalisme à l'Est et à l'Ouest. Les mêmes mots désignent-ils ou non des institutions comparables ? Le Parti de l'action populaire à Singapour n'est-il pas plus comparable aux anciens partis fascistes d'Europe qu'à nos partis démocratiques ? La notion de « bon gouvernement », légitimée en Asie par la référence à Confucius, doit-elle être assimilée à notre État de droit ou aux dictatures à la Pinochet ? Ces interrogations sans réponse assurée introduisent une incertitude sur l'avenir du capitalisme et donc du développement dans cette partie du monde.

L'infarctus du despotisme éclairé

« Comment, ai-je demandé à Lee, le peuple de Singapour se débarrasserait-il d'un mauvais gouvernement, d'un successeur médiocre, d'une administration corrompue ? » La vertu essentielle de la démocratie occidentale est qu'elle permet d'éliminer ses chefs sans violence, à défaut de sélectionner nécessairement les meilleurs. Lee Kuan Yew reconnaît qu'il n'a pas trouvé la « solution définitive » à cette question. Le philosophe Mencius a écrit que le peuple se devait de tuer le mauvais souverain ; mais la police, omniprésente à Singapour, a-t-elle lu Mencius ?

Je serais tenté de définir Singapour comme une « démocratie primitive », de même qu'il existe un « capitalisme primitif », c'est-à-dire susceptible d'évoluer vers un mode plus contestataire et individualiste de type occidental. C'est ce que laisse deviner l'observation minutieuse : l'enthousiasme des citoyens salariés de Singapour est moins vibrant et l'unité moins assurée que ne le prétend la propagande. Le People's Action Party recueille 60 % des voix seulement, malgré la censure, une surveillance étroite de la population, le harcèlement des « activistes ». La vertu obligatoire est lassante ; si l'on quitte les beaux quartiers pour s'aventurer dans les grands ensembles réservés aux « classes moyennes », dans les cours des immeubles, les communautés chinoises, malaises, indiennes reconstituent, en défi à tous les règlements, marchés, tripots et prostitution. Les dirigeants le savent : le bon État paternel ménage toujours à ses citoyens enfants quelque espace de turbulence.

Ultime incertitude : le « bon État » est-il l'architecte durable d'un bon capitalisme, c'est-à-dire d'un capitalisme prometteur ? Jusqu'ici, ce bon État, avocat des valeurs asiatiques, méprisant la décadence occidentale, a prospéré grâce aux marchés du Japon et des États-Unis, sous la protection de la flotte américaine ancrée dans le détroit de Johore, qui sépare Singapour des Malais. Singapour ne vit que de la sous-traitance, grâce à son emplacement stratégique, à la qualité et à la docilité de sa main-d'œuvre, au cadre de vie plaisant offert aux managers des sociétés étrangères. Cette « dépendance » et cette « exploitation » ne sont pas, en économie, des concepts négatifs, mais ils restent des fondements fragiles, à la merci de centres de décision extérieurs : il n'existe aucune entreprise singapourienne d'importance. L'absence de créateurs d'entreprises locales ne serait-elle pas la contrepartie du « bon État », la contradiction fatale du modèle asiatique ? Lee Kuan Yew a éteint la contestation, mais n'a-t-il pas étouffé simultanément l'initiative personnelle, moteur d'un capitalisme autonome et durable ?

A terme, Singapour deviendra une démocratie pluraliste de type occidental ou cessera d'être capitaliste, car l'alliance de l'autoritarisme néo-confucianiste — comme du pinochétisme — avec le capitalisme paraît universellement provisoire et instable. Par sa nature même, le capitalisme nourrit l'individualisme qui corrode le despotisme ; le despotisme, en réprimant l'esprit créatif, freine le développement du capitalisme. Le capitalisme et les valeurs démocratiques paraissent bien destinés à se conjuguer ou à disparaître ensemble, y compris en Asie.

L'universalité des droits de l'homme

« S'il existait, dit Bo Yang, des droits chinois qui ne soient pas universels, alors la civilisation chinoise ne mériterait pas d'être préservée. Il n'existe qu'une seule forme de droits de l'homme. »

La geôle n'a pas triomphé de l'esprit mordant et de l'anticonformisme de Bo Yang, certainement le meilleur écrivain chinois contemporain, en tout cas le seul à pratiquer l'autocritique : « J'ai passé dix ans dans une prison taiwanaise, m'explique-t-il au cours d'une conversation, à Taibei, mais par ma seule faute : il est interdit, inconcevable qu'un intellectuel chinois pense librement et exprime ses critiques. » Son statut de lettré l'oblige à collaborer avec le pouvoir.

La célébrité de Bo Yang tient moins à ses poèmes ou à ses romans qu'à un essai : *L'Affreux Chinois,* une satire féroce des mauvaises manières de ses compatriotes, qu'il juge brutaux, égoïstes et en fin de compte fort peu civilisés. A suivre Bo Yang, certaines cultures, la chinoise en particulier, seraient fondamentalement incompatibles avec la démocratie, parce que la liberté de penser et de critiquer en est exclue. « J'ai été arrêté par le gouvernement taiwanais, observe Bo Yang, mais si je n'avais pas émigré du continent, de Kaifeng à Taibei, j'aurais été incarcéré par le Parti communiste dans mon pays natal. Et au temps des Ming, j'aurais été décapité. » Aussi longtemps, conclut-il, que les Chinois n'auront pas mené à bien une vraie révolution culturelle en empruntant au monde occidental la notion de tolérance, il ne pourra exister de démocratie en Chine, ni à Taiwan ni sur le continent.

L'asservissement de la pensée au pouvoir, Bo Yang en a retrouvé les sources dans l'histoire la plus ancienne de la Chine, qu'il a eu le loisir d'étudier en prison. Dès l'origine de leur civilisation, il y a trois mille ans, et avec une remarquable continuité, les Chinois, explique-t-il, sont des paysans qui vivent en groupe dans de petites communautés isolées par la géographie et leurs dialectes. La Chine est une collection de langues imperméables les unes aux autres quand elles sont parlées ; la communication n'est possible que par écrit, donc entre lettrés. Dans ces communautés grégaires, l'individu est totalement subordonné au groupe et ne peut en appeler contre l'autorité locale à aucune autre instance supérieure, ni politique, ni religieuse, ni métaphysique. La Chine classique est une religion sans Dieu suprême, peuplée par les esprits des Immortels, qui ne sont que d'anciens mortels. Alors que le monothéisme occidental, estime Bo Yang, libère en instaurant un rapport direct entre l'individu et Dieu, en Chine, l'individu est abandonné seul face au groupe, ou plutôt dans son groupe. De cette absence d'individualisation témoignent dès la naissance les appellations données aux enfants : ceux-ci sont numérotés, et non pas nommés, selon leur ordre d'arrivée. L'identité est gommée ; chacun n'est qu'un numéro au sein de la tribu.

Cette pression communautaire n'interdit cependant pas le jugement critique, ainsi qu'en témoignent les œuvres de Confucius et plus encore de Mencius qui exhorte au tyrannicide du mauvais souverain.

Certes, convient Bo Yang, mais c'est alors que la dynastie des Ming entre en scène. Au nom de l'unification de la Chine, c'est-à-dire de son uniformisation, elle réduit les lettrés à l'état de bureaucrates collaborateurs du souverain ; le mandarinat confucianiste devient une police politique recrutée sur examens de conformisme où seul compte le respect de certaines normes fixes, excluant toute exégèse et tout apport personnel. Les Ming ne sont-ils pourtant pas perçus par les sinologues et nombre de Chinois comme un des sommets de la civilisation ? « Par les sinologues occidentaux avant tout ! réplique Bo Yang. Ceux-ci ne cessent de projeter sur une Chine idéalisée leurs fantasmes et leur ignorance. » A ses yeux, toute l'histoire de la Chine n'est qu'un mensonge écrit et réécrit par des historiographes au service des dynasties, de manière à légitimer l'oppression. Retournant cette historiographie officielle, Bo Yang estime que ce sont les Barbares tant méprisés par les Chinois qui ont apporté en Chine quelque liberté. Un exemple : les Mandchous, venus du Nord pour déloger les Ming au XVIIe siècle, n'imposent pas à leurs femmes la flétrissure des pieds bandés. Bo Yang, contestataire des mythes les plus sacrés de l'historiographie officielle, va jusqu'à juger « positive » la guerre de l'opium : ce fut « un coup de pied utile des Occidentaux dans la fourmilière du despotisme oriental ».

Les Chinois de Taiwan comme ceux du continent, conclut Bo Yang, ne pourront envisager la démocratie qu'après s'être livrés à un travail d'introspection sur leur propre culture, à une révision radicale de leur histoire.

Anticonformiste et autocritique, Bo Yang serait-il antichinois ? « Les Chinois sont persuadés de l'absolue supériorité de leur culture, alors que cette culture n'existe plus », se justifie-t-il. En Chine continentale, le régime communiste a créé un « homme nouveau », qui a hérité du pire de la Chine classique : violence, égoïsme, rusticité, haine des intellectuels. A Taiwan, le régime capitaliste a importé le pire des mœurs de l'Occident : la passion du sexe et des voitures. Mais « les mœurs démocratiques, l'art du compromis, qui n'existent à l'origine qu'en Occident, sont malheureusement restés bloqués en douane ! »

Ces propos de Bo Yang sont sacrilèges, même à Taiwan. Heureusement, l'écrivain est protégé par son grand âge et sa notoriété. Est-ce à dire qu'il exclut que la démocratie finisse quand même par s'imposer au sein de la civilisation chinoise, alors que tel paraît être le cas à Taiwan ? Les dirigeants de tradition autoritaire, estime-t-il, s'évertuent à plaquer une façade démocratique sur leur tyrannie traditionnelle en qualifiant ce montage de « démocratie asiatique » ou de « conception asiatique des droits de l'homme ». Derrière cette spécificité culturelle, Bo Yang ne voit que subterfuge.

Bo Yang n'en conclut pas que la démocratisation dans le monde sinisé est définitivement impossible. Au contraire, il considère qu'elle peut être atteinte, si deux conditions sont satisfaites : une longue paix civile et une ouverture permanente à l'Occident. La leçon d'histoire de Bo Yang entend surtout démontrer que si la démocratie l'emporte, ce ne sera pas une démocratie « asiatique », mais une démocratie « occidentale » qu'il considère comme un modèle universel au même titre que le capitalisme lui-même.

L'évolution de Taiwan et de la Corée, au début des années 1990, après trente ans de capitalisme autoritaire, semble donner raison à Bo Yang. Il est prématuré de déclarer que Taiwan est une démocratie, mais depuis 1992, l'ex-parti unique, le Kouomin-tang, n'y est plus qu'un parti dominant et l'opposition est représentée au Parlement. Les dirigeants taiwanais sont pris dans une internationalisation des normes du comportement politique qui, à terme, conduira à l'alternance démocratique et rendra, par contraste, le pouvoir communiste à Pékin plus illégitime encore. Mais c'est en Corée surtout que le capitalisme a, de la manière la plus évidente, produit la démocratie, sans que l'on puisse conclure à un absolu déterminisme qui conduirait universellement de l'économie de marché à la citoyenneté. La Corée est en tête sans doute parce que sa culture individualiste l'y prédisposait mieux que le groupisme chinois.

Corée : la démocratie est arrivée

A Séoul, depuis 1993, les gaz d'échappement d'une circulation inextricable ont remplacé les gaz lacrymogènes. Les étudiants et la police n'échangent plus grenades contre cocktails Molotov ; la dictature militaire a laissé place au premier gouvernement civil du président Kim Young-sam. Sur les campus où, pendant trente ans, a régné une perpétuelle effervescence, les rares banderoles et slogans brandis par les étudiants se réfèrent désormais à l'écologie plutôt qu'à la justice sociale. La Corée du Nord, naguère si populaire dans les universités, ne fait plus recette ; la crainte dominante est qu'une réunification brutale, « à l'allemande », ne vienne réduire le niveau de vie des Coréens du Sud.

L'idéalisme n'a pas complètement déserté les étudiants, mais ceux-ci, explique le père jésuite Park Hong, président de l'université Sogang, s'interrogent sur le sens de leur existence beaucoup plus que sur le destin de la société. « Même les gauchistes, commente-t-il avec une pointe de nostalgie, sont devenus démocrates. » Étudiants et professeurs découvrent le dialogue, une idée neuve en Corée où, depuis toujours, l'éloquence et l'affrontement cotaient plus haut que l'art du compromis. De la Corée traditionnelle, seule résiste, selon Park Hong, la passion pour les religions. Chamanisme, bouddhisme, confucianisme, christianisme se superposent, s'entrecroisent, font ensemble bon ou mauvais ménage. Nul autre peuple que la Corée n'offre un tel assemblage de tous les cultes du monde, auxquels s'ajoutent de « nouvelles religions » nationales dont la plus notoire — mais pas la seule — est l'Église de la réunification du révérend Moon.

Peuple singulier et improbable destin : c'est par la Corée, sa cour et ses moines que la civilisation chinoise transite vers le Japon. Puis, en 1910, le Japon colonise la Corée, l'asservit, tente d'en éliminer toute trace de culture locale. Coupée en deux en 1953 par les aléas de la guerre, la Corée est ramenée au degré zéro de l'économie ; on y meurt littéralement de faim. Les experts de l'époque ne conçoivent aucune issue possible pour ce peuple massivement illettré. La tradition confucéenne, plus rigoureuse en Corée qu'en Chine, expliquent alors certains économistes américains de tradition webérienne, interdit tout espoir de développement. Mais, au lieu du prévisible, c'est l'improbable qui surgit : la croissance économique la plus rapide de la planète ! A partir de 1960, les dictateurs militaires de la Corée passent alliance avec un groupe restreint d'entrepreneurs, les *chaebols*. D'origine modeste, ces hommes révèlent leurs talents sur le marché noir ou comme fournisseurs de l'armée américaine. A ces entrepreneurs qui ne sont pas des anges, les dictateurs garantissent des crédits privilégiés, des contrats exclusifs, des monopoles. En contrepartie, les *chaebols* devront reconnaissance à leurs parrains : la corruption devient la norme. Mais les *chaebols* respectent le contrat, ils rapporteront les devises étrangères indispensables à la survie d'une nation sans ressources naturelles, sans industries, sous la menace du Nord communiste. Depuis trente ans, les *chaebols* exportent sur le marché mondial les deux tiers de leur production, textiles et acier initialement, puis automobiles, électronique, contrats de travaux publics et navires.

Ce « modèle coréen » fut-il capitaliste ou planifié ? Les partisans de l'économie centralisée soulignent le rôle déterminant de l'État. Les partisans du libéralisme, y compris les patrons des *chaebols*, minimisent le rôle de l'État corrompu et observent que le modèle avait le mérite de reposer sur le capitalisme privé et sur le choix de l'exportation à une époque où les économistes préconisaient l'autarcie.

Quel qu'ait été le moteur du développement, il n'aurait guère été possible sans l'acharnement au travail de tous les Coréens, sans un désir de revanche contre les Japonais, sans une volonté de renouer avec un passé idéalisé, sans la rivalité avec le communisme du Nord qui ne manquait pas de propagandistes au Sud. Ardeur d'un peuple, mais aussi sens de l'organisation, frappant pour tout visiteur d'un chantier naval, d'une usine de construction automobile, d'une fabrique de circuits électroniques : les Coréens sont des *assembleurs*. A l'inverse des Chinois, plutôt individualistes et improvisateurs, mieux que les Japonais, qui compensent leurs activités brouillonnes par un surcroît de travail, les Coréens en usine font preuve d'une discipline incomparable. Effet des vertus confucéennes ou de la main de fer des dirigeants civils et militaires ? Car ces mêmes Coréens se caractérisent aussi par une exubérance qui les distingue radicalement de tous leurs voisins d'Asie.

Exubérance... et violence : celle des manifestations étudiantes, celle des grévistes, capables de saccager leurs entreprises, comme on l'a constaté à maintes reprises sur les chantiers navals de Hyundai. « Nous sommes — dit Nam June Paik, le grand artiste coréen, célèbre par ses montages vidéo — un peuple de cavaliers » individualistes et francs-tireurs ; mais, dans la bataille, la horde se rassemble derrière son chef.

Ces paramètres font que le modèle coréen, bien qu'il attire à Séoul maints dirigeants de l'ex-URSS en quête de recettes, n'est pas reproductible : il appartient à un peuple exceptionnel par sa culture, son histoire et ses malheurs. L'alliance entre *chaebols* et despotes ne peut être répliquée ailleurs, car ni les uns ni les autres ne sauraient être inventés hors de leur contexte. Le modèle est aussi daté : la priorité stratégique accordée de 1960 à 1990 à des produits standardisés, à bas prix, fit merveille parce qu'elle correspondait aux besoins du temps et à une grande ouverture du marché mondial. Le modèle coréen, non reproductible hors de Corée, ne l'est pas non plus dans l'avenir de la Corée : les *chaebols* sont en difficulté et le despotisme, en 1993, s'est effondré.

La démocratie comme nécessité économique

Peut-on appliquer à la Corée le « théorème démocratique » : la dictature aurait généré le capitalisme, le capitalisme aurait généré une classe moyenne, celle-ci aurait exigé la démocratie ? Si c'était le cas, deux conséquences en résulteraient : la première est que le despotisme serait un préalable nécessaire — ou pour le moins favorable — au capitalisme ; la seconde est que le capitalisme conduirait inéluctablement à la démocratie. Mais un examen attentif de l'expérience coréenne ne permet pas d'énoncer des conclusions aussi définitives hors de leur contexte historique et culturel. Si le despotisme débouchait sur le développement, le tiers-monde serait prospère ! Il reste d'ailleurs à démontrer qu'en Corée, c'est la dictature qui a conduit au développement et que les *chaebols* n'auraient pu réussir seuls ce qu'ils ont accompli sous un régime autoritaire. Depuis l'instauration du gouvernement civil, les patrons de ces groupes laissent entendre — après coup, il est vrai — qu'ils auraient volontiers fait l'économie des prébendes versées aux militaires et à leur entourage. Dans le cas de la Corée, la relation despotisme-capitalisme est donc incertaine, et il serait abusif de s'en réclamer pour légitimer ailleurs l'instauration d'une dictature comme préalable au développement.

De même, l'impératif catégorique du passage du capitalisme autoritaire à un capitalisme démocratique qui serait réclamé par les classes moyennes ne me semble démontrable qu'à partir de l'expérience coréenne. Que s'est-il passé en 1993, année de la démocratisation ? La dictature militaire n'a pas été chassée par une exigence de participation des classes moyennes : l'opposition démocratique ou étudiante était plus violente au début des années 1980 qu'en 1993. Le despotisme s'est en fait effondré de lui-même, corrompu de l'intérieur, à la manière de celui des *caudillos* d'Amérique latine. Cet effondrement a été accéléré non par le mûrissement du capitalisme, mais par sa crise, manifestée par un ralentissement de la croissance, la spéculation foncière, l'apparition du chômage. La démocratie est apparue nécessaire au moment où la dictature se révélait incapable de gérer le capitalisme mûr : le commandement est tout bonnement inadapté au management des systèmes complexes.

Cette inadéquation de l'autoritarisme étatique à la complexité économique me paraît une explication plus convaincante du passage à la démocratie que l'exigence de participation des classes moyennes : s'il existe quelque déterminisme conduisant du despotisme à la démocratie, il tient au fonctionnement de la machine capitaliste : celle-ci est ingérable par un centre unique. Le bon fonctionnement du capitalisme mûr exige un gouvernement décentralisé. L'internationalisation des normes politiques conduit cette décentralisation nécessaire à prendre la forme démocratique, plus spécifiquement la forme démocratique en vigueur aux États-Unis.

A la Maison-Bleue, siège du gouvernement coréen qui doit son nom à la couleur de son toit de tuiles vernissées, le Premier ministre offre à ses visiteurs du café au lait. Son prédécesseur, au temps des militaires, m'avait imposé une tisane au ginseng, plus nationale. Les sentinelles sont devenues courtoises, l'ambiance presque relâchée. Une détente, m'explique le Premier ministre, voulue par le chef de l'État. Le président Kim exige que l'administration entière devienne accueillante, afin que l'opinion constate la réalité du passage à la démocratie civile. Pour ce faire, les fonctionnaires sont astreints à des « cours de démocratisation ». Rude tâche, quand on sait combien tout Coréen, dès qu'il dispose d'une parcelle d'autorité, tend à en abuser au détriment de ses concitoyens !

Autre mot d'ordre de ce président démocrate et ferme, qui a remplacé un dictateur militaire et mou : un gouvernement « propre ». Dans l'esprit public est-asiatique, la lutte contre la corruption par un « bon » gouvernement semble l'emporter sur le désir de participation. Tous rapports d'affaires entre les ministres, les bureaucrates et les chefs d'entreprises ont été bannis. Du haut en bas de la société, le gouvernement espère que, par son bon exemple, il inspirera des comportements vertueux.

Une rigueur à laquelle les Coréens se plient ou feignent de se conformer. Comment s'opposer à cette démocratie vertueuse ? La démocratie, explique le Premier ministre, régénère non seulement la vie civile, mais aussi le capitalisme. Les derniers dictateurs avaient voulu se rendre populaires en accordant aux syndicats des hausses de salaires si importantes que les *chaebols*, talonnés par les entreprises chinoises ou thaïlandaises, perdirent sur le marché mondial une bonne part de leur avantage comparatif. Certaines entreprises coréennes délocalisèrent leurs activités aux Philippines ou à Java pour y trouver une main-d'œuvre meilleur marché. A l'inverse des dictateurs, le gouvernement démocratique tente de restaurer le capitalisme intégral qui a fait la fortune des Coréens : freinage des hausses de salaires, exhortation à la « frugalité », refus d'accorder des avantages sociaux, ouverture à la concurrence étrangère de manière à fouetter l'esprit d'entreprise. Le gouvernement démocratique, parce qu'il n'est pas en quête de légitimité, est plus procapitaliste que ne pouvait l'être la dictature.

Mais que le lecteur sourcilleux se rassure : cette alliance objective entre démocratie et capitalisme ne fait pas l'unanimité...

Les intellectuels font de la résistance

Pas plus en Corée qu'ailleurs, l'intelligentsia ne saurait se satisfaire du capitalisme. La scène qui suit en témoigne.

Elle se passe dans un café typique de la Séoul contemporaine et cosmopolite, la brasserie *Schönbrunn* ; le décor est vaguement autrichien : poutres en plastique peint imitation bois ; les serveuses portent des costumes tyroliens, le menu paraît plutôt italien, la musique de fond est américaine, une reproduction en plastique conforme à l'original représente la *Vénus de Milo* ; une autre, Marilyn Monroe. C'est cela, la Corée : bric-à-brac, kitsch, collage et chromos.

A mes interlocuteurs qui ont choisi ce lieu de rencontre, les deux plus célèbres artistes de Corée, le cinéaste Jiyung Chung et le romancier Yi Munyol, je fais part de ma stupeur devant une telle confusion des genres, une telle acculturation dans la laideur.

« Pour vous autres Occidentaux, explique Yi Munyol, tous les Asiatiques se ressemblent ; pour nous, Coréens, tout ce qui est occidental se ressemble. Nous avons dû absorber en une génération deux mille ans de culture occidentale. Ne nous demandez pas, de surcroît, de distinguer entre les époques, les origines et les styles ! »

Chung ne s'en satisfait pas ; comme la plupart des auteurs coréens, il tente de préserver, par ses films, la culture nationale d'une banalisation définitive. Lui dit « américanisation ». « Même la langue coréenne, ajoute-t-il, s'américanise sous l'effet de la télévison et du cinéma importés ; le christianisme, financé par des missions américaines, progresse ; le matérialisme détruit les solidarités communautaires. » Au « village global » à la MacLuhan que met en place le capitalisme, Chung préférait le village coréen. Ses films en témoignent, de même que les romans de Yi Munyol.

Mais que proposent-ils au lieu de cette modernité qu'ils jugent sans âme et dépourvue de toute culture ? « Rien », répond l'écrivain Yi Munyol. « La Corée du Nord », répond sans hésiter le cinéaste Chung.

Pour les ennemis du capitalisme, le royaume ermite du Nord reste l'utopie absolue. Comme nul Coréen du Sud — en tout cas, ni Chung, ni Yi Munyol — n'y est allé, le Nord est devenu un lieu magique. « Dans le Nord, disserte Chung, la vie est restée simple, comme dans la Corée ancienne ; les solidarités familiales et villageoises demeurent intactes, l'obsession de la consommation est absente, la langue coréenne a été mieux préservée que dans le Sud. » Chung se fonde-t-il sur des informations concrètes ? Non, mais il en a entendu parler. A-t-il jamais vu aucun film produit en Corée du Nord ? Pas davantage, mais ils sont sans doute excellents. Sait-il qu'en Corée du Nord, l'alimentation se raréfie pour le peuple, tandis que les militaires s'enrichissent en fabriquant des armes exportées et vendues en devises à l'Iran ou à l'Irak ? « Détail, propagande », objecte Chung. L'important est que la Corée du Nord préserve la culture nationale. « Sans doute, finit par reconnaître Yi Munyol, sommes-nous d'incorrigibles romantiques. »

En réalité, on sait fort bien, si l'on veut se donner la peine de se documenter, ce qu'est la Corée du Nord : une sorte de monarchie stalinienne hors du temps. « Si vous entendez idéaliser la Corée du Nord, m'avait averti le père Park Hong, sachez qu'il ne s'agit pas d'un choix politique, mais d'une religion, au même titre que le chamanisme ou le bouddhisme. »

Le romantisme serait-il l'ultime ennemi du capitalisme ? En Corée comme chez tous les peuples métamorphosés en l'espace d'une génération par le capitalisme, la nostalgie d'une identité à la fois perdue et idéalisée paraît désormais la seule alternative à l'insertion dans le « village global ». Ce n'est pas une alternative réaliste ni un projet de rechange. Le mythe n'en est pas moins puissant, auquel une récession économique saurait donner physiquement corps, cependant que le capitalisme démocratique ne peut lui opposer que son succès matériel et la paix civile qu'il assure.

Dans un dernier regard, embrassons Séoul, immense et sans charme, repérons quelques toits recourbés de tuiles bleues et vertes, reliefs d'une civilisation engloutie derrière les panneaux publicitaires et le béton. Si je reviens un jour, ces rares vestiges auront certainement été absorbés à leur tour, concassés par une architecture sans forme. Nostalgie de touriste en quête de vieilles pierres ? Certainement. Yi Munyol qui s'est rendu deux fois à Paris à quelques années d'intervalle, observe de manière typiquement séoulite : « Paris n'est pas très intéressant : d'une année sur l'autre, rien n'y change. » A Séoul, d'une année sur l'autre, tout change, parce que le capitalisme y est à l'état naissant. La bourgeoisie y inaugure son œuvre historique à la manière fameuse dont Karl Marx la décrivait en 1848 :

« Partout où elle a conquis le pouvoir, la bourgeoisie a détruit les relations féodales, patriarcales et idylliques. Tous les liens variés qui unissent l'homme féodal à ses supérieurs naturels, le capitalisme les a brisés sans pitié pour ne laisser subsister d'autre lien entre l'homme et l'homme que le froid intérêt. C'est la bourgeoisie qui, la première, a fait preuve de ce dont est capable l'activité humaine : elle a créé de tout autres merveilles que les pyramides d'Égypte, les aqueducs romains, les cathédrales gothiques ; elle a mené à bien de tout autres expéditions que les invasions et les croisades. »

Parodiant Marx, le capitalisme en Asie a modelé, dans la glaise des plus anciennes civilisations et en l'espace d'une seule génération, l'individu moderne. Les esthètes le regretteront, mais qui d'autre ?

Si, d'aventure, la frontière entre la Corée du Nord et celle du Sud s'ouvrait à la manière du mur de Berlin, c'est le Nord qui déferlerait vers le Sud, pas l'inverse.

Gare au sens de l'Histoire !

Le capitalisme, fondé sur l'investissement à long terme, ne peut pas fonctionner hors d'un ordre légal prévisible. Mais quelle forme de gouvernement est-il le mieux à même de garantir cet ordre ? Il semble, à l'expérience, que ce soit la démocratie. Elle paraît la meilleure garante des contrats, et, par conséquent, de la sécurité de l'investisseur.

Mais la démocratie est-elle absolument la meilleure niche possible pour le capitalisme ? On sait que la question fut initialement soulevée par Friedrich von Hayek. Celui-ci a souvent fait observer que le jeu des partis et des groupes de pression, la manipulation de mythes puissants, comme la justice sociale, pour gagner des voix sur le marché de la politique, risquaient de détruire les bases du capitalisme en faisant passer la redistribution des richesses avant leur production. Par ailleurs, nous avons vu comment les « dragons » d'Asie ont édifié un capitalisme authentique hors de tout pluralisme politique. Leur expérience, rapprochée d'autres despotismes procapitalistes, a réveillé une tentation du XVIIIe siècle, celle du despotisme éclairé, lui-même ancré dans la tradition platonicienne. Cette quête, non plus du « roi philosophe » mais du « prince économiste », s'est ranimée dans le monde postcommuniste où les douleurs d'un passage non garanti au capitalisme font rêver d'un accoucheur autoritaire qui aurait lu Hayek et Friedman.

Ce scénario « pessimiste » — la nécessité de la dictature pour passer à marche forcée au capitalisme — est généralement tempéré dans la littérature procapitaliste par une fin heureuse : le capitalisme réalisé, au bout du compte, produirait nécessairement la démocratie. A l'appui de cet *happy end* : la démocratisation intervenue en Espagne, en Corée, au Chili, à Taiwan. Dans toutes ces nations, le capitalisme aurait suscité une classe moyenne ; celle-ci aurait exigé de participer à la vie politique, et c'est ainsi que le capitalisme conduirait nécessairement à la démocratie. Cette séquence déterministe d'un despotisme éclairé conduisant au capitalisme qui conduit lui-même à la démocratie est devenu un discours dominant à l'Est, en Russie, en Asie et dans bien des nations du tiers-monde. Une théorie qui séduit les amateurs de « sens de l'Histoire », mais qui est mal corroborée par un examen attentif des témoignages cités : le Chili était une démocratie avant de devenir capitaliste ; Taiwan n'a encore de démocratiques que les apparences ; à Singapour, Lee Kuan Yew rejette toujours l'impérialisme occidental des droits de l'homme ; la démocratisation en Corée est à l'état naissant ; les dictatures dans le tiers-monde sont nombreuses mais rarement procapitalistes ; quand elles le sont, il s'agit, comme en Égypte ou en Arabie Saoudite, d'un capitalisme nominal réservé aux dirigeants politiques. Au total, dans la relation entre capitalisme et démocratie, il semblerait opportun d'introduire le principe négligé d'incertitude.

Le déterminisme historique a suffisamment ravagé la planète sous sa forme marxiste pour qu'il paraisse incongru de vouloir le ressusciter en tenue libérale. L'Histoire ne conduit pas nécessairement d'un point à un autre, pas même du capitalisme à la démocratie, ni réciproquement. Les constatations empiriques qui éclairent la relation entre les deux ne permettent pas d'énoncer une nouvelle théorie générale de la fin heureuse de l'Histoire. Nous nous bornerons à constater que les valeurs démocratiques et le capitalisme tendent à progresser de pair. Mais les distorsions sont possibles, et les retours en arrière innombrables. Rappelons-nous que l'alliance ferme du capitalisme et de la démocratie en Europe de l'Ouest n'a pas encore cinquante ans. La seule affirmation empirique possible est que le capitalisme n'est durable qu'en démocratie : c'est la démocratie qui légitimise le capitalisme et l'enracine pour de bon dans la durée sans laquelle le développement ne saurait être soutenu. L'issue de l'« affaire » Pinochet va le confirmer.

CHAPITRE 5

L'affaire Pinochet

Le général n'est pas à l'heure militaire. L'attente se prolonge, qui permet de s'imprégner du décor. L'entourage des hommes d'État en apprend souvent davantage que leurs discours. La sentinelle, fagotée comme un zouave du Second Empire, ne me quitte pas des yeux : suis-je venu voler l'argenterie ou assassiner le général ? Les meubles sont anglais et faux, le général a sans doute des goûts de petit-bourgeois, comme ces grands propriétaires chiliens qui ne s'en remettent pas de vivre si loin de Londres ou de Paris et d'être matinés de sang indien. Nous sommes en août, la brume fait illusion : elle noie suffisamment Santiago pour que la ville perde exotisme et latinité. Le temps passe, je somnole sous l'effet du décalage horaire.

Le général surgit, m'embrasse à la mode locale, en rajoute dans la cordialité. C'est embarrassant. Je ne m'attendais pas à tant d'affection et ne la souhaitais guère. J'avais refusé de rencontrer Pinochet lorsqu'il était président, non qu'il fût le chef d'État le plus sanguinaire de la planète, mais il se réclamait du libéralisme tout en refusant le rétablissement de la démocratie : ce n'était pas acceptable. En même temps, il ne m'avait jamais été interdit, à l'université pontificale de Santiago, de défendre publiquement le caractère inséparable de la liberté politique et de la liberté économique : paradoxe d'un régime devenu autoritaire sans être totalitaire.

Vu de près, Augusto Pinochet n'est pas bien effrayant ; l'âge a empâté ses traits et adouci ses manières. Quel étrange destin ! Comment un coup d'État de plus ou de moins en Amérique latine a-t-il pu retentir ainsi dans le monde entier ? Il est vrai qu'à l'époque, Salvador Allende avait persuadé ses camarades européens de l'Internationale socialiste que, sous son autorité, le Chili avait enfin trouvé le Graal menant au socialisme par la démocratie. C'était une imposture, mais son suicide fit de lui une icône. Allende fut d'autant plus béatifié en Europe que Pinochet se métamorphosa, contre toute attente, en apôtre d'un capitalisme idéologique et intransigeant, citant pêle-mêle Hayek et Milton Friedman. L'excentrique et exigu Chili devint ainsi le symbole d'un affrontement historique entre socialisme et capitalisme.

Survint l'inattendu : Moscou, au temps de Brejnev, vénérait Allende ; Moscou, au temps d'Eltsine, idéalise Pinochet. « Il nous faut un Pinochet ! » Cent fois, j'ai entendu la formule à Moscou ou à Varsovie : le mythe d'un homme à poigne qui fonderait le capitalisme puis se retirerait, son œuvre accomplie. Le général sait-il qu'il est devenu un héros en Europe de l'Est ? Bien entendu : Pinochet affirme qu'il lit tout ce qui s'écrit sur lui. Non, il n'envisage pas d'accepter les invitations à se rendre là-bas. Mais il répond aux innombrables demandes de consultation qui lui parviennent de ces pays. Il leur conseille d'« édifier le capitalisme avec une main de fer, comme en Corée, à Taiwan et dans l'Espagne franquiste ». La démocratie ? Le général n'est pas contre, mais « il y a démocratie et démocratie ». « Les Européens, explique-t-il, ont le sens inné de la loi, pas les Latino-Américains. » Plaquer sur le Chili une construction à l'européenne conduirait d'emblée à ce que Pinochet appelle la « permissivité ». Après avoir « barré la route aux communistes », il me fallait, estime le général, « établir les fondements d'une démocratie véritable » en brisant les groupes de pression, les syndicats, en diffusant la propriété par la privatisation, en suscitant la croissance par l'économie de marché. Lorsque tout cela fut accompli, Pinochet se soumit au suffrage universel et fut battu, honorablement, en 1988, par un démocrate-chrétien qui avait soutenu initialement son coup d'État.

Cinq heures : la sentinelle nous apporte du thé et des toasts. Le général prend son temps, beurre ses tartines. J'en profite pour noter des détails : l'uniforme brodé de feuilles de chêne dorées, sorti tout droit d'une opérette — mais pas viennoise, car ce sont les Prussiens qui ont formé l'armée chilienne. « C'est votre faute ! s'exclame Pinochet. Lorsque les Français ont perdu la guerre de 1871, l'Amérique latine s'est adressée aux vainqueurs ! »

Puisque le général a atteint le but qu'il s'était fixé — rétablir la démocratie et le capitalisme —, pourquoi le Chili conserve-t-il une si puissante armée ? La Constitution garantit qu'un quart du budget de l'État doit être affecté à l'armée ; celle-ci encaisse de surcroît une commission de 5 % sur les exportations de cuivre. Le capitalisme chilien aurait-il encore des ennemis ?

Le général m'inflige un cours de stratégie régionale. Le Chili est menacé sur trois fronts : par la Bolivie, par le Pérou et par l'Argentine. Mais le plus préoccupant reste la « subversion idéologique ». « Les communistes sont toujours là ! » menace Pinochet. Il m'inquiète. Je ne puis m'empêcher de regarder autour de moi : la pièce est vide. Le visage du général s'est durci, il a viré au rouge brique. « Les communistes ont changé de tactique ; ils n'ont pas réussi à prendre le pouvoir politique, mais ils n'ont pas renoncé à s'emparer du pouvoir intellectuel. » Pinochet a des lettres : il explique que les marxistes, « après avoir été léninistes, sont devenus gramsciens ». En quoi l'armée chilienne peut-elle intervenir dans cette guerre culturelle ? La réponse surprend : « L'armée chilienne, parce qu'elle est un conservatoire des valeurs traditionnelles de l'Occident chrétien, est un exemple vivant du refus de la subversion gramscienne. »

L'armée comme modèle culturel ? Le souvenir de la sentinelle s'impose avec insistance. Voici donc ce qui fait rêver Russes et Polonais : la purge autoritaire comme moyen d'accéder au capitalisme. Sauf qu'il s'agit là d'une erreur d'interprétation. Car la véritable leçon de capitalisme au Chili a été l'œuvre des *Chicago boys*, et non pas du général Pinochet. C'est une leçon d'économie libérale, mais inscrite dans la culture particulière d'un peuple, et par conséquent peu recopiable.

La véritable aventure des Chicago boys

Le Chili, « dragon » capitaliste de l'Amérique latine, atteint depuis la fin des années 1980 des taux de croissance dignes de la Corée et des investissements comparables à ceux de Taiwan. Les Chiliens, considérés depuis un siècle comme les parents pauvres du continent par leurs voisins argentins, se sont mués en modèles de réussite économique et sociale. Quand l'Argentine voisine a privatisé ses services publics, qui a acheté ? Les Français, les Anglais et les Chiliens. Santiago n'est plus une ville du tiers-monde. Les *poblaciones*, gigantesques bidonvilles qui ceinturaient la capitale, sont désormais hérissés d'antennes de télévision. Certes, s'il ne fait plus partie du tiers-monde, le Chili n'est pas encore tout à fait entré dans le premier : la couleur de la peau y reste un signe de discrimination économique. Mais il se trouve déjà au niveau de l'Espagne des années 1960.

Que retenir de ce « modèle chilien » ? Les partisans du despotisme éclairé en concluent que la phase transitoire du gouvernement autoritaire est la condition préalable à l'accès au capitalisme et au développement. Les libéraux classiques observent que l'ouverture des frontières à la concurrence a été la véritable cause du succès, qu'une telle stratégie vaut pour tous les peuples, dans toutes les cultures, et que le capitalisme marche là où on l'applique. Les culturalistes rappellent que le Chili est une civilisation singulière en Amérique latine, gouvernée par deux principes peu communs dans la région : le légalisme et l'éthique du travail. Cela depuis les origines mêmes de la colonisation.

Le despotisme, la stratégie économique, la culture ? Quel aura été le facteur déterminant, isolable et exportable ? Quelle est la morale de la singulière aventure de Pinochet et de sa rencontre plus improbable encore avec un certain Sergio de Castro, professeur d'économie à l'université pontificale de Santiago, père spirituel de tous les *Chicago boys* ?

Pinochet, se souvient Sergio de Castro, n'avait pas sur l'économie de théories bien arrêtées. Il constatait seulement que la nationalisation des entreprises par Allende, la confiscation des terres et leur redistribution aux paysans pauvres avaient conduit le pays à la ruine et à l'hyperinflation. En 1973, le dictateur partageait le sentiment, commun à l'époque, que toutes les doctrines possibles avaient été expérimentées par les économistes dans le grand laboratoire latino-américain et que toutes avaient échoué : le continent s'enfonçait dans la pauvreté, les États sombraient dans la corruption.

Tout avait été essayé, sauf le libéralisme, lui remontra Sergio de Castro. Castro avait été formé à l'université de Chicago, comme la plupart de ses collègues, à la suite d'un accord ancien conclu entre cette université et celle de Santiago. Or, depuis les années 1950, Chicago était devenu le sanctuaire des théories libérales, une citadelle assiégée par le socialisme alors dominant, et le refuge entre autres de Hayek, Friedman, Stigler, Schultz, tous futurs prix Nobel.

L'ordonnance de Castro était simple : tout privatiser, ouvrir les frontières à la concurrence, rendre la monnaie convertible, supprimer toute aide de l'État aux canards boiteux. Les meilleurs survivraient et feraient la fortune du Chili ; les moins bons disparaîtraient et allégeraient d'autant la dette de l'État. Autre argument décisif : le pays n'avait pas le choix, puisque le cours du cuivre, dont il dépendait pour 80 % de ses exportations, s'effondrait. Il fallait donc que les entrepreneurs chiliens se reconvertissent et exportent autre chose. Bien entendu, cette restructuration aurait un « coût social » : chômage et faillites ; mais ce coût ne serait pas celui de la libéralisation, il convenait de l'imputer aux erreurs antérieures, à l'inefficacité du secteur d'État et du protectionnisme.

Pourquoi Augusto Pinochet se rallia-t-il aux *Chicago boys*, alors qu'*a priori* sa culture militaire aurait dû le rendre réfractaire à l'esprit libéral de Castro et de son entourage ? « Pinochet, dit Castro, devint mon meilleur élève, parce que Salvador Allende fut, par son échec, le meilleur des pédagogues. » Le socialisme, la gestion désastreuse du secteur public, l'inflation avaient ruiné les classes moyennes ; or, de tradition, au Chili, l'armée est l'expression et le bouclier de ces classes. La recherche d'un modèle économique efficace ne fut pas le seul ciment de l'alliance inattendue entre les économistes libéraux et le dictateur ; les démocrates-chrétiens, qui avaient soutenu le coup d'État, souhaitaient rétablir la démocratie et estimaient, comme Pinochet, que celle-ci ne pourrait devenir stable, durable et authentique qu'avec la constitution d'une classe moyenne importante. Aux yeux des *Chicago boys*, pour que la démocratie ne dégénère pas en populisme de droite (péronisme) ou de gauche (Allende), il paraissait indispensable que les Chiliens deviennent au préalable de véritables citoyens économiques, ancrés dans la propriété et jouissant de droits réels qui leur évitent de se laisser manipuler par les démagogues. Le capitalisme comme condition d'une démocratie authentique : la formule ne recouvrait pas une propagande de légitimation des militaires, c'était la conviction du plus grand nombre des élites politiques, économiques et intellectuelles du Chili.

Les années Pinochet ne constituèrent donc pas seulement une révolution économique, l'instauration du capitalisme le plus authentique d'Amérique latine, mais tout autant une révolution culturelle : la liberté économique comme préalable au véritable exercice de la liberté politique. Cela n'est pas nié par les démocrates élus qui ont succédé à Pinochet : le Chili a quitté le tiers-monde, économiquement par le capitalisme, politiquement par l'abandon du populisme. Fallait-il une dictature plus ou moins éclairée pour atteindre l'un et l'autre résultat ? Patricio Aylwin, successeur de Pinochet et démocrate-chrétien, a répondu : « Nous aurions fait la même chose, mais moins rapidement. »

Le Chili, une exception culturelle

Nul ne peut réécrire l'histoire du Chili sans Pinochet, mais la comparaison avec les autres nations d'Amérique latine ne confirme pas l'optimisme démocratique de Patricio Aylwin : les gouvernements élus d'Argentine, de Bolivie, du Pérou, du Venezuela qui, depuis la fin des années 1980, tentent d'instaurer un capitalisme authentique, n'y sont pour l'instant pas encore parvenus. Par manque de continuité, par manque d'autorité, et davantage encore, selon Sergio de Castro, parce que les lobbies organisés hostiles au capitalisme (syndicats, patronat monopolistique) peuvent exercer sur des gouvernements élus des pressions retardatrices et corruptrices auxquelles la dictature Pinochet sut se montrer insensible.

Le succès du Chili et le constat d'échec relatif du passage au capitalisme dans les démocraties voisines ne permet pas pour autant de conclure à la nécessité du despotisme comme préalable au capitalisme. Ce n'est pas parce que Pinochet a réussi au Chili que tout dictateur aurait réussi ailleurs qu'au Chili. Et, en admettant même que des Pinochet surgissent çà et là par génération spontanée, encore faudrait-il qu'ils s'en aillent, une fois leur œuvre accomplie : car il est clair, dans l'expérience chilienne, que c'est le retour à la démocratie qui a rendu le capitalisme légitime et durable. Aussi, à partir d'une histoire particulière, ancrée dans un temps et un lieu particuliers, l'alliance de Pinochet et des *Chicago boys*, serait-il pour le moins aventureux de bâtir une théorie du pinochétisme qui, rapprochée de l'expérience des Dragons d'Asie, conduirait à recommander le despotisme éclairé comme préalable à la modernité capitaliste. En règle générale, les dictateurs ne sont pas favorables à l'économie de marché, et les despotes ne sont généralement pas éclairés : tous les peuples d'Amérique latine en ont fait l'expérience.

Plutôt que par un éloge du despotisme éclairé, il faudrait conclure que tous les Latino-Américains ne sont pas des Chiliens, tant s'en faut. La géographie et l'histoire du Chili ont sécrété une culture entrepreneuriale si distincte de celle du reste du continent qu'elle détermine autant que le pinochétisme pourquoi le Chili est devenu capitaliste. Pinochet a moins instauré le capitalisme qu'il ne l'a restauré ; il n'a pas établi le règne de la loi, si singulier au Chili par contraste avec nombre de ses voisins ; il l'a restauré. Si l'ouverture du pays à tous les vents de la concurrence a suscité la croissance, c'est parce que l'esprit d'entreprise préexistait à la réforme économique. Du très grand entrepreneur au plus modeste paysan ou artisan, les Chiliens, de tradition, n'attendent pas leur prospérité du clientélisme politique ; ils travaillent et ils respectent les lois : l'affaire Pinochet relève de l'« exception culturelle ».

Vérité en deçà de la Cordillère...

Comparons Santiago à Buenos Aires, l'une et l'autre métropole d'origine européenne. Vous ne verrez jamais à Santiago un automobiliste conduire sans boucler sa ceinture, griller un feu rouge, dépasser la vitesse autorisée. A Buenos Aires, à l'inverse, celui qui respecterait ces règles passerait pour un demeuré, pis : pour un efféminé. N'essayez pas, à Santiago, d'acheter la compréhension d'un policier, d'un fonctionnaire ou d'un ministre ; à Buenos Aires, ne pas l'acheter passerait pour une quasi-rupture du contrat social. Les Chiliens ont toujours payé leurs impôts et il ne viendrait pas à l'esprit d'un commerçant de ne pas facturer une vente ; en Argentine, la fraude est une culture nationale. Pourtant, l'un et l'autre pays furent des colonies espagnoles, l'un et l'autre ont « réglé » le problème indien par la violence, l'un et l'autre ont connu des dictatures militaires. Pourquoi les Chiliens ont-ils le sens de la loi et pas les Argentins, ce qui conduit naturellement les premiers à respecter leurs contrats et pas les seconds ? Or on sait combien le respect des contrats est une condition nécessaire au capitalisme.

Le même contraste s'observe dans les mœurs politiques, dans le recrutement de la classe dirigeante et les valeurs qu'elle projette sur la société. Carlos Menem, hédoniste, amateur de voitures de course et de top-models, ne pourrait pas être président du Chili, Patricio Aylwin, digne, conservateur et intègre, n'aurait pu être élu en Argentine. Serait-ce parce que les Italiens du Sud ont superposé leur culture à celle de l'Espagne que l'Argentine est devenue cet assemblage baroque et créatif qui produit plus de grands artistes que de bons entrepreneurs ? Serait-ce parce que les Anglais ont, dès le XIXe siècle, géré l'économie du Chili, qu'ils ont laissé dans leur sillage le sens de la loi et de l'austérité ? Ils y ont aussi implanté la religion méthodiste, qui a vu essaimer dans les quartiers pauvres de Santiago d'innombrables églises évangéliques.

Faut-il regarder la terre ? Généreuse en Argentine, où le blé et le bétail ont engendré une économie de la rente. Ingrate au Chili, où seul le labeur garantissait la survie du colon ou la prospérité du mineur de cuivre. Dès le XIXe siècle, les lois sur l'héritage au Chili divisent également la propriété entre les enfants, alors qu'en Argentine elles respectent le droit d'aînesse : multiplicité de petits propriétaires d'un côté de la Cordillère, grandes haciendas de l'autre ont certainement façonné les comportements économiques : l'entreprise contre la rente.

Ces distinctions naturelles ou culturelles, si elles ne sont pas déterminantes, n'en confèrent pas moins aux Chiliens un avantage comparatif sur les Argentins dès lors que la richesse, au XXe siècle, n'est plus le produit de la rente foncière, mais la résultante de l'esprit d'entreprise, de la continuité et de la rigueur. Sur le marché mondial, les exportateurs chiliens ne cessent de créer des marques, les Argentins n'en créent pas ; ce sont les Chiliens qui investissent désormais en Argentine, et non plus l'inverse.

On ne peut en déduire que seule une « bonne dictature » incorporerait à son tour l'Argentine dans l'ordre capitaliste, car il est probable que cette dictature-là serait à l'image de la culture politique argentine, tout comme Pinochet fut le reflet d'une certaine culture politique chilienne. Enfin, il ne suffit pas d'instaurer le capitalisme, encore faut-il le perpétuer. A cet égard, le Chili n'est véritablement devenu capitaliste et n'échappera à la pauvreté, pour rejoindre le « premier monde », que dans la mesure où la dictature a cessé et où les démocrates ont confirmé les options économiques des *Chicago boys* : là est la véritable morale de l'affaire Pinochet.

L'histoire plus déterminante que les mentalités ?

Qu'est-ce qui rapproche l'édification du capitalisme démocratique au sein de sociétés aussi éloignées que la Corée, Taiwan et le Chili ? Un commencement précis, un coup d'État, une confrontation internationale, une rupture, un acte fondateur. Voilà qui est radicalement différent de l'histoire du capitalisme démocratique en Occident, dont le départ ne peut être daté, mais s'est étiré sur des siècles. A l'Ouest, le capitalisme résulte d'une évolution ; à l'Est ou au Sud, d'une brisure.

Tentons de généraliser sans simplifier. Il ressort des expériences observables qu'aucune culture n'est radicalement incompatible avec le capitalisme et la démocratie. En fait, il semble que toute culture — si cette expression au singulier a aujourd'hui encore un sens — porte en elle des germes d'individualisme qui entrent en contradiction avec des structures communautaires. Les circonstances tendent à favoriser soit les uns, soit les autres.

Contrairement à ce que l'on entend si souvent, il n'est pas nécessaire d'attendre que les « mentalités changent » pour que le capitalisme puisse s'instaurer. Il peut s'instaurer à tout moment, car il n'exige pas la conversion en masse des peuples à la culture du capitalisme. Il est seulement indispensable que la minorité constituée par les entrepreneurs, eux-mêmes bien souvent issus de minorités religieuses ou ethniques, puisse entreprendre en paix. Cette paix civile et cette reconnaissance du rôle des entrepreneurs passent parfois par une révolution, par le despotisme éclairé, par la colonisation ou d'autres scénarios. Mais, une fois instauré, le capitalisme modifie la culture ambiante et sécrète par lui-même les conditions et les valeurs nécessaires à son développement : le grand nombre s'y rallie dès lors que son sort s'améliore.

Le plus difficile est donc le premier pas qui peut n'être jamais franchi.

CHAPITRE 6

L'Afrique ou le capitalisme impensable

Le château d'El Mina, forteresse de briques blanche et carrée devrait figurer dans toute histoire documentée et non romancée du capitalisme occidental. Bâtie sur la Côte-de-l'Or par les Portugais il y a cinq siècles, occupée ensuite par les Néerlandais, les Britanniques, par la police du Ghana depuis l'indépendance, El Mina est en voie de muséification : les Afro-Américains, bardés d'appareils-photo, y viennent par groupes, en quête de leurs racines.

D'El Mina partirent les esclaves vers New York. Ici, l'histoire des Européens s'est initialement enchevêtrée à celle des Africains. Les rapports de force n'étaient pas, à l'origine, ce qu'ils devinrent : Portugais et Néerlandais passaient pour de pauvres hères face au puissant royaume des Ashanti. Aux Néerlandais, les Ashanti et les Fanti de la Côte achetaient le schnaps qui sert, depuis ce temps, aux libations des chefs sur les tombes des ancêtres. Les Européens repartaient avec l'or, le poivre — puis les esclaves. Ce n'est qu'au XIXe siècle que l'échange fit place à la colonisation.

La traite des esclaves expliquerait-elle pourquoi les Européens devinrent capitalistes et prospères, tandis que les Africains ne sont ni l'un ni l'autre ? Il n'est pas contestable que le profit retiré de l'esclavage a contribué à l'édification du capitalisme occidental. Celui-ci est né de cette alliance paradoxale entre le viol de l'Afrique et l'éthique protestante : la main-d'œuvre africaine a permis la valorisation des deux Amériques et des Caraïbes ; la traite des Noirs a servi à l'accumulation primitive du capital par des négociants français et britanniques.

Au-delà de cet apport d'El Mina à l'édification du capitalisme, on peut aussi y voir comme une représentation symbolique de notre démesure — « volonté de connaissance et volonté de conquête », disait André Malraux — sans laquelle le capitalisme ne serait pas né en Europe. A El Mina, sur une côte inhospitalière, sous un climat torride, des milliers de navigateurs ont perdu la vie, témoignant de l'« hubris » occidentale sans lequel ce qu'on appellera plus tard « développement » et « progrès » n'existeraient pas.

Le colonisateur innocent

Si El Mina et la traite contribuèrent à l'accumulation primitive de notre capitalisme, peut-on en déduire que le capitalisme africain avorta du fait de ce prélèvement humain ? Certains économistes africains, dont le plus notoire est Mamadou Alpha Barry, estiment que les Européens ont « prélevé », en cinq siècles, vingt millions d'hommes et de femmes (sans compter les enfants à naître), sélectionnant au surplus les plus vigoureux. La captation de cette force de production potentielle serait la cause de l'appauvrissement relatif de l'Afrique à partir du moment où elle entra en rapport avec l'Occident. Au terme de savants calculs, ce même économiste estime le manque à gagner pour l'Afrique à vingt-cinq milliards de dollars dont il exige aujourd'hui la restitution, suivi en cela par plusieurs chefs d'État africains. Mais, poursuivant cette macabre dissertation, l'historien canadien Patrick Manning estime de son côté à l'équivalent actuel de vingt-cinq milliards de dollars les bénéfices retirés de la vente des esclaves par les rois et chefs africains : bref, un jeu à somme nulle. Le fait est que les Blancs n'effectuaient pas de razzias d'esclaves ; ils se contentaient d'en prendre livraison auprès des seigneurs locaux pour qui ce commerce des esclaves n'était rien qu'un commerce. Les citoyens actuels du Ghana ne considèrent d'ailleurs pas tant El Mina comme un lieu d'infamie que comme un comptoir, partie de leur histoire autant que de la nôtre. Si l'esclavage, au total, a bien contribué à l'édification de notre capitalisme, il ne peut être tenu pour responsable de l'absence de capitalisme et de développement en Afrique. Il ne peut expliquer davantage pourquoi le revenu par habitant au Ghana, équivalent à celui de la Corée en 1957, est devenu, trente ans après l'indépendance, vingt fois moindre que ce dernier.

A défaut de l'esclavage, le fait colonial ne serait-il pas le criminel que nous recherchons ? Sans nous engager sur le terrain moral, mais en considérant ce fait sur le plan historique, nous nous demanderons seulement s'il explique ou non l'absence de développement. Citons pour témoins la Corée, Taiwan, Singapour, Hong Kong : toutes ces contrées furent colonisées à la même époque où l'Afrique le fut. Nous devons donc prendre acte de ce que la colonisation en soi conduit aussi bien au capitalisme en Asie qu'au non-capitalisme en Afrique ; que la culture du colonisateur autant que celle du colonisé déterminent l'économie, et non pas le fait colonial.

Examinons la relation coloniale propre à l'Afrique. De fait, elle a nui au développement des peuples noirs. Non par la malignité du colonisateur, mais par son inadvertance et parfois même par ses bonnes œuvres.

Les Européens ont introduit sur le continent africain quatre institutions qui n'existaient pas avant eux : l'hygiène, l'école, la consommation, l'État. L'hygiène, en réduisant la mortalité infantile, a suscité une croissance démographique telle qu'elle absorbe l'épargne et empêche la constitution du capital. Dans le cas actuellement le plus favorable en Afrique, celui du Ghana, le taux de croissance annuelle s'élève à 5 % depuis dix ans, soit l'un des taux les plus élevés au monde ; mais 3 % sont absorbés par l'accroissement de la population. Le résultat est que le revenu par tête d'habitant progresse de 2 % l'an ; rapporté à un revenu moyen de 400 dollars par an et par habitant, cette croissance est invisible.

Le deuxième héritage de la colonisation est la scolarisation de masse et l'ouverture d'universités de modèle occidental. Créées par « devoir civilisateur » ou pour recruter les agents locaux de l'impérialisme, ces établissements ont produit des écoliers et des étudiants qui ont grandi. Ceux-ci ont peuplé les administrations nationales, devenues pléthoriques, et des entreprises publiques avant tout productrices de prébendes et de dettes. Les universités africaines continuent à diplômer des milliers de « maîtrisards » en droit ou en lettres dont la préoccupation majeure est de renverser le gouvernement dès lors qu'ils ne parviennent pas à y entrer. Les rares docteurs ès sciences ou en médecine partent exercer aux États-Unis ou en Europe ; les trois quarts des médecins formés au Ghana s'éclipsent chaque année. L'esclavage avait privé l'Afrique de bras ; l'indépendance la prive de cerveaux.

Troisième héritage du colonisateur : la consommation ou, plus généralement, un comportement social mimétique que les économies africaines ne peuvent satisfaire. On sait que tout Sénégalais exige du pain frais de son boulanger, qui doit importer le blé de France. Au sommet de l'échelle sociale, le goût pour les montres Cartier ou les Mercedes a incité les élites africaines à fixer le taux de change de leur monnaie à un cours artificiellement élevé, de manière à importer ces produits de luxe à bas prix. Cette surévaluation monétaire (avec le soutien des gouvernements français au franc CFA jusqu'en 1994) a rendu l'investissement dans une carrière politique plus rémunérateur que dans n'importe quelle entreprise : tout candidat téméraire au capitalisme sera vite conduit à la faillite par la surévaluation de la monnaie, puisque celle-ci rend l'importation plus avantageuse que la production locale. Les entrepreneurs africains, déjà enclins par leur culture au négoce plus qu'à l'investissement à long terme, ont été encouragés dans leur tradition spéculative par cette politique monétaire. A ce point, on ne peut plus dissocier ce qui, dans l'absence du capitalisme en Afrique, relève de la tradition culturelle et d'une politique économique au service des Africains les plus européanisés.

Ultime héritage colonial : l'État-nation. Les efforts considérables des gouvernements africains pour créer des administrations nationales dans des frontières absurdes ont détourné l'épargne disponible, interne ou extérieure, au détriment de l'économie productive. Tout Yamoussoukro ivoirien, tout char togolais, tout bataillon ghanéen représentent autant d'entreprises en moins et de capitalistes tués dans l'œuf. Il est heureux que les Africains tempèrent par la contrebande les excès de ces États ; la stratégie de survie du contrebandier sauve le capitalisme primitif indispensable aux marchés africains, en l'absence d'un seul grand marché qui serait le vivier nécessaire à un capitalisme plus élaboré.

Oui, la colonisation constitue bien un facteur de l'absence du capitalisme africain, non par ses méfaits directs, mais par les institutions et coutumes qu'elle a induites.

Il est donc légitime que les anciens colonisateurs aient mauvaise conscience et que les colonisés demandent des comptes, mais cette juste querelle devrait être fondée sur une juste analyse plutôt que sur ce que Pascal Bruckner a appelé « le sanglot de l'homme blanc ». L'homme blanc est accusé pour des crimes qu'il n'a pas commis durant la colonisation ; en revanche, il me semble que les Européens ignorent par trop les erreurs qu'ils ont commises depuis la décolonisation.

Le coupable décolonisateur

L'héritage colonial a appauvri les Africains. La décolonisation les a appauvris plus encore en important en Afrique des valeurs contre-productives : la mauvaise conscience, des idéologies inadaptées au terrain, enfin l'aide qui a permis la mise en application de ces idéologies.

La mauvaise conscience était justifiée par le péché originel, mais il n'était pas nécessaire qu'elle dégénère dans le relativisme culturel ou le tiers-mondisme. S'interdisant d'analyser les cultures africaines et leurs effets politiques et économiques prévisibles, le décolonisateur a idéalisé ces cultures de concert avec les nouveaux dirigeants africanistes. Or la « négritude », si elle fabriquait de la bonne poésie ou de l'excellente musique, ne pouvait manquer de produire de la mauvaise économie. Les amis de l'Afrique, au lieu de réfléchir avec les Africains aux contradictions entre leurs cultures et le développement, ont bricolé le modèle tiers-mondiste, ou socialisme d'État, ressourcé par le panafricanisme : ce modèle est devenu le paradigme intouchable du développement postcolonial. A l'intérieur de ce paradigme, puisque le colonisateur avait favorisé le commerce, l'exploitation rationnelle et le travail, il fallait que le décolonisateur prône l'anéantissement du commerce, les monopoles publics, l'industrialisation forcée par l'État. Ces jeux de l'esprit n'auraient pas été assassins s'ils n'avaient été appliqués en vraie grandeur avec le soutien politique, intellectuel et financier du Nord.

Sans l'aide des gouvernements français, les dictateurs algériens n'auraient pu détruire l'agriculture individuelle pour la remplacer par des kolkhozes qui ont désertifié les campagnes et conduit les paysans à l'émigration. Sans l'aide des gouvernements français, Léopold Sédar Senghor n'aurait pu interdire le commerce individuel des arachides pour le remplacer par un désastreux monopole d'État, anéantissant l'esprit d'entreprise et l'équilibre économique de la brousse. Sans l'aide des gouvernements français, Félix Houphouët-Boigny n'aurait pu tondre au plus ras la paysannerie ivoirienne ni utiliser ses profits à édifier sa folle capitale de Yamoussoukro. Sans l'aide massive de la Suède et de toutes les organisations internationales dont il fut la mascotte, Julius Nyerere, dit le *Mwalimu*, l'« instituteur » de la Tanzanie, n'aurait pu arracher les paysans à leur terre pour les regrouper dans des villages artificiels et ruiner ainsi son peuple : la Tanzanie, pays le plus aidé d'Afrique, « modèle » du socialisme africain, est celui qui, en trente ans, s'est le plus appauvri. Mais, aujourd'hui encore, qui ose critiquer le *Mwalimu*, un intellectuel si distingué qui a traduit Shakespeare en swahili et émarge à l'ONU comme président d'une fantomatique commission Nord-Sud ?

Le procès du tiers-mondisme et de l'aide, me dira-t-on, a été cent fois instruit, il est clos. Il paraît clos, mais, en fait, le modèle du développement par l'État se perpétue dans les mieux intellectuels africains qui ont bénéficié de ce paradigme et espèrent en tirer encore quelque avantage. Ce n'est qu'en paroles, plus qu'en pratique, que les dirigeants africains (et français) se sont ralliés au nouveau modèle des années 1980, celui du développement par le capitalisme, tel qu'il est prôné par le Fonds monétaire international et la Banque mondiale. Comme me l'a déclaré avec humour Léopold Sédar Senghor, « nous aimons faire plaisir aux Européens ; quand ils voulaient entendre parler du socialisme, nous leur parlions du socialisme ; maintenant, ils veulent entendre parler du libéralisme... »

Presque tout continue comme par le passé : la même génération de chefs d'État, les mêmes bureaucrates, les mêmes intermédiaires reçoivent les mêmes sommes par les mêmes circuits et en font le même usage. A peu près seul, le Ghana fait exception. Cette remarquable continuité du paradigme étatiste est l'œuvre d'une Internationale qui fonctionne bien : celle des chefs d'État. Car l'aide ne va pas des peuples du Nord aux peuples du Sud, elle va des États du Nord aux États du Sud, chacun des partenaires sachant ce que vaut l'autre, et les uns et les autres partageant cette idéologie commune : « Mieux vaut un mal que l'on connaît bien à un mal que l'on ne connaît pas encore. » L'ambition de cette Internationale a toujours consisté, pour l'Afrique, à maintenir le *statu quo*, c'est-à-dire le sous-développement au nom du développement.

Les lecteurs, surtout s'ils sont africains, m'en voudraient de ne pas évoquer ici une ultime hypothèse en forme de lieu commun, celle de l'exploitation des ressources naturelles de l'Afrique au bénéfice du capitalisme international : ce que les économistes tiers-mondistes appellent la détérioration des termes de l'échange. Il n'est pas contestable que les entreprises du Nord acquièrent les produits africains à des prix en baisse et ils en acquièrent de moins en moins. Mais l'Afrique n'est pas, contrairement à ce que disent et croient parfois les élites africaines, victime d'un complot des multinationales. En vérité les exportateurs africains s'acharnent à produire et à vendre des produits dont nous n'avons plus l'usage ou dont la qualité ne satisfait pas nos attentes. Qu'il s'agisse de l'arachide, du cacao ou du café, les Ivoiriens, Sénégalais ou Ghanéens refusent de prendre en compte l'évolution du goût des consommateurs et de créer des marques de qualité. Leurs protestations, amplifiées par leurs « amis » européens, sont l'équivalent de ce que serait un producteur d'automobiles exigeant la revalorisation constante d'un modèle conçu en 1950.

C'est pour échapper à ces impasses dans l'analyse, comme à la tyrannie du *statu quo*, qu'un nouvel acteur est entré récemment sur la scène africaine, chevauchant la révolution libérale des années 1980 : l'expert du FMI qui, au paradigme ancien, du développement par l'État et l'aide, essaie de substituer le paradigme nouveau du développement par le marché.

La capitale du capitalisme

La tour de Babel, traversant les siècles et les océans, est faite aujourd'hui de béton indestructible et climatisé ; elle a même une adresse : 700, 19th Street N.W., à Washington, D.C. Là siège le Fonds monétaire international.

Les drapeaux de 178 États ornent la façade. A l'étage noble de la direction générale, toutes les monnaies du monde, pour la plupart sans grande valeur, sont exposées : le kyat du Myanmar côtoie le forint hongrois ou le cedi ghanéen. Dans cette nouvelle Babel, 2 500 fonctionnaires composent l'esquisse d'un pouvoir mondial. Cinquante États sont sous contrat avec le FMI plus qu'ils ne sont dirigés par leurs propres autorités. Le FMI, gouvernement indirect, subtil, invisible, n'agit que par ses conseils et quelques crédits avantageux ; mais la source véritable de son autorité consiste à délivrer des brevets de bonne ou de mauvaise conduite : un bon point, et les capitaux afflueront vers la Pologne, l'Inde ou l'Égypte ; un mauvais point, et les capitaux fuiront la Russie. Le directeur général du Fonds détient ce sceau, cet *imprimatur* financier qui dicte le destin des peuples. En principe pour leur bien, tel qu'il est conçu à Washington, c'est-à-dire pour leur « développement ».

L'intervention du FMI suppose que le développement — au sens où nous l'entendons en Occident — est la « fin » de l'Histoire : nécessaire et souhaitable. Ce paradigme économico-philosophique du FMI implique que tous les peuples aspirent au développement, ont vocation au développement, et qu'il existe une seule voie vers le développement : l'économie de marché — l'« économie libre », dit le directeur général, Michel Camdessus, fidèle à la sémantique vaticane (il y a contribué) : le capitalisme, en somme.

Tous les peuples, selon Michel Camdessus, auraient « le marché dans le sang » ; aucune culture n'entrerait donc en contradiction avec le capitalisme bien compris. Le capitalisme et, par suite, le développement ne seraient qu'affaire d'organisation, de réglage macro-économique. Ce que le FMI sait faire. Ses économistes prétendent n'être que des mécaniciens, des ingénieurs-conseils, ajustant ici un boulon monétaire, là une bielle fiscale. C'est ainsi que, de la Babel washingtonienne, un économiste pakistanais va déterminer le prix du pain à Accra, qu'un Nigérian augmentera le prix de l'essence au Bangladesh, qu'un Belge réduira les salaires de la fonction publique au Zimbabwe.

Tout libéral sera tenté de célébrer cette universalisation du capitalisme au service des plus pauvres, guidée par la main presque invisible d'une technocratie éclairée. Mais ce modèle universel qui vient remplacer le paradigme du développement par le socialisme, doit-on apprécier ses vertus à l'aune des intentions affichées ou à celle des résultats obtenus ?

Le paradigme socialiste a mis soixante ans à montrer ses limites en URSS, trente ans dans le tiers-monde. A quelle date devrons-nous constater le succès ou l'échec du paradigme libéral dans le tiers-monde ? Est-il trop tôt, ou déjà bien tard ? Quel critère adopter ?

De même que le capitalisme dans le monde développé doit être jugé à sa capacité d'améliorer le sort des plus pauvres, de même ce sera par son aptitude à tirer les peuples du tiers-monde hors de la pauvreté de masse que le « modèle FMI » sera jugé comme fondé ou provisoire. C'est donc en Afrique noire, chez les pauvres parmi les pauvres, que le capitalisme paradigmatique fera la preuve de son universalité ou de sa relativité : là se déroule l'épreuve décisive que le « gouvernement FMI » s'est lui-même assignée. Pour la subir, un heureux cobaye a été désigné : le Ghana. Si les peuples qui composent le Ghana sont « sauvés », tous pourront l'être ; le remède aura démontré son universalité.

Le Ghana, paradigme d'Afrique

Le cobaye a été bien choisi. Le Ghana — l'ancienne Côte-de-l'Or, rebaptisée arbitrairement par Kwame Nkrumah du nom d'un ancien royaume situé plus au nord — fut en Afrique premier en tout : le premier à commercer avec les Européens au XVIe siècle, le premier à être colonisé, le premier à être décolonisé, le premier à plonger dans le socialisme africain, le premier à s'écrouler sous le poids de la collectivisation et des entreprises d'État, le premier enfin à se reconvertir au capitalisme, à devenir le bon élève du FMI et de la Banque mondiale, à se « démocratiser » par des élections libres en 1992, à privatiser des entreprises en 1994.

Au terme de dix années de cette libéralisation conduite par un même ministre de l'Économie, le Dr Kwesi Botchwey, en collaboration constante avec le FMI, le Ghana, pauvre au départ... reste pauvre. C'est un succès, prétend-on au FMI, car, sans la libéralisation, le Ghana serait devenu plus pauvre encore. C'est un échec, clament les ennemis du capitalisme, puisque le Ghana reste pauvre et les résultats de la libéralisation invisibles. Faut-il renvoyer dos à dos les deux paradigmes ?

Les partisans de la libéralisation se glorifient d'un taux de croissance annuel de 5 % depuis dix ans ; cela démontre qu'il vaut mieux suivre les recommandations du FMI que de ne pas les suivre. Les experts du FMI estiment que la poursuite du programme conduira à terme à un développement visible. Mais à quel terme, dans combien de générations ? Les adversaires du capitalisme préconisent le retour à l'économie dirigée par l'État ; mais le modèle a déjà échoué lorsqu'il fut appliqué par Kwame Nkrumah.

Ce modèle, panafricanisme et socialisme, a conduit la Côte-de-l'Or, colonisée et prospère, au Ghana indépendant et miséreux. Si cette « vision » a échoué, de même que celle, fort voisine, de Julius Nyerere en Tanzanie, ce n'est pas parce qu'elle était fausse en soi, mais parce qu'elle n'était pas africaine.

L'Afrique est un tissu d'ethnies : comment attendre que celles-ci, avec leur histoire, leur culture, leur langue, renoncent à leur identité profonde et riche pour se reconnaître dans une nation artificielle, le Ghana, et dans un ensemble plus artificiel encore, l'Afrique ? En février 1994, alors que je me trouvais au Ghana, les Konkombas et les Nanumbas s'entre-tuèrent : en une semaine, ce conflit fit plusieurs milliers de victimes sans susciter le moindre intérêt à l'étranger, et relativement peu au Ghana même. Sans doute parce qu'il s'agissait là d'une guerre tribale, inférieure dans la hiérarchie de l'indignation à une guerre internationale. En vérité, les Konkombas et les Nanumbas sont des nations, leur guerre était internationale, mais pas reconnue comme telle, et de surcroît illégitime puisque seul le Ghana est supposé exister, mais ni les Konkombas ni les Nanumbas.

De même, si le développement par l'État que « vit » Nkrumah ne pouvait manquer d'échouer, ce ne fut pas parce que l'étatisme économique ne marche nulle part, mais parce qu'en

Afrique, l'État n'est pas un État : c'est une machine à gérer des clientèles. Le développement par l'État n'avait pas plus de chances de s'enraciner en Afrique par le panafricanisme ; il s'agissait, dans les deux cas, d'idéologies importées. Les cultures locales, plus encore qu'une désastreuse mécanique politico-économique, vouaient le social-africanisme à l'échec.

Lorsque, en 1966, le téléphone cessa de fonctionner à Accra, que la capitale fut plongée dans le noir, et l'aviation nationale clouée au sol faute de kérosène, le lieutenant dictateur Jerry Rawlings renversa le fondateur du Ghana, puis il appela les sorciers du FMI. Les représentants du FMI accoururent et déployèrent tous leurs fétiches et gris-gris : libération des prix, convertibilité monétaire, ouverture des frontières, équilibre du budget. Cette sorcellerie rationnelle présente un avantage incontestable sur le social-africanisme : elle marche. Le téléphone s'est remis à fonctionner, la monnaie existe de nouveau, la capitale est éclairée. Succès incontestable de la libéralisation ? Universalité du paradigme capitaliste ? Certes, mais avec quelques « trucs » derrière le rideau : le plus grand barrage d'Afrique, la « Volta River Authority » sous contrat avec le producteur d'aluminium américain Kaizer, sept cent mille onces d'or produites chaque année par Lonhro dans sa filiale Ashanti Goldfield, et une aide internationale considérable : trois milliards de dollars depuis 1985, le record par habitant en Afrique ! Si le plan du FMI peut être considéré comme un succès, c'est donc bien parce que la recette est juste, mais aussi parce que le Ghana bénéficie de ressources rares : l'or et l'énergie électrique ; enfin, toute l'aide nécessaire a été investie pour que le succès vienne légitimer le rôle du FMI et le paradigme libéral. Ainsi le Ghana a été « ajusté », « restructuré », selon le jargon international, remis en ordre de marche, prêt à passer à l'étape suivante. Ce devrait être celle où le malade cesse d'être sous perfusion, l'entrée dans le développement véritable grâce au capitalisme local.

Mais où sont les capitalistes ? Le représentant du FMI à Accra, Iqbal Zaidi, et Kwesi Botchwey, totalement acquis à la

« cause », cherchent désespérément les entrepreneurs capitalistes ghanéens susceptibles de prendre le relais de l'État. Mon passage par Accra a été l'occasion de les réunir : ils étaient quatre industriels, assez pour une partie de bridge, pas assez pour tirer hors de la pauvreté un peuple de quinze millions d'habitants.

Pourquoi n'existe-t-il pas de grands entrepreneurs au Ghana ? L'État seul, m'ont dit les intéressés, est cause de l'anémie capitaliste. Le discours patronal est remarquablement homogène partout dans le monde... Leurs arguments : après trente ans d'exaltation du socialisme, de nationalisations, de désordre monétaire, de sévices contre les entrepreneurs, il serait malvenu de reprocher aux commerçants de placer leur épargne hors du Ghana et de se méfier du gouvernement. Méfiance accrue par les rivalités ethniques : traditionnellement, les Ghanéens les plus entreprenants sont les Ashanti, peuple rival des Éwé qui se sont emparés de l'appareil d'État. Un Ghanéen rationnel n'investira donc pas ou guère au Ghana ; à la rentabilité lointaine ou hypothétique du capitalisme, il préférera l'enrichissement rapide que procurent le négoce ou la contrebande.

Si cette interprétation politique du non-capitalisme est juste, alors le paradigme libéral n'est pas contestable ; il exige seulement que le FMI laboure plus profond et plus longtemps, de manière à assurer aux capitalistes « latents » un environnement stable et prévisible. C'est la raison pour laquelle les organisations internationales ont invité le dictateur Rawlings à se démocratiser. En 1992, il est devenu un président élu et, en 1993, le parti dominant a remporté les élections parlementaires. A terme, cette démocratie balbutiante est supposée garantir au capitaliste potentiel des conditions de travail plus stables que les humeurs d'un dictateur. Dans cette stratégie du FMI et de la Banque mondiale, sa cousine, la démocratisation est le paradigme complémentaire de la libéralisation.

Mais le Ghana est en Afrique, et, depuis cinq siècles, les Africains ont démontré une remarquable capacité de rejet ou de transformation de tous les modèles importés d'Occident. Il serait donc surprenant que le capitalisme démocratique prenne racine sur le continent jusqu'à ressembler à l'idée que s'en font les conseillers occidentaux. Je parierai plutôt que le paradigme importé du capitalisme démocratique sera digéré, puis rejeté de la même manière que les Africains ont rejeté le paradigme importé du social-africanisme : l'Afrique restera culturellement allergique au capitalisme, ou cessera alors d'être africaine.

La culture contre le développement

Dans le rapport au temps, à l'argent, à l'autre, au corps, à la mort, à la propriété, et dans la persistance de la pensée magique, nul ne saurait être moins « calviniste » qu'un Africain. Alors que le capitalisme est mémoire expérimentale et pari sur l'avenir, l'Africain vit avant tout dans le passé et dans l'instant.

Mais peut-on utiliser des termes aussi généraux qu'« Africain » ou « culture africaine ». Cette homogénéité de peuples si divers n'existerait-elle pas que dans le regard de l'Européen ? A cette interrogation inquiète, l'ethnologue Georges Balandier répond sans hésitation qu'il est permis de parler sinon de « culture africaine » au moins de cultures africaines réunies en un ensemble d'invariants. L'invariant fondamental, immédiatement perceptible, est le rapport déterminant au passé. Toutes les cultures africaines, souligne Georges Balandier, sont tournées vers le passé, et non pas le futur, la culture fait bien obstacle au développement cumulatif de type occidental. Ce passé africain n'est pas historique, il ne transmet pas une expérience utilitaire, il est mythique : ainsi, le souvenir des disettes d'antan n'incitera pas nécessairement à se montrer précautionneux pour l'avenir. Un avenir qui, lui-même, a peu de réalité sensible, comme en témoigne la faculté d'un père de dilapider, à l'occasion d'une naissance, tout le patrimoine qui aurait pu servir à l'éducation de son enfant. Dans toutes les cultures africaines, les rites propitiatoires se mêlent ainsi à l'ostentation sociale et, dans tous les cas, excluent une mainmise rationnelle, « webérienne », sur le monde. On sait aussi que le capitalisme est l'art de gérer le temps : plus le capitalisme mûrit, plus la gestion du temps s'y fait précise. Or, en Afrique, le temps n'existe pas. Ni les transports, ni les rendez-vous, ni le travail n'obéissent à la moindre règle prévisible.

L'argent qui, dans le capitalisme, est du temps matérialisé, est géré par les Africains comme leur temps ; l'épargne et l'investissement sont des notions étrangères aux cultures africaines, à la rare exception près de quelques « tontines ». L'argent n'étant pas en Afrique fonction du travail, mais l'expression d'un statut, sa principale vocation n'est pas d'être placé, mais utilisé à des fins sociales ou symboliques : fête du clan pour l'émigré de retour d'exil, voitures et appartements de luxe en France, en Suisse ou en Grande-Bretagne pour les dignitaires religieux et politiques, achat de clientèles électorales, etc. Les détournements de fonds perpétrés par les politiciens ou les fonctionnaires, la corruption, les commissions sur travaux et contrats, qui ne sont pas l'exception mais la règle, choquent peu l'opinion africaine dès lors qu'ils sont l'expression d'une culture partagée ; seuls les Occidentaux se figurent qu'il s'agit là d'obstacles provisoires au développement. Une fortune accumulée en ville sera dépensée au village de manière ostentatoire en vue d'acquérir un statut social que, par exemple, le lignage ne confère pas. Un Européen verra là un gaspillage, mais, aux yeux de l'Africain, observe Georges Balandier, « ce mauvais calcul économique est un calcul social rationnel », puisqu'il raisonne en termes de pouvoir. Comme le but de l'épargne est la prodigalité et non pas l'investissement, on comprend pourquoi l'économie africaine, tout en étant active — on le constate sur les marchés —, ne conduit pas au capitalisme. Le capital, s'il est accumulé, n'est pas investi, mais « sacrifié » à des rites sociaux ou religieux destinés à gagner du prestige ou la bienveillance des ancêtres.

Ce temps et cet argent « sacrifiés » ne prennent sens que par rapport à la famille élargie, au lignage, à l'ethnie. Ne pas fixer de rendez-vous précis, pour un ministre, permet de choisir, dans sa salle d'attente bondée, celui ou celle de sa famille à qui il accordera le privilège de l'entretien ou de l'emploi. La captation des fonds de l'aide internationale, de l'État, du capital d'une banque, d'une entreprise, ne bénéficie pas seulement au capteur ; le fonctionnaire ou le banquier occupant une position stratégique fera vivre son village, sa tribu. Le principe des dépouilles est lié au règne du partage. Cette solidarité africaine nous émerveille parce qu'elle inclut tout le clan, y compris les faibles et les vieillards. Mais elle est aussi ambiguë. La répartition des richesses accumulées par le travailleur immigré, par le fonctionnaire, par le commerçant avisé ou le *dealer*, n'est pas nécessairement équitable : le faible pourra aussi être rejeté, la jeune fille sexuellement exploitée, l'insoumis écarté. Comme partout, l'argent c'est le pouvoir, mais, davantage qu'en Occident, c'est en Afrique le pouvoir sexuel, dans une culture où le corps n'est ni caché ni réprimé. Or, dans la société capitaliste, la réussite économique est aussi une mutation du désir refoulé : cette explication freudienne du capitalisme, aussi fondée que l'hypothèse wébérienne, valide *a contrario* l'acapitalisme africain.

Revenons sur terre pour constater que la propriété privée en Afrique n'existe qu'à titre d'exception. La terre, collective, est affectée aux familles par les chefs, les rois, sur un mode parfois transmissible, souvent non. Quand on sait le rôle fondateur de la propriété privée dans le capitalisme, comment les Africains acquerraient-ils les automatismes propres à l'entrepreneur patrimonial ? Cette incertitude de la propriété est aggravée chez de nombreux peuples par la complexité des règles de sa transmission : il est constant, au Ghana, de voir cousins, neveux, oncles, enfants s'entre-déchirer pour prendre possession de la minuscule boutique du « patron » à l'agonie. Comment dès lors les Africains s'investiraient-ils dans la durée sans laquelle le capitalisme n'existe pas ? L'ensemble de ces valeurs négro-africaines, avec leurs multiples variations locales, ne sont pas niées, mais, à bon droit, revendiquées par la quasi-totalité des intellectuels et orateurs africains. Ces valeurs ne sont en soi ni supérieures ni inférieures à celles de l'Occident, mais il paraît difficile, écrit la sociologue camerounaise Axelle Kabou, de glorifier les cultures africaines, chaleureuses et solidaires, et de vouloir simultanément le développement, qu'il soit « socialiste africain » ou « libéral africain ».

L'expérience vécue par tout entrepreneur africain démontre cette incompatibilité concrète entre l'entreprise capitaliste et les cultures locales. S'il parvient à créer une entreprise, le fondateur est condamné soit à la faillite, soit à rompre avec sa famille élargie. Dans le meilleur des cas, il peut négocier. La famille considère en effet qu'elle a un droit acquis à partager d'emblée non pas les bénéfices espérés, mais le capital même de la société. J'ai souvenir d'un ministre sénégalais qui, disposant d'un téléphone dans sa résidence, avait l'« obligation » d'en laisser le libre accès à tout le quartier. Ruiné, il perdit son téléphone et son ministère.

La culture africaine explique aussi pourquoi les entreprises véritables, là où elles existent, restent de taille limitée : l'entrepreneur peut difficilement faire appel au marché du travail, sa famille est prioritaire, et son autorité n'est reconnue que si elle est exercée personnellement. L'autorité patronale est difficilement admise dès qu'elle vient à être déléguée. Il ne peut donc exister un patronat africain objectif sur un marché entièrement subjectif. C'est pourquoi les grandes entreprises privées sont dirigées par des « loups solitaires » coupés de leurs attaches : tribus nomades, immigrés levantins en Afrique de l'Ouest, Indiens en Afrique orientale, Européens. Non que les Africains soient incapables d'entreprendre ; la créativité économique des femmes sur les marchés le démontre. Mais il ne peut exister de « capitalisme africain » qui amalgamerait l'individualisme nécessaire de l'entrepreneur et la « solidarité tribale ».

Entre le capitalisme et les cultures africaines, il faudrait donc choisir. Mais il n'y aura pas de choix, car les cultures africaines ont jusqu'à présent résisté à toutes les épreuves, et résisteront certainement à l'épreuve du capitalisme.

Le progrès sans le développement

Le socialisme africain a disparu ; le capitalisme africain ne vit que dans les rapports du FMI et de la Banque mondiale. Or, il n'existe aucune autre voie connue vers le développement que le capitalisme. Il n'y aura donc pas de développement en Afrique, hors quelques îlots de modernité mimétique « branchés » sur l'Occident.

Écrivant cela, je ne condamne pas l'Afrique au désespoir et je n'estime pas que l'Afrique soit « mal partie ». Elle n'est tout simplement pas engagée dans notre course, et si elle ne se « développe » pas, c'est la notion de développement qu'il nous faut réévaluer, ainsi que nos indicateurs. Lorsque nous entendons dire que le revenu moyen annuel au Ghana est de 400 dollars par habitant, nous projetons sur ces peuples nos mesures afin de quantifier ce qui n'est pas mesurable : la vitalité des marchés africains, l'énergie des femmes, leurs parures, les palabres des hommes, leurs joutes oratoires, les funérailles qui sont des fêtes, la compassion envers les faibles, la solidarité du clan, la violence entre les clans, etc. Est-ce que tout cela entre dans les quatre cents dollars ? Comment se fait-il que sur les marchés africains, tout se trouve et tout trouve acheteur ? A l'évidence, les statistiques n'appréhendent qu'une infime fraction de l'économie réelle, qui est une économie informelle ; « économie du bricolage et de la récupération », dit Georges Balandier. Quand émergera enfin une école d'économistes africains qui nous donneront la juste mesure de l'activité véritable et intense de l'Afrique ? Ceux-là nous expliqueraient comment quantifier les cultures africaines, et ce que les Africains perdraient s'ils venaient à troquer ces cultures contre quelques fragments de développement bâclé.

Je ne plaide pas pour l'immobilisme, ni pour le renoncement, ni pour l'abandon de l'Afrique à elle-même. Il me semble au contraire que les Africains sont plus riches — et pas seulement en biens matériels — que les chiffres ne le laissent apparaître. Il me semble ensuite que le progrès en Afrique — un but qui pourrait être atteint, qui n'a rien de chimérique — devrait être non pas la croissance de type occidental, mais la dignité, l'élimination des aspects les plus scandaleux de la misère. Les Africains ont droit aux techniques occidentales de caractère universel qui font reculer la maladie et la mort : la lutte contre les endémies, l'eau courante au village, les vaccins, un réseau sanitaire. Aucun de ces objectifs ne serait hors d'atteinte si les élites africaines — pas celles qui sont aujourd'hui en place, mais leurs successeurs, pourvu qu'ils soient représentatifs —, affectaient les ressources à l'élimination de la misère plutôt qu'à la quête du développement.

Ce retournement radical de stratégie pour l'Afrique ne vaut pas que pour l'Afrique, mais c'est en Afrique qu'il semble le plus nécessaire. Parce que c'est en Afrique que la résistance culturelle à l'occidentalisation est la plus forte, avec pour conséquence négative l'inaptitude à passer au développement par le capitalisme, mais avec pour corollaire positif la solidarité sociale.

Ces propos iconoclastes ne sont pas le produit morose de quelque méditation en chambre face à une feuille blanche, mais les notes prises sur le vif au terme de débats avec de nombreux intellectuels de l'université de Legon, à Accra. C'est dire que la crédibilité d'un modèle occidental de développement est quasi nulle dans les milieux les plus éclairés d'Afrique. Un autre modèle, inculturé et non acculturé, qui reste à définir par les Africains eux-mêmes, rétablirait l'espérance dans la mesure où ses fins ne seraient pas hors d'atteinte. Il n'exclurait pas l'échange avec l'Europe, mais, là encore, il s'agirait d'un échange à évaluer sur un autre mode que celui de la seule marchandise.

Besoin d'Afrique

A cette Afrique pauvre et qui le restera si nous lui appliquons nos critères inconséquents, les Occidentaux doivent plus qu'ils ne l'admettent et que ne le mesurent les balances commerciales. Je n'évoque que pour mémoire la traite des esclaves ou l'exploitation des ressources naturelles de l'Afrique. Ce n'est pas seulement notre économie, mais notre culture qui ont été profondément transformées par la rencontre avec l'Afrique. Celle-ci aura éveillé chez certains Européens le sentiment de leur supériorité raciale ; chez d'autres, elle aura engendré le relativisme culturel. Dans les deux cas, l'Afrique nous change.

Imaginez la civilisation contemporaine des Européens ou de l'Amérique du Nord sans l'Afrique. Nous n'aurions pas eu les cubistes, nés de la découverte des masques africains, et tout ce qui dans l'art s'en est ensuivi. « Les masques, écrit Georges Balandier, devenaient, en ayant perdu leur sens indigène, créateurs de liberté pour les Européens, qui ne savaient rien d'eux. » De cette rencontre avec l'art nègre date la genèse de l'art contemporain. Sans l'Afrique, nous n'aurions ni le jazz, ni le rock, ni la *world music*, tous rythmes négro-africains qui ont imprégné les Blancs. Des rythmes qui ne véhiculent pas que de la musique, mais aussi des attitudes sociales manifestes dans le *rap* et les comportements sexuels. Par un double mimétisme, l'Africain porte des Ray-Ban, comme un Occidental, tandis que l'Occidental tente de se déhancher comme un Africain.

Autre va-et-vient, plus intense qu'il ne le fut jamais : celui des hommes, des Blancs « experts » ou touristes vers l'Afrique, des travailleurs africains qualifiés ou non qualifiés chez nous. L'Afrique en exportera toujours plus, car son économie ne se développera pas et ses universités continueront à produire des diplômés. Si l'Afrique est dans nos murs, c'est que, faute de vendre des biens, elle doit exporter des hommes : ceux-ci, par l'argent qu'ils renvoient, deviennent la ressource principale de leur pays d'origine. Ces sommes n'y sont pas investies, mais sacrifiées selon le cycle sans fin d'une culture immuable, mais pas immobile.

La fermeture des frontières ne peut y changer grand-chose. A la case départ, elle rend plus pressant encore, pour un jeune Africain, le désir initiatique, autant qu'économique, de connaître l'Europe ; le voyage vers le Nord devient l'épopée nécessaire pour acquérir considération sociale et épouse au retour. Au point d'arrivée en Europe, le bannissement de l'immigration rend le travailleur africain plus attractif pour l'employeur : celui-ci paiera un salaire d'autant moins élevé que l'illégalité sera plus marquée. Le renforcement des contrôles accroît la demande des employeurs ; l'offre suit. Si l'on voulait contrôler ces flux et rétablir une certaine dignité dans l'échange, mieux vaudrait ouvrir les frontières que les fermer. C'est ce que les États-Unis ont entrepris avec le Mexique, et que l'Europe s'honorerait d'imiter dans ses relations avec l'Afrique.

Échange religieux, enfin. La mode en Afrique est aux prédicateurs évangélistes américains ; ils attirent les foules, font recette, fondent d'innombrables temples au Ghana. Mais ces prédicateurs blancs venus des États-Unis ou du Canada ne font que réintroduire en Afrique des religions qui viennent d'Afrique. Le *revival*, caractéristique de toute vie religieuse en Amérique du Nord, est un dérivé du vaudou africain qui, ainsi, va et vient entre les deux univers. Les échanges spirituels et culturels entre l'Afrique et nous sont plus intenses que les échanges économiques ; ils sont *égalitaires*. Le « besoin d'Afrique » est le roc incontournable qui interdit l'universalisation du capitalisme.

III

Les contradictions du capitalisme

Insaisissable par la théorie, le capitalisme épouse son temps et les civilisations les plus variées ; il n'est jamais l'uniforme qu'un roi philosophe ou un despote plus ou moins éclairé vont imposer à leurs sujets. Cette fluidité du capitalisme fait sa résistance, mais aussi ses imperfections : chômage, pauvreté, inégalités, vulgarité culturelle sont inséparables du capitalisme. Ces tares sont indéniables. Ne sont-elles pas aussi présentes dans d'autres formes d'organisation sociale, mais seulement plus visibles chez lui dans la mesure où le capitalisme est plus « transparent » ? Les deux sont probablement exacts, mais cette visibilité ne saurait justifier les véritables faiblesses du capitalisme.

En outre, le capitalisme doit être jugé à l'aune de ses propres ambitions, non par comparaison avec des utopies. Dès lors que le but du capitalisme est la prospérité générale, tout manquement à cette prospérité est choquant. Schumpeter estimait que de ces contradictions internes entre ambitions affichées et résultats concrets surgirait la crise finale du capitalisme et son remplacement par le socialisme. Aujourd'hui, il est devenu clair que le socialisme ne remplacera pas le capitalisme. Pour autant, celui-ci surmontera-t-il ses incontestables crises intérieures ?

Nous allons nous employer à montrer que les seules solutions opérationnelles à ces imperfections exigent plus de capitalisme encore, et non pas de s'en éloigner.

CHAPITRE 1

Le capitalisme américain est-il sauvage ?

Detroit, huit heures du matin. Jessica Doe, dix-neuf ans, noire et mère célibataire, accompagnée de ses deux enfants en bas âge, attend son tour. Elle est l'une des deux mille habituées de *Focus Hope*, une distribution gratuite d'alimentation de complément organisée par un prêtre catholique, le père Cunningham.

Jessica Doe est la mauvaise conscience de l'Amérique. Elle accumule sur ses frêles épaules tous les handicaps possibles : une scolarité écourtée, la drogue, un père disparu, une famille qui l'a rejetée, le chômage, des enfants à charge. Si les États-Unis choquent en offrant tant de contrastes criants entre opulence et misère, c'est parce que les Jessica Doe s'y comptent par millions : entre cinq et dix, selon les évaluations. Leur sort suscite l'indignation des bien-pensants et le réquisitoire des adversaires du capitalisme.

Certes, toutes les nations prospères comportent une certaine marge de pauvreté, généralement liée au chômage et par conséquent transitoire ; mais, aux États-Unis, est apparu depuis les années 1970 un phénomène nouveau, une pauvreté quasi héréditaire qui génère une véritable classe sociale, l'*underclass*. A ce titre, Jessica Doe est l'objet de toutes les sollicitudes : autour de la nouvelle classe de pauvres se pressent les sociologues, les économistes, les défenseurs des droits de l'homme, les œuvres charitables, les Églises, les médias et les politiciens.

Jessica Doe est-elle pauvre parce d'autres sont riches ? Est-elle victime d'un capitalisme devenu sauvage ? Du manque de protection sociale aux États-Unis ? D'une longue tradition d'exclusion des minorités ?

Pauvre ou Noir

Projetons-nous trente ans en arrière dans cette même ville de Detroit. Au long de Michigan Avenue où Jessica Doe attend son aumône, les manufactures aujourd'hui à l'abandon bruissaient d'activité. Sur les terrains vagues maintenant colonisés par les *dealers* de crack, des enfants noirs et bien élevés jouaient dans une ambiance familiale ; le soir, les couples se promenaient sans crainte d'être agressés là où nul individu raisonnable ne s'aventurerait dorénavant. Pendant un demi-siècle, Detroit incarna le rêve américain. Des immigrants du monde entier vinrent ici dans la certitude de trouver un emploi convenablement rémunéré dans la mécanique ou l'automobile. Plus de cent nations émigrèrent vers Detroit, mais les plus nombreux à s'y installer furent les Noirs du sud des États-Unis.

Jusque vers les années 1960, une famille type de Detroit était constituée d'un couple noir, stable, avec deux enfants convenablement éduqués ; le père était ouvrier chez Ford ou General Motors, et son salaire lui permettait de loger, nourrir et scolariser sa famille. Dans la plupart des cas, les enfants commençaient à travailler dès l'âge de seize ou dix-sept ans et succédaient à leur père dans des emplois sûrs mais peu qualifiés ; l'industrie américaine en fournissait autant que nécessaire.

Detroit, à l'époque, n'était envahie ni par la drogue, ni par les gangs ; l'Amérique fonctionnait, la ville ne souffrait ni du chômage, ni de la violence, ni d'une pauvreté excessive. Il eût été inimaginable, il y a trente ans, qu'une organisation comme *Focus*

Hope apparût comme indispensable à des milliers de mères de Detroit pour nourrir leurs enfants. Il eût été également impensable, à l'époque, que la plupart de ces mères fussent célibataires.

Aujourd'hui, le centre de Detroit, comme certains quartiers de New York, Los Angeles et Chicago, est devenu un champ de bataille. La principale activité économique y est le trafic de drogue. La déchéance y est frappante. Tout cela remonte à moins d'une génération. Comment Detroit a-t-elle basculé ?

Les grands dysfonctionnements qui alimentent le procès de la civilisation américaine et du capitalisme d'outre-Atlantique sont difficiles à analyser sereinement, car ils se dissimulent derrière un vocabulaire artificiellement neutre : pauvreté, manque de couverture sociale, criminalité, drogue. En réalité, toutes ces « questions sociales » n'affectent guère la société dans son ensemble ; elles ne concernent que l'*underclass*. Cette *underclass*, composée pour les deux tiers de dynasties de pauvres, est noire, plus rarement latino-américaine, exceptionnellement blanche. Le vocabulaire sociologique et neutre tend à dissimuler ce fait central : la non-intégration des Afro-américains dans le capitalisme. Pas de tous, loin de là : les Afro-américains appartiennent plus souvent à la classe moyenne qu'à l'*underclass* ; mais, à l'âge de vingt ans, un jeune Noir risque statistiquement de se trouver plus souvent en prison ou sous contrôle judiciaire qu'au collège.

La pauvreté aux États-Unis est donc avant tout le nouveau visage du sempiternel « problème noir » : les statistiques le crient, mais il n'est pas *politiquement correct* d'en faire état. Ce qui ne facilite guère les solutions.

Ronald Reagan est-il coupable ?

Au temps de la « Révolution conservatrice américaine », de 1980 à 1988, il était fréquent, parmi la gauche médiatique, d'imputer la pauvreté américaine à Ronald Reagan : n'avait-il pas exalté le capitalisme sauvage et détruit la protection sociale ? Mais les faits ne parlent pas la langue de l'idéologie. Durant les années Reagan, l'économie américaine a généré dix-huit millions d'emplois en tout genre ; ceux-ci offraient la possibilité aux jeunes gens et jeunes filles non qualifiés de l'*underclass* d'entrer sur le marché du travail. Mais ils n'ont pas voulu de ces emplois. Tout s'est passé comme si bon nombre de jeunes Noirs s'étaient délibérément retirés du marché de l'emploi légal. En revanche, au cours de la même période, les États-Unis ont accueilli un million d'immigrés par an, et à peu près tous, mis au travail, ont rejoint rapidement les classes moyennes, ainsi qu'en témoignent notamment l'essor des communautés asiatiques. Par ailleurs, Ronald Reagan, en dépit de son propre discours sur la réduction de la protection sociale, jugée par lui nécessaire, afin d'inciter l'*underclass* à retourner au travail, a permis, au cours de ses deux mandats, que les dépenses d'assistance augmentent de 60 %. A l'évidence, l'*underclass* n'a donc pas été la victime du reaganisme. Elle est apparue avant, elle perdure après, son destin n'est pas lié à un gouvernement particulier.

De même, la multiplication des *homeless*, les sans-logis, si visible dans les grandes villes et dénoncée avec véhémence par les ennemis du capitalisme américain, n'a rien à voir avec la politique de gouvernements conservateurs. Au contraire. Elle est la conséquence des théories de l'antipsychiatrie, qui ont vidé les hôpitaux et rendu à la vie civile les malades qui y étaient autrefois internés. La plupart des sans-logis sont suivis pour troubles mentaux ; les psychiatres considèrent, à tort ou à raison, qu'un traitement ambulatoire vaut mieux que l'internement. Cela ne justifie assurément pas la misère des *homeless*, mais la situe hors d'une critique raisonnée du système capitaliste. A moins de ne prétendre, à la manière de Michel Foucault, « que le fou crie l'injustice du capitalisme ».

La faute des bien-pensants

L'explication la plus constante de l'exclusion qui conduirait à l'*underclass* est le racisme. A juste titre. A Saint Louis, en 1991, deux cobayes volontaires, l'un noir, l'autre blanc, se sont confrontés à une série d'épreuves en adoptant le même comportement. Dans un magasin de libre-service, le Blanc fit son shopping sans encombres, le Noir fut constamment surveillé. Chez un marchand de voitures, le Blanc se vit proposer un prix plus bas et de meilleures conditions de crédit que le Noir. Le Noir feignit d'avoir perdu les clés de sa voiture, le Blanc aussi ; les passants ne proposèrent leur aide qu'au Blanc. Est-ce pour autant le racisme qui explique la pauvreté ?

Le racisme aux États-Unis, observe l'économiste noir Thomas Sowell, est un fait dont la plupart des communautés ont souffert : les Irlandais, les Italiens, les Juifs, les Mexicains, les Coréens. Or, le racisme n'a jamais empêché ces « exclus » de progresser. Il n'a pas non plus interdit aux Noirs d'améliorer leur sort : jusque dans les années 1960, la quasi-totalité des jeunes Noirs sont au travail, leur taux de chômage est même alors inférieur à celui des Blancs de leur âge. L'*underclass* ne se constitue qu'à partir des années 1970, alors qu'à l'évidence, après l'action de Martin Luther King et les campagnes pour les droits civils, l'Amérique blanche est devenue moins raciste qu'auparavant.

Ce qui change dans les relations raciales à compter de cette époque, c'est l'instauration d'un ensemble d'avantages particuliers réservés aux minorités, avant tout aux Noirs. Sous l'appellation générale d'*affirmative action*, le Parlement et les juges ont accordé à ces minorités des droits particuliers afin de compenser les effets de la discrimination et de passer d'une égalité des chances théorique à une égalité de résultats concrète. Des quotas d'emplois sont réservés aux Noirs, de droit ou de fait, dans les administrations, les universités, les grandes entreprises.

Ne serait-ce pas ce traitement particulier qui se retourne à présent contre les Noirs et contribue à les isoler ? Telle est la thèse de Thomas Sowell. Si un employeur blanc, explique-t-il, est contraint de recruter un jeune Noir seulement parce qu'il est noir, il hésitera doublement à l'embaucher. Si un Noir est recruté par une administration ou par une université au nom de l'*affirmative action*, qui dira s'il doit sa promotion à son talent ou à la couleur de sa peau ? Dès lors, tout diplômé noir devient suspect d'avoir bénéficié d'un traitement préférentiel, ce qui laisse supposer que les Noirs sont effectivement une race différente... et probablement inférieure. Voilà comment, selon Sowell, le racisme aurait été perpétué au nom de l'antiracisme. Il aurait mieux valu, dit-il, laisser les Noirs faire leurs preuves sur le marché, car le capitalisme est aveugle aux couleurs ; son seul critère est la rentabilité.

Comment contrôler la validité de la théorie de Sowell ? On ne le peut pas. Impossible de comparer une Amérique qui est à une Amérique qui aurait pu être. Est-ce que le capitalisme indiscriminé aurait intégré les Noirs, à l'instar des autres minorités ethniques ? Peut-être pas, car les Noirs n'appartiennent pas à une communauté ethnique comme les autres : ils n'ont pas choisi de venir en Amérique, et leur culture conserve, indélébile, la marque de cette histoire à nulle autre pareille. Mais on peut admettre avec Sowell que les quotas accentuent leur différence. En revanche, ces quotas n'ont-ils pas désamorcé la violence en intégrant les élites noires dans la vie politique et universitaire, la police, l'armée ?

Je penche pour cette seconde hypothèse aux conséquences ambiguës, car elle pourrait aussi expliquer la naissance de l'*underclass*. L'*affirmative action*, en effet, n'a pas joué pour ou contre les Noirs dans leur ensemble ; elle a cassé cette population en deux : ceux qui ont bénéficié des quotas et les autres. Les quotas ont « écrémé » la population noire et orienté vers des emplois publics (université, politique, droit) les meilleurs. Ceux-ci se sont coupés de leur base et du secteur privé.

L'une des principales conséquences de l'*affirmative action* aura donc été de susciter une élite noire, non économique, qui n'a pas créé d'entreprises (ou bien peu), alors que, traditionnellement, les membres des autres minorités sont devenus entrepreneurs et ont recruté par priorité parmi leurs semblables. Au sein des autres minorités, un adolescent sans qualification particulière a toujours l'espoir d'être employé dans son voisinage ou sa parentèle. Un jeune Noir a rarement cette perspective et peut difficilement s'identifier à l'avocat ou à l'universitaire noirs, socialement et géographiquement distants. Dès qu'elles le peuvent, les nouvelles classes moyennes noires qui ont bénéficié de l'*affirmative action* se précipitent hors de leurs ghettos urbains d'origine pour rejoindre le mode de vie des Blancs. Ceux qui restent dans ces ghettos, toutes les Jessica Doe, ne connaissent plus dans leur voisinage une seule réussite sociale à laquelle s'identifier. C'est ce que les sociologues appellent la disparition des *role models*. Pour compenser cette disparition, il est courant, dans les écoles noires, d'inviter des « Noirs qui ont réussi » à visiter les classes ; l'artifice dénonce à lui seul la réalité de leur absence.

Ainsi, l'*affirmative action* a créé une classe supérieure noire par quotas, mais, en écrémant les élites, elle a simultanément abandonné l'*underclass* à elle-même. Cette coupure s'est produite au moment même où l'embauche industrielle des Noirs peu qualifiés s'effondrait.

Les Noirs victimes de la désindustrialisation

A Detroit, en 1960, les grands-parents de Jessica Doe ne chômaient pas ; ils travaillaient : Esther comme serveuse, Washington Doe comme ouvrier dans l'automobile. Né et élevé en Alabama dans une stricte discipline familiale et une société raciste et hiérarchisée, Washington Doe débuta dans la vie professionnelle comme cueilleur de coton. En 1949, la mécanisation du ramassage lui a fait chercher fortune au Nord. Il est passé sans transition de la campagne à la ville, d'un emploi non qualifié à un emploi peu qualifié, d'une société hiérarchisée à une autre. Immigré de l'intérieur, il s'est adapté au travail à la chaîne dans l'industrie automobile. Dans son logement social de la ville de Detroit, il a tenté avec difficulté de maintenir l'étiquette familiale du Sud. Aujourd'hui retraité, le grand-père Doe regrette le Sud raciste, certes, mais où la communauté noire vivait, croit-il se souvenir, dans une certaine harmonie autour des ancêtres et du temple baptiste. Sa fille, mère célibataire comme Jessica, n'a jamais vécu que d'allocations publiques. Le père de Jessica ? Celle-ci ne l'a pas connu.

Quelle est donc la cause de cette brutale dislocation familiale ? L'économie, peut-être. A partir des années 1970, dans les grandes manufactures industrielles, les robots ont remplacé les hommes. Les Japonais ont exporté des voitures mieux faites et moins chères que les « belles américaines ». Les entrepreneurs ont transféré leurs usines vers le sud des États-Unis pour échapper à l'emprise des puissants syndicats ouvriers du Nord. La sidérurgie a régressé sous la rouille, tandis que le plastique remplaçait le fer. Les emplois ne disparaissaient pas, mais quittaient Detroit pour des banlieues plus vertes et changeaient de nature. Il ne suffisait plus d'avoir été cueilleur de coton pour travailler ; il fallait au minimum avoir achevé ses études secondaires dans une *high school.* Ce qui n'était pas le cas de la plupart des Noirs, enfermés dans un certain type de travail manuel et peu qualifiés. L'archétype de l'ouvrier noir qui faisait vivre sa famille avec son seul salaire s'est alors écroulé. De là serait née l'*underclass*, prétend William Julius Wilson, sociologue noir de l'université de Chicago.

Selon l'interprétation matérialiste de Wilson, l'infrastructure économique déterminerait les comportements : la disparition de la base industrielle de la communauté noire aurait transformé celle-ci en nouveau prolétariat. C'est à William Julius Wilson que les Américains doivent l'usage systématique du mot *underclass.* Un mot lourd de conséquences, car Wilson, par inadvertance ou par idéologie, a ainsi enfermé les pauvres dans une nouvelle logique politique : après lui, il est devenu impensable et indicible de distinguer entre les membres de l'*underclass*, de considérer par exemple que certains sont plus activement à la recherche d'un emploi que d'autres. Le concept d'*underclass* a dilué la responsabilité individuelle : les « pauvres » sont désormais homogénéisés, « massifiés » et victimisés. Tous « méritent » le même traitement social.

Wilson en infère que le gouvernement américain devrait tourner le dos au capitalisme sauvage pour instaurer une politique industrielle — « comme en Europe », dit-il — qui recréerait des emplois manuels dont les Noirs urbanisés seraient les premiers bénéficiaires.

La thèse de Wilson, populaire parmi la gauche américaine, laisse sceptique. Tout d'abord, l'éclatement des familles noires a commencé avant la mutation industrielle. Même si celle-ci l'a accéléré, elle ne l'a pas déclenché. Ensuite, la désindustrialisation a supprimé des emplois occupés par des Noirs, mais d'autres, simultanément, ont été créés ailleurs, certes différents, mais disponibles. Wilson n'explique pas pourquoi les Noirs n'ont pas accompagné le mouvement et se sont constitués en *underclass* alors que d'autres groupes sociaux ou ethniques ont su s'adapter. Enfin, une politique dite « industrielle » reviendrait à taxer les secteurs économiques les plus dynamiques pour créer des îlots manufacturiers à l'abri de frontières closes : de quoi ralentir la croissance et faire monter le taux de chômage américain. Depuis vingt ans, celui-ci est sans cesse resté inférieur au taux européen et, sans le phénomène de l'*underclass*, serait plus bas encore : malgré le capitalisme sauvage ou grâce à lui ? Enfin, comment la disparition de l'emploi des hommes noirs aboutit-elle à la prolifération des mères célibataires ? La réponse de William Julius Wilson fait appel à la théorie du choix rationnel : un homme noir au chômage et sans perspective de travail devient immariable, ne peut prétendre au rôle de père ; les Jessica Doe n'en veulent pas et préfèrent rester célibataires. Pas très convaincant...

Intoxication par l'aide sociale

Contrairement aux caricatures répandues sur l'absence de solidarité qui prévaudrait aux États-Unis, Jessica Doe n'est pas abandonnée par l'État à son triste sort. Chaque mois, elle reçoit une aide de l'État du Michigan, une allocation fédérale réservée aux mères célibataires (AFDC), des *food stamps* (bons d'achat d'alimentation) ; elle bénéficie d'un logement social au loyer symbolique, de soins médicaux gratuits, et elle complète l'alimentation de ses enfants grâce à *Focus Hope*, la fondation du père Cunningham. L'ensemble représente l'équivalent de vingt mille dollars par an, soit le salaire d'un ouvrier non spécialisé. Quand on l'interroge, Jessica Doe reconnaît qu'elle vit convenablement, mais manque d'argent de poche pour ses loisirs ; pour cela, elle travaille occasionnellement en vendant un peu de marijuana. « Cela ne me rapporte que trois dollars de l'heure, s'esclaffe-t-elle, moins que le salaire miminum légal ! » Le crack rapporte dix dollars de l'heure, mais avec des risques ; elle ne s'y aventure pas.

Serait-ce parce que les aides publiques ou caritatives sont trop élevées que Jessica Doe — comme sa mère — vit dans la dépendance et n'envisage pas d'en sortir ? C'est ce que pensent les conservateurs américains : la *welfare dependency* serait le socle de l'*underclass* et la cause de sa perpétuation d'une génération l'autre.

Cette théorie si chargée de passions contradictoires est-elle vérifiable ? Dans une étude publiée en 1984, *Losing Ground,* qui fit grand bruit et reste le document de référence sur le sujet, le sociologue Charles Murray a établi sinon une relation de cause à effet, du moins une coïncidence troublante entre la générosité de l'allocation accordée aux mères célibataires et la progression de leur nombre : deux tiers des enfants noirs naissent actuellement d'une mère célibataire, contre 15 % en 1960. Charles Murray montre que l'allocation fédérale (AFDC), initialement conçue pour les veuves, est calculée de telle manière que Jessica Doe reçoit davantage de l'État, en vivant seule avec ses enfants, que si elle cohabitait avec leur père, et que ces aides lui rapportent plus que ce qu'elle obtiendrait d'un modeste emploi salarié. Murray, qui appartient à l'école dite du « choix rationnel », en conclut que toutes les Jessica Doe ont un intérêt matériel à conserver leur statut, que l'État est responsable de la dislocation des familles pauvres, que les enfants élevés dans ces conditions ne feront probablement pas d'études et seront voués à leur tour à la marginalité et au chômage.

Dans une nouvelle étude publiée par le *Wall Street Journal* en novembre 1993, Murray a attiré l'attention sur l'apparition d'une *underclass* blanche, elle aussi en relation directe avec la dislocation familiale. Le taux des naissances illégitimes atteint désormais 22 % chez les Blancs, loin derrière les Noirs, mais en forte augmentation, causée, selon Murray, par une culture permissive et « encouragée » par les allocations publiques. Murray plaide donc pour une réduction des aides aux Blancs comme aux Noirs et pour une distinction entre « pauvres méritants » qui cherchent à s'employer, à éduquer leurs enfants, à stabiliser leur famille, et « pauvres non méritants » chez qui la dislocation familiale conduit à la passivité ou à la violence. Jessica Doe serait probablement à ranger dans cette seconde catégorie.

Le projet de Murray, suspect de discrimination raciale sous couvert d'efficacité sociale, n'a aucune chance d'être retenu par aucun gouvernement, aussi conservateur soit-il. Nous avons noté que Ronald Reagan, tout en tenant un discours de ce type, n'a jamais proposé aucune législation allant un tant soit peu dans ce sens. Murray a-t-il d'ailleurs vu juste ? En isolant le seul facteur de l'aide sociale, il suppose que Jessica Doe fait le calcul auquel lui-même aboutit. Mais Jessica Doe est-elle assez rationnelle pour comparer les avantages financiers du célibat à ceux de la vie en commun ? D'autres éléments n'interviennent-ils pas, comme l'idée qu'elle se fait de la dignité, de la famille ? Lorsque je lui ai demandé pourquoi elle avait eu deux enfants de pères différents, hors mariage et si jeune, elle me répondit que « toutes ses copines de Detroit le faisaient et qu'avoir des enfants jeune lui permettrait de profiter de la vie avant quarante ans ». Nous paraissons bien loin ici du calcul à la Murray !

Cependant, l'attitude de Jessica Doe n'est possible que dans la mesure où l'État supplée à ses besoins matériels. Comme le dit Gary Becker, l'économiste de Chicago, chef de file des « théoriciens de l'action rationnelle » (Rational Action Theory — RAT), « Jessica Doe ne fait pas nécessairement des choix rationnels, mais elle se conduit exactement comme si elle les faisait ».

La trappe aux « RAT »

Selon Charles Murray, Jessica Doe a été « piégée » par les aides sociales. Plus systématique (s'il n'avait pas l'esprit de système, sans doute cet économiste de l'université de Chicago n'aurait-il pas obtenu en 1992 le prix Nobel d'économie), Gary Becker estime que l'*underclass* tout entière est tombée dans un piège *(trap)* hérissé de bonne conscience progressiste. Selon la « théorie de l'action rationnelle » de Becker, le comportement de l'*underclass* s'explique intégralement par les *incentives*, bâtons et carottes maniés par les pouvoirs publics. Puisque l'aide aux mères célibataires est plus avantageuse que le mariage, pourquoi Jessica Doe se marierait-elle ? Dans les milieux défavorisés, les considérations matérielles, rappelle Becker, ont toujours joué un rôle décisif dans les stratégies matrimoniales. Et pourquoi étudier en classe et éviter de commettre crimes ou délits dès lors que les sanctions ont presque disparu ?

Avant les années 1960, la discipline régnait dans les écoles. La Jessica Doe de l'époque n'était peut-être pas surdouée, mais elle achevait sa scolarité et y acquérait un minimum de connaissances. Depuis que la discipline est bannie, parce que supposée réactionnaire et attentatoire aux droits des élèves, une Jessica Doe est peu incitée à travailler. Comme elle n'a pas les moyens de s'inscrire dans une école privée et que sa famille ne peut lui apporter de soutien pédagogique, elle sera bien malgré elle la victime de choix de cette disparition de la discipline scolaire, beaucoup plus que ne le seront les élèves non issus de l'*underclass*.

Gary Becker applique le même raisonnement aux activités criminelles. Depuis trente ans, les risques d'être pris et lourdement sanctionné n'ont cessé de diminuer aux États-Unis. La jurisprudence favorable aux droits de la défense, combinée à la perte de légitimité de la police, a considérablement renforcé les « avantages » du crime et réduit ses risques. Dans ce contexte, il est donc rationnel que les membres de l'*underclass*, peu éduqués et souvent chômeurs, s'y investissent. Il n'est pas nécessaire, estime Becker, de chercher des explications culturelles ou ethniques au développement des activités criminelles : une approche rationnelle suffit. Ainsi l'*underclass* serait l'aboutissement logique du nouvel environnement permissif affectant les aides sociales, l'éducation et la justice. Becker fait abstraction de la culture.

A tort, nous dit Glenn Loury.

Le métier de victime

Selon Glenn Loury, l'*underclass* est un phénomène culturel, non une maladie économique. Celui qui s'exprime ainsi est pourtant économiste à l'Université de Boston, et noir. Il appartient à la frange des intellectuels noirs qui contestent radicalement le discours dominant tenu par l'*establishment* afro-américain : une position téméraire sur les campus « politiquement corrects ».

Oui, dit Glenn Loury, les Noirs sont des victimes historiques du racisme des Blancs. Mais qui n'est pas une victime ? Seuls les Noirs, selon lui, se définissent par leur statut de victimes ; ils en ont fait leur raison sociale et exigent d'être traités en tant que tels. Et la mauvaise conscience des Blancs « progressistes » concourt à l'exploitation politique que font les dirigeants noirs de cet état de choses. Pour que ce statut de victime dégage des avantages, il est essentiel, dit Glenn Loury, que tout Noir se comporte en victime. Le bon Noir est donc celui qui se révolte, et non pas celui qui accepte les règles du jeu des Blancs. Ainsi le bon élève noir sera-t-il harcelé par ses camarades qui n'auront de cesse de le tirer vers le bas et de le traiter de *brainiac* (obsédé du cerveau). De même, le Noir qui réussit hors des rôles traditionnels — le sport et le spectacle — ou de ceux qui lui sont affectés par l'*affirmative action* dans l'université et la fonction publique, sera accusé de trahison par ses frères.

Les Noirs américains constitueraient ainsi la seule communauté dont les modèles sont négatifs et les *success stories* dénigrées. Un bon élève, un bon ouvrier, un bon cadre, noirs, s'ils survivent aux avanies du ghetto, en seront rejetés ; l'*underclass* élimine de son sein tout héros « blanchi » par le succès, pour ne valoriser que ses héros négatifs : le *macho* qui dispense sa semence avec générosité, le frimeur enrichi par le trafic. Cette autovictimisation expliquerait aussi pourquoi les Noirs sont, sur le marché des emplois peu qualifiés, évincés par les nouveaux immigrés d'Asie ou d'Amérique latine. Ces derniers n'ont pas droit au statut de victimes ni aux emplois réservés par quotas ; ils ne peuvent faire leurs preuves que par leur acharnement au travail. Les Noirs, en revanche, considèrent qu'ils n'ont pas à s'acharner, puisqu'ils ont droit à réparation.

Pourquoi les Noirs de l'*underclass* acceptent-ils ce rôle de victimes ? L'autovictimisation est d'autant plus volontiers adoptée par eux qu'elle leur paraît ouvrir un droit à indemnisation. Certains leaders noirs n'exigent-ils pas que les Blancs versent à chaque famille noire cent mille dollars en réparation de l'esclavage de leurs aïeux ? Le statut de victime comporte aussi un avantage psychologique : l'irresponsabilité pour ses propres fautes. Nulle « victime » n'est en définitive coupable : cette ligne de défense est souvent adoptée par les jeunes délinquants noirs, avec le soutien de la mauvaise conscience blanche. Lorsque, en 1991, une jeune femme blanche fut violentée et laissée pour morte par trois jeunes voyous noirs dans Central Park, le cardinal-archevêque de New York, John O'Connor, ne condamna pas les agresseurs, mais déclara : « Nous sommes tous coupables pour avoir accepté qu'aux États-Unis se développent des conditions économiques telles que ce type de crime est devenu possible. » Le rôle de victime, enfin, est conforté par les « travailleurs sociaux » qui entourent l'*underclass* ; ces *welfare entrepreneurs* partagent l'analyse marxo-freudienne et anticapitaliste des origines de l'*underclass*. Il ne faut donc pas compter sur eux pour réinsérer l'*underclass* dans le capitalisme, puisqu'ils en contestent radicalement les principes. Si l'*underclass* est par définition non coupable, on ne voit pas, en effet, pourquoi ses membres essaieraient à titre individuel d'en sortir, par exemple, par l'effort et le travail.

Que propose Glenn Loury ? Que les Blancs progressistes cessent de vouloir le bien des Noirs, qu'ils gardent pour eux leur mauvaise conscience, que l'État remballe ses aides et laisse faire le marché : la privatisation des écoles et de l'aide sociale, dit Loury, nous débarrasserait de la nomenklatura noire et blanche qui séquestre l'*underclass* dans son « autovictimisation ».

L'héritage des sixties

Dans la quête souvent simplificatrice d'une cause unique de la pauvreté, un pas supplémentaire a été franchi par l'écrivain blanc new-yorkais Myron Magnet, dans un essai controversé publié en 1993, *Le Rêve et le Cauchemar ; le legs des années 1960 à l'Underclass*. Jessica Doe, explique Myron Magnet, n'est pas une victime de l'esclavage de ses ancêtres, ni du capitalisme, ni du racisme, ni de la désindustrialisation de Detroit, ni des aides publiques ; elle est la victime de la culture permissive des années 1960. D'après cet auteur, à partir du moment où le rock a idéalisé la liberté sexuelle et la drogue, où une psychologie médiatique pop a ridiculisé la famille, où les héros culturels et les stars ont multiplié les aventures érotiques, pourquoi une jeune femme noire se sentirait-elle contrainte de fonder une famille stable ? A partir du moment où un écrivain aussi célèbre que Norman Mailer écrit (en 1957, dans *Le Nègre blanc*) qu'« un crime commis par un Noir n'est pas un crime, mais une rébellion contre la société blanche, injuste et totalitaire », pourquoi un jeune Noir respecterait-il les lois blanches ? Le même Norman Mailer n'ouvre-t-il pas la voie à Eldridge Cleaver, fondateur des « Panthères noires », qui écrivit dans *Soul on Ice*, ouvrage figurant au programme de certaines universités, que

« le viol d'une femme blanche par un Noir est un acte politique, un manifeste contre l'oppression ». C'est encore Norman Mailer qui exalte les graffiti « d'un individualisme exubérant, supérieur à la banalité impersonnelle des façades de pierre ». Cette littérature, estime Myron Magnet, a exercé une influence indirecte jusque parmi la jeunesse des ghettos, sous une forme dégradée, au travers des héros négatifs des films de Hollywood, par les paroles du *rap* et par les *tags*.

Admettons un instant que la culture permissive ait véritablement contribué à détruire la famille, l'éthique du travail et les codes moraux. Pourquoi l'*underclass* serait-elle davantage contaminée que les classes moyennes blanches ? L'argument de Myron Magnet est qu'un jeune Blanc, après avoir essayé la drogue et la liberté sexuelle, finit par retrouver ses marques dans un environnement stable, une famille, un emploi, un mode de vie bourgeois. En revanche, la fragilité économique des Noirs pauvres, l'absence d'indignité qui s'attache à l'assistance publique, auraient fait basculer l'*underclass* dans la permissivité permanente, alors qu'il ne s'agit pour les autres que d'un épisode de l'adolescence. Ainsi, par leur amoralisme, les élites causeraient sans le vouloir le malheur des plus pauvres.

On objectera que le machisme, la drogue, l'hypersexualité, avant d'être assumés par les « élites » blanches, étaient des valeurs noires : dans la généalogie du rock, le déhanchement suggestif d'Elvis Presley est délibérément emprunté aux chanteurs noirs, et c'est lui qui fit passer cette culture noire dans le monde blanc. Certes, reconnaît Myron Magnet, mais la drogue et l'hypersexualité mâle n'étaient que des aspects marginaux de la communauté noire qui, dans son immense majorité, était conservatrice, patriarcale, religieuse. Les Blancs seraient donc coupables d'avoir idéalisé certains des aspects les plus aberrants des comportements noirs, de les avoir promus en modèles et de les avoir renvoyés comme valeurs à la communauté noire tout entière. Simultanément, les élites blanches s'interdisent par mauvaise conscience et relativisme moral de condamner ces comportements de l'*underclass* ; pris individuellement, aucun membre de ce groupe social ne saurait être considéré comme coupable ; seul le « système » est condamnable. La « révolution culturelle » des années 1960 aurait donc idéalisé les traits marginaux de l'*underclass* qui, paradoxalement, serait devenue la victime de cet assaut de bons sentiments. Cette surdose culturelle, combinée à tous les autres aléas, économiques et raciaux, expliquerait l'apparition datée de l'*underclass*, héritage involontaire des « années rock ».

Les entrepreneurs en welfare

Nous venons de passer en revue, en compagnie de leurs auteurs, toutes les analyses dominantes aux États-Unis de l'exclusion. Toutes, sans doute, reflètent une part de vérité. Toutes ont conduit depuis trente ans à des stratégies variées d'aide à l'*underclass*. Toutes ont échoué.

Ce n'est pas, en effet, faute de sollicitude que l'*underclass* reste confinée dans la pauvreté. D'innombrables « programmes » lui sont destinés, taillés sur mesure par l'État fédéral, les administrations locales, les fondations, les Églises : jardins d'enfants pour les plus pauvres (*headstart*), apprentissage pour les adolescents, travail d'utilité collective pour les bénéficiaires d'une allocation publique (*workfare*). Parmi ces programmes, il est toujours possible d'isoler une expérience positive dont les médias, les politiciens et les lobbies favorables à l'interventionnisme social de l'État feront grand cas : à la manière des « villages Potemkine », la démocratie américaine entretient à grands frais des programmes modèles, des expériences témoins qui manifestent plus la bonne volonté ou les intérêts de leurs organisateurs, publics ou privés, que l'efficacité de leurs solutions. Le principal résultat en est d'assurer la notoriété de ces promoteurs, les « entrepreneurs en *welfare* ».

A Detroit, nous avions rencontré Jessica Doe au *Food Center* du père Cunningham dont la fondation, *Focus Hope,* offre à l'*underclass* de la ville toute une gamme de services, depuis le jardin d'enfants jusqu'à la formation au diplôme d'ingénieur. L'ensemble fonctionne dans un confort digne des grandes entreprises américaines, à coups de subventions publiques et de dons privés. Cette belle machine, dont le budget annuel s'élève à cinquante millions de dollars, constitue une halte obligée sur le circuit de tous les sociologues de l'*underclass*, de tous les candidats à la mairie de Detroit, des présidents des États-Unis, qu'ils soient républicains ou démocrates.

Le but, explique le père Cunningham, qui est blanc, est de réinsérer les jeunes Noirs dans des emplois industriels qualifiés, « de manière qu'ils fondent une famille, s'achètent une voiture et une maison » — le rêve américain reconstitué, en somme. Cent pour cent des jeunes Noirs issus de l'*underclass* formés par *Focus Hope* trouvent effectivement un bon emploi. Mais ils ne sont que quelques dizaines chaque année, sévèrement sélectionnés à l'entrée, et sans doute cette élite se serait-elle intégrée de toute manière au capitalisme américain. *Focus Hope* ne fait que démontrer à grands frais qu'il n'existe pas de handicap social ou racial qui ne puisse être surmonté dans la société capitaliste, à condition de recevoir une bonne éducation. Mais ce « programme » n'explique en rien pourquoi les membres de l'*underclass* en général ne cherchent pas à accéder à cette éducation.

La même observation vaut pour tous les programmes de formation et d'insertion par lesquels des gouvernements tentent de compenser, grâce à des micro-expériences, les dégâts à grande échelle qu'ils ont souvent eux-mêmes provoqués par ailleurs. Ainsi, plusieurs États américains exigent que les bénéficiaires du *welfare* exercent obligatoirement une activité d'utilité sociale, sous peine de perdre leur allocation ; cette initiative paraît si légitime que les présidents Reagan, Bush et Clinton ont tous trois souhaité la généralisation des principes dits du *workfare*. Mais le *workfare* ne marche pas : les « travailleurs sociaux » chargés de l'appliquer en dispensent les mères célibataires qui ont la charge d'élever leurs enfants et sont perçues comme des victimes ; or celles-ci représentent l'essentiel des bénéficiaires du *welfare*...

Si nous passions au crible tous les programmes sociaux à destination des « pauvres », nous retrouverions en permanence le même schéma : des entrepreneurs en *welfare* subventionnés par l'État gèrent des programmes témoins supposés réparer les handicaps dont les véritables causes se révèlent inavouables dans un langage « politiquement correct ». Trente ans d'aide massive de l'État aux pauvres et aux chômeurs illustrent l'échec de cette politique sociale — voire sans doute de *toute* « politique sociale ». Plus le nombre des « défavorisés » augmente, plus l'État a dépensé ; et plus l'État a dépensé, plus le nombre de pauvres a augmenté. Pourquoi, depuis trente ans, aucun gouvernement américain n'a-t-il jamais pris acte de cette contradiction ? Comme l'explique Milton Friedman, « l'échec d'un programme public n'est jamais sanctionné ; au contraire, il justifie une augmentation des crédits ».

La conclusion qui s'impose est celle de Nathan Glazer qui, le premier, il y a trente-cinq ans, avait désigné le dysfonctionnement familial comme cause essentielle de la pauvreté. « Rien ne marche » : l'État comme la charité privée se révèlent incapables de porter remède à ce scandale majeur de la société américaine. Et ce qui marcherait peut-être, les solutions ultraconservatrices à la Murray consistant à supprimer toute aide sociale, est politiquement indicible, moralement insoutenable.

Le capitalisme américain est-il condamné à cohabiter avec l'*underclass*, tribu d'ilotes en son sein qui en dénonce la permanente injustice ? Dans sa *Théorie de la justice*, bible de la gauche libérale, John Rawls, philosophe à Harvard, prétend que la richesse n'est légitime que si les plus défavorisés en tirent avantage : le capitalisme, en somme, ne serait juste que si la société entière était totalement juste. Par suite, le capitalisme américain serait illégitime dans la mesure où il est incapable de faire régner une totale justice. Le fait que le capitalisme en tant que tel ne soit pas responsable de l'*underclass* ne suffit pas pour autant à l'innocenter. Cette thèse ronge la conscience de la plupart des Américains et interdit en effet que le capitalisme passe à leurs yeux pour « acceptable ».

L'impôt négatif

Nous n'avons envisagé jusqu'à présent que des solutions « conservatrices » tendant à réduire la protection sociale pour ramener, si faire se peut, une partie de l'*underclass* sur le marché du travail. La droite économiste et moralisatrice ne propose rien d'autre. A gauche, le projet le plus cohérent de lutte contre l'exclusion est celui de Christopher Jencks, sociologue blanc de l'université de l'Iowa. Il est aux « libéraux » ce que Charles Murray est aux conservateurs : un penseur iconoclaste dont les recommandations séduisent sans pour autant — pour l'heure — être considérées comme applicables.

Rethinking Social Policy, publié par Jencks en 1992, constitue d'ailleurs une réponse à Murray. Murray, on s'en souvient, prétend que Jessica Doe n'est nullement tentée de sortir de son état de pauvreté ni de chercher du travail parce que le *welfare* suffit à son confort. Faux, riposte Jencks, qui a refait les calculs de Murray : les allocations varient d'un État à l'autre et, en règle générale, aucune mère célibataire avec des enfants à charge ne peut survivre avec la seule assistance sociale. Cela implique que la plupart des mères célibataires reçoivent, en sus des allocations publiques, une aide privée (d'un ami, d'une famille), ou exercent une activité rémunérée. Celle-ci est occulte, sous peine de voir fermer le robinet des aides publiques réservées aux chômeurs. Jessica Doe, conclut Jencks, n'est pas victime de la générosité du *welfare,* mais de son insuffisance. L'allocation ne permet pas à Jessica Doe d'être mère au foyer, même si elle le voulait ; elle l'oblige à trouver un petit boulot illégal. A cause des aides insuffisantes, l'*underclass* serait ainsi précipitée dans la culture de l'illégalité : marché noir, drogue, prostitution. Jencks en déduit qu'il faut augmenter et non pas réduire le *welfare* afin de permettre à Jessica Doe de recouvrer sa dignité et, si elle le désire, d'élever ses enfants sans travailler, comme toute mère américaine.

L'objection immédiate est que toute mère, même n'appartenant pas à l'*underclass,* souhaiterait recevoir une pareille assistance. Jencks en convient et, pour lui, toute mère, célibataire ou pas, pauvre ou pas, devrait en effet recevoir une allocation mensuelle de l'État.

Absurde ? Pas tellement. Jencks en a calculé le coût et fait observer qu'il est compatible avec le budget des États-Unis, d'autant plus que la généralisation d'une telle allocation entraînerait des économies : disparition des services sociaux chargés de discriminer et contrôler, réduction des activités illégales ou criminelles, etc. Si nous suivons Jencks, la généralisation d'un minimum garanti rendrait à chacun sa dignité et ferait disparaître la notion même d'*underclass*. Jencks rejoint là une proposition ancienne du très conservateur Milton Friedman, connue sous l'appellation d'« impôt négatif sur le revenu ». Friedman avait suggéré dans les années 1960 que l'impôt sur le revenu devienne strictement proportionnel, positif ou négatif : au-dessus d'un certain seuil, l'État prélèverait sur les revenus du citoyen ; au-dessous de ce seuil, il compenserait. Chacun serait ainsi assuré, par l'État neutre, d'un minimum vital, quelle que soit l'origine de ses embarras financiers. Mais Friedman ajoute — point essentiel de son raisonnement — que l'impôt négatif remplacerait toutes les autres interventions sociales de l'État ; il appartiendrait à chacun de gérer au mieux son revenu minimum sous sa responsabilité personnelle. Dans cette hypothèse, si Jessica Doe décidait de rester dans l'*underclass*, ce serait, selon Milton Friedman, son affaire ; la société ne saurait être tenue pour responsable du destin qu'elle se serait librement choisi.

Ces théories de Jencks et de Milton Friedman ne manquent pas de séduction dans l'abstrait, mais donneraient-elles des résultats conformes à leurs ambitions ? Jessica Doe ferait-elle bon usage de son revenu minimum garanti ? Peut-être l'idée qu'elle se fait de cet usage n'est-elle pas nécessairement conforme au bien collectif ? C'est ce que paraît démontrer une expérimentation en vraie grandeur.

Entre 1968 et 1974, un « échantillon représentatif » de 8 700 personnes, dans quatre États différents, ont reçu une somme équivalente à ce qu'elles-mêmes estimaient devoir constituer un revenu minimum. Le comportement de ces groupes a été comparé à une autre population qui ne recevait de son côté que l'assistance commune. Les résultats furent ceux que le bon sens populaire aurait prédits, mais surprirent néanmoins les sociologues par leur ampleur : recevoir le revenu minimum augmentait de 29 % (d'après l'évaluation de l'économiste Martin Anderson) le chômage délibéré parmi les jeunes adultes, et le nombre des mères abandonnées par leur conjoint s'accrut considérablement. Nous nous garderons bien de généraliser les effets du revenu minimum sur l'ensemble de la population pauvre aux États-Unis, ou de prétendre que le résultat vaudrait pour les titulaires du RMI en France. Nous constaterons seulement que la seule expérience empirique disponible conforte la position des critiques de la dépendance envers l'État.

La religion, peut-être

Contre l'exclusion, rien ne marche, dit le sociologue Nathan Glazer, mais il ajoute parfois : « sauf la religion », rejoignant par là de nombreux pasteurs noirs, Martin Luther King en son temps, plus récemment Jesse Jackson et Johnny Ray Youngblood. Ce qui suit en témoigne, ne peut se passer qu'aux États-Unis et ne vaut probablement que pour les Américains.

Dimanche matin à East Brooklyn. Seul homme blanc dans le temple Saint-Paul, je passe difficilement inaperçu. Le pasteur Johnny Ray Youngblood m'apostrophe devant sa congrégation réunie : « Vous voyez ce que ça fait d'être une minorité raciale aux États-Unis ! » *Amen,* répond l'assistance.

Youngblood n'est pas de ces télé-évangélistes qui attirent des millions de spectateurs, dialoguent avec Jésus devant les caméras, guérissent à distance et font fortune. Il est l'authentique pasteur d'un des quartiers les plus déshérités de la communauté noire à New York. Ce qui ne se devine pas : les fidèles sont d'une élégance méticuleuse, voire excessive, reflet de leurs aspirations sociales plus que de leur véritable situation matérielle.

Dès huit heures du matin, deux mille fidèles noirs ont pris place dans les travées, plusieurs centaines attendent à l'extérieur que l'on rajoute des tabourets.

Où ailleurs qu'aux États-Unis entendrait-on un prédicateur ouvrir son sermon en remerciant Jésus de « nous avoir fait perdre deux cents kilos en trois semaines » ? Le propos devait s'éclairer lorsque dix femmes en tenue afro-américaine vinrent témoigner de l'effet amaigrissant de leur méditation religieuse sous la conduite de Youngblood. Pour remercier le Seigneur, elles chantèrent et dansèrent à faire pâlir de jalousie les professionnels de Broadway. Les fidèles exultaient, aux limites de la transe.

Ce n'est pas véritablement une messe, m'avait-on prévenu, mais une célébration. Comment en rendre compte ? Nul n'est plus mal placé qu'un Français libéral, ancré dans la plus ancienne laïcité qui soit, pour pratiquer l'ethnographie religieuse : la sécheresse de la description trahit la passion vécue par les fidèles baptistes. Le regard extérieur est d'autant plus trompeur que le baptisme est une religion de l'expérience, où les rites sont de peu d'importance ; le pasteur est un animateur, un prédicateur, pas un intermédiaire obligé. Chaque baptiste est supposé converser et marcher seul avec Jésus ressuscité.

Le prêche de Youngblood, ce dimanche matin, exhorte à cette responsabilité personnelle : « Vous devez prendre en main votre destin. » Destin spirituel, mais aussi matériel. Les thèmes qui reviennent le plus souvent : éthique du travail, responsabilité des pères, respect des jeunes pour les vieux. « Du temps où nous vivions dans le Sud, rappelle Youngblood, les enfants disaient à toute personne âgée de leur communauté : *Yes, Sir - Yes, Mam.* » La salle rit et applaudit. Nostalgie du Sud, paradoxale chez des Noirs qui y furent exploités, humiliés et persécutés ; mais paradis perdu où les familles étaient unies, les pères au travail, la drogue absente. Le baptisme, tel qu'il est vécu à Saint-Paul, est une tentative pour reconstituer cette communauté et la réintégrer dans la normalité du capitalisme américain par une sorte de rapport webérien inversé : Youngblood recrée de l'éthique qui réinsèrera dans le capitalisme.

Quel rapport avec l'amaigrissement par la méditation ? « L'obésité, explique Johnny Youngblood, maladie américaine, affecte particulièrement les Noirs, comme conséquence de leurs déséquilibres psychiques. En m'attaquant à l'obésité, je rappelle aux fidèles que Dieu nous a donné un corps pour que nous le respections. Je les rétablis dans leur dignité, je leur rends la santé et les invite à une seconde naissance. » La discipline alimentaire n'est qu'un premier pas vers toutes les autres disciplines. « Ces femmes, ajoute Youngblood, après qu'elles auront maigri, vont mieux maîtriser non seulement leur alimentation mais leur vie entière. » C'est ainsi que les Noirs pourront échapper à leur détresse morale et matérielle, puis rejoindre les classes moyennes.

Et cela marche : en dix ans, Youngblood a fait reculer le crime à East Brooklyn, reconstitué les familles, incité ses paroissiens à travailler, à éduquer leurs enfants, à acquérir leur logement. Dans les ghettos urbains où les politiques sociales ont échoué, la religion donne des résultats. Mais pas n'importe quelle religion : il y faut un leader charismatique et une participation active des fidèles que l'on rencontre surtout chez les baptistes et les pentecôtistes, ainsi que chez les *Black Muslims*.

Tout ne va pas mal pour les Noirs des États-Unis, conclut Youngblood : « Il faudrait contraindre les chaînes de télévision à diffuser un quota obligatoire de bonnes nouvelles nous concernant. » « Dieu soit loué ! » répond la salle, unanime. « N'oubliez pas, ajoute Youngblood, la devise de notre Église : “Ne faites jamais pour les autres ce qu'ils peuvent faire par eux-mêmes !” » *Amen*.

C'est ainsi qu'ils deviendront de bons défenseurs du capitalisme.

Le capitalisme contre l'exclusion

Contrairement aux idées reçues, le capitalisme américain en tant que tel ne fabrique pas de l'exclusion. Sa vocation, au contraire, est d'intégrer, comme en témoigne l'ascension économique de plus d'un million d'immigrants chaque année. Cela ne vient pas de ce que les entrepreneurs capitalistes sont de bonnes âmes, mais leur intérêt est de faire appel à une vaste main-d'œuvre et d'accéder au plus large marché de consommateurs possible. Aussi est-il incohérent d'imputer au capitalisme américain ou à l'absence d'État-providence le phénomène bien réel de l'exclusion des pauvres, généralement noirs. Cette exclusion, à l'évidence, n'est pas le produit du système économique, mais celui d'une histoire tragique et non résorbée, celle de l'esclavage et de son héritage. La culture qui en est issue, faite de dépendance et de contestation mêlées, a jusqu'ici résisté à toutes les tentatives politiques visant à reconduire tous les Noirs dans le courant central de la société américaine.

Le travail en entreprise permettrait seul de réintégrer les exclus ; encore faut-il qu'ils le souhaitent, ce qui supposerait de leur part une véritable révolution morale ou spirituelle. Les pasteurs, prêtres et imams qui les y exhortent paraissent à cet égard plus réalistes que les politiciens et sont les seuls à obtenir des résultats concrets. On le vérifie aussi dans la lutte contre la drogue. Mais leur action ne saurait se décréter, elle dépend entièrement de l'émergence et de la qualité de leaders charismatiques.

Cette Amérique de l'exclusion nous renvoie bien entendu à nous-mêmes en ce qu'elle préfigure chez nous la constitution de ghettos d'immigrés comparables aux ghettos noirs des États-Unis. Nos beurs d'ailleurs ne s'y trompent pas, qui miment les attitudes, rites et accoutrements de leurs frères *black* du Bronx. Un regard non partisan sur les Américains qui ont essayé toutes les politiques sociales concevables devrait nous inciter à ne pas répéter les mêmes erreurs. Nous savons que les exclus ont tendance à se constituer en sous-classe ; nous savons que l'État-providence tend à les enfermer dans la dépendance ; nous savons que la fin de l'exclusion ne peut pas être obtenue par plus de social, mais qu'elle passe par l'accès au marché du travail, donc par plus de capitalisme. L'entreprise intègre, socialise et réduit l'exclusion.

CHAPITRE 2

Le marché a-t-il réponse à tout ?

Le capitalisme broie nos héritages. Tout y passe : engloutis la féodalité, l'aristocratie, les royaumes, les mœurs, des civilisations entières. Résistent un temps les ordres religieux, le tribalisme, les empires, les idéologies, puis tous sont engloutis à leur tour. La machine transforme ces matériaux vétustes en individus libres, propres, lisses, en bonne santé.

Rien ne prédit que le capitalisme poursuivra inéluctablement son chemin, réalisant au bout du compte l'unification de la planète. Mais là où la machine tourne à plein rendement, on peut envisager qu'elle absorbe bientôt les dernières grandes institutions non capitalistes, réputées jusqu'ici indigestes : la santé publique, l'agriculture, l'assistance sociale, l'école, la protection de l'environnement. Ces champs, que l'on croit collectifs par leur nature même, parce qu'ils retardent l'avancée du capitalisme, seront probablement avalés à leur tour. Aux États-Unis, antre de la machine, cette ultime mutation a commencé, transférant déjà du collectif et du solidaire au marché et à la concurrence.

Évolutionniste, le capitalisme tâtonne, rejette, perce, s'impose et s'universalise.

L'école à la chaîne

New York. A l'angle de Park Avenue et de la 56ᵉ rue, les secrétaires ont un *look* de secrétaires, les *yuppies* portent des bretelles rouges, les présidents des lunettes en écaille.

Benno Schmidt arbore à la fois bretelles rouges et lunettes, une allure faussement juvénile, un sourire propre à attirer les capitaux. Son ambition est gigantesque : créer la première chaîne privée d'écoles au monde. Vous avez bien lu : une chaîne comme MacDonald ou Holiday Inn ! Son nom : *Edison.* Mais, au lieu d'y consommer un hamburger, le client en ressortira avec un diplôme, une culture efficace. Le tout pour six mille dollars par an seulement.

Le tarif n'a pas été fixé au hasard, mais testé sur un échantillon de cinq mille parents. Dans une école publique américaine, un élève revient, d'après les statistiques de l'État fédéral, à sept mille dollars ; le tarif privé sera donc moins élevé que le public. Mais les parents d'élèves ne vont-ils pas payer deux fois, une première fois comme contribuables, la seconde comme clients ? « Exact, dit Benno Schmidt, mais c'est déjà le cas pour tous ceux qui fréquentent l'enseignement privé aux États-Unis. Le marché est prêt à l'accepter. »

Le marché ? Un million d'élèves, à partir de 1996, sont attendus dans les écoles Edison. A terme, le même enseignement pourra être vendu à Paris ou Pékin. Benno Schmidt n'est pas un illuminé ; jusqu'en 1992, il présida une prestigieuse université américaine, Yale. Il en a été débauché par John Whittle, un magnat de la télévision, créateur de *Channel One*, chaîne éducative diffusée dans les salles de classe et financée par des spots publicitaires. Il ne devrait cependant pas y avoir de financement publicitaire pour les écoles Edison...

Pourquoi avoir choisi ce nom ? « Thomas Edison, explique Benno Schmidt, ne s'est pas contenté d'inventer l'ampoule électrique, il a créé tout le système de production d'électricité, jusqu'à sa distribution dans chaque foyer. » Il en ira de même pour l'école nouvelle : « Les écoles contemporaines fonctionnent sur un modèle rural hérité du XIXe siècle, l'équivalent de ce que fut l'éclairage à la bougie ; elles ne sont donc pas réformables par de simples adaptations çà et là ; c'est le système lui-même qui doit être reconstruit depuis ses fondements. »

En quoi et pourquoi une chaîne privée serait-elle plus efficace et moins chère que l'école publique ? Parce qu'elle sera un produit de série. Toutes les écoles Edison seront conçues selon le même modèle, intégrant dans leurs structures les instruments pédagogiques, à commencer par les indispensables ordinateurs portables, avec accès à une banque de données et des programmes Edison. C'est sur l'ordinateur et une pédagogie stimulante que compte Benno Schmidt pour éveiller les élèves : « Ce seront, affirme-t-il sans complexes, les meilleurs élèves du monde dans les meilleures écoles du monde. Nous nous donnons pour objectif 100 % d'entrées au collège en fin d'études. » Ce succès ne reposera-t-il pas sur un recrutement élitaire ? Il ne devrait pas, en principe, y avoir de sélection... sauf par l'argent. Et encore ! Le budget prévoit que 20 % des élèves admis seront boursiers ; le coût de leurs études sera prélevé sur les six mille dollars annuels versés par les parents qui peuvent payer.

Davantage encore que sur les ordinateurs, Benno Schmidt fonde ses espoirs sur deux vertus traditionnelles : le travail et la morale. « Si les écoles coûtent cher, observe-t-il, c'est en grande partie parce qu'elles sont fermées la moitié de l'année. Edison recrutera dès l'âge de trois ans, sera ouvert quarante-quatre semaines par an et douze heures par jour ; les grandes vacances seront supprimées. » Au total, un enfant scolarisé à Edison recevra l'équivalent de huit années d'éducation supplémentaire par rapport à un écolier du secteur public. De quoi faire pâlir d'envie les Japonais ! Cet allongement du temps de travail permettra de faire plus de tout, plus d'art, plus de sport, plus de mathématiques, plus de littérature. Pas question de multiculturalisme : la morale, la discipline seront au programme. Un retour aux valeurs sûres, en rupture avec la mode pédagogique américaine qui ne vise qu'à satisfaire les désirs des enfants : pas de *feel good* à Edison, même si ce n'est pas « politiquement correct ».

Commentaire de Benno Schmidt : « Nous étudierons le phénomène social de la *political correctness* comme une intéressante aberration sociale de notre temps... »

Qui va accepter d'enseigner quarante-quatre semaines par an ? Les meilleurs professeurs, bien entendu. Ils seront débauchés des écoles publiques, des autres établissements privés ou encore des écoles militaires qui seraient actuellement, selon Benno Schmidt, les plus performantes aux États-Unis. A ce corps enseignant traditionnel s'ajouteront des cadres, des artistes, voire des membres des professions libérales tentés par quelques années d'enseignement au milieu de leur carrière. Il va de soi que les rémunérations seront attractives, supérieures à celles du secteur public, et évolueront en fonction des résultats de chaque enseignant : une évaluation qui, selon Benno Schmidt, ne présente aucune difficulté particulière. Notre doctrine, conclut-il, sera classiquement libérale ; la technique moderne sera au service de cette philosophie et le capitalisme en sera l'instrument économique.

Pour déstabiliser l'enseignement public ? Plutôt pour le remplacer. Benno Schmidt n'exclut pas que les écoles Edison deviennent si attractives que le gouvernement ne finisse par leur demander de gérer le service public, selon le modèle de la concession. MacDonald gère bien des cantines d'hôpitaux publics. Selon le même principe, Edison pourrait gérer les écoles publiques en lieu et place des États.

Dans la réflexion libérale, ce projet Edison viendrait compléter un autre projet révolutionnaire né aux États-Unis : le chèque-éducation. Inventé par Milton Friedman, repris en Grande-Bretagne par Margaret Thatcher, en France par Alain Madelin, mais jamais appliqué, hormis dans une expérience brève et localisée en Californie, le chèque-éducation remis par l'État à chaque famille donnerait droit à un an d'enseignement dans l'école de son choix, privée ou publique. Cet instrument de libre choix ouvrirait la concurrence entre toutes les écoles dont les ressources dépendraient en tout ou partie de leur clientèle. Soumis à plusieurs reprises à référendum d'initiative populaire en Californie, le chèque-éducation a toujours été rejeté par des coalitions de circonstance entre syndicats d'enseignants et parents des quartiers privilégiés qui craignent de voir l'école publique de qualité de leurs enfants envahie par des « pauvres ». Dans l'attente de son succès hypothétique, l'idée de chèque-éducation est en soi stimulante, car elle incite à réfléchir à la productivité de l'école et à la gérer un peu plus comme une entreprise aux résultats mesurables que comme une administration.

Le projet Edison va dans le même sens ; son existence même, d'abord aux États-Unis, puis dans le reste du monde, stimulera la réflexion sur la qualité de l'enseignement. Peut-être n'est-il pas nécessaire ou pas possible d'aller chez nous aussi loin que le chèque-éducation ou le projet Edison, mais si la mise en concurrence ou la privatisation ne sont pas les seuls moyens d'améliorer la qualité de l'enseignement, il serait urgent que les partisans de l'école publique avancent des réflexions qui leur soient propres et ne se fondent pas sur les mythologies de la laïcité ou de l'égalité, car les enjeux sont ailleurs : aucune société développée n'a encore véritablement inventé l'école du XXIe siècle qui réconcilierait qualité et égalité.

Benno Schmidt nous le propose, les partisans du chèque-éducation aussi. Qui propose autre chose ?

Le supermarché des airs

Selon que vous serez prospère ou humble, vous haïrez ou aimerez Alfred Kahn. Tout voyageur aérien devrait connaître son nom, car il a changé notre manière de voyager. Si les aéroports sont encombrés, les sièges agglutinés, les attentes interminables, vous le devez à Alfred Kahn. Mais si vous voyagez au quart du tarif régulier entre Paris et New York, vous le lui devez aussi.

En 1976, ce professeur d'économie à l'université Cornell publiait un ouvrage dont le titre et le projet devaient révolutionner le capitalisme et dont les effets n'ont pas cessé de se faire sentir : *Deregulation*. Le mot est passé dans la langue française, se substituant peu à peu à notre imprononçable « déréglementation ».

Dès la parution de cet ouvrage majeur, le président Jimmy Carter confia à Alfred Kahn le soin de « déréguler » les compagnies aériennes. Ces compagnies, monopoles régis par l'État depuis leur origine, Kahn les fit basculer dans le monde de la « concurrence sauvage ». Aux États-Unis d'abord, puis partout ailleurs par un inévitable effet de contagion.

Comment Alfred Kahn, qui se revendique de gauche, a-t-il engagé, aux côtés d'un Président de gauche, un mouvement politico-économique que l'on attribue d'ordinaire au reaganisme ? « C'est au profit des consommateurs les plus modestes, parce que je suis de gauche, proteste Alfred Kahn, que j'ai dérégulé le transport aérien. »

Quelle était en effet la situation en ce domaine avant la déréglementation ? Dans tous les pays, les gouvernements avaient imposé un monopole public ou, dans le cas des États-Unis, l'oligopole de quelques puissantes compagnies. Les conditions d'exploitation, les routes, les tarifs étaient fixés par l'État, la concurrence interdite. Les arguments en faveur de ces monopoles paraissaient et, pour beaucoup, semblent encore rationnels. N'appartenait-il pas à l'État de protéger cette industrie stratégique aux implications militaires évidentes ? De bonnes raisons sociales, aussi : en contrepartie de leur monopole, les compagnies étaient obligées de desservir les lignes non rentables, subventionnées par les dessertes profitables. Le monopole ne garantissait-il pas la sécurité du voyageur contre une concurrence sauvage ? Mais ces avantages théoriques, visibles par tous, dissimulaient des inconvénients invisibles. En l'absence de toute concurrence, les compagnies eurent tendance à surpayer leurs personnels, qui finirent par constituer, moins par leurs compétences que par protection, une caste de salariés privilégiés. Autre effet pervers : les compagnies gaspillaient leurs ressources du fait de leurs surcapacités et du faible taux de remplissage des appareils. Enfin, les tarifs hors concurrence étaient prohibitifs, réservant le transport aérien à une élite privilégiée qui pouvait payer cher et profitait d'avions presque vides.

Seule la concurrence pouvait conduire à casser les prix et faire de l'avion un transport populaire. Les compagnies résistèrent, les syndicats de personnel résistèrent, mais Alfred Kahn sut rallier l'opinion publique en plaidant brillamment à la télévision la cause de la déréglementation. Cette dimension médiatique de la libéralisation, qu'il s'agisse de déréglementer le transport aérien ou de privatiser une entreprise publique, est essentielle : ce n'est qu'en s'adressant de manière directe et convaincante à la masse des consommateurs ou actionnaires potentiels qu'il est possible de triompher des cartels hostiles au marché. Sans le talent oratoire de Kahn, la déréglementation du transport aérien aurait pu connaître, aux États-Unis, le même destin funeste que la privatisation ratée d'Air France.

Que s'est-il réellement produit depuis la déréglementation des airs ? Aucune des catastrophes annoncées par les ennemis du marché ne s'est produite.

La sécurité des passagers ? Elle n'a jamais été aussi bonne ; en situation de concurrence, observe Kahn, aucune compagnie ne peut se permettre de prendre le moindre risque. Par ailleurs, la concurrence entre compagnies n'implique pas que l'État renonce à réglementer la sécurité.

Les suppressions d'emplois ? En 1976, le transport aérien employait aux États-Unis 350 000 salariés ; nombre d'entre eux ont perdu leur emploi quand leur employeur a fait faillite ; mais beaucoup plus ont retrouvé du travail, puisque, en 1994, le transport aérien emploie 500 000 personnes. La déréglementation n'a donc pas supprimé des emplois, elle en a créé ; la même observation vaut pour British Airways depuis qu'elle a été privatisée. A un salaire moyen certes inférieur à ce qu'il était auparavant, admet Alfred Kahn ; mais au nom de quoi la collectivité nationale devrait-elle garantir que, à qualification égale, le personnel des compagnies aériennes devrait être mieux rémunéré qu'en d'autres secteurs d'activité ?

Les faillites ? Certes, elles ont été nombreuses, engloutissant des entreprises prestigieuses (Pan Am, Eastern) aussi bien que des aventuriers récents (People Express), mais, là encore, l'État n'a à garantir ni la pérennité des entreprises, ni celle des investisseurs aventureux, ni celle des mauvais gestionnaires. Qu'est-il advenu des dessertes non rentables ? Tout en déréglementant, l'État américain a garanti que tout aéroport serait desservi au moins deux fois par jour, en subventionnant ces escales : le montant de l'aide publique fait l'objet d'une mise aux enchères dégressive entre les compagnies privées et la desserte est acquise au « mieux-disant ». Même chez Alfred Kahn, le marché trouve donc ses limites. Mais, quitte à subventionner « au nom de l'intérêt général », Kahn estime qu'il vaut mieux verser une subvention à son destinataire nécessiteux que de subventionner tout le système par le protectionnisme : c'est à la fois plus équitable, plus efficace et moins coûteux.

Le résultat recherché, la popularisation du transport aérien par la baisse des tarifs, a sans conteste été atteint : de 1976 à 1994, le nombre de passagers a doublé et les tarifs moyens ont été divisés par deux. Il n'existe aucune route aux États-Unis qui ne soit desservie par au moins deux — et généralement trois — compagnies placées en concurrence. Dès que la concurrence s'accroît, les tarifs baissent et le nombre de passagers augmente. Dès que la concurrence se réduit — ce qui a été le cas, depuis 1990, dans le corridor Boston - New York - Washington —, l'inverse se produit ; mais alors les prix grimpent, attirant de nouveaux entrepreneurs (Kiwi, Friendship, South-West) qui, à leur tour, font retomber les tarifs et attirent une nouvelle clientèle.

La clientèle américaine se distingue de l'européenne par sa capacité à débusquer le meilleur prix dans ce qui est devenu le supermarché du transport aérien : dix pour cent seulement des passagers des compagnies américaines paient plein tarif, tous les autres ont su bénéficier de quelque prime ou réduction. S'agit-il là d'un trait culturel propre au consommateur américain ? Ou bien d'un comportement induit par l'offre elle-même ? En d'autres termes, est-ce la culture capitaliste qui a suscité la déréglementation, ou bien l'inverse ? L'expérience européenne plus récente, qui a vu se développer la concurrence et le discount, démontre bien que le capitalisme crée les comportements nécessaires à sa prospérité dans toutes les cultures. Les plus à plaindre sont les privilégiés d'hier, car aéroports et appareils sont congestionnés : eux paient le prix de la démocratisation. Le marché n'est pas fait pour les aristocrates, mais il est bon pour les plus modestes.

« Pour un homme de gauche comme moi, avoue Alfred Kahn, il a été difficile d'admettre que c'est par le marché qu'une société peut tendre à plus de justice sociale. »

Aux Européens que la déréglementation du transport aérien effraie, Al Kahn dit : *« Try it and you'll love it. »*

Essayer, c'est l'aimer.

Pourquoi les Européens résistent-ils à une argumentation aussi convaincante ? L'explication est simple et classique : les transporteurs aériens constituent un cartel qui peut organiser une résistance visible, médiatisée et même « patriotique » à la libéralisation. Les bénéficiaires potentiels de la libéralisation sont invisibles et inorganisés : futurs passagers et aussi nouvelles entreprises qui pourraient profiter de la baisse des tarifs, par exemple dans le secteur du tourisme. Il ne fait guère de doute que les emplois créés en aval par la déréglementation seraient plus nombreux que ceux qui risquent d'être perdus en amont. Mais nul n'est là pour représenter des entreprises qui n'existent pas encore, comme nul ne représente les générations futures ! Cette faille de la démocratie représentative et la faiblesse des associations de consommateurs en Europe concourent à notre stagnation économique. Notre capitalisme en paraît certes moins « sauvage », mais cette admirable civilité se paie par moins de croissance, moins d'emplois, plus de droits acquis pour ceux qui en ont déjà. Les ennemis du marché, dans cette affaire, sont — consciemment ou non, mais objectivement — les alliés des privilèges.

Le capitalisme est bon pour la santé

Peabody, dans la banlieue nord de Boston, préfigure la médecine de demain, mais je ne jurerai pas que les Européens l'aimeront. Comme dans tout ensemble suburbain de l'Amérique prospère, la vie sociale du citoyen consommateur est organisée autour des supermarchés et des chaînes, rassurantes balises pour un peuple si divers. Ici, entre *Toy's R Us* et *K Mart*, se sont insérés *HMO Blue* et *Harvard Community*, deux marchés en apparence comme les autres, mais dont le fonds de commerce original n'est autre que la santé.

Les *HMO (Health Maintenance Organizations)* n'ont pas d'équivalents européens ; peut-être faudrait-il traduire par « entreprise de santé ». On peut aussi les définir par ce qu'ils ne sont pas : une *HMO* n'est pas un dispensaire, pas un cabinet médical de groupe, pas un hôpital, pas une société d'assurances. Il est tout cela en même temps, regroupé sous un même toit.

Le patient qui entre à *HMO Blue* ou à *Harvard Community* est simultanément client et assuré par l'une de ces deux organisations concurrentes. A l'intérieur, le confort et la qualité de l'accueil rappellent ceux de n'importe quelle entreprise privée américaine plutôt que d'un hôpital ou d'un cabinet médical. Le patient-consommateur peut y être totalement pris en charge vingt-quatre heures sur vingt-quatre ; s'il est membre de la *HMO*, il ne lui sera demandé que la somme symbolique de 5 dollars par visite. Le ticket modérateur est aussi de 5 dollars pour toute ordonnance médicale. La *HMO* gère sa propre pharmacie. A condition d'habiter la communauté environnante, chacun peut de sa propre initiative adhérer à une *HMO* ; dans ce cas, le tarif annuel varie en fonction de l'âge de l'abonné. Mais, en règle générale, les clients des *HMO* sont les salariés d'une entreprise ; les employeurs négocient avec les *HMO*, les mettent en concurrence, comparent la qualité de leurs services et leurs prix. Les *HMO* ne proposent donc pas un tarif unique, mais une gamme de tarifs annuels qui varient en fonction de la clientèle. En 1994, le prix moyen de l'abonnement à *HMO Blue* pour une famille était de 10 000 dollars. L'abonnement d'une entreprise, et par conséquent de ses salariés, ne vaut que pour un an. Ainsi chaque *HMO* est incitée à offrir la meilleure médecine et le meilleur accueil possibles, au prix le plus bas possible, pour conserver ou augmenter sa part de marché tout en équilibrant ses comptes. Nul ne conteste aux États-Unis que les bonnes *HMO* y parviennent ; bien entendu, il existe aussi de mauvaises *HMO*.

Comment étiqueter les *HMO* ? Sont-elles socialistes ou capitalistes ? Les syndicats de médecins libéraux américains et français considèrent qu'elles sont socialistes, puisque les médecins qui y travaillent sont salariés et que la liberté de choix du médecin par le patient est limitée au corps médical de la *HMO*. Mais les socialistes ou les tenants d'une médecine d'État de type britannique estiment que les *HMO* sont capitalistes, puisqu'il s'agit d'entreprises privées en concurrence entre elles, en concurrence avec d'autres formes de médecine, et libres de fixer leurs prix.

Le but des *HMO* n'est pas le profit : la plupart sont constituées en fondations à but non lucratif. Il n'empêche que le personnel de la *HMO* a tout intérêt à ce que l'affaire marche, de manière à bénéficier de la stabilité de l'emploi, d'un bon niveau de salaire et, dans le cas de *Harvard Community* comme de *HMO Blue*, d'une prime de fin d'année. En définitive ni socialistes ni capitalistes, les *HMO* sont avant tout des entreprises et gérées comme telles.

S'agit-il de bonnes entreprises ? La réponse varie selon le jugement porté par le patient, par le médecin salarié, par l'employeur qui paie l'abonnement, ou du point de vue de l'intérêt général.

L'opinion des patients est connue ; afin de fidéliser leur clientèle, les deux *HMO* de Peabody multiplient les enquêtes ; au terme de chaque acte médical, le patient est prié de remplir une fiche d'appréciation du service rendu. Le regret le plus couramment exprimé est d'avoir perdu la liberté de choix du praticien, du médecin de famille ; regret modéré, car le patient peut sélectionner le médecin ou le spécialiste de son choix au sein de sa

HMO. Par ailleurs, il commence à être admis aux États-Unis que le médecin de famille est de toute manière une espèce en voie de disparition. Le principal motif de satisfaction des patients de ces deux *HMO* est de pouvoir accéder à toutes les spécialités et à tous les laboratoires d'examen rassemblés en un seul lieu ; voilà qui simplifie et accélère les traitements.

Pour l'employeur qui règle l'assurance de ses salariés et peut faire partager ce coût par son personnel, les *HMO* sont devenues la solution de prédilection là où elles existent. Lorsque plusieurs *HMO* sont en concurrence, comme c'est le cas à Peabody, l'employeur aura la certitude d'accéder au meilleur service médical au coût le plus bas, puisqu'il peut comparer. Comparaison très fouillée, les clients de *Harvard Community* et de *HMO Blue* ayant accès à la comptabilité de la *HMO* à laquelle ils adhèrent et pouvant vérifier eux-mêmes l'usage de leurs cotisations. Cette transparence comptable permet à certains employeurs d'obtenir un rabais sur les tarifs d'abonnement s'il appert que leur personnel, parce qu'il est jeune et en bonne santé, par exemple, a coûté moins cher à la *HMO* que ce qui avait été initialement prévu. Aucun autre système de santé publique ou d'assurance-maladie au monde n'offre une telle transparence incitant à la maîtrise des coûts. Serait-ce au détriment de la qualité ? Non, car l'abonnement en fin d'année ne serait pas renouvelé. On objectera que les patients ne sont pas nécessairement en mesure d'apprécier la qualité du service : les critères objectifs manquent.

Reste à interroger les médecins. Ce sont eux les plus enthousiastes. La plupart des médecins employés par *HMO Blue* et *Harvard Community* ont exercé auparavant en profession libérale et tous disent ressentir leur condition de salariés comme une libération. « Je ne suis plus conduit, reconnaît un cardiologue de *HMO Blue*, à accélérer les consultations pour augmenter mes revenus ; je n'ordonne plus que les examens indispensables, car j'ai perdu la motivation financière qui, inconsciemment ou non, m'incitait à multiplier ces examens. » De plus, la cohabitation au sein d'une même *HMO* de toutes les spécialités permet une concertation permanente entre collègues. L'ambiance est celle d'un séminaire permanent, d'une formation professionnelle continue. Les mauvais médecins ne sont pas attirés par la pratique en *HMO* ou en sont rapidement éliminés. Le bénéficiaire est le patient : les *HMO* administrent une meilleure médecine.

Dans quelle mesure l'obligation pour une *HMO* de contenir ses dépenses dans un budget fixé en début d'exercice limite-t-elle ou non la liberté du médecin ? La contrainte est incontestable, mais pas au cas par cas, ni sous la forme de directives. Il s'agit plutôt d'une contrainte intériorisée par le médecin. Elle ne le conduit pas à tricher sur la qualité, mais l'encourage à se cantonner au nécessaire, en particulier pour les examens complémentaires. Aux États-Unis, tout migraineux a droit à un examen par résonance magnétique s'il s'adresse à un médecin libéral ; pas dans une *HMO*. Les *HMO* essaient de limiter la durée d'hospitalisation ; c'est par là, avant tout, que les coûts sont réduits par comparaison avec toute autre forme de gestion de la santé. Une maternité en *HMO* n'entraîne pas, d'ordinaire, plus de trente-six heures d'hospitalisation ; mais la mère, de retour à son foyer, recevra une assistance à domicile par une infirmière de la *HMO*. De manière générale, les *HMO* sont attentives à l'amont et à l'aval de la maladie : l'éducation des patients, la lutte contre l'obésité, contre le tabagisme, les soins à domicile sont autant d'investissements rentables pour la *HMO*. Celui-ci a un intérêt financier évident à ce que ses membres restent en bonne santé et soient soignés chez eux : cette logique de situation des *HMO* est la principale explication de leur maîtrise des coûts à qualité constante.

Critique permanente contre les *HMO* : ils écrémeraient leur clientèle en écartant les populations à risques. Mauvais procès : en règle générale, la *HMO* assure non pas un individu, mais sa famille, qui comprend inévitablement des personnes âgées. De plus, certains États — c'est le cas du Massachusetts — obligent les *HMO* à accueillir les patients couverts par les assurances publiques *Medicaid* et *Medicare*, donc âgés ou nécessiteux. L'argument de l'écrémage ne résiste pas à l'examen : la *HMO* est réellement le mode de gestion le plus rationnel de la santé, parce que fondé sur les principes de concurrence et de responsabilité.

Pour un marché de la santé

Une gestion rationnelle des dépenses de santé ne signifie pas un rationnement de la santé, mais une évaluation aussi exacte que possible d'un rapport qualité-prix. Les *HMO* créent une sorte de marché de la santé où le patient-consommateur et le payeur ont accès à toutes les prestations disponibles tout en s'assurant qu'« ils en auront pour leur argent ».

Cette création d'un marché de la santé et sa transparence ne permettent pas pour autant de plafonner les dépenses de santé : les tarifs des *HMO* ne cessent d'augmenter. Mais au nom de quoi ces dépenses devraient-elles être rationnées ? Plafonne-t-on les dépenses de vacances ou d'automobiles, de tabac ou d'alcool ? L'augmentation des dépenses de santé est un progrès en soi aussi longtemps qu'elle correspond à une amélioration du confort tel qu'il est ressenti et défini par le patient-consommateur. Dans les régimes de protection sociale où consommateur et médecin ne sont ni l'un ni l'autre directement comptables d'un budget financé par un tiers anonyme — cas de la France ou du Canada —, les dépenses de santé augmentent à la fois en raison du progrès médical (nouvelles techniques, nouveaux médicaments, nouveau confort), ce qui est légitime, mais aussi en raison de l'irresponsabilité structurelle du système d'assurance.

Une étude menée aux États-Unis au début des années 1980 par la Rand Corporation a permis d'isoler le coût de cette irresponsabilité en comparant plusieurs populations couvertes par des systèmes de protection distincts. Il en ressortait — ce que l'on pouvait deviner, mais qui fut quantifié — qu'à pathologie égale et à santé égale, une population responsable de la gestion de son budget de santé dépensait *deux fois moins* qu'une population non responsable. A résultat égal !

Ce coût de l'irresponsabilité a également été mesuré par une expérience menée par une compagnie d'assurances américaine, Golden Rule, dans l'Illinois. Les salariés y gèrent collectivement leur budget de protection sociale, sachant que toute somme non dépensée dans l'année sera redistribuée sous forme de salaires. Golden Rule emploie deux mille personnes, un bon effectif pour que les risques soient répartis et que les effets de l'autogestion soient matériellement sensibles. En adoptant ce nouveau régime, les salariés de Golden Rule ont réduit leurs dépenses de santé de 30 %.

Faut-il en déduire que la meilleure gestion possible de la santé consisterait à la privatiser intégralement ? C'est la position de Milton Friedman : la seule maîtrise possible et souhaitable des dépenses de santé exigerait, selon lui, que la relation entre le patient et son médecin soit rétablie sans interférences d'un tiers. Comment, dans ce cas, faire front à une catastrophe ? Friedman suggère que chaque citoyen ait accès à un fonds d'épargne-santé individualisé, cofinancé par l'employeur et l'employé, ou l'État et le citoyen. Ce fonds d'épargne-santé serait librement géré par le patient : les sommes qu'il n'affecterait pas à sa santé lui reviendraient et pourraient, par exemple, être utilisées pour la scolarisation de ses enfants ou l'amélioration de son logement.

On retrouve là la totale confiance d'un libéral intransigeant comme Friedman dans la responsabilité individuelle. Un optimisme sur la nature humaine qui laisse plutôt sceptique, car on peut craindre que la création d'un tel fonds d'épargne-santé ne conduise à sacrifier la santé au profit d'autres dépenses plus frivoles. Comme toutes les utopies friedmaniennes, il faut utiliser celle-ci comme lunette critique plutôt que comme projet réalisable. Entre la privatisation intégrale et le tout-État, la *HMO* constitue une solution intermédiaire, pragmatique ; il permet de faire le partage entre la croissance des dépenses de santé due à un progrès réel et la part liée à l'irresponsabilité de systèmes sans contrôle. La *HMO* n'en appelle pas à la vertu, elle crée une situation qui incite à la vertu. Car, dans les systèmes de type Sécurité sociale à monopole, ce ne sont pas les acteurs, médecins ou patients, qui sont en cause : les acteurs se conduisent de manière responsable ou irresponsable non pas en fonction de leur moralité, mais parce qu'ils obéissent à des incitations conduisant à des comportements responsables ou irresponsables.

Les *HMO* ne constituent pas en elles-mêmes *la* solution, ni la seule alternative envisageable à des systèmes de sécurité sociale insuffisants (cas des États-Unis) ou menacés de faillite (cas de la France). Mais leur introduction, en plus ou à côté des systèmes existants, donnerait au citoyen-consommateur comme aux praticiens des options nouvelles, et à l'ensemble de la collectivité un instrument de mesure du rapport qualité/prix sur le marché de la santé. Seule la recréation d'un tel marché en lieu et place des monopoles d'État ou, à tout le moins, en concurrence avec ces monopoles, garantirait que se développent simultanément le progrès médical et la gestion rationnelle de ce progrès. L'introduction d'un choix entre différents modes d'assurance sociale viserait non pas à rationner l'accès à la santé, mais, au contraire, à en gérer équitablement les coûts. L'État n'y perdrait pas sa raison d'être, mais, de gérant — et piètre gérant, parce que monopolistique —, il deviendrait garant de la qualité et de la solidarité.

Les *HMO* ne sont pas *la* solution ; le monopole d'État de modèle français n'est pas non plus *la* solution ; le libre choix entre les deux réconcilierait le progrès médical, la bonne gestion et l'équité. La santé ainsi gérée pourrait devenir un puissant moteur de la croissance à venir dans le monde capitaliste, alors qu'elle est absurdement considérée à l'heure actuelle comme un frein. Elle n'est un frein que dans la mesure où elle n'est pas gérée comme une entreprise.

Le spectre américain

« Un spectre hante l'Europe, écrit Marx en 1848 : le communisme. » Le paraphrasant, nous dirons qu'un spectre hante de nouveau l'Europe : l'américanisation. Les expériences analysées jusqu'ici s'inspirent en effet des États-Unis, mais dans la stricte mesure où cette nation est, depuis deux siècles, le laboratoire de ce qui va se produire en Europe avec un décalage et les adaptations nécessaires. Cette fonction pionnière qu'avait pressentie Tocqueville dans son analyse de la démocratie américaine n'implique pas une supériorité des États-Unis, mais s'explique, me semble-t-il, par une grande vitalité de la société civile, moins bridée qu'en Europe par le tout-État et les intérêts constitués. Les progrès du marché ou le retour au marché ne devraient donc pas s'analyser comme une forme d'américanisation, ni même comme une privatisation, mais plutôt comme une démocratisation, c'est-à-dire comme un retour du politique au civil, de l'administré au bourgeois. La conséquence heureuse de cette nouvelle « civilisation » en Occident serait la réapparition de corps intermédiaires qui géreraient certains services collectifs mieux que l'État, mais surtout à la place de l'État. Loin de laisser l'individu seul et nu face à l'État, syndrome totalitaire, les « privatisations » reconstituent entre l'individu et l'État de multiples échelons de solidarité ; ceux-ci renforcent la démocratie dans la mesure où ils protègent les citoyens contre les abus de pouvoir inhérents à tout pouvoir.

CHAPITRE 3

Nouvelles solutions libérales

« Nous sommes voués à la modération », prétend Frits Bolkestein, président du Parti libéral néerlandais, l'un des rares vrais partis libéraux en Europe. Le ton général des débats politiques aux Pays-Bas est feutré, comme il convient sur cette terre de tolérance. Il ne s'agit plus là des États-Unis, mais du peuple le plus social et le plus socialisé qui soit — plus même que la Suède. Pourtant, derrière une banalité affectée, Bolkestein et son parti ont proposé en 1994 une modification radicale de l'État-providence tel que nous le connaissons dans l'ensemble de l'Europe. La révolution tranquille de Bolkestein reviendrait à supprimer tout l'appareil de sécurité sociale, assurance chômage et maladie, pour le remplacer par un revenu minimum garanti par l'État équivalent à 60 % du salaire minimum légal. Au-delà, il appartiendrait à chaque individu de s'assurer de son plein gré, y compris contre le chômage.

Les Néerlandais, dit Bolkestein, sont éduqués et responsables ; ils s'adapteraient aisément à cette nouvelle règle. D'ailleurs, quatre cent mille Néerlandais vivent déjà sous un pareil régime social : les indépendants et professions libérales. Il suffirait donc d'amener la majorité au régime de cette minorité.

Modération ? Nous imaginons mal un parti politique français suggérer que toutes les prestations sociales seront désormais remplacées par un minimum garanti égal à 60 % du SMIC. Si ce projet est politiquement énonçable aux Pays-Bas et pris en considération par l'ensemble de la société, y compris par les sociaux-démocrates, c'est sans doute que les Néerlandais sont allés si loin dans les excès de l'État-providence qu'ils ont aperçu le fond de l'abîme, financier, social, moral.

En finir avec l'État-providence

Ce ne sont pas des raisonnements abstraits sur les déficits qui ont suscité cette prise de conscience : personne n'a jamais « vu » un déficit ! Mais tout Néerlandais connaît au moins un bénéficiaire de l'allocation aux handicapés, système connu sous son acronyme de *WAO* (loi sur les travailleurs handicapés). Ce régime social financé par les cotisations des employeurs et employés accorde sans limitation de durée une indemnisation de 70 % du dernier salaire perçu à tout salarié reconnu par un médecin comme incapable de poursuivre son activité. Noble et généreuse intention. Mais qu'est-ce qu'un handicap ? Un million de Néerlandais bénéficient en 1994 du *WAO*, soit le cinquième de la population au travail ! Voici, me direz-vous, un peuple martyr. Mais de quoi souffrent les *WAO* ? Avant tout de stress, troubles psychiques et mal au dos, les trois principaux handicaps recensés. Expérience vécue, disais-je, puisque chaque Néerlandais peut citer au moins un *WAO* qui perçoit ses allocations en vacances au Maroc, ou qui travaille au noir, ou qui cultive son jardin. Comment un régime social légitime au départ a-t-il pu ainsi dériver, au point de remettre en cause le principe même de l'État-providence ?

Les Néerlandais seraient-ils particulièrement paresseux ? Leur réputation souligne l'inverse, et ceux qui travaillent, soit la moitié de la population active, taux le plus bas de l'Europe développée, travaillent beaucoup : leur productivité permet à l'autre moitié de vivre confortablement. Les médecins seraient-ils particulièrement attentifs au stress de leurs clients au point de les classer comme invalides ? La loi, en fait, les y contraint : un médecin réticent se voit traîner devant les tribunaux par son patient stressé, jusqu'à ce que celui-ci obtienne le statut convoité de *WAO*. Le système est également confortable pour les employeurs : le *WAO* permet de se débarrasser sans états d'âme d'un employé peu productif, dont la faible efficacité sera reconnue comme un handicap et indemnisé en conséquence. Le *WAO* « moyen » se trouve être un homme âgé de plus de cinquante ans, peu qualifié ; beaucoup sont d'anciens fonctionnaires. C'est donc la loi qui a façonné les comportements, indépendamment de la culture. Le système génère sa propre rationalité : les entreprises deviennent plus productives en se débarrassant de la main-d'œuvre la moins encline à travailler ; celle-ci souffre d'une réduction de revenus tolérable et y gagne beaucoup de loisirs.

N'est-ce pas un excellent régime économique que celui où les acharnés au travail y restent et se montrent si efficaces qu'ils font vivre la société tout entière ? De fait, les Pays-Bas prospèrent ainsi — avec le soutien de quelques entreprises transnationales et de vastes réserves de gaz naturel. Mais cette harmonie entre le vice et la vertu, à la manière de la *Fable des abeilles*, est au bord de la rupture, c'est parce que l'entropie du système est devenue supérieure à sa productivité. L'attrait du *WAO* ronge l'éthique du travail et le nombre des handicapés croît de 10 % par an. Par ailleurs, les charges sociales sur les salariés qui persistent à travailler deviennent si élevées que le recrutement de personnels peu qualifiés s'est tari. Charges sociales et automatisation des tâches, comme partout en Europe — mais aux Pays-Bas plus qu'ailleurs — rejettent dans une permanente marginalité la population jeune et peu qualifiée ; souvent issue de l'immigration, celle-ci est d'autant plus visible. Cette visibilité de l'exclu, nouveau Barbare dans la cité, ajoutée à la visibilité du faux handicapé, révèle la nature et les limites de l'État-providence de manière plus convaincante que tout discours, et ouvre la voie au projet libéral.

Reste à évaluer ce que seraient les conséquences de son application. Ne risque-t-on pas, à vouloir corriger les abus de l'État-providence, de le remplacer par une société sauvage, sans solidarité aucune ?

Le bureau du Plan néerlandais a simulé sur ordinateur les conséquences du projet libéral. Il ressort de la machine que le budget social de la nation serait réduit d'au moins 20 %, jusqu'à 30 %, sans que les Néerlandais soient moins bien soignés : la combinaison du revenu garanti par l'État et des assurances privées conduirait seulement les citoyens à rester au travail ou à y retourner, et à mieux contrôler leurs dépenses de santé. Par ailleurs, la même simulation fait apparaître, grâce à la réduction importante des charges sociales, une offre d'emplois nouveaux qui diviserait le chômage actuel par deux. Cette réduction du budget social pourrait être qualifiée de baisse du coût de l'irresponsabilité, celle que le système génère dans les comportements individuels. Elle est comparable (de 20 à 30 %) à celle qui a été mesurée aux États-Unis.

La révolution libérale de Bolkestein ne se réalisera probablement pas selon les normes qu'il énonce ; mais son projet sera la base de toute négociation et de toute réflexion à venir, aux Pays-Bas et au-delà, parce que l'État-providence est en faillite et parce que la gauche ne propose rien.

Il est tout à fait remarquable que, depuis le début des années 1980, ce soit autour des projets libéraux que gravite le débat économique et social, par opposition avec la période 1930-1980 où la social-démocratie était l'axe obligé de toute réflexion. Les libéraux néerlandais, moins extrêmes que pourraient l'être certains Américains « friedmaniens », ne réclament pas la répudiation de l'État ni même celle de l'État-providence ; au contraire, pour préserver la solidarité, la pérenniser, la protéger contre la banqueroute finale, ils proposent de restaurer l'État dans sa fonction naturelle de garant — et non de gérant — de cette solidarité. L'addition du revenu minimum et de l'assurance privée convient à un peuple libre et responsable, ou plutôt rétablit le peuple dans sa liberté et sa responsabilité. Mieux : le projet libéral néerlandais étend la solidarité aux exclus en les réintégrant par le travail.

La seule limite de ce raisonnement est la nature humaine : rien ne garantit que l'individu rendu à sa liberté en fera bon usage, mais cela est l'affaire de chacun, non celle de l'État.

Comment les subventions appauvrissent les agriculteurs et comment le marché les enrichirait

Dans la réflexion sur bienfaits et méfaits du capitalisme, l'agriculture fait chambre à part : le paysan semble par essence hors marché, hors concurrence. Peu de nations développées font exception à ce principe politico-moral par quoi la défense d'une culture nationale se confond avec celle de son agriculture. L'agriculteur, gardien de nos paysages (quelque peu arasés et phosphatés), témoin de nos nostalgies, ne saurait être considéré comme un agent économique ordinaire : il convient de le protéger, de le nurser, de le subventionner. En conséquence, chaque contribuable japonais paye 600 dollars par an pour perpétuer la production locale de riz à un prix de revient quatre fois plus élevé que s'il était importé de Thaïlande ou des États-Unis. Un contribuable suisse verse 860 dollars pour que des vaches continuent à décorer le paysage alpin. Chaque foyer de l'Union européenne verse 450 dollars par an pour soutenir l'agriculture, ce qui représente la moitié du budget total de cette Union. Chaque foyer américain contribue de même, à hauteur de 360 dollars.

A quoi servent ces sommes considérables ? A garantir aux agriculteurs et aux éleveurs des prix deux fois supérieurs à ceux du marché mondial, à stocker leurs excédents de production, à payer les paysans pour qu'ils mettent une partie de leur terre en jachère ou limitent leur production, à subventionner les exportations vers des acheteurs insolvables comme l'Égypte ou la

Russie. Les prix élevés garantis aux producteurs se répercutent sur le consommateur qui paie donc deux fois : comme consommateur et comme contribuable. Par réaction en chaîne, la surévaluation de l'alimentation renchérit le coût de la vie et pèse sur les salaires ; ce qui, à son tour, réduit la capacité des entreprises européennes à faire face à certaines de leurs concurrentes d'Asie.

Cette pyramide de subventions fait-elle au moins le bonheur des paysans ? Même pas !

A l'exception de quelques milliers de très grandes exploitations dont la prospérité tient aux aides, le plus grand nombre des fermiers et éleveurs, en Europe, aux États-Unis, au Japon, vivent médiocrement, à la lisière de la pauvreté et du désespoir. Les subventions ne font donc pas le bonheur de leurs destinataires et rendent de surcroît leur existence fort monotone. Est-il stimulant, en effet, pour un exploitant, d'attendre chaque année que des bureaucrates, à Bruxelles ou Washington, décident de ce qu'il produira et de ce qu'il gagnera, moyennant chaque fois une révision à la baisse ? Sans oublier, au bout de la chaîne des aberrations, le fermier inconnu de Pologne, d'Argentine ou d'Australie, appauvri parce qu'il ne peut rien nous vendre, évincé de son marché et des marchés tiers du Proche-Orient ou d'Asie par le *dumping* européen.

Tout cela est peu connu des consommateurs. S'il existait une liberté réelle des prix et de l'information sur les prix, ne devrait-on pas inscrire sur nos étiquettes à quoi correspondent les sommes que nous payons : *x* francs pour l'éleveur ou l'agriculteur, *y* francs pour le fonctionnaire européen, *z* francs pour les bénéficiaires étrangers de nos largesses, à la manière dont les conserves affichent leur dosage en colorants ? Pareil affichage des subventions susciterait probablement une révolte des consommateurs contribuables. Mais, allez-vous objecter, nous n'allons quand même pas manger du blé argentin, du bœuf brésilien ou du maïs chinois et abandonner nos campagnes aux ronces et aux taillis.

Ce discours reçu suppose que les agriculteurs constituent une espèce humaine à part, passive, incapable de réagir aux défis du marché et de la concurrence. Étrange procès d'une population qui, en France, en l'espace d'une génération, a multiplié par quatre ses rendements en céréales, lait et viande ! Prenant donc le contrepied de tous les lieux communs sur une paysannerie prétendument conservatrice et dépendante, il me paraît que nul groupe social, mieux que la paysannerie européenne, ne serait capable d'une nouvelle révolution productive s'il était confronté au marché. Cette confrontation est d'ailleurs à terme inéluctable depuis l'incorporation, en décembre 1993, de l'agriculture dans le GATT. Certes, bien des protections et subventions restent maintenues pendant une période transitoire qui mène à la fin du siècle ; cet intermède permettra aux agriculteurs européens de devenir des entrepreneurs. Ce n'est nullement aventureux, ainsi qu'en témoigne une expérience exemplaire, juste sous nos pieds : en Nouvelle-Zélande.

Comment les Néo-Zélandais ont brisé leurs chaînes

A mi-chemin entre Palmerston North et Hamilton, un modeste monument de pierre rappelle qu'ici a commencé, en 1840, la colonisation de la Nouvelle-Zélande. Du haut du mont Stewart — Piki Kotuku en maori —, le regard embrasse des milliers d'hectares. Ici des colons britanniques achetèrent à une tribu maori toutes les terres visibles à l'œil nu en échange de quelques couvertures. Aujourd'hui, sur ces plaines et collines d'un vert intense où les herbages ne s'épuisent jamais, paissent plusieurs dizaines de millions de moutons, bœufs et taureaux, cerfs et chèvres. Une exploitation moyenne sur l'île du nord de la Nouvelle-Zélande couvre 1 500 hectares et équilibre ses frais avec deux mille moutons. Le climat, les vastes étendues expliquent-ils à eux seuls qu'un mouton ou un bœuf néo-zélandais, prix de transport inclus, parvenus au Japon, aux États-Unis ou en France, reviennent deux fois moins cher que la même viande produite dans le pays de consommation ? L'« avantage naturel » cher aux économistes d'autrefois n'est pas une explication suffisante. La clé du succès néo-zélandais ne tient pas à une nature généreuse, mais à la politique appliquée là-bas, unique dans le monde développé : une libéralisation totale des prix de l'élevage et de l'agriculture.

Jusqu'en 1984, le fermier néo-zélandais était pris dans le même corset bureaucratique que son collègue européen d'aujourd'hui : prix garantis par tête de bétail, quelle que soit la qualité, fonds de compensation à la variation des cours, quotas, subventions, etc. Les gouvernements de l'après-guerre, nourris par les idéologies du temps — travaillisme britannique, autarcie industrielle et planification économique —, manipulaient les paysans à la manière dont les Eurocrates gèrent toujours les nôtres. Le but de ces subventions était moins d'aider les paysans que, en aval, les syndicats ouvriers, base de soutien des gouvernements travaillistes : ceux-ci contrôlaient l'abattage, les frigorifiques, le transport maritime. Plus le nombre de têtes de bétail croissait, plus les ouvriers avaient d'emplois, et moins la viande s'exportait. Jusqu'à la faillite. Inéluctable : un État en ruine, des produits invendables, ce qui guette à terme la politique agricole européenne.

En 1984, un gouvernement conservateur dirigé par Robert Muldoon, inspiré par le reaganisme et le tchatchérisme, mais aussi pressé par la nécessité financière, fit passer brutalement l'agriculture néo-zélandaise de la social-démocratie à l'ultralibéralisme. Par la suite, son successeur travailliste, David Lange, a poursuivi la libéralisation, démontrant combien l'air du temps l'emporte en politique sur les idéologies partisanes.

Fermiers et éleveurs néo-zélandais, privés d'aides publiques, furent-ils balayés par la faillite ? Un pour cent environ des quatre-vingt mille exploitants durent quitter la terre ; il s'agissait pour la plupart de fermiers récents et surendettés. « Du jour où les subventions furent supprimées — me dit Bruce Beard, un éleveur qui a connu l'ancien et le nouveau régime des prix —, notre vie est devenue réellement intéressante. » Avec une déroutante flexibilité, les exploitants néo-zélandais cessèrent de regarder vers Wellington, la capitale, et se tournèrent vers le grand large : le marché mondial. Certes, ces exploitants-là sont des Anglais ou des Écossais : le grand large, ils connaissent — ils en viennent. Mais ni la nature généreuse, ni la civilisation britannique ne sauraient à elles seules expliquer ce qui relève aussi d'une sorte de loi universelle : l'*homo œconomicus*, d'où qu'il soit, sait répondre aux défis du marché.

Revenons à Bruce Beard, mon guide dans la campagne néo-zélandaise. Depuis trois générations, sa famille, sur trois mille hectares, n'avait jamais élevé d'autres troupeaux que des moutons, encore des moutons. La technique de l'exploitation varia peu sur cinquante ans : déplacement des troupeaux à l'aide de quelques chiens bien dressés, des aliments de complément pour engraisser les bêtes, plus récemment des fertilisants épandus par avion, un abattage de masse et l'exportation de viande congelée vers la Grande-Bretagne, le tout à des prix garantis par l'État. Qu'a fait Bruce Beard lorsque le marché européen s'est fermé, que les consommateurs dans le reste du monde ont trouvé le mouton néo-zélandais trop gras, la viande congelée sans saveur, et que les subventions ont disparu ? S'il avait été européen, il aurait manifesté à Bruxelles et obtenu que les contribuables financent le stockage, puis le bradage de ses moutons. Ce n'est pas ce qu'a fait Bruce Beard : il est parti pour la Californie inspecter les supermarchés et s'est demandé ce qu'il pourrait bien vendre aux consommateurs américains ; puis il a répété son enquête en Corée, au Japon, dans le golfe Persique. Il en est revenu avec quelques idées neuves en tête, et les a immédiatement appliquées : aucune activité économique n'est aussi flexible que l'agriculture.

Sur son exploitation de Palmerston North, Bruce Beard est passé du mouton au taureau, viande de choix pour le *hamburger* américain. En alliance avec d'autres éleveurs, il a constitué une coopérative qui abat et réfrigère la viande sans la congeler, selon une méthode qui permet de la conserver fraîche pendant six semaines : trois semaines pour le transport en bateau et autant pour la mise en vente. Cette percée néo-zélandaise dans les supermarchés californiens, par les prix et par la qualité, Bruce Beard n'ignore pas qu'elle est provisoire : les producteurs américains, soutenus par leur administration, réagiront tôt ou tard en imposant quelque nouvelle protection. Bruce Beard pense donc déjà à l'étape suivante : à coup sûr, elle sera asiatique. Taiwanais, Coréens, Japonais, Cantonais abandonnent leur régime traditionnel pour se convertir à la viande. Encore faut-il satisfaire leurs goûts particuliers et leur passion des tranches fines. Demain, c'est probable, la ménagère de Séoul ou d'Osaka achètera du « shabu-shabu » *made in New Zealand.*

Que font les exploitants européens pendant ce temps-là ? Ils cassent les prix. Il suffit que les Néo-Zélandais ouvrent un marché nouveau pour que, dans la foulée, l'Union européenne tente de s'introduire à armes inégales en subventionnant ses exportations : le contribuable européen n'est pas consulté mais paie — très cher — pour que le Proche-Orient consomme nos moutons, ou les Russes notre blé. Les autorités politiques de l'Union européenne, si promptes à dénoncer le *dumping* des produits textiles ou électroniques en provenance des pays d'Asie à bas salaires, se conduisent exactement de la même manière pour écouler à perte nos produits agricoles.

Quelle est la morale de cette histoire ? Chacun sait et répète — en privé — que le protectionnisme agricole est un gouffre. Mais peu conçoivent, même après la ratification des accords du GATT, que le libre marché puisse constituer une alternative viable. La Nouvelle-Zélande enseigne le contraire. Certes, elle n'est pas en Europe, mais les Néo-Zélandais sont des Européens. Leur origine en avait fait des colons, des aventuriers, des commerçants jusqu'au milieu de ce siècle. Puis le socialisme les a transformés en marionnettes passives. Enfin, le libéralisme leur a réinculqué l'esprit pionnier ; ils ont survécu au feu de la concurrence internationale alors même que celle-ci reste déloyale. Comment, dès lors, accepter l'idée qu'un exploitant agricole français, ou allemand, ou belge, soit moins capable que son cousin néo-zélandais de réagir à son tour aux signaux du marché plutôt qu'à ceux de l'Eurocratie ? Certes, les Européens, après la disparition des subventions, ne pourront pas tous élever taureaux ou moutons sur mille hectares ; mais chaque exploitant pourra valoriser son avantage comparatif là où il vit. L'évolution et la diversification des habitudes de consommation sur le marché mondial, l'ouverture de créneaux nouveaux et solvables en Asie offrent aux exploitants européens — et à leurs enfants, actuellement sans perspectives — la possibilité de se hisser du monde de la dépendance au monde de l'entreprise. Certains ont déjà commencé, sans attendre les injonctions de Bruxelles, mais il y faut de l'héroïsme.

Le capitalisme n'a pas besoin de héros, la raison suffira.

J'allais oublier les paysages... Que deviendront nos paysages avec une agriculture européenne « abandonnée » aux forces du marché ? Les friches barbares n'enfouiront-elles pas nos bocages et nos hameaux là où régnaient, sous la tutelle européenne, sages coteaux et harmonie rurale ? Belle hypocrisie que cette défense du protectionnisme au nom de l'environnement ! Le paysan européen est au monde celui qui utilise le plus de produits chimiques, qui rase, pollue, érode, parce que les subventions l'y encouragent. A l'inverse, que s'est-il passé en Nouvelle-Zélande après dix années de retour aux rudes lois de l'économie libre ? Bruce Beard a abandonné l'utilisation des fertilisants et désherbants sélectifs, tout bonnement parce que le calcul économique sur la base de prix non conventionnés révèle que son intérêt est de produire sans additifs chimiques. Sur ses terres marginales, les moins propices à l'élevage, Bruce Beard, depuis que les prix ne sont plus garantis, par pure logique économique, a planté des arbres. Dans toute la Nouvelle-Zélande, le reboisement et le regain de l'exploitation naturelle ont été les conséquences les plus immédiatement perceptibles du retour au marché. Tout écologiste conséquent devrait soutenir l'agriculture libre. Bruce Beard ne vivra certainement pas assez vieux pour vendre le bois de ses forêts ; ses enfants en bénéficieront. Ainsi le fermier néo-zélandais a-t-il retrouvé le sens de la durée et de l'héritage dont le « subventionnisme » l'avait privé et que l'éthique du capitalisme lui a restitué. Je n'en conclurai pas qu'il faut néo-zélandiser l'agriculture européenne comme il faudrait américaniser notre sécurité sociale ou germaniser notre apprentissage ! La Nouvelle-Zélande a une histoire qui n'est pas la nôtre — mais j'y trouve quelques raisons d'espérer en un destin plus stimulant, pour les exploitants européens, que l'extinction ou la dépendance. A condition de déchirer le voile du mensonge déployé sur des groupes d'intérêts qui manipulent les paysans et l'opinion.

Voici ce qu'écrivait l'économiste libéral Jacques Rueff, en 1939, à propos du protectionnisme de l'agriculture anglaise au XIXe siècle, et qui pourrait être publié aujourd'hui sans y changer un seul mot :

« L'agriculture mourait alors d'un régime qui était destiné à la "protéger", régime qui imposait de grands sacrifices à la collectivité, mais ruinait plus particulièrement les ouvriers agricoles, les fermiers et les propriétaires fonciers, c'est-à-dire ceux-là mêmes pour la sauvegarde desquels il avait été établi, et qui s'en trouvaient les plus ardents partisans en même temps que les plus actifs défenseurs. Aujourd'hui, dans tous les pays qui se qualifient de démocratiques, le régime en vigueur tend à diminuer le bien-être en affirmant qu'il veut l'accroître. Partout ce régime a été établi sous la pression des intérêts organisés, intérêts individuels ou intérêts de groupe, que leurs défenseurs ont réussi à couvrir d'un voile d'intérêt général. Et le mensonge est partout dans l'objectivité pudique de la pensée confuse. »

Rueff concluait : « Partout dans le monde, les mesures de famine sont réclamées par ceux qui en pâtissent le plus. »

Un cas limite : peut-on libéraliser la drogue ?

La moitié des prisonniers en Europe et aux États-Unis sont détenus pour avoir commis des crimes en relation avec la drogue : la drogue apparaît donc comme la principale cause de violence dans les sociétés capitalistes. Certains adversaires de droite du capitalisme en concluent que ce déferlement de la drogue est la conséquence du capitalisme, dans la mesure où celui-ci déstabiliserait l'ordre communautaire. A gauche, dans la filiation de Michel Foucault, des sociologues considèrent que le toxicomane comme le fou sont des contestataires résistant à la violence que leur infligerait le marché. Étonnante convergence d'idéologues autour d'une même analyse de la drogue comme épiphénomène d'un capitalisme destructeur. Les uns et les autres préconisent le retour à une société plus « solidaire » ou son édification future, qui réduirait le désir de drogue et par conséquent la violence.

Il est vrai que cette violence, au sein des sociétés capitalistes, est plus directement liée à la drogue qu'auparavant. Mais est-ce la faute du capitalisme, ou ne serait-ce pas dû à son insuffisance ? Les vrais croyants de l'économie de marché accusent la prohibition de la drogue, c'est-à-dire son retrait du marché, de la violence qu'elle induit. Ce ne serait pas la drogue qui rendrait violent, mais son interdiction. Nous atteignons là la limite extrême du raisonnement libéral, frontière dangereuse s'il en est, mais qui ne doit pas décourager l'analyse.

1974 : Richard Nixon déclenche la première bataille de l'actuelle guerre contre la drogue. Un homme seul, Milton Friedman, s'insurge. Il compare cette guerre contre la drogue à la désastreuse prohibition de l'alcool dans les années 1920, et réclame la légalisation immédiate de toutes les drogues. L'argumentation a été reprise et amplifiée par les mouvements antiprohibitionnistes partout dans le monde. Elle commence par une analyse économique des « coûts et bénéfices » de la guerre américaine contre la drogue. Du côté des charges, il faut comptabiliser les douze milliards de dollars affectés directement aux combattants. Mais les coûts indirects sont plus considérables encore. Par exemple, l'interdiction de la drogue « sécrète » des criminels, comme l'avait fait jadis la prohibition de l'alcool. On considère aux États-Unis que dix mille homicides par an sont liés au commerce de la drogue, essentiellement parce que les *dealers* s'entretuent. En France, les gouvernements ne divulguent pas ce genre de statistiques, aussi n'est-il pas possible de mesurer le rappport entre la lutte contre la drogue et son résultat. En faisant monter les prix de la drogue, la prohibition procure des marges considérables aux *dealers* ; aussi le trafic de drogue est-il devenu le métier le plus lucratif pour les jeunes délinquants. La guerre contre la drogue, en concluent les abolitionnistes, et non pas la drogue elle-même, est devenue la cause essentielle du ravage des ghettos urbains par la violence, la maladie et le chômage. De même, ce ne serait pas la drogue, mais la hausse des prix de la drogue et la « prime de risque » engendrée par l'interdiction qui font prospérer les mafias et autres cartels.

Comment répondre à l'argument classique des prohibitionnistes selon lequel la légalisation de la drogue conduirait à plus de consommation et, par suite, à plus de toxicomanes incurables ? Les rares expériences dont on dispose — par exemple la tolérance dont bénéficie la marijuana aux Pays-Bas, ou telle qu'elle a été testée en Alaska et en Oregon dans les années 1970 — n'ont pas entraîné une hausse de la consommation. Quoi qu'il en soit de ces données fragmentaires, acceptons que les toxicomanes, en régime légal, deviennent un peu plus nombreux qu'en période de prohibition. Mais ils seraient sans doute mieux traités, mieux soignés, mieux respectés que dans le régime actuel où ils passent le plus clair de leur temps en prison. Les partisans de la légalisation ajoutent que celle-ci ferait reculer d'autres maladies plus graves que la toxicomanie et qui sont autant de sous-produits de la prohibition, comme le sida ou les accidents causés par des drogues frelatées. Enfin, le budget actuellement consacré à la guerre contre la drogue pourrait servir à des tâches plus utiles à la société, par exemple à utiliser la police et la justice pour poursuivre les vrais criminels plutôt que les fumeurs de haschisch. Les abolitionnistes avancent aussi, à l'appui de leur cause, l'effet de substitution. Toutes les expériences historiques de prohibition mettent en lumière cet effet. Lorsque le gouvernement anglais, en 1732, interdit le gin, les ouvriers anglais se tournent vers la bière. Vers 1840, les Irlandais abandonnent l'alcool à l'instigation du père Theobald Matthew... et se précipitent sur l'éther. Un dicton de l'époque veut que l'on reconnaisse les croyants à leur haleine : si c'est un protestant, il sent la bière ; si c'est un catholique, il sent l'éther !

De même, il serait naïf de croire aujourd'hui qu'un toxicomane privé de drogue va se convertir automatiquement en citoyen honorable et productif. S'il était un criminel avant de se droguer, il est plus probable qu'il le restera après. A force d'évoquer la guerre contre la drogue comme si celle-ci était un ennemi réel, on en vient à oublier que ce n'est que de l'herbe ; elle n'est que le révélateur de pulsions humaines qui existent de toute manière avant et après, avec ou sans elle. La raréfaction d'une drogue, voire son élimination ne font pas disparaître le désir de drogue ; on ne peut exclure que la lutte contre le haschisch aux États-Unis ou en Europe ait favorisé la consommation d'alcool, de cocaïne ou d'héroïne. Il convient alors de se demander si ces substituts ne sont pas plus dangereux que l'original.

La logique économique, dans ce débat, paraît incontestable. Mais l'économie suffit-elle à emporter la conviction ?

Même si nos arguments économiques ne sont pas impeccables, disent les antiprohibitionnistes, la guerre contre la drogue serait de toute manière inacceptable parce qu'elle détruit les fondements légaux de la démocratie. Comment, en effet, ose-t-on qualifier de « crime » un geste qui ne fait pas de victime, ou, si l'on veut, où le coupable est en même temps la victime ? Au nom de quel principe l'État peut-il condamner un individu qui ne cause aucun trouble extérieur à lui-même ? Et en quoi l'État saurait-il mieux qu'un individu ce qui est bon ou mauvais pour lui ? La criminalisation de la consommation est totalement étrangère à la philosophie libérale du droit et s'apparente au délit d'opinion tel qu'il existe dans les sociétés totalitaires. Si le drogué commet un délit ou un crime, qu'on le condamne pour ce crime ou ce délit, mais non parce qu'il a consommé de la drogue !

Cette corruption du droit mène inévitablement à une corruption de la police et de la justice. Puisqu'il n'y a pas de victime, pas de tiers faisant valoir ses droits, il faudrait que tous les représentants de la justice et de la police soient des saints pour sortir indemnes de leur dialogue singulier avec les trafiquants. On sait que ce n'est nulle part le cas !

Comment, en pratique, pourrait fonctionner la légalisation ? Faute de pouvoir démolir la logique légalisatrice, les prohibitionnistes font souvent valoir l'impossibilité concrète de mettre la drogue sur le marché libre : quelle drogue vendriez-vous ? qui vendrait ? à quel prix, avec quelle concentration ? aux enfants aussi ? Questions fondées, mais leur formulation laisse supposer que la situation présente est excellente, alors que les adolescents sont à l'heure actuelle les premières victimes de la prohibition. Il convient donc de démontrer que la légalisation serait non pas parfaite, mais « moins pire » que l'interdiction.

Milton Friedman propose un régime légal des drogues calqué sur celui qui est appliqué au tabac et à l'alcool. Aux États-Unis, la loi varie selon les États, avec des réglementations plus ou moins strictes qui s'imposent aux entreprises privées pour les conditions de vente et de publicité. En France, Francis Caballero a proposé que la drogue soit vendue par un monopole d'État, comme ce fut le cas dans l'Indochine et le Maroc coloniaux : il existe donc des précédents français...

La mise sur le marché de la drogue aurait un effet immédiat : diviser les prix par cent ! C'est à peu près la différence de prix entre la morphine écoulée en contrebande et celle qui est vendue légalement en pharmacie. Par conséquent, le marché noir de la drogue perdrait une grande partie de son attrait financier pour les mafias : les cartels de Medellín et d'ailleurs, en faillite, s'écrouleraient. Le crime organisé disparaîtrait-il pour autant ? Il est plus probable que les criminels se reconvertiraient : la légalisation ne conduirait pas les criminels à l'innocence, de même que le désir de transgression exprimé par la consommation de drogue ne disparaîtrait pas non plus pour autant. La légalisation ne provoquerait pas de miracle, mais elle ferait moins de victimes que la guerre contre la drogue : la légalisation, au total, serait moins mauvaise que la prohibition.

Et les enfants ? De nombreuses activités sont interdites de toute manière aux enfants. Il appartiendrait à la police de veiller à cette interdiction-là. Et les parents devraient retrouver un peu de l'autorité que, sous l'empire de la prohibition, ils ont abandonnée à l'État.

Parvenu à ce stade de la discussion, comment ne pas être doublement ébranlé ? D'abord parce que les arguments des légalistes paraissent incontestables. Ensuite, parce que les États poursuivent une politique qui semble contredire toute logique. La bureaucratie serait-elle assez perverse pour enfoncer sciemment le pays dans une guerre inutile ?

Milton Friedman propose une analyse différente, celle qui s'applique au phénomène bureaucratique en général. La bureaucratie d'État a inventé un ennemi et lui fait la guerre parce qu'elle y a intérêt — un intérêt matériel, sous couvert de légitimation morale. La guerre vient-elle à échouer ? La bureaucratie fera savoir que c'est par manque de moyens, et accroîtra son budget. Toute l'histoire des États modernes a emprunté ce chemin : invention de programmes sociaux au nom de la justice, ou de l'égalité, ou de la santé, augmentation incessante des interventions, idéologie de légitimation par la demande de l'opinion publique.

La démonstration des abolitionnistes n'est-elle pas convaincante, définitive ? Où est la faille ? Il y en a une : les partisans du marché pèchent, comme souvent, par optimisme. Une argumentation logique ne peut venir à bout d'une guerre irrationnelle.

Nous pouvons réfuter les arguments des prohibitionnistes, nous ne pouvons pas conclure pour autant à une supériorité absolue de la libéralisation de la drogue. Nous pouvons démontrer que la prohibition de la drogue aggrave la violence ; mais nous ne saurions prouver que l'inverse est vrai, car il n'existe aucune société où la drogue soit en vente libre. La drogue est toujours ou interdite, ou confinée dans un rituel de consommation socialement contrôlé. Il existe cependant quelques expériences localisées de tolérance relative (plutôt que de libéralisation absolue) pour le cannabis : en Espagne, en Italie, en Suisse, aux Pays-Bas. Que peut-on en déduire ?

Il semble acquis que la légalisation de la consommation du cannabis n'accroît pas le niveau de cette consommation ; elle réduit certainement les prix et rend moins nécessaires la violence du toxicomane comme celle du policier. Mais le cannabis est une drogue douce plus proche du tabac que de l'héroïne, en voie d'acceptation culturelle. La tolérance envers le cannabis ne fait donc que déplacer le débat vers les drogues dures.

La seule expérience observable est celle de Liverpool, où l'héroïne est distribuée gratuitement aux toxicomanes reconnus ; les toxicomanes ravitaillés par la ville ont généralement un emploi, souffrent rarement du sida et commettent peu de crimes. Dans ce cas précis, il n'y a plus prohibition, mais il n'y a pas pour autant de marché. On ne peut de surcroît en tirer de conclusions absolues, car cette population à Liverpool est plutôt blanche, appartient plutôt aux classes moyennes, ressemble davantage aux médecins anglais qui se fournissent eux-mêmes en opiacés qu'aux toxicomanes des ghettos de Paris ou de New York.

Je ne conclurai pas en renvoyant dos à dos les tenants de la prohibition et ceux du marché. La prohibition a montré son échec, les partisans du marché doivent encore faire leurs preuves. En bref, si l'on veut réellement réduire la violence liée à la drogue, l'État n'a plus de réponses, tandis que les tenants du marché émettent des propositions : ouvrir des espaces de tolérance et en évaluer les conséquences, tout en sachant qu'elles ne sauraient être pires que celles de la prohibition. Ce moindre mal a été constaté dans toutes les villes d'Europe qui se sont aventurées dans ces expériences : Genève, Zurich, Turin, Barcelone, Amsterdam. Est-ce par coïncidence que cet archipel de tolérance coïncide avec les berceaux de l'esprit marchand ? Ce sont là des cités bourgeoises, en quête d'une manière bourgeoise

— c'est-à-dire non répressive — de réduire la violence. Sans penser pouvoir l'éliminer.

Nous pouvons donc conclure à la supériorité d'une approche libérale, mais sans être à même d'utiliser l'expression de « solution libérale » à la toxicomanie et à la violence qui lui est liée, car le désir de drogue, comme le désir de transgression, sont inscrits dans le cœur de l'homme. Les libéraux ne proposent pas de changer la nature humaine, ils ne proposent que d'agir sur son environnement, sans aucune prétention à la perfection. Ils souhaiteraient que leurs arguments soient pris en compte de manière équitable dans ce débat, comme dans tout débat, sans prétendre aucunement à la vérité. Ils savent que le marché n'a pas réponse à tout et qu'au-delà d'une certaine limite le capitalisme n'est plus valable.

« Un intellectuel libéral, dit l'historien britannique Sir Isaiah Berlin, est prêt à mourir pour ses idées, tout en sachant qu'elles sont relatives. »

CHAPITRE 4

La civilisation du plein emploi

Le chômage serait la preuve que le capitalisme est en crise. L'universalité de cette crise se lirait dans l'homogénéité du taux de chômage : 11 % en moyenne en Europe. Mais le calcul d'un taux moyen n'est-il pas en soi une erreur d'optique qui laisse croire en une crise générale ?

Regardons une carte de l'Europe du chômage. Au centre, le Bade-Wurtemberg : taux de chômage de 3 %, minimum incompressible. Le capitalisme serait-il en crise partout sauf au Bade-Wurtemberg ? Autre indicateur troublant : un quart des jeunes Français de moins de 25 ans étaient, en 1994, au chômage, contre 5 % seulement en Allemagne. C'est donc que le chômage a plus de relations avec la culture locale qu'avec le système économique ou le taux de croissance. Comment font ces Allemands ?

L'apprentissage à l'allemande

Le miracle du plein emploi au Bade-Wurtemberg n'en est pas un et s'appelle l'apprentissage en entreprise, explique Andreas Stihl.

A Waiblingen, faubourg verdoyant de Stuttgart, Stihl, leader mondial de la tronçonneuse et de la débroussailleuse, emploie trois mille personnes. Les salariés s'y succèdent souvent d'une génération l'autre.

En France, le terme « apprenti » est dévalorisé, il renvoie à une économie archaïque, voire à l'exploitation d'une main-d'œuvre à bon marché ; être apprenti dans la pâtisserie ou le bâtiment, passe encore, mais dans une économie industrielle évoluée, est-ce que cela a un sens ? En Allemagne, l'apprentissage est la norme : les deux tiers des adolescents transitent par l'apprentissage entre seize ans et dix-neuf ans, dans tous les métiers, toutes les entreprises.

Claudia Gerstung vient d'être recrutée comme apprentie chez Stihl après avoir posé sa candidature, à seize ans, à l'issue de sa scolarité obligatoire au collège.

— N'auriez-vous pas préféré poursuivre vos études, passer votre bac, entrer à l'université ?

— Non, merci, m'a répondu Claudia. J'ai l'esprit plus pratique que théorique. En outre, je veux être assurée de travailler à l'avenir, et seul l'apprentissage me garantit un emploi de manière quasi certaine.

La formation de Claudia Gerstung est essentiellement manuelle. Ne trouve-t-elle pas cela dévalorisant ?

— Pas du tout ! proteste-t-elle. En Allemagne, nous aimons avoir un vrai métier.

La hiérarchie des valeurs dans l'entreprise allemande ne place pas en haut le théoricien, en bas le praticien. Chez Stihl, à âge égal, le salaire d'un ouvrier professionnel peut dépasser celui d'un ingénieur issu d'une université, ou celui d'un cadre administratif. L'apprentissage n'est pas limité à la production ; Stihl forme aussi des apprentis aux métiers administratifs, comptables, commerciaux. Enfin, rien n'empêchera Claudia Gerstung, après trois ans d'apprentissage, de passer son bac et de reprendre ses études.

Dans l'ensemble des anciens Länder, deux jeunes gens ou jeunes filles sur trois raisonnent comme Claudia ; 30 % seulement d'une génération passent le bac. Le calcul n'est pas compliqué : en France, 80 % de bacheliers, 25 % de chômeurs de moins de 25 ans ; outre-Rhin, 30 % de bacheliers, 5 % de chômeurs du même âge !

Il est vrai que, depuis 1985, le nombre des étudiants allemands tend à augmenter fortement. Ce qui inquiète le gouvernement. En 1993, le chancelier Kohl annonça une augmentation des droits d'inscription en faculté afin de réorienter les jeunes vers l'apprentissage. On ne peut exclure qu'à terme le système allemand ne s'européanise, par contiguïté culturelle, et que l'apprentissage ne finisse par s'y dévaloriser, alignant le taux de chômage allemand sur celui du reste de l'Europe. Au Bade-Wurtemberg, ce n'est pas encore le cas.

Le contrat d'apprentissage de Claudia vaut pour trois ans. Au cours de cette période, elle percevra 1 000 DM par mois la première année, et jusqu'à 1 600 DM à la fin, soit de 4 000 F à 6 400 F — une rémunération comprise entre notre RMI et notre SMIC. Quatre jours par semaine, Claudia travaille dans un atelier de formation, au sein de l'entreprise, sous la direction d'un maître qui a une longue expérience professionnelle. Le cinquième jour de la semaine, elle suit des cours théoriques dans une école publique. L'apprentissage fonctionne en alternance et complémentarité entre l'entreprise privée et l'enseignement public. Très important : la formation de Claudia chez Stihl n'est pas une éducation au rabais ! Elle apprend le façonnage des pièces sur des machines perfectionnées, celles qui servent effectivement à la fabrication.

On ne peut pas dire que Claudia soit « exploitée » par son employeur ; elle lui revient très cher. Les chefs d'entreprises allemands estiment à 200 000 DM par an en moyenne le coût d'un apprenti, englobant le salaire de ce dernier, la rémunération des maîtres, l'équipement destiné à la formation. En France, l'« apprentissage en alternance » copié sur le modèle allemand est subventionné par l'État. En Allemagne, les entreprises paient tout : l'État ne verse pas un *pfennig* aux employeurs.

Pourquoi les employeurs allemands acceptent-ils une telle dépense qui ferait grincer des dents tout patron français ? Réponse d'Andreas Stihl :

— Les employeurs allemands ont toujours formé les apprentis, parce qu'ils considèrent que tel est leur devoir. La formation des jeunes est une responsabilité trop importante pour être laissée aux enseignants. Nous seuls, employeurs, savons quels sont les besoins de l'économie allemande. Mais il en va aussi de notre intérêt, car 90 % des apprentis resteront salariés chez nous à l'issue de leur formation.

Ce taux de 90 % d'apprentis embauchés à terme dans l'entreprise se retrouve à peu près chez tous les employeurs. Les 10 % restants sont des apprentis qui ont voulu compléter leur formation ailleurs, retourner à l'université ou offrir leurs services à des PME qui ne peuvent former leur propre personnel : un apprenti de Stihl sera très recherché par une firme de moindre envergure.

Grâce à l'apprentissage, Stihl s'estime assuré de disposer d'une main-d'œuvre parfaitement adaptée à son entreprise et immédiatement opérationnelle. Comme la plupart des employeurs allemands, il planifie ses besoins en main-d'œuvre avec trois ans d'avance et calcule en conséquence le recrutement des apprentis : en général, 5 % de la main-d'œuvre totale. L'apprentissage fait donc partie intégrante de sa stratégie de développement à long terme. « En définitive, conclut-il, nous n'enseignons aux apprentis qu'une seule chose, dans toute l'Allemagne : la qualité ». La qualité inculquée dès seize ans.

Les apprentis outre-Rhin sont partout : sur les chantiers, derrière les comptoirs des magasins, dans les cantines des restaurants, dans les bureaux. Le secteur qui forme la plus forte proportion d'apprentis par raport à ses effectifs globaux est la banque. Ainsi, entre seize et dix-neuf ans, la plupart des Allemands qui ne sont pas étudiants sont au travail, pas dans la rue.

La règle vaut pour les immigrés légaux, les *Gastarbeiter* (travailleurs « invités »). A Francfort, 20 % de la population est étrangère, en majorité d'origine turque ; dans les grandes entreprises de Francfort, 20 % des apprentis sont turcs. Les jeunes

Turcs, plutôt attirés par les métiers manuels vers l'âge de seize ans, sont souvent mieux qualifiés que les jeunes Allemands, plus attirés par les facultés, même lorsque les cours qu'elles dispensent ne débouchent pas sur un emploi. En Allemagne, on entend peu de discours théoriques sur l'« intégration » : l'entreprise prend le relais de l'école, le travail intègre mieux que le discours.

Cette expérience allemande est-elle exportable ? Probablement pas, comme l'illustre en France le faible succès de l'« apprentissage en alternance », malgré les aides considérables de l'État. Le modèle allemand s'inscrit dans une longue tradition culturelle marquée par le goût de l'apprentissage, le respect du travail productif, l'estime portée à l'entreprise privée. Le modèle suppose aussi un accord entre les acteurs sociaux concernés. En Allemagne, la formation alternée est cogérée par les syndicats de salariés, les syndicats d'enseignants et les chambres de commerce et d'industrie, qui représentent les employeurs. Les trois partenaires veillent ensemble à la qualité de la formation. En France, c'est l'inverse : les syndicats d'enseignants dénigrent la tradition de l'apprentissage qui leur paraît réactionnaire, attentatoire à l'égalité des chances. Leur refus de se mettre au « service de l'économie capitaliste », aggravé par l'objectif démagogique de « 80 % de bacheliers », a rompu chez nous les liens entre l'enseignement et l'entreprise.

Au-delà des aléas liés à la récession et à la réunification du pays, l'expérience allemande tend à démontrer que le chômage relève plus de facteurs culturels que des circonstances économiques. Le taux de chômage paraît moins déterminé par la démographie, le nombre d'immigrés ou le taux de croissance que par l'éthique du travail et la légitimité de l'entrepreneur capitaliste. Nous allons vérifier cette hypothèse dans le cas nippon : le très faible chômage au Japon, en dépit d'un taux de croissance quasi nul, confirme le primat de la culture sur l'économie comme explication du chômage.

Pourquoi il y a peu de chômeurs au Japon

Le chômage n'est plus inconnu au Japon et le modèle japonais n'est plus ce qu'il était. Mais cette « crise » n'est pas celle du capitalisme, elle affecte avant tout les dinosaures, monstres bureaucratiques constitués souvent avec le soutien de l'État : Toyota, Sony, Nissan, Mitsubishi, autant de marques auxquelles nous identifions l'économie japonaise. A tort : ces groupes n'emploient qu'une très faible fraction des salariés, 10 % tout au plus. Ils appartiennent à une étape sans doute révolue du capitalisme, conçue à l'époque de Meiji pour rattraper les Occidentaux selon un modèle culturel analogue à celui de l'État lui-même : hiérarchie, avancement à l'ancienneté, conformisme. A l'instar de la fonction publique, ces groupes garantissent — ou plutôt garantissaient — l'emploi à vie à leurs salariés. Comment ces entreprises pouvaient-elles s'engager à ne jamais licencier en régime capitaliste ? Par l'appel à de vastes réseaux de sous-traitants qui, grâce à la flexibilité de leurs propres salaires, amortissaient les chocs conjoncturels : l'emploi, garanti en haut, fonctionnait grâce aux coups d'accordéon salariaux à l'étage au-dessous.

Mais cette méthode, encensée ou décriée selon que l'auteur était nipponophobe ou nipponophile, est menacée car les grands conglomérats sont désormais les entreprises les moins performantes, les moins porteuses d'avenir et les moins profitables. Les geishas de Ginza en sont les premières victimes : Toyota, Nissan et compagnie réduisent leurs notes de frais.

Le nouveau Japon capitaliste, celui qui garantit l'emploi, se trouve ailleurs, loin de Tokyo. Quitter Tokyo, la capitale bureaucratique, réservée aux financiers et aux politiciens, pour Osaka, à trois cents kilomètres à l'ouest, permet de renouer avec un Japon antérieur à Meiji, celui qui pratiquait le culte du commerce, de l'artisanat et de Bouddha. Dans la région d'Osaka, ces trois principes se sont conservés, mués en valeurs contemporaines particulièrement propices à l'esprit d'entreprise.

Au premier regard, le voyageur ne voit pas la différence avec Tokyo, car rien ne ressemble plus à une ville japonaise qu'une autre ville japonaise. Le décalage est dans les comportements, les personnages. Loin de Ginza, de ses empereurs industriels affaiblis et des geishas délaissées, le patronat d'Osaka fourmille d'idées. En peu de jours, le voyageur curieux d'économie peut y rencontrer un judoka reconverti dans la promotion immobilière ; un ingénieur aux allures de *yakuza* qui a créé la plus grande entreprise d'ingénierie du pays ; un fils de graveur sur bambou, leader du marché des verres de contact en Asie ; l'héritier de la plus grande marque de cosmétiques du Japon, un génie de l'informatique qui garantit à tout gérant de machines à sous, les *Pachinkos Halls*, un profit de 10 %, l'inventeur du sonar à détecter les petits poissons, etc. Ces entreprises emploient de cent à cinq cents personnes, servent l'immense marché intérieur de cent millions de Japonais aux goûts uniformes, et exportent leurs surplus vers le reste du monde.

Toutes ces entreprises garantissent à leurs salariés qu'ils ne seront jamais licenciés. L'emploi à vie dans les grands conglomérats est désormais menacé, mais, en bas, dans ces cellules du capitalisme créatif, il se porte bien, et, crise ou pas crise, le chômage y est à peu près inconnu.

« L'honneur d'un patron japonais, explique Keisuke Honda, est de recruter des jeunes, de les former, de valoriser ce qu'ils ont de meilleur en eux-mêmes, de les maintenir heureux dans l'entreprise le plus longtemps possible, au-delà même de l'âge de la retraite. »

Keisuke Honda — rien à voir avec le constructeur automobile — est un ingénieur entreprenant qui a la manie de déposer des brevets. Une tradition familiale : son père, avant-guerre, avait multiplié les innovations dans l'élevage du ver à soie. La passion du fils, Keisuke, réside dans toutes les utilisations possibles des ultrasons, de la détection des bancs de poissons à celle des tumeurs.

Comment parvient-il à recruter de bons ingénieurs et à les garder, connaissant le goût immodéré des étudiants diplômés pour les grandes entreprises de renom ? Honda n'emploie que deux cents salariés dans une inaccessible banlieue d'Osaka. « Le Japon, dit-il, a deux cultures, comme l'homme a deux cerveaux : l'hémisphère droit produit le conformisme intellectuel et social des diplômés des grandes universités, des bureaucrates travaillant pour l'État et les *zaibatsus*. L'hémisphère gauche génère la créativité, l'anticonformisme de ceux qui sont parfois de mauvais élèves... » Ce sont ces derniers que Honda repère et recrute. Une fois dans l'entreprise, leur liberté d'invention est encouragée et récompensée. L'avancement à l'ancienneté, de règle dans les grandes entreprises, Honda l'ignore. De même, le couperet de la retraite à soixante ans est inconnu chez lui. La hiérarchie ? Inexistante : chacun suit le projet de son choix. Le conformisme ? Minimal.

Le bureau de Honda est des plus modestes : pas de ces gigantesques salons aux innombrables hôtesses, serveuses de thé et secrétaires qui constituent le paysage classique des sièges de grandes sociétés à Tokyo. Bon an mal an, Honda recrute cinquante salariés à la sortie du lycée et des universités : tous seront formés par l'entreprise à leur futur métier et, pendant leurs six mois d'apprentissage, rémunérés comme de véritables salariés. Cet investissement dans la formation est une constante des entreprises japonaises : il relève du devoir patronal autant que de la nécessité économique. Quelques-uns parmi ces apprentis quitteront l'entreprise après leur formation pour proposer leurs services ailleurs ou fonder leur propre société. Cela fait partie des risques normaux assumés par l'employeur. Mais, en règle générale, le salarié adhère à la philosophie de l'entreprise, à son projet, et lui reste fidèle du premier jour jusqu'à la retraite. Les rémunérations chez Honda sont quelque peu inférieures à ce qu'elles seraient chez un grand concurrent ; mais la vie professionnelle y est plus stimulante, l'étiquette moins sévère, la communication plus simple.

Devoir de recrutement, devoir de formation, devoir de valorisation : tout bon entrepreneur japonais se reconnaît dans ces principes qui participent de la culture plus que de l'économie au sens strict.

Personne ou presque ne part, personne n'est licencié. Reste à absorber les chocs inévitables de la conjoncture : les amortisseurs s'appellent profit et bonus. Les profits de ces moyennes entreprises japonaises sont considérables — souvent 20 % du chiffre d'affaires —, sans doute parce que le marché intérieur est vaste et les coûts administratifs réduits. Les entrepreneurs d'Osaka, souligne Honda, sont traditionnellement frugaux, discrets, productifs et commerçants. Assurément, la protection du marché intérieur contre les produits étrangers contribue à ce haut niveau de profits ; mais la concurrence entre entreprises japonaises sur le même marché intérieur est féroce. Vingt au moins sont en compétition directe avec Honda. L'amortisseur ultime, celui qui garantit le plein emploi en toutes circonstances, est le bonus : deux fois l'an, en juin et décembre, les employeurs versent à leur personnel une prime exceptionnelle dont le montant est souvent équivalent à six mois de salaire. Dans les grandes entreprises, le bonus est devenu, avec le temps, une rémunération à peu près fixe, qui ne dépend plus des résultats : un droit acquis. Les *zaibatsus*, qui ont créé le principe de l'emploi à vie, sont désormais les plus mal placées pour le perpétuer : elles ont perdu toute flexibilité salariale. Ce qui n'est pas le cas des PME.

Ce système du bonus ne peut fonctionner que dans la transparence et la confiance ; Keisuke Honda en fixe seul le montant, variable selon les salariés en fonction des efforts de chacun et des bénéfices. Ceci implique que nul ne conteste la légitimité patronale et que les résultats soient connus. A cet effet, Keisuke Honda réunit son personnel une fois par mois et affiche tous ses comptes. En d'autres entreprises aux activités commerciales, c'est le chiffre des ventes qui est affiché tous les jours. Les rémunérations des dirigeants sont également rendues publiques.

Des syndicats ? Il n'en existe pas dans cet univers de PME. Mais il est courant que les personnels se constituent en associations « maison » dont les représentants élus communiquent plus qu'ils ne négocient avec le patron, moins sur les salaires que sur la stratégie de l'entreprise et sur sa philosophie. Car il n'existe pas de PME ni de patron entreprenant qui ne soit porté par quelque projet économico-métaphysique. Chez Honda, ce sera le « management spirituel » : comment faire triompher le cerveau gauche sur le cerveau droit ; ou encore « le zen au service du XXIe siècle ». Dans sa réflexion sur l'éthique du capitalisme, Max Weber n'avait pas envisagé que le zen pût un jour passer pour un équivalent fonctionnel du calvinisme ! Mais l'ironie n'a pas sa place ici : ce collage de culture d'entreprise enracinée dans le passé, de futurologie obsessionnelle, de considérations métaphysiques, de management participatif et de flexibilité salariale résiste bel et bien à l'épreuve de la crise.

Nombreux sont les nipponologues à annoncer la disparition de ce plein emploi. Depuis trente ans au moins... A terme, les pessimistes l'emportent toujours, mais à quel terme ? Les conglomérats bureaucratisés sont les premiers atteints. Depuis 1993, certains d'entre eux — une première dans leur histoire — licencient des personnels non qualifiés, ou abaissent l'âge de la retraite. Mais les PME résistent, véritables conservatoires de la culture d'entreprise. Leur taille réduite, les relations sociales détendues qui y règnent sont également mieux en phase avec la montée de l'individualisme parmi les nouvelles générations. « Ma seule crainte, confesse Keisuke Honda, tient à l'imprévisibilité de l'État. »

Les politiciens, sensibles à la pression des lobbies industriels en difficulté, ne seront-ils pas tentés de créer un État-providence comparable à celui qui existe en Occident ? Les PME qui garantissent l'emploi devraient alors payer des charges pour permettre aux conglomérats de licencier sans trop barguigner. Le capitalisme japonais n'est pas à l'abri d'un tel alignement sur l'Occident. En attendant, s'il reste possible d'apprendre du Japon, on ne saurait l'imiter : l'emploi à vie est une culture partagée, pas une recette.

Peut-on aussi privatiser le chômage ?

Avant d'atteindre vingt-trois ans, Shirley Dawn n'était jamais descendue du South Bronx, où elle habite, jusqu'à Wall Street, dans le bas de Manhattan. Comme les deux tiers des jeunes femmes noires de son quartier, le plus déshérité de New York, elle est mère célibataire ; elle a longtemps vécu grâce au *welfare*, l'assistance sociale de l'État, et aux *food stamps*, les bons d'alimentation. Shirley Dawn a été marginalisée par le capitalisme américain, par le racisme des Blancs qui l'ont exclue, par le racisme des Noirs qui s'auto-excluent, par l'assistance publique qui décourage les plus déshérités.

Mais Shirley Dawn, par exception, a réussi à quitter le South Bronx. Je l'ai rencontré à Wall Street : secrétaire d'un avocat, elle m'a raconté son histoire.

Shirley Dawn a échappé au *welfare* en entendant parler d'une organisation appelée *America Works* : une entreprise privée fondée en 1985 par Peter Cove, dans le Connecticut. Celle-ci prend en charge et essaie de placer les chômeurs que lui confient les administrations publiques : une sorte de sous-traitance au secteur privé des agences pour l'emploi. Du jour où Shirley Dawn s'est adressée à *America Works*, cette entreprise lui a donné une formation de cinq semaines, consistant pour l'essentiel à retrouver confiance en elle, à se mettre en valeur, à savoir présenter sa candidature à un employeur. Shirley Dawn a appris à regarder ses interlocuteurs dans les yeux, à se présenter à l'américaine, ce que les jeunes Noirs new-yorkais refusent généralement de faire : ce refus d'agir comme les Blancs les exclut du marché des services, principal pourvoyeur d'emplois dans les sociétés du capitalisme mûr. La qualification inculquée par *America Works* est donc culturelle plus que professionnelle.

« Le verrou qui enferme le chômeur dans le chômage, explique Peter Cove, est plus souvent psychologique qu'éducatif ; le métier s'apprend plus tard, dans l'entreprise, à condition d'y entrer. »

Le principe directeur d'*America Works* est que les « chômeurs ont davantage besoin d'un emploi, d'une insertion sociale, que d'une formation », alors que les administrations publiques dépensent beaucoup dans des formations qui débouchent rarement sur un emploi. Cela vaut pour les États-Unis comme pour la France.

America Works investit avant tout dans le marketing, qu'il s'agisse de trouver des employeurs ou de leur « vendre » des demandeurs d'emplois. C'est ainsi que l'établissement a recherché activement, par *mailing*, un employeur potentiel pour Shirley Dawn. Là réside, nous allons le voir, l'intérêt matériel de Peter Cove. Une fois l'employeur déniché, un contrat a été conclu pour trois mois à l'essai ; Shirley Dawn a reçu un salaire modeste et continué de bénéficier d'une assitance publique. *America Works* a perçu de l'employeur une rémunération un peu plus élevée que Shirley Dawn, à la manière d'une agence d'intérim. Pendant cette période d'essai, un représentant d'*America Works* a suivi régulièrement sur place la bonne insertion de Shirley Dawn. Quand l'essai s'est révélé concluant, Shirley Dawn a été engagée par le cabinet d'avocats, son contrat de travail est devenu permanent ; de ce fait, l'aide publique a cessé. Si, dans un an, Shirley Dawn est toujours employée dans la même entreprise, l'État accordera à l'employeur un crédit d'impôt de mille dollars. Après la signature du contrat d'embauche de Shirley Dawn, *America Works* a reçu de l'État des honoraires de 5 300 dollars. Quand Shirley Dawn était au chômage, elle coûtait à l'Administration 24 000 dollars par an en coûts de gestion, aide sociale et remboursement de soins. Tout le monde y gagne, estime Peter Cove, et c'est pour cela que le système fonctionne.

Depuis sa création, *America Works* a placé dans des emplois permanents deux mille cinq cents chômeurs de longue durée, soit environ trois cents par an, pour un chiffre d'affaires de quatre millions de dollars. N'en concluons pas, sous prétexte que cette *success story* se passe aux États-Unis, qu'*America Works* suscite l'enthousiasme. Avant de réussir dans le Connecticut et à New York, Peter Cove avait essuyé des échecs, en particulier dans l'Ohio, où les administrations publiques chargées du chômage et les syndicats n'acceptaient pas qu'une entreprise pût gagner de l'argent « grâce au chômage ».

Quelle morale tirer de cette expérience isolée ? Un apôtre inconditionnel du marché en conclura que le marché a réponse à tout, qu'il est urgent de privatiser la gestion des chômeurs et autres agences pour l'emploi. Pareille conclusion serait excessive, car le traitement privé du chômage ne vaut que dans les meilleurs cas, ceux où une demande peut rencontrer une offre potentielle. Il ne suffit pas d'administrer une thérapie personnelle au chômeur et de prospecter activement les employeurs pour faire disparaître tout chômage. Mais cette double démarche peut contribuer à résorber une part, difficile à évaluer, du « stock » des demandeurs d'emploi. Il est non moins vrai que pour cette catégorie de chômeurs, la privatisation est plus efficace que la gestion publique, car une entreprise a un intérêt direct à réduire le nombre de chômeurs, alors que la motivation est dérisoire dans une administration publique qui vit elle-même de la gestion du chômage. Notons que dans le cas français, cette motivation est plus faible encore dans la mesure où l'organisme qui paie les indemnités de chômage (UNEDIC) n'est pas celui qui place les chômeurs (ANPE) ; en bonne logique, l'Agence pour l'emploi n'a aucun intérêt matériel à réduire le nombre de ses « clients ».

A partir de ce modeste laboratoire qu'est *America Works*, nous nous garderons de préconiser une privatisation de toutes les agences pour l'emploi ; ce serait en théorie infondé. En revanche, la sous-traitance par la puissance publique d'une fraction des demandes d'emplois à des entreprises privées serait souhaitable. Comme dans le domaine de l'école ou de la santé, si la gestion publique se révèle peu efficace, ce n'est pas parce qu'elle est publique, mais parce qu'elle exerce un monopole. La privatisation serait socialement bénéfique non pas parce qu'elle serait supérieure en soi, mais parce qu'elle introduirait concurrence et émulation dans la gestion du chômage.

Puisque la concurrence est efficace, pourquoi ne pas en faire aussi profiter notre Agence nationale pour l'emploi ?

Une solution libérale au chômage consisterait-elle à combiner ces modèles allemand, japonais et américain ? Un peu d'apprentissage, un peu de flexibilité sur le marché de l'emploi, un zeste d'emploi garanti stable en échange d'un salaire variable ? Certes, mais la société ne se modifie pas par décret, et il est tout bonnement impossible de transporter des modèles d'une culture à l'autre, précisément parce que ces modèles sont les produits distincts de cultures variées. Ainsi, une solution au chômage en France peut-elle s'enrichir du regard porté sur les expériences étrangères, mais ne saurait en être la simple transposition.

CHAPITRE 5

En France : une solution politique au chômage

Le chômage est un choix politique, pas un accident économique. Dans l'ancien monde soviétique, le pouvoir décida que nul ne serait chômeur ; en contrepartie de ce plein emploi, les rémunérations étaient faibles, la mobilité et la liberté du salarié, nulles : le salarié soviétique faisait semblant de travailler et l'État faisait semblant de le payer. Cette plaisanterie usée reste à ce jour la seule description scientifique du socialisme réel.

Elle pourrait s'appliquer demain à un néo-socialisme planifié sous couvert d'écologie ou de « partage du travail ». Dans les sociétés libérales européennes, hors le secteur public, l'arbitrage politique ne pèse pas en faveur du plein emploi, mais en faveur du salaire et de la mobilité. Le choix majoritaire revient à assurer dans les entreprises un niveau de salaires relativement élevé, une bonne protection sociale et une certaine mobilité. En contrepartie, il est tacitement accepté que l'avantage garanti aux salariés privés est payé par un certain niveau de chômage, rendu plus ou moins tolérable par les allocations publiques, voire le travail au noir. C'est bien parce qu'un tel contrat social existe implicitement que la société ne se révolte pas, malgré le nombre important de chômeurs : ceux qui voudraient sortir de ce chômage choisi ou toléré par la majorité restent politiquement minoritaires.

Dans les sociétés libérales européennes, cette stratégie implicite explique que le marché de l'emploi soit organisé comme une citadelle. Ceux qui sont à l'intérieur sont relativement protégés par les salaires minima, les conventions collectives, le droit du travail, les syndicats. Ceux qui sont à l'extérieur de la citadelle de l'emploi ont tendance à y rester de plus en plus longtemps, coupés du marché du travail par une épaisse muraille juridique et sociale. Ces « assaillants » chômeurs sont dispersés, faibles, et leurs assauts tempérés par les allocations publiques.

Depuis vingt ans, cette division entre ceux de l'intérieur et ceux de l'extérieur est à peu près stable, indépendante du taux de croissance ; la croissance peut même détruire plus d'emplois qu'elle n'en crée, par l'effet des gains de productivité. Depuis 1974, que le taux de croissance augmente ou qu'il diminue, le nombre de chômeurs tend surtout à croître là où le mur de la citadelle est le plus épais : en France, aux Pays-Bas, en Grande-Bretagne.

Tout cela ne fait pas l'ombre d'un doute pour un économiste, qu'il soit ou non libéral ; mais ce n'est pas dit, ou ne peut pas l'être publiquement. Aucun parti n'y a intérêt. Il n'existe pas de parti des chômeurs, et s'il y en avait un, n'aurait-il pas avantage lui aussi à ce que sa clientèle reste nombreuse ? Ce contrat social implicite, favorable au chômage, les partis de droite peuvent difficilement le dénoncer, puisque leur clientèle est *dans* la citadelle et n'envisage pas de se sacrifier pour ceux qui sont à l'extérieur. La gauche, de son côté, n'a nul avantage à révéler la nature du contrat, car elle ne peut dénoncer le rôle des « avantages acquis », qu'il s'agisse du salaire minimum ou de la protection sociale. En même temps, il faut bien qu'elle paraisse du côté des victimes. Quelle meilleure tactique, dans son cas, que de désigner le capitalisme comme cause du chômage ?

Comment le jeu démocratique aggrave le chômage

Le chômage dans les sociétés européennes, que maints idéologues s'emploient à faire passer pour un sous-produit du capitalisme, est en grande partie une conséquence inattendue du jeu démocratique. Cette substitution des causes remonte à Marx, puis elle a été cautionnée par la doctrine de Keynes.

Selon Marx, les patrons avaient besoin d'une armée de réserve de chômeurs pour peser sur les salaires ; pour Keynes, le chômage était la conséquence de la faiblesse de l'investissement privé, donc d'une défaillance des capitalistes.

Ces deux explications classiques du chômage comme dysfonctionnement de l'économie de marché sont fausses. Le chômage ne favorise nullement le capitalisme, il lui nuit en termes concrets et symboliques : le chômage affaiblit la rentabilité des entreprises dans la mesure où il réduit le nombre des consommateurs et jette l'opprobre sur le système lui-même. De même, il est douteux de prétendre que le nombre de chômeurs influe à la baisse sur les salaires : les salaires moyens tendent à évoluer hors de toute relation mécanique avec les chiffres du chômage. La théorie keynésienne est tout aussi contestable. Chacun peut l'observer, le taux de croissance de l'économie n'exerce pas sur le nombre de chômeurs une influence telle qu'elle permettrait de déceler une relation simple entre ces deux variables : la croissance n'est qu'un facteur de l'emploi parmi d'autres.

Le chômage ne peut donc être analysé comme un signe de la crise du capitalisme qui obligerait à intervenir dans le système économique ou à le modifier. Au contraire, l'histoire des interventions de l'État dans l'économie depuis le *New Deal* montre que les mesures anticapitalistes (salaire minimum, conventions collectives, charges sociales) ont, en régime capitaliste, toujours aggravé le chômage. Contrairement à la légende dorée qui entoure Franklin Roosevelt, ce fut le cas aux États-Unis pendant le *New Deal*, avec un taux de chômage plus élevé en 1938 qu'en 1933.

S'ils étaient au pouvoir et ne subissaient aucune contrainte — donc dans un monde théorique — les économistes classiques sauraient éliminer l'essentiel du chômage par des techniques appropriées. Il suffirait de ramener la rémunération du travail (salaires + charges) à un seuil tel que l'offre d'emplois augmenterait sensiblement ; cette réduction du coût du travail créerait un nombre important d'emplois moins qualifiés, puisque ce sont eux dont la rentabilité économique est actuellement la moins forte du fait du niveau des salaires. Pour que ces nouveaux emplois trouvent preneurs, les allocations aux chômeurs devraient être réduites à un niveau tel que le demandeur d'emploi retrouverait sa motivation à travailler ; dans le même temps, de sérieuses chances d'être embauché seraient restaurées. Le travail au noir disparaîtrait, ce qui ramènerait les faux chômeurs sur le vrai marché du travail.

Mais les ennemis du marché feront alors observer que les travailleurs du bas de l'échelle seraient particulièrement mal payés, à la limite de la pauvreté. Certes. Mais il vaut mieux être pauvre au travail que pauvre au chômage, car, dans la première hypothèse, l'espoir est permis de progresser dans l'échelle sociale, alors que la seconde hypothèse ferme toute espérance. De surcroît, le travail n'apporte pas qu'un salaire ; il procure aussi une insertion sociale, tandis que le chômage marginalise.

Non seulement le chômage n'est donc pas une conséquence du capitalisme, mais il tendrait à disparaître si le capitalisme pouvait fonctionner. Mais pareil discours fait trop grincer des dents, il n'est pas dicible. Or, si les techniques économiques du capitalisme ne sont pas appliquées et si leur simple énoncé suffit à les rendre utopiques, c'est bien que leur non-application ne relève pas de l'économie, mais de l'idéologie : la perpétuation du chômage est un révélateur du dysfonctionnement non pas de l'économie de marché, mais de nos institutions démocratiques et des paradigmes idéologiques dominants.

La démocratie est supposée favoriser le triomphe de l'intérêt général sur les intérêts particuliers. En fait, par le jeu des partis, des différences de participation de tel ou tel groupe social et de l'influence des groupes de pression, la démocratie moderne gère des clientèles plutôt que le bien commun. L'intérêt général conduirait sans doute possible à éliminer le chômage ; mais le clientélisme incite à le perpétuer, car le coût politique de l'élimination du chômage ferait perdre ses clientèles et donc le pouvoir à tout gouvernement.

Les chômeurs ne constituent pas une clientèle influente et leurs moyens de pression sont nuls. Pour l'instant. La contagion récente du chômage chez les cadres et les jeunes diplômés pourrait progressivement modifier la prise de conscience des Français, les conduire à s'interroger sur ses véritables causes et à exiger à terme une politique réellement opérationnelle. Mais, dans l'attente d'une telle aggravation qui pourrait ouvrir la voie à des solutions neuves, c'est le *statu quo* qui l'emporte.

Pour illustrer ce *statu quo* politique, ce blocage quasi mathématique de la réduction du chômage en démocratie, examinons les solutions préconisées en France par la gauche et la droite.

Le partage du travail comme slogan

La gauche préconise le « partage » du travail : thème rassurant, aux accents chrétiens et solidaristes. Mais l'expérience en a déjà été faite par le gouvernement socialiste en 1981, avec une réduction de quarante à trente-neuf heures du temps du travail, sans qu'aucun emploi n'ait été créé. Le résultat s'appelle « gain de productivité ». Ce qui était prévisible, puisque le seul partage efficace serait celui de la rémunération, et non pas celui du temps de travail. Si, au lieu de « trente-neuf heures payées quarante » — slogan de 1981 — on avait substitué « nos quarante heures payées trente-neuf », de nouveaux emplois auraient sans doute été créés. Ce raisonnement vaut pour le slogan socialiste « amélioré » du passage aux trente-deux heures. Si les trente-deux heures étaient payées trente, de nouveaux emplois seraient créés ; si les trente-deux heures étaient payées vingt-cinq, il est probable que le chômage disparaîtrait.

Dans cette logique d'un partage non plus du temps de travail, mais de la masse salariale, compte tenu de l'automatisation dans l'industrie et de la flexibilité de l'organisation dans les services, le seul effort susceptible de réduire massivement le chômage devrait lui-même être massif. Mais ce qui serait socialement souhaitable et économiquement viable est, en bonne comptabilité politique, inenvisageable : la gauche ne peut préconiser ni une réduction du pouvoir d'achat, ni une réduction de la protection sociale. Cela irait contre son idéologie et, davantage encore, contre les intérêts matériels de sa clientèle. Celle-ci est pour l'essentiel salariée, syndiquée à Force ouvrière, incarnation du *statu quo*, pas chômeuse ou peu. Les chômeurs votent rarement et, s'ils votent, ne constituent pas, en tant que tels, une catégorie politique susceptible de se faire entendre, moins encore de modifier l'équilibre électoral en faveur de la gauche ; quand ils votent, les chômeurs ne soutiennent d'ailleurs pas plus la gauche que la droite.

La gauche paraît donc condamnée à rester prisonnière de ses slogans ; si, d'aventure, elle devait les appliquer, il en résulterait bien le plein emploi mais aussi une réduction importante de l'activité économique — autrement dit l'ancien modèle soviétique.

La droite prisonnière de ses électeurs

Qu'en est-il des solutions de droite ? Les partis conservateurs et libéraux mettent traditionnellement l'accent sur la réduction du coût du travail, par exemple en supprimant le SMIC ou en réduisant la protection sociale. Lorsqu'ils sont au pouvoir, ils n'en font rien, ou alors avec une extrême discrétion. Probablement parce que leur clientèle est salariée ou retraitée et craint que l'arrivée d'une masse de nouveaux travailleurs sur le marché de l'emploi ne fasse baisser le niveau moyen des salaires ou des retraites. Par ailleurs, une baisse des cotisations sociales des jeunes entrant sur le marché du travail susciterait, par compensation, une augmentation des cotisations des autres salariés qui votent à droite. Enfin, la droite, ne voulant pas passer pour moins « sociale » que la gauche, ne souhaite pas adopter des mesures économiquement légitimes, mais politiquement « incorrectes ».

Voilà pourquoi la droite ne propose plus la suppression du SMIC. D'ailleurs, n'est-il pas déjà trop tard pour le supprimer ? Rien ne garantit, compte tenu de la mécanisation, de la robotisation et de l'informatisation déjà très avancées dans notre pays, que cette suppression engendrerait un grand nombre d'emplois. Alors qu'elle se serait certainement révélée efficace pour résorber le chômage il y a dix ans, elle ne le serait plus autant aujourd'hui, précisément parce que les entreprises, prenant acte du coût relativement élevé pour l'employeur des bas salaires, ont préféré rationaliser, automatiser, investir dans des méthodes de production qui emploient peu de personnel ou « délocaliser » ; pour elles, il s'agit désormais d'amortir les machines. Aussi une réduction ou une suppression du SMIC ne susciteraient-elles que des emplois marginaux peu qualifiés et pas nécessairement créateurs de richesses. La preuve en est que toutes les formules permettant aux employeurs de contourner le SMIC — primes d'embauche ou exonérations de charges sociales — n'ont pas conduit à la création de nombreux emplois supplémentaires. En somme, la disparition du SMIC ou la création d'un « SMIC jeunes » induisent un coût politique considérable sans pour autant se révéler socialement utiles.

En quête d'un projet de substitution à la suppression du SMIC, la droite s'est rabattue sur l'apprentissage et le contrat d'insertion professionnelle, qui en est une modalité. Une solution qui ne marche pas non plus : non parce que le principe en est condamnable, mais parce que ses modalités n'ont fait l'objet d'aucune réflexion. L'apprentissage en France est un slogan ; ce n'est plus une culture, comme en Allemagne, et ce n'est pas encore une stratégie cohérente. L'apprentissage, comme le partage du travail, pourrait effectivement réduire le chômage, mais seulement s'il était appliqué massivement. Ce qui, pour la droite, paraît tout aussi impossible que pour la gauche.

On observera en effet que l'État français aide toujours plus au recrutement des apprentis (six milliards de francs en 1993), alors que, depuis dix ans, leur nombre déjà faible (cent quarante mille) ne cesse de diminuer. L'explication de ce paradoxe est simple. Tout d'abord, la motivation des acteurs est faible : les patrons français considèrent que former des jeunes ne fait pas partie de leurs devoirs ; on les en a d'ailleurs persuadés depuis trente ans. Sous la pression des syndicats de l'Éducation nationale, la tradition de l'apprentissage a été délibérément démantelée par l'État dans les années 1960. Ces patrons que l'on a démobilisés et que l'on essaie de remobiliser sont d'autant moins enthousiastes que les aides par apprenti sont faibles ; or il convient qu'elles le restent, de manière à ne point effrayer les salariés qui se trouvent déjà sur le marché du travail et craignent la concurrence des nouveaux venus. En moyenne, un apprenti en France est payé 15 % de moins qu'un travailleur engagé à qualification comparable ; il semble que ce soit là le seuil politique que l'aide à l'apprentissage ne peut dépasser sans susciter une réaction hostile des « vrais » salariés. On l'a vérifié au printemps 1994 lorsque le gouvernement a voulu baisser ce seuil jusqu'à 20 % en dessous du SMIC.

Pour le chômeur, l'apprentissage est peu attrayant, puisqu'il a le choix entre des « petits boulots », déclarés ou au noir, des allocations chômage et le statut d'apprenti, peu valorisant dans la société française. Par ailleurs, le contenu de l'apprentissage, lorsqu'il est géré par l'Éducation nationale et non par les entreprises, repose souvent sur un malentendu : les jeunes gens et jeunes filles en formation apprennent un métier traditionnel, une qualification technique, alors que, ce qui leur manque le plus pour trouver un emploi, c'est une qualification *culturelle*. De nos jours, l'exclusion du marché du travail est causée par un décalage culturel ou comportemental beaucoup plus que par un manque de compétence technique. Cela est particulièrement évident dans le secteur des services, principal pourvoyeur d'emplois, auquel l'apprentissage classique prépare mal. L'apprentissage ne pourrait donc réduire le chômage que s'il était appliqué avec rigueur, voire d'autorité, comme au temps des corporations d'Ancien Régime, et réintégré dans les entreprises de manière à répondre à leurs véritables besoins.

Ce qui exigerait une double contrainte sur les employeurs et sur les demandeurs d'emploi. Mais qui veut réellement réduire le chômage ?

Et si l'on ne faisait rien ?

Quel serait l'objectif d'une politique de réduction du chômage ? Curieusement, nul n'est à même de dire ce que serait le taux acceptable ou normal. Le taux de chômage zéro n'existe pas. Il existe bien un concept de taux naturel, incompressible, dû à des raisons objectives telles que la rotation d'une entreprise à l'autre, l'attente avant un premier emploi, etc. Mais nul n'est capable d'évaluer le bon niveau de ce taux naturel. Ne dépend-il pas du mode de collecte statistique et de leur centralisation ? Du temps de la croissance rapide, il était convenu entre économistes que le taux de 4 % était « naturel » : un peu plus élevé aux États-Unis, un peu plus bas au Japon, intermédiaire en Europe. Ces variations constatées obéissaient sans doute à une éthique du travail différente (il est mal vu d'être chômeur au Japon), à des systèmes de protection variables, à l'existence ou non d'une population marginale difficilement assimilable par les entreprises, comme les Noirs américains. Le nouveau taux « naturel » du chômage serait-il dorénavant de 10 % ou 12 % ?

Considérons quelques facteurs déterminants du taux de chômage actuel : croissance lente, forte productivité industrielle, robotisation, protection sociale élevée qui dissuade employeurs et employables, travail des femmes, mondialisation de l'économie, disparition des emplois non qualifiés dans les manufactures, révolution informatique. Chacun de ces éléments paraît intangible, à moins de réduire nos richesses et notre confort en revenant à des modes de production anciens.

Au lieu de lutter ou de faire semblant de lutter contre le chômage, ne devrait-on pas constater que le capitalisme garantit un niveau de vie convenable à l'ensemble de la population, mais qu'il ne peut employer au mieux que 85 % de la population aspirant à travailler, ce qui lui laisse les moyens d'indemniser les autres ? Autrement dit, tout serait pour le mieux dans le meilleur des mondes possibles. Mais ce raisonnement panglossien dissimule une faille sismique : il fait l'impasse sur l'immoralité de ce taux « naturel » de chômage, sur les risques de marginalisation permanente d'une nouvelle classe sociale d'« exclus », sur l'angoisse qui étreint non seulement les chômeurs, mais le plus grand nombre, gagné par la peur de la perte d'emploi !

Si on fermait les frontières ?

La récession et le chômage provoquent le réflexe pavlovien du protectionnisme. Bien que toute l'histoire démontre que la protection du marché est inopérante pour susciter à la fois richesse et emplois, la classe politique attise souvent la passion nationaliste au lieu d'en appeler à une meilleure intelligence de l'économie. La raison en est simple et, là encore, relève du « jeu » démocratique. Il est plus avantageux pour l'homme politique de faire croire que la nation est menacée par une invasion de produits extérieurs que de s'interroger sur les causes internes du chômage. Mieux, ce rejet de la responsabilité sur un bouc émissaire étranger fait que la citadelle de l'emploi, pour ceux qui en ont un, demeure intacte. Le discours protectionniste est donc avant tout le moyen politique de préserver le *statu quo.*

Les slogans protectionnistes sont d'autant plus facilement vendables à l'opinion qu'ils jouent sur la visibilité, souvent médiatisée, des emplois objectivement détruits par les importations ou « délocalisés ». Les protectionnistes bénéficient à cet égard d'un avantage : ils disent : « Voyez ! », alors que le libre-échangiste, lui, doit expliquer. L'exhibition des emplois détruits n'est jamais accompagnée d'aucun commentaire — qui, lui, serait invisible — du genre : l'entreprise vaincue par la concurrence étrangère n'aurait-elle pas pu fabriquer autre chose incorporant un supplément de valeur ajoutée ? Ou encore : si telle entreprise française n'avait pas délocalisé sa production, aurait-elle pour autant créé des emplois ici ? Probablement pas : la délocalisation aurait fait place à l'automatisation, si ce n'est à la faillite de l'entreprise. Mais la délocalisation est exhibée de manière négative, tandis que l'automatisation est présentée de manière positive, alors que l'effet sur l'emploi dans les deux cas est identique. Quant à la faillite d'une entreprise qui aurait négligé et la délocalisation et l'automatisation, elle ne serait pas davantage visible. Ce qui n'existe que potentiellement, par définition, ne se voit pas.

De même ne se voit pas l'avantage concret, pour l'importateur ou le consommateur, d'un produit moins cher et de meilleure qualité. Ne se voient pas non plus le confort supplémentaire ni l'enrichissement de ce consommateur qui n'aurait pas trouvé de produit national équivalent, ou qui l'aurait trouvé, mais à un prix plus élevé. Ce que le consommateur fait de son bénéfice acquis grâce au libre-échange ne se voit pas non plus. Probablement le dépense-t-il pour acquérir un produit national dans un autre secteur d'activité qui bénéficiera ainsi du libre-échange. Mais on ne sait pas lequel, donc on ne peut le montrer. Ou encore, le bénéfice réalisé par le consommateur sera transformé en épargne qui engendrera de nouvelles entreprises, et donc de nouveaux emplois. Ceux-ci, à l'expérience, surcompensent les emplois perdus du fait de l'importation. L'Institut de l'entreprise (rapport Vimont) a montré qu'en 1993 quatre millions de Français travaillaient pour l'exportation ; les emplois « perdus » du fait de l'importation s'élevaient, eux, à trois millions neuf cent mille. La « balance emplois » de nos échanges extérieurs est donc positive, et ce que nous importons nous coûte en outre moins cher que si nous le produisions nous-mêmes. Mais, dans le processus de « destruction créatrice » qu'est l'économie de marché, encore accéléré par le libre-échange, la destruction est spectaculaire et localisée, alors que la création est diffuse.

A ce déséquilibre médiatique contribuent les groupes de pression qui ont intérêt au protectionnisme ; ils sont par nature concentrés et bruyants. Par exemple, les entrepreneurs qui n'aiment pas la concurrence ont les moyens de se faire entendre et trouvent pour alliés les bureaucrates qui, par vocation, souhaitent renforcer et multiplier les contrôles. Le protectionnisme donne à ces lobbies une légitimité neuve, alors que le libre-échange menace leur existence. A ces groupes de pression concentrés peuvent difficilement s'opposer ceux qui profitent du libre-échange, car ces derniers ne savent pas eux-mêmes qu'ils en sont les bénéficiaires. Il ne saurait y avoir un lobby des entrepreneurs qui n'existent pas encore ! De même, il n'existe pas un lobby des consommateurs appauvris par le protectionnisme ! Ce n'est que dans les cas extrêmes où le protectionnisme confine à l'absurde, par exemple avec l'interdiction d'importer des magnétoscopes en France, ou avec le rationnement des voitures japonaises aux États-Unis, que les consommateurs en viennent à constituer un groupe assez puissant pour faire reculer fonctionnaires et entrepreneurs protectionnistes.

Bien entendu, les slogans protectionnistes font l'impasse sur les mesures de rétorsion de nos partenaires : freiner nos importations conduit à freiner nos exportations, ce qui nous appauvrit et supprime des emplois.

Au total, l'illusion protectionniste, qu'elle soit nationale ou européenne (sous l'appellation pompeuse de « préférence communautaire »), ne crée jamais d'emplois que dans le corps des douanes. Elle peut aussi favoriser quelques carrières politiques. Mais elle ne peut susciter la création d'un seul emploi réel. Soit le marché noir ou la stratégie des entreprises multinationales vident le protectionnisme de tout contenu ; soit la protection est efficace, et la richesse nationale diminue, ce qui ne peut créer des emplois qu'à condition de partager les salaires, partage dont la majorité des salariés ne veut pas entendre parler : la limite des slogans protectionnistes tient au fait qu'ils sont difficilement applicables !

Nous avons utilisé jusqu'ici les arguments classiques des libéraux contre le protectionnisme ; ils éclairent le passé, mais valent-ils encore pour l'avenir ?

La croissance rapide des importations en provenance des nouveaux pays industriels change peut-être la vieille loi de Ricardo sur les « avantages comparatifs », selon laquelle des emplois supprimés dans certains pays sont automatiquement créés ailleurs. Désormais, les emplois à faible coût et peu qualifiés se développent rapidement dans les nouveaux pays industriels, engendrant chez nous une forte croissance des importations. Pour équilibrer nos échanges, nous devons donc exporter toujours plus de produits à très haute valeur ajoutée, obtenus grâce à une main-d'œuvre très qualifiée, mais peu nombreuse. Au total, la disparition d'emplois peu qualifiés dans nos pays risque à l'avenir de ne plus être nécessairement compensée par une création équivalente d'emplois très qualifiés. Mais cette distorsion prévisible des mécanismes du marché n'invite pas au protectionnisme ; la bonne réponse consisterait à accroître nos efforts d'exportation vers les nouveaux pays industriels et à investir massivement dans nos ressources humaines de manière à accroître la qualification professionnelle et culturelle.

Plutôt que de s'en remettre à la régulation par le marché, nos propositions ultérieures de « stage obligatoire » en entreprise tiendront compte de ces nouveaux impératifs.

Si on excluait les immigrés ?

En France, comme du reste en Europe, par une troublante coïncidence statistique, le nombre des immigrés légaux est à peu près égal à celui des demandeurs d'emplois. Peut-on en conclure que s'il n'y avait pas d'immigrés, il n'y aurait pas de chômeurs ?

On peut toujours réécrire l'Histoire. Ainsi, dans l'hypothèse théorique où toute immigration de travailleurs non qualifiés aurait été interdite dans l'ensemble de l'Europe, et ce dès 1945, peut-être certains Européens auraient-ils été conduits à accepter les emplois peu qualifiés et mal rémunérés qui ont été occupés par les immigrés. C'est ce qui s'est produit au Japon où l'immigration étrangère demeura à peu près inconnue jusque dans les années 1980. Cette non-immigration théorique aurait conduit les entrepreneurs européens à adopter des stratégies industrielles fondées sur la robotisation des tâches plutôt que sur le recours massif à une main-d'œuvre immigrée bon marché : le contraste entre l'industrie automobile en Europe et au Japon révèle cette dualité des choix. L'Europe aurait pu se reconstruire autrement, sans immigration, mais, dans ce cas, cette reconstruction aurait probablement été plus lente que ce qu'elle a été grâce à l'apport de main-d'œuvre immigrée. De toute manière, c'est le choix inverse qui fut délibérément adopté, autant par stratégie que par tradition.

L'Histoire ne pouvant être réécrite, les propositions populistes visant à exclure les immigrés pour rétablir le plein emploi sont absurdes. Sauf à yougoslaviser l'Europe... Si, en revanche, on veut bien prendre acte des faits acquis — la présence des immigrés et de leurs enfants, la persistance d'un certain flux migratoire —, on constatera que l'immigration est actuellement sans influence sur l'emploi des non-immigrés. L'examen du marché de l'emploi montre que les immigrés ne prennent pas la place des nationaux, car ceux-ci ne veulent plus du type d'emplois ni du niveau de salaires réservés aux immigrés. La preuve *a contrario* en est apportée par les éboueurs de la Ville de Paris, dont les conditions de travail et les rémunérations ont été améliorées dans des proportions telles que des Français « de souche » y ont remplacé les immigrés. La concurrence pour un même emploi au même salaire ne joue donc pas entre nationaux et étrangers, mais à l'intérieur même de la population immigrée lorsqu'une communauté récente chasse sur le même terrain qu'une autre communauté plus ancienne. Cela se vérifie aux

États-Unis où, par rotation, les derniers arrivés travaillent au bas de l'échelle, font remonter d'un cran tous les autres ou bien les excluent du marché du travail.

En vérité, ce n'est pas l'immigré au travail qui suscite le ressentiment, mais celui qui ne travaille pas, ou ses enfants, même naturalisés, qui ne travaillent pas non plus. Le débat n'est pas né de l'immigration en soi, mais de la non-intégration sur le marché du travail des enfants d'immigrés. De 1945 aux années 1980, les usines et chantiers d'Europe furent de formidables mécaniques à intégrer culturellement et économiquement les peuples les plus variés : travailler ensemble conduit à vivre ensemble, et nul ne doute alors de l'utilité de l'autre ni de sa dignité. Un Sénégalais qui étale du bitume ne suscite généralement aucune hostilité ; mais un beur de culture et de nationalité françaises, soupçonné de vivre d'allocations publiques, provoque le ressentiment. La xénophobie naît de l'inutilité économique.

Aussi la réflexion libérale sur l'immigration se veut-elle principalement d'ordre économique. Les libéraux ne crient pas à tout bout de champ « A bas le racisme ! », car leur ambition n'est pas de modifier la nature humaine ; elle est d'agir — y compris par l'éducation — sur les conditions qui génèrent le racisme.

Comment agir en amont et en aval de l'immigration ?

En aval : pour la masse des immigrés légaux et de leurs enfants présents sur nos territoires et non intégrés par l'emploi, la barrière « salaire minimum et charges sociales » qui les coupe du marché du travail est infranchissable, parce qu'ils sont peu qualifiés — un manque de qualification « culturel » plus encore que professionnel — et parce que les employeurs se montrent réticents à leur endroit. La citadelle de l'emploi leur interdit de s'intégrer, les enferme dans la dépendance des allocations publiques, suscite leur propre rancœur contre une société inhospitalière, et crée chez les « nationaux » le sentiment que ces immigrés constituent une charge : le beur coûte et ne rapporte pas. A l'inverse, l'expérience des États-Unis, sans être idéalisée, révèle comment l'intégration des immigrés latino-américains ou asiatiques s'effectue par des petits boulots mal rémunérés, inexistants en Europe, mais qui, là-bas, rassurent les uns et les autres sur l'utilité économique de l'immigration. Si notre analyse est juste, nous en conclurons que le « problème de l'immigration » est un problème d'intégration par le travail qui relève de l'économie davantage que de considérations générales sur les cultures et les religions. Les beurs sont d'ailleurs fort peu musulmans ; c'est le manque de capitalisme, un marché du travail rigidifié à l'excès, la difficulté de créer des entreprises nouvelles ou d'offrir de petits emplois qui sont véritablement à l'origine du malentendu entre les Européens, les immigrés et leurs enfants.

Est-ce à dire qu'il faille totalement libéraliser le marché de l'emploi et abolir le droit du travail pour rétablir le droit au travail de tous, y compris les immigrés ? Ce qui serait équitable en théorie est politiquement indicible et par conséquent inopérant. Aussi proposerons-nous plus loin une solution alternative à l'ultracapitalisme : l'apprentissage obligatoire. Nous y reviendrons plus en détail.

Auparavant, traitons des immigrés à venir. Ceux-ci, utilisant les interstices du droit, se présentent généralement comme réfugiés politiques alors que, le plus souvent, ce sont des réfugiés économiques. Pourquoi accueillons-nous les premiers et pas les seconds ? Par une tradition historique respectable, certes, mais qui nous oblige à prendre en charge le réfugié politique alors que le réfugié économique, lui, préférerait travailler, ce qui bénéficierait à la communauté nationale. Aussi serait-il plus logique, à l'avenir, qu'un quota d'accueil total soit fixé par exemple au niveau du Parlement européen, toutes catégories confondues, plutôt que de s'exténuer à trier selon des critères pour le moins paradoxaux.

Enfin, comment contenir, si faire se peut, le désir des peuples du Sud d'émigrer vers le Nord ? Il n'existe pas de solution réelle permettant d'interdire l'immigration, sauf à renoncer aux droits de l'homme et à défendre l'ordre bourgeois par des moyens non bourgeois, ce qui revient inévitablement à détruire ce que nous sommes et il ne reste alors plus rien à défendre. Le désir d'émigrer des Africains vers l'Europe, des Latino-Américains vers les États-Unis, des habitants de l'Insulinde vers le Japon, relève autant d'une volonté de connaissance du Nord, quasi initiatique, que d'un désir de fuir l'oppression et la misère. L'appétit de connaissance est respectable et mutuellement profitable ; en revanche, le désir d'échapper à la misère devrait logiquement conduire le Nord à réviser sa stratégie envers le Sud.

En règle générale, les gouvernements européens — c'est également vrai du Japon et ça l'est par périodes aux États-Unis — soutiennent des gouvernements despotiques et anticapitalistes, favorisant ainsi les flux migratoires que nous souhaiterions freiner par ailleurs. S'il existe une solution libérale à l'immigration, elle consiste à substituer autant que faire se peut — et autant que les individus le souhaitent — le mouvement des marchandises au mouvement des travailleurs. La seule initiative intelligente, le seul modèle à aller dans ce sens est le traité de libre-échange conclu entre les États-Unis, le Canada et le Mexique, et mis en œuvre depuis le début de 1994. On en attend une réduction annuelle de 10 % de l'immigration clandestine des Mexicains dans le Nord, puisque ceux-ci devraient désormais avoir le choix, progressivement étendu, de travailler chez eux pour l'exportation plutôt que de s'expatrier. C'est pour un accord comparable que les libéraux européens devraient militer dans nos relations avec l'Afrique.

L'insuffisance du raisonnement classique

A ce stade de la réflexion, les périls de l'abstraction nous menacent, car l'économiste est rarement homme d'État et, ignorant l'exercice du pouvoir démocratique, il en sous-estime certainement les contraintes politiques. A l'inverse, les hommes d'État sont rarement économistes. Que proposerait, s'il existait, un homme d'État économiste et libéral de surcroît ?

Imaginons, pour la beauté du raisonnement, quelque professeur rond et affable, expert en économie classique qu'il aurait longtemps enseignée, et que son passage au gouvernement comme son observation assidue des nations étrangères auraient conforté dans ses convictions libérales. Le chômage, observerait ce professeur homme d'État, est certes cruel aux hommes, mais il a sur l'économie quelques effets positifs. Le capitalisme comme processus de « destruction créatrice », pour reprendre la métaphore de Schumpeter, requiert l'élimination du « bois mort », des sureffectifs, des entreprises mal gérées, du gaspillage. Le chômage massif des années 1980-1990 serait donc le signe de la transition d'une économie du gaspillage (des hommes, de l'énergie, des matières premières) vers un capitalisme plus efficace. Au total, d'après notre interlocuteur, de ce chaos initial devrait émerger une société nouvelle plus prospère.

Mais comment faire profiter le plus grand nombre de cette espérance de prospérité ? Par la recréation d'un marché du travail. S'il n'y a pas de travail pour tous, c'est parce qu'il n'y a plus de véritable marché du travail : le coût du travail est tel qu'il dissuade les entrepreneurs de recruter, et mieux vaut pour eux, tout bien calculé, investir dans le capital plutôt que dans les hommes.

Soit, mais comment recréer un marché du travail qui n'existe plus ? Le professeur propose trois solutions : abandonner le SMIC pour le remplacer par le SMIG tel qu'il existait auparavant, c'est-à-dire un minimum vital comparable à ce qui existe aux États-Unis, garantissant la dignité du salarié et ne pesant pas trop lourd sur l'entreprise. Il conviendrait ensuite de réduire massivement les charges sociales sur les entreprises et d'en transférer le coût sur les contribuables et les consommateurs : argument classique qui n'est pas convaincant pour autant, car les entreprises et les entrepreneurs sont aussi des consommateurs et des contribuables. Enfin, la formation professionnelle devrait être soustraite à la tutelle de l'Éducation nationale et privatisée ou régionalisée, de manière qu'elle réponde aux besoins des entreprises. Le professeur suggère aussi, par imitation du modèle japonais, de permettre aux entreprises de réduire leurs salaires en périodes de récession, à condition de maintenir leurs effectifs ; quelques expériences de ce type ont été lancées en France en 1993 avant que le gouvernement de droite ne s'oppose à leur généralisation afin, on le suppose, de ne point mécontenter les salariés électeurs.

On ne saurait déplacer une virgule de ce raisonnement parfait. Mais le professeur, s'il était en charge de l'État, ferait-il ce qu'il préconise ? Les chefs de gouvernement qui lui ressemblent comme des frères ne l'ont pas fait. C'est donc qu'à ce raisonnement classique et pertinent s'oppose quelque impossibilité politique. Ce qui nous ramène à la case départ : le libéralisme traditionnel propose bien une solution au chômage par le recours aux principes du marché, mais les règles du jeu démocratique rendent cette solution inopérante. Il convient d'en prendre acte, plutôt que le déplorer, et de passer à des solutions de type volontariste que nous allons maintenant évoquer.

L'aide à l'entrepreneur futur plutôt qu'à l'entreprise existante

La crainte du chômage suscite de manière quasi biologique une réaction de repli des salariés et des employeurs sur leurs positions acquises. A l'unisson, les gouvernements, sensibles aux passions et appréhensions de l'opinion, tendent à restreindre la concurrence intérieure, et davantage encore la concurrence internationale afin de préserver les emplois existants. Ce protectionnisme de l'emploi est coûteux pour la collectivité nationale et conduit à une augmentation des impôts, par exemple pour financer le déficit d'entreprises publiques déstabilisées par la concurrence et y maintenir des effectifs constants.

Mais cette protection des emplois acquis interdit l'entrée sur le marché à de futurs entrepreneurs qui pourraient offrir de meilleurs services à plus bas prix ou créer plus d'emplois dans des secteurs nouveaux que l'on ne connaît pas encore.

Par ailleurs, est-il opportun de protéger de grands ensembles industriels alors que nul n'ignore que l'évolution technique les conduira inéluctablement à réduire leurs effectifs ? On sait que depuis vingt ans, l'industrie française a amélioré la qualification de ses salariés, mais n'a pas créé un seul emploi supplémentaire. A l'inverse, on sait que seules les petites et moyennes entreprises créent des emplois supplémentaires, en particulier dans le secteur des services qu'une certaine littérature politique tend à mépriser, comme s'il ne s'agissait pas de vrais emplois créant de vraies richesses : vision absurde et passéiste selon laquelle la valeur n'était attribuée qu'à l'objet, alors que la caractéristique la plus positive des sociétés postindustrielles est précisément de conférer une valeur croissante au service, à la relation humaine, et non plus seulement à la manufacture primitive.

Favoriser l'emploi exigerait donc de faciliter la création de ces petites entreprises en leur donnant accès au marché et en permettant au futur entrepreneur de se constituer un capital de départ. L'accès au marché passe par la déréglementation. Un bon exemple concret est celui du courrier ou des télécommunications, où le monopole d'État interdit que se constituent d'innombrables entreprises privées de services spécialisés, telles qu'elles existent déjà aux États-Unis et qui emploieraient un abondant personnel. Voilà un cas on ne peut plus simple démontrant comment les monopoles, la protection et la réglementation préservent l'emploi existant tout en interdisant la création d'emplois supplémentaires. Or la libéralisation aboutirait à un résultat net positif, ainsi que l'attestent les expériences de déréglementation des communications en Grande-Bretagne ou aux États-Unis.

Comment, par ailleurs, susciter le désir d'entreprendre ? Les aides aux entreprises qui existent déjà, ou les allègements provisoires de charges qui sont la norme depuis vingt ans dans tous les programmes gouvernementaux, n'ont jamais débouché sur un résultat appréciable. La raison en est que ce sont des aides à l'entreprise, perçue en France comme respectable, et non pas à l'entrepreneur lui-même, qui conserve auprès de l'administration publique une réputation douteuse. Or, c'est bien l'entrepreneur qu'il conviendrait d'encourager plutôt que l'entreprise. Alléger la fiscalité des entreprises existantes ne favorise pas la création d'entreprises futures. Si nous comparons la création d'entreprises en France et aux États-Unis, nous constatons que l'avantage comparatif américain en ce domaine tient au fait que, là-bas, le créateur dispose le plus souvent d'un capital de départ. Ce n'est pas le cas en France. Hors de toute considération culturelle, cette différence s'explique par l'écart entre les taux d'imposition sur le revenu. Il reste en France deux fois supérieur à ce qu'il est aux États-Unis. Ce qui interdit en pratique à un cadre d'entreprise français de se constituer un patrimoine personnel hors du secteur immobilier. Le créateur type d'entreprise aux États-Unis est un ancien cadre ou un ingénieur qui développera une activité nouvelle en investissant son épargne personnelle, accumulée grâce à son travail dans une grande entreprise. Tel est l'archétype à Silicon Valley. En France, ce même créateur potentiel ne créera rien, faute de capital, ou restera, sauf exception, durablement endetté et sous-capitalisé. Cette différence de traitement fiscal du revenu des cadres explique aussi pourquoi le créateur d'entreprises, chez nous, sera plutôt un commerçant sans grands besoins de financement, et aux États-Unis plutôt un industriel disposé à exploiter une technique nouvelle.

Nous n'en conclurons pas qu'il suffirait de copier la fiscalité américaine pour produire Silicon Valley dans la Creuse. Mais il paraît démontré que la création d'entreprises nouvelles, condition de la création d'emplois supplémentaires, passe par une réflexion sur l'entrepreneur plutôt que sur l'entreprise, et sur une révision à la baisse de l'impôt sur le revenu des personnes physiques plutôt que de l'impôt sur les sociétés. C'est-à-dire exactement le contraire de ce qui se fait depuis dix ans.

Pourquoi pareille erreur stratégique ? Parce que la représentativité politique des entrepreneurs existants l'emporte à l'évidence de beaucoup sur celles des entrepreneurs qui n'existent pas encore !

Pour un devoir national de formation en entreprise

Imaginons qu'un homme d'État renonce au *statu quo* parce qu'il n'aurait réellement plus le choix, parce que le chômage réputé « explosif », exploserait véritablement. Quelle action entreprendre dont les résultats seraient « visibles », critère du succès en démocratie ?

Nous prenons pour postulat que le marché du travail ne fonctionne plus comme marché et qu'il est impossible de le restaurer, car toucher au salaire minimum et aux avantages sociaux suscite la révolte. Il ne reste dès lors qu'une seule voie : à l'offre et la demande spontanées, substituer un contrat contraignant entre employeurs et chômeurs. En termes concrets, on pourrait concevoir qu'une fraction de la masse salariale des entreprises (en Allemagne, elle est *de facto* de 3 %) soit obligatoirement affectée par elles à la formation. Les employeurs devraient l'accepter, sachant qu'en contrepartie ce fonds destiné à la formation n'augmenterait pas leur masse salariale globale. Cela, grâce à un transfert de fonds publics existants vers une gestion privée. En France, l'État et les caisses d'assurance chômage consacrent en effet environ trois cents milliards par an aux chômeurs (allocations, aide à l'apprentissage, stages de formation). Ces sommes prélevées sur les entreprises et affectées aux chômeurs représentent l'équivalent de l'investissement industriel annuel de la France et mobilisent plusieurs milliers de fonctionnaires. Sans effet notoire, car il n'existe aucune relation entre cette dépense et sa gestion, aucun critère d'efficacité de son usage. Si ces trois cents milliards étaient restitués aux entreprises (éventuellement cogérés avec des représentants des salariés), la productivité de ces ressources serait assurément meilleure. Pour la collectivité nationale, l'opération financière serait blanche : le même argent serait affecté autrement et ailleurs.

Tout demandeur d'emploi indemnisé ou pas devrait alors accepter un stage de formation en entreprise, quitte à perdre ses droits à indemnité. Tout employeur devrait acueillir un contingent de stagiaires. La répartition des stagiaires en entreprise devrait se faire sur un mode décentralisé, par exemple au niveau du bassin d'emploi. Si une entreprise désirait échapper à cette nouvelle obligation, elle le pourrait au prix de pénalités, alourdissement de charges sociales par exemple ; en contrepartie les entreprises accueillant des stagiaires bénéficieraient d'allégements. Les employeurs pourraient choisir les formes d'apprentissage qui leur conviennent, par exemple sur les lieux de production et de service, éventuellement dans des centres de formation extérieurs. La rémunération de l'apprenti devrait logiquement être fixée en fonction de sa participation à l'activité réelle de l'entreprise ; si cette participation est nulle et que tout son temps est consacré à la formation, la formation vaudrait salaire et ne justifierait aucune autre rémunération que l'indemnité de chômage déjà acquise. Il s'agirait là, de la part des entreprises, d'un investissement sans précédent dans le capital humain, de manière telle, qu'à terme, l'homme redevienne plus productif que les machines. L'entreprise en retirerait un double bénéfice, économique grâce à la plus-value d'un personnel mieux qualifié, et politique grâce à une nouvelle légitimité dans l'opinion : l'entreprise devenue « citoyenne ».

La gestion de ce nouveau mode de formation devrait éviter le risque de fraude consistant par exemple, pour l'employeur, à recruter par ce biais une main-d'œuvre sous-payée, et pas formée pour autant. Il suffirait, me semble-t-il, que la durée du stage soit de trois ans environ, de manière à créer une véritable relation de confiance réciproque entre employeur et stagiaire. Ne négligeons pas que la réticence des employeurs envers les jeunes a aussi des causes psychologiques : méfiance réciproque, conflit des générations et des cultures. Le stage réconcilierait les uns et les autres. Dans l'hypothèse où l'entreprise viendrait à être en difficulté, la profession organisée — ou le bassin d'emploi ou la collectivité locale — pourraient être tenus pour responsables de l'achèvement du stage.

Ce modèle, objectera-t-on, ne servira qu'à gagner du temps en épongeant une fois le surplus de chômeurs qui, au terme de leur stage, retomberont en déshérence. L'objection est sérieuse, mais « gagner » trois ans ne serait déjà pas si mal. On peut estimer que l'on aurait désamorcé la bombe sociale, dans l'espoir d'un nouveau cycle de croissance. Par ailleurs, parmi les un ou deux millions de stagiaires, beaucoup, au terme de leur insertion en entreprise, y resteront pour avoir fait la preuve de leur utilité. Ou bien ils trouveront plus facilement un autre emploi ; ou encore ils créeront leur propre entreprise, s'employant eux-mêmes avant de recruter à leur tour. Le système générerait sa propre dynamique, laquelle devrait être particulièrement manifeste dans le cas des petites entreprises. On sait combien elles sont réticentes à recruter, de crainte d'alourdir leurs charges, et aussi combien les fondateurs de PME hésitent à créer des emplois de cadres, par crainte de perdre leur autorité. Dans ce cas, l'affectation à une PME d'un cadre au chômage — à coût nul, puisque indemnisé par ailleurs — pourrait transformer la culture d'entreprise et démontrer que le recrutement de cadres, loin d'être si redoutable, peut ouvrir la voie à une nouvelle croissance. Le modèle du stage en entreprise peut « sauver » le cadre au chômage et dynamiser la PME : ce ne sera peut-être pas le cas général, mais un taux raisonnable de succès justifierait en soi l'opération.

Ce n'est donc pas de la croissance qu'il faut attendre la fin du chômage de masse, mais au contraire, en supprimant le chômage nous pourrons restaurer la croissance. Voilà pourquoi l'affectation des chômeurs indemnisés devrait se faire dans le secteur productif et pas dans les administrations ou des « ateliers nationaux » qui ne dégageraient pas de valeur ajoutée. Ce qui est proposé ici est l'inverse de ce qui est pratiqué en Suède ou aux États-Unis, voire dans une certaine mesure en France, où les chômeurs indemnisés sont affectés à des tâches d'utilité sociale. Le *workfare* ou les travaux d'utilité sociale sont considérés comme subalternes tant par la collectivité qui emploie, que par le chômeur lui-même. Soit ces travaux sont utiles, et il convient de les remettre sur le marché, soit ils sont inutiles et on peut se demander à quoi rime d'y affecter des chômeurs.

La double contrainte, ou double incitation, augmentation de charges pour l'entreprise réticente et perte d'indemnité pour le chômeur volontaire, est l'aspect le plus contestable de ce projet de formation en entreprise. Mais l'école n'a pas toujours été obligatoire jusqu'à seize ans. Pourquoi la formation en entreprise ne deviendrait-elle pas obligatoire, par exemple jusqu'à vingt ans, pour tous ceux qui ne sont plus à l'école ou qui ne travaillent pas déjà ? Scandaleuse exploitation par les entreprises d'une jeunesse désœuvrée ? Ne verrait-on pas alors resurgir le spectre du « travail des enfants », épouvantail marxiste classique ? Mais en quoi la formation obligatoire serait-elle plus condamnable ou moins nécessaire que le service militaire obligatoire ?

Tout dépend de la définition de l'intérêt général. La défense de frontières devenues illusoires contre un hypothétique ennemi sous les ordres d'un adjudant-chef mériterait une mobilisation nationale. En revanche, le chômage de millions de Français n'appellerait-il qu'à des mesures homéopathiques afin de ne pas troubler des clientèles électorales ?

La gestion du *statu quo*, tout en feignant de réformer, est, en temps de paix, l'attitude politique la plus courante, à droite comme à gauche. Mais resterons-nous éternellement en temps de paix ? La masse même des chômeurs peut générer une angoisse collective et des phénomènes violents que les « bandes » esquissent déjà. Comment maintenir l'ordre ? C'est le rôle traditionnel de la police que de contenir les marginaux, et il ne connaîtra jamais de cesse. Mais comme on le constate à l'occasion d'émeutes urbaines ou dans certains îlots devenus « hors droit », elle se révélera dans l'incapacité de contenir une marginalité de masse. La seule alternative reste l'intégration sociale par le travail : il y a là une grande cause qui exigerait une ambitieuse campagne nationale.

Un véritable projet de société

De l'incapacité démocratique à réduire le chômage de masse est né le fascisme. A la grande différence des années 1930, nous en savons beaucoup plus aujourd'hui qu'alors sur les causes de ce chômage de masse. A l'époque, l'ignorance économique et la prospérité des utopies firent croire qu'il existait des solutions idéologiques — keynésienne, marxiste ou fasciste — plus rationnelles que le jeu du marché. Seuls quelques libéraux isolés comme Friedrich von Hayek ou Jacques Rueff expliquaient le contraire, *in deserto*. De ce désert, nous ne sommes pas complètement sortis, mais la science économique est mieux établie, les économistes plus nombreux, et le socialisme a failli.

Que nous manque-t-il ? L'esprit militant assurément. Les libéraux sont peu mobilisables et inorganisables, c'est leur nature. Souvent, ils sont pessimistes, surtout en France. Je ne vois cependant aucune solution au chômage de masse qui ne passerait pas, préalable impératif, par une campagne explicative de grande ampleur.

S'il n'est pas établi dans l'opinion que les causes du chômage sont politiques, qu'elles tiennent à la protection de ceux qui ont déjà un travail contre ceux qui n'en ont pas, qu'il ne peut y avoir réduction de ce chômage sans un nouveau partage des ressources, qui s'appellera devoir de formation, si on laisse croire que la croissance va miraculeusement multiplier les emplois et qu'il suffit par conséquent d'attendre, ou je ne sais encore quelles balivernes du même tonneau, aussi longtemps donc que le mensonge politique l'emportera sur la réalité économique, le chômage s'aggravera. Nous entrerons alors dans une société solidement divisée entre ceux qui travaillent et ceux qui ne travaillent pas, la coupure entre les uns et les autres se faisant toujours plus radicale.

Ce partage n'est nulle part plus évident et prémonitoire qu'aux États-Unis, où le chômage et la dépendance envers les aides publiques deviennent héréditaires pour de nouvelles tribus d'ilotes. Deux sociétés distinctes y édifient deux cultures opposées, l'une fondée sur l'éthique du travail, l'autre sur l'éloge de la marginalité. N'est-ce pas ce qui guette l'Europe ? Nous aurons nos *blacks* durablement chômeurs et assistés ; déjà, les chômeurs en Europe sont en proportion plus *blacks* et plus beurs que la moyenne statistique ne le laisserait attendre. La situation européenne ne serait-elle pas déjà pire que celle des États-Unis ? La proportion de chômeurs est dans l'ensemble plus élevée chez nous que là-bas. La création massive d'emplois nouveaux aux États-Unis depuis la Reaganomics, et dans une certaine mesure en Grande-Bretagne depuis le thatchérisme, a été obtenue en grande partie par une baisse des salaires pour les emplois les moins qualifiés. Est-ce scandaleux ? Ce l'est moins que la marginalisation indemnisée du chômage : l'emploi, même modeste, intègre mieux qu'une allocation publique. Le capitalisme « sauvage » américain peut conduire à des situations intolérables, mais il offre de meilleures chances aux chômeurs, s'ils le souhaitent, d'entrer dans une entreprise.

Mais ce n'est pas à une plus grande américanisation des mœurs et des règles que nous en appelons. Il serait contraire à nos coutumes d'instaurer en Europe un capitalisme plus « rude » qu'il ne l'est actuellement, à seule fin de résorber le chômage. C'est plutôt par de nouvelles formes contractuelles que le chômage pourra être combattu et le modèle français d'intégration restauré. L'obligation du stage en entreprise participe de cette philosophie libérale classiquement européenne, distincte de la tradition américaine : plus d'État de droit et moins d'État interventionniste. Dans un nouveau contrat social, l'État pourrait fixer des obligations, comme celle du stage en entreprise ; il ne saura les faire fonctionner. Que l'État s'en remette pour cela aux acteurs privés.

Le devoir de formation en entreprise paraîtra une solution bien dirigiste. Mais l'histoire du capitalisme est faite de ces adaptations à des défis nouveaux. L'invention de la protection sociale était inconcevable pour un libéral du XIXe siècle ; elle va de soi dans son principe, sinon dans sa gestion, pour un libéral de notre temps. Face au chômage, seul un nouveau contrat fondé sur le double devoir de l'employeur et du « stagiaire » me paraît de nature à ramener le nombre des chômeurs à un niveau tolérable et à éviter des alternatives de type protectionniste ou luddite dont le capitalisme mourrait guéri.

L'institution d'une sorte de service national de l'emploi ne suscitera-t-elle pas de vives protestations de la part des patrons comme des chômeurs ? La double contrainte peut susciter un double rejet qui ferait échouer le projet et risquerait, en désorganisant les entreprises, de les rendre moins productives. Le péril est sérieux, mais, me semble-t-il, peut être éliminé si la gestion même du projet est libérale, c'est-à-dire décentralisée et négociée. L'employeur aurait le sentiment du devoir moral accompli et d'une chance nouvelle accordée à l'entreprise, cependant que le stagiaire en entreprise se verrait offrir une perspective d'avenir.

Utopique ? Certainement, mais la seule alternative à l'utopie est l'abandon du modèle français et l'installation dans la société duale : d'un côté, le monde vieillissant des entreprises et de l'État ; de l'autre, les exclus, jeunes, enfants de l'immigration, délinquants, marginaux. Entre ces deux mondes, l'insécurité, la violence, la répression : cela peut encore être évité mais le temps nous est mesuré.

IV

Les alternatives au capitalisme

CHAPITRE 1

Comprendre le fondamentalisme

« Le fondamentalisme constitue une régression, il est par conséquent haïssable ! » Tel semble, en Occident, le seul discours admissible. La dénonciation précède et remplace l'analyse de l'un des phénomènes les plus considérables de notre temps. Dans cette imposition d'une norme de progrès ne souffrant aucune discussion, nous retrouvons quelque analogie avec le discours antiraciste : le racisme aussi est haïssable, il est donc superflu d'en examiner les origines. Cette diabolisation du fondamentalisme suscite en Europe une union paradoxale de la gauche, parce qu'elle est progressiste, et de la droite quand elle est chrétienne.

Vu de chez nous, le fondamentalisme est généralement assimilé à l'islamisme. A tort. Le terme même est d'origine américaine : il qualifie les mouvements évangéliques qui interprètent la Bible à la lettre. Les fondamentalistes juifs qui souhaitent instaurer une théocratie en Israël sont eux aussi le plus souvent américains. On ne peut cependant confondre des revendications avant tout spirituelles avec des mouvements populistes qui recherchent par priorité le pouvoir politique pour changer la société. Nous réserverons donc le terme « fondamentalistes » à des aspirations à la fois théologiques et politiques, mais sans nous cantonner à l'islam.

L'Occident est sensible à l'islamisme à cause de sa proximité, mais d'autres fondamentalismes lui sont comparables et peuvent se révéler tout aussi révolutionnaires : en particulier, les slavophiles et les hindouïstes. De ce simple rapprochement entre trois fondamentalismes, il apparaît d'emblée que le phénomène n'est pas lié à une religion en particulier, mais plutôt à un état de société. Cet état peut être décrit comme la confrontation entre la modernité occidentale et une incapacité, temporaire peut-être, de choisir entre la tradition et cette modernité, ou encore d'entrer dans celle-ci. Le fondamentalisme traduit cette tension. Il est aussi une tentative d'y échapper par une nouvelle « troisième voie ». Au cours de ces cinquante dernières années, on a appelé « troisième voie » tout chemin vers la modernité qui ne serait ni socialiste, ni capitaliste, mais « synthétique » ou ancrée dans une culture locale. Aucune de ces voies n'a débouché sur la modernité, car il n'y a jamais eu de troisième voie matérialisée, seulement des discours sur la troisième voie.

A présent que la deuxième voie, ou raccourci communiste, s'est révélée constituer une impasse, ne serait-il pas plus cohérent de constater qu'à l'expérience, seul le capitalisme conduit à la modernité ? En bonne logique, oui. Mais cette logique est difficile à admettre, pour des raisons toutes « webériennes ». Si, en effet, l'éthique occidentale conduit au capitalisme, donc à la modernité, cela implique que les nations appartenant à une culture étrangère à cette éthique ne pourront pas se développer. Certes, il existe bien l'exception sino-japonaise ! Mais elle n'est pas convaincante pour les Russes, ni pour les Indiens ou les Arabes. Eux savent à quel point ils ne sont pas des Japonais ! Ils constatent aussi que le Japon, s'il n'était pas occidental au départ, s'est modernisé dans la mesure où il s'est occidentalisé et où le développement capitaliste y a opéré ses métamorphoses culturelles, au point qu'un Japonais moderne est devenu tout aussi individualiste qu'un Américain ou un Français. Aussi les fondamentalistes sont-ils ramenés, nonobstant le cas japonais, à leur préoccupation initiale : comment entrer dans la modernité sans sacrifier la culture ou la religion locales ?

Pour ces fondamentalistes, la nouvelle troisième voie ne passe plus entre socialisme et capitalisme ; elle rejette d'un côté la tradition-stagnation, de l'autre la modernité-laïcisation. Dans l'interstice apparaît le fondamentalisme, ni conservateur ni occidental, porteur (ou rêveur) d'un « développement traditionnel ».

Prétendre que le fondamentalisme est favorable au développement et qu'il n'est pas réactionnaire surprendra. Il est pourtant évident que les mouvements fondamentalistes n'émergent pas dans des sociétés figées, mais dans celles dont les bases ont déjà été transformées par l'urbanisation, l'industrialisation, la révolution agricole : Iran, Algérie, Inde, Russie... Le slavophilisme est une sorte de fondamentalisme. Les « inventeurs » de ces mouvements ne sont pas les dirigeants traditionnels des communautés religieuses, mais de nouvelles élites souvent familières de l'Occident où elles ont vécu : Khomeyni a passé la plus grande partie de sa vie hors d'Iran ; l'inspirateur des mouvements islamistes au Proche-Orient, Hassan el-Tourabi, est de formation française et anglaise ; Keshav Hedgewar, instigateur du fondamentalisme hindou, était un médecin formé à l'occidentale.

Enfin, les troupes et la clientèle de ces mouvements se recrutent moins parmi les traditionalistes que dans les nouvelles classes moyennes ; elles n'appartiennent plus à la société archaïque, mais sont confrontées à la modernisation bâclée, aux cités inachevées du tiers-monde ou de l'ex-Empire soviétique. C'est de ce « ratage » de la modernisation, et non pas de la tradition, que naît le fondamentalisme. Ce que les fondamentalistes proposent : une modernisation réussie où la communauté des origines, idéalisée, voire mythique, cohabiterait avec les techniques occidentales. En somme, un postmodernisme ou un néoromantisme.

Telle paraît l'utopie commune à ces mouvements. Utopie étrangère à l'observateur occidental pour qui la modernisation équivaut à l'éradication des mythes, à la réduction de la religion à la sphère privée, à la transformation de la communauté organique en une collection de citoyens consommateurs individualisés. Mais cette vision occidentale de la modernité ne vaut peut-être que pour l'Occident qui fut rationnel et individualiste avant d'être moderne.

L'Occident est-il d'ailleurs totalement rationnel ? Après deux siècles de capitalisme, on ne saurait prétendre que tout mythe a été évacué de l'univers occidental. Si nous scrutons nos propres sociétés et leurs aspirations diffuses, ici aussi persistent quelques tentations : romantisme, nationalisme, écologisme, spiritisme... Les prendre en compte, les analyser nous permettrait sans doute de mieux comprendre l'utopie fondamentaliste qui s'exprime ailleurs.

Pour approcher le fondamentalisme, nous pouvons également faire appel à Marx ; non pas à ce qu'il écrivit, mais à ce qu'il fut. Marx avait combiné l'âge d'or communautaire, un passé réinventé, avec l'aspiration à la modernité, tout en vivant lui-même comme un bourgeois victorien. Il y a du Marx dans le comportement, les méthodes, le mode de vie et la séduction idéologique des fondamentalistes ; tout comme il y a du prolétariat dans les foules du tiers-monde à l'écoute de ces nouveaux idéologues.

Il en résulte que le fondamentalisme, loin d'être un mouvement de marginaux que l'on pourra réduire par l'incarcération, risque de devenir le défi majeur au capitalisme. Comme toute idéologie, il risque aussi de ne disparaître, à la manière du socialisme réel, qu'après avoir fait la preuve de sa propre faillite.

CHAPITRE 2

Ram à la conquête de l'Inde

Sur la route de Madras, à Chingleput, des femmes aux saris de couleurs vives récoltent dans des paniers tressés les bouses de buffle qu'elles transportent sur leur tête jusqu'au village. Là, elles en font de leurs mains des galettes rondes et plates qu'elles collent sur la façade de leurs masures. Une fois séchées au soleil, ces galettes serviront de combustible. Dans la quasi-totalité des campagnes indiennes, telle est la principale source d'énergie.

Mais pas la seule. A l'entrée de Chingleput, cernées par les villages traditionnels, s'élèvent les hautes cheminées d'une centrale nucléaire, Kalpakam : pour les dirigeants de l'Inde, le symbole de leur puissance. Jusqu'en 1992, cette centrale de modèle soviétique ne tournait qu'à 30 % de sa capacité théorique. Grâce à la « libéralisation », c'est-à-dire à l'appel aux techniques occidentales, le rendement a doublé en 1993. La centrale incarnait la puissance nationale ; la « libéralisation » y a ajouté la technique américaine.

Cette « vignette » résume toutes les économies duales du tiers-monde mal développé — Inde, Brésil, Chine, Nigeria, Pakistan, Égypte — où coexistent puissance des élites et misère des masses.

Faut-il élever le regard vers les cheminées de Kalpakam ou l'abaisser vers les paysannes qui malaxent la bouse ? Jawaharlal Nehru, qui imposa le modèle de développement indien, aurait regardé vers le haut. Le Mahatma Gandhi aurait regardé vers le bas. Adam Smith aurait lui aussi regardé vers le bas : pour lui, le libéralisme n'avait de valeur que s'il réduisait la pauvreté des plus pauvres.

Entre le haut et le bas, entre le rêve de développement et la réalité vécue, les fondamentalistes exploitent la faille.

L'Hindutva

Cinq heures du matin : c'est l'heure où les vaches sacrées et efflanquées s'éveillent et broutent ce qu'elles trouvent sur les trottoirs de New Delhi, à commencer par les journaux de la veille. La mousson s'est abattue sur la ville. Dans le demi-jour, quarante hommes émergent et se disposent en ordre militaire dans le jardin public de Jhandewalan. Ils portent l'uniforme du RSS, l'« Organisation des volontaires nationaux », chemise blanche et short kaki, souvenir vestimentaire de la colonisation britannique : paradoxe pour une organisation antioccidentale ! Ce groupe de base s'appelle un *shaka* ; les jours d'émeute, il peut se transformer en milice armée contre les sikhs ou les musulmans.

Le RSS est la cellule clandestine et militante du fondamentalisme hindou créé en 1925 par Keshav Hedgewar, un médecin de Bangalore, en vue de revitaliser l'hindouisme, résister à l'occidentalisation, refouler l'islam : le mouvement se définit avant tout par ses ennemis.

L'Inde a toujours été synonyme de violence, même si elle ne se résume pas à cela. Caste contre caste, religion contre religion : depuis des millénaires les raisons de s'entre-tuer abondent. Quand un apôtre de la tolérance, Bouddha, se leva en Inde, son enseignement fut entendu au Nord, à l'Est et au Sud, mais peu de temps en Inde même. Les Indiens revinrent vite à leur polythéisme plutôt belliqueux. Survint la modernité : la violence ne recula pas, mais ses prétextes se rationalisèrent : pour ou contre l'indépendance, pour ou contre la création d'un État national, ou de deux avec le Pakistan, de trois avec le Bangladesh... A présent, c'est l'Hindutva.

L'Hindutva, en cette fin de siècle, déchire le continent. Par haine ou allégresse, il soulève les foules de l'Inde et bouleverse le paysage politique autant que l'avait fait l'indépendance. Faut-il traduire *Hindutva* par « fondamentalisme hindou» ? Comme il n'est pas seulement religieux, mieux vaudrait parler d'hindouité. Comme tout fondamentalisme, l'Hindutva n'est pas une révolte spontanée du peuple, mais un mouvement organisé. Doit-on y voir quelque retour à la tradition par réaction contre la modernité ? C'est ainsi que les rationalistes jugent le fondamentalisme au sein de l'intelligentsia occidentale, analyse d'ailleurs partagée par la gauche indienne. Mais l'Hindutva n'est pas réactionnaire : il participe de l'édification d'un État moderne, comme le fascisme en son temps. Le philosophe allemand Ernst Cassirer écrivait à propos des régimes totalitaires des années 1930 : « Les politiciens modernes sont devenus les prêtres d'une nouvelle religion entièrement irrationnelle, tout en procédant très méthodiquement dès qu'il s'agit de propager cette religion ; cette étrange combinaison est l'un des traits les plus marquants de nos mythes politiques modernes. » L'observation vaut pour les fondamentalismes contemporains.

Revenons à nos gymnastes. Sous la douche tiède de la mousson, les militants du RSS se livrent, une heure durant, à des exercices physiques et à des jeux collectifs qui évoquent à la fois Baden-Powell et le yoga. Entre deux exercices, ils prient Rama et Çiva, puis se séparent sur une ultime harangue politico-morale du chef de *shaka*. Plus surprenante est l'étape suivante : ces fondamentalistes troquent leur short militaire non contre le *dhoti*, vêtement traditionnel indien, mais contre une tenue occidentale, puis ils retrouvent leur voiture et surtout leur attaché-case. Ah, l'attaché-case ! Signe distinctif d'une nouvelle caste, celle du fonctionnaire important ou de l'homme d'affaires. Ces fondamentalistes-là ne sont pas des *sadhus* dépenaillés, mais des technocrates. Ce que va nous confirmer K.S. Sudarshan, maître à penser du mouvement RSS.

Plantons le décor : dans une vieille demeure de style colonial corrodée par l'humidité, c'est l'heure du thé au lait. Toute heure en Inde est celle du thé au lait. Mon hôte insulte son domestique : il nous a servi dans une tasse ordinaire, alors qu'il fallait utiliser les « bonnes » tasses réservées aux invités de marque.

« Nos troupes, explique Sudarshan, recrutent chez les jeunes éduqués » et ce qu'on appelle en Inde les « classes moyennes » anglophones. Dès qu'ils deviennent membres du RSS, tous doivent au mouvement une heure d'exercices chaque matin, ainsi qu'une donation annuelle destinée à financer l'organisation et à « redresser le peuple hindou ».

Un « islam *redressé* », nous dira plus loin le chef fondamentaliste soudanais Hassan el-Tourabi : la même image s'impose d'un fondamentalisme à l'autre.

La technique moderne au service de l'Inde ancienne, telle est sommairement l'idéologie du RSS. J'avais déjà noté non sans surprise que Sudarshan était à l'heure convenue pour notre entretien : fait inattendu en Inde où l'on passe d'ordinaire des journées entières dans l'antichambre des puissants. La discipline est un trait distinctif du RSS, qui participe de sa modernité.

« L'Inde, explique Sudarshan, a deux traditions : d'abord, celle de Vishnu, qui plaît aux femmes et aux Occidentaux parce qu'elle est douce et passive. » A cette première tradition appartenait le Mahatma Gandhi. Le RSS se réfère à l'autre, tout aussi hindoue, mais guerrière et dont la déesse tutélaire est la terrible Kali. Depuis l'indépendance, explique Sudarshan, la dynastie au pouvoir fondée par Nehru, gérée par sa fille Indira Gandhi, son petit-fils Rajiv Gandhi, puis par l'entourage de Rajiv, n'a cessé de ridiculiser tout ce qui est hindou et d'idéaliser tout ce qui est occidental. Sous couvert de modernité, cette dynastie s'est employée à laïciser la société. Mais le concept de laïcité est étranger à l'Inde. L'Inde ne rend pas à César ce qui est à César, elle ignore toute distinction entre le temporel et le spirituel. Pis : cette gauche qui se prétend laïque, fulmine Sudarshan, tolère que des missionnaires chrétiens viennent évangéliser les pauvres en rémunérant leur baptême d'un sac de riz : ce sont les *rice Christians*, comme on les appelle en Inde !

Mais venons-en à l'essentiel : le véritable ennemi des hindous, c'est l'islam.

Islam et hindouisme, selon Sudarshan, seraient en contradiction sur tout : l'islam en Inde serait avant tout « anti-hindou ». Des faits ? Les musulmans « font exprès » d'immoler le plus de vaches possible, sacrées aux yeux des hindous, au moment de leurs fêtes. Sudarshan reconnaît qu'il arrive aux hindous de lancer des côtes de porc dans les maisons musulmanes... Plus explosive est l'exigence des hindous, attisée par le RSS, de reconstruire des temples sur les lieux où s'élèvent des mosquées édifiées au cours des trois siècles où les Moghols régnèrent sur l'Inde. La récupération des lieux de culte est un prétexte permanent à émeutes, la plus grave ayant abouti, le 6 décembre 1992, à la destruction de la mosquée d'Ayodha, lieu présumé de la naissance du dieu Ram : une victoire historique pour l'Hindutva.

Pourquoi tant de haine envers les musulmans, une minorité — d'environ dix pour cent — installée en Inde depuis si longtemps qu'elle paraît bien peu distincte des hindous ? Explication de Sudarshan : « Ils ne respectent pas le contrôle des naissances et à terme, si on les laisse faire, ils nous submergeront. Ce sont des sécessionistes : ils ont obtenu qu'on nous coupe un bras, le Pakistan ; ils voudraient maintenant nous arracher le cœur, le Cachemire. Laissons-les faire et les musulmans dépèceront le corps hindou ! »

Ces musulmans minoritaires bénéficieraient en outre, selon Sudarshan, de privilèges exorbitants : les lois de l'Inde leur réservent un quota d'emplois dans les administrations et des places dans les universités. Sudarshan omet de préciser que ce « système des réserves », comparable (et antérieur) à l'*affirmative action* aux États-Unis, vaut pour *toutes* les catégories sociales défavorisées, les intouchables, les tribus, les basses castes, autant que pour les musulmans. Ceux-ci, malgré leurs « privilèges », restent moins scolarisés en moyenne que les hindous et occupent rarement des positions publiques. Mais le RSS ne rend pas compte de la réalité sociale, il exploite des mythes : il suffit qu'un seul musulman soit recruté à un poste d'huissier de ministère, en lieu et place d'un hindou, pour que les fondamentalistes hurlent au passe-droit, à l'iniquité, et déclenchent une émeute.

Si l'Inde était « rendue aux hindous », comme le demande le RSS, que deviendraient les cent millions de musulmans qui y habitent ? Réplique de Sudarshan : « Ne dites plus Inde, mais *Bharat* », le terme sanskrit. Émailler son discours anglais de sanskrit, que nul ne comprend, permet de distinguer le militant fondamentaliste : la pensée totalitaire, toujours, expurge le langage et impose des formules intraduisibles. Selon l'Hindutva, les « hindous mahométans » — c'est l'expression « correcte » — pourraient pratiquer leur religion, mais sans manifestations extérieures ostentatoires ; l'islam deviendrait une sorte de caste parmi d'autres. Ces « hindous mahométans » ne sont de toute manière que des convertis qui ont conservé la trace de leurs origines, explique Sudarshan ; les imams sont d'anciens brahmanes, et les musulmans « de base », d'anciens intouchables qui ont voulu échapper à leur condition. Un musulman n'est donc qu'un hindou mahométan, un chrétien est un hindou chrétien, le Pakistan est hindou. L'Hindutva, contrairement à l'islamisme ou au nazisme, fonctionne par inclusion, non par exclusion. Une comparaison de Sudarshan : « Notre pays est hindou comme votre France est chrétienne. » Ou plutôt comme elle le fut...

Mais sur quoi « fonder » un intégrisme alors que les religions hindoues n'ont ni fondateur, ni prophète, ni texte révélé, ni centre ? « La caractéristique du monde indien, expliquait il y a un siècle le philosophe Swami Vivekananda, est qu'aucune culture, aucune religion n'y domine, mais que toutes cohabitent. » « Chaque Indien, ajoute aujourd'hui le sociologue Ashis

Nandy, est à lui seul une minorité. » Le fondamentalisme hindou contourne cet obstacle considérable non pas en ressuscitant le passé, mais en le réinventant. L'Hindutva ne constitue pas tant un retour à la tradition que la réécriture de la tradition dans une modernité mal vécue.

Cent millions de frustrés

« L'Hindutva est un enfant illégitime de la modernité qui essaie de se faire passer pour un enfant légitime de la tradition hindoue », explique Ashis Nandy, sociologue et Bengali, l'un des observateurs les plus lucides de l'Inde contemporaine. Il penche vers la gauche laïque, comme toute l'intelligentsia, mais il n'ignore pas combien la société indienne est pétrie de mythes et que l'Inde reste incompréhensible à celui qui refuse de prendre en compte mythologie et religiosité. « Il ne sert à rien, estime-t-il, de condamner le RSS et le fondamentalisme au motif qu'ils seraient réactionnaires ou fascistes. Il est plus important de comprendre pourquoi le fondamentalisme est devenu l'axe du débat politique alors même que les dirigeants du pays annonçaient que nous étions irréductiblement engagés dans le développement sous la tutelle éclairée d'un État modernisateur. C'est parce que la modernisation a été ratée que le fondamentalisme prospère. »

D'où venaient les troupes en fureur qui détruisirent, en 1992, la mosquée d'Ayodha ? Ce n'étaient pas des *sadhus* couverts de cendre et portés par Ram, ce n'étaient pas de pieux brahmanes, ce n'étaient pas davantage des paysans traditionalistes ni des vagabonds mystiques. Les auteurs de la destruction organisée, systématique et commandée de la mosquée appartenaient à cette jeunesse relativement éduquée, souvent au chômage, que produisent en masse les universités indiennes : une « lumpen-intelligentsia ». Le fondamentalisme recrute parmi la classe moyenne, et non pas dans les masses authentiquement conservatrices attachées à leurs villages et à leur mode de vie traditionnel.

Qu'est-ce que cette « classe moyenne » au sens où l'entend Ashis Nandy ? Sa définition n'est pas d'ordre économique, elle est psychologique. Cent millions au moins — sur sept cents millions — d'Indiens de la classe moyenne ont été arrachés à la civilisation classique, déracinés de l'habitat rural, projetés dans les villes avec l'espoir d'accéder au mode et au niveau de vie occidentaux. Un Occident connu exclusivement ou presque par la télévision, au travers de feuilletons qui idéalisent la bourgeoisie de Delhi ou celle de Dallas. L'image que la classe moyenne se fait d'elle-même est avant tout un produit des médias, au point qu'Ashis Nandy définit cette classe par le fait qu'elle est *media exposed* (exposée aux médias). Dans cette interprétation psychosociologique, le conducteur de *rickshaw* de Calcutta appartient à la classe moyenne autant que le bureaucrate ou l'entrepreneur parvenu, parce qu'ils partagent les mêmes fantasmes. Et les mêmes frustrations : le mode de vie auquel cette classe moyenne aspire restera longtemps — sinon éternellement — hors d'atteinte, en raison même du mode de développement, ou plutôt de « mal-développement », suivi par les gouvernements indiens depuis l'indépendance.

Dès cette époque, selon Ashis Nandy, l'Inde a été victime d'une erreur d'aiguillage. En 1949, il était possible de choisir entre deux voies : l'économie de la frugalité, symbolisée par le rouet de Gandhi, et le haut fourneau soviétique idéalisé par Nehru. Le capitalisme comptait peu de partisans dans le tiers-monde de ces années-là ; le modèle soviétique l'emporta par la double influence des socialistes britanniques et des économistes soviétiques. Nehru estimait que l'Inde devait s'industrialiser en une génération, qu'il y suffirait d'un État fort et d'une planification intelligente. Les conséquences involontaires en furent que l'Inde hérita d'une gigantesque bureaucratie, d'un secteur public inefficace, de syndicats assez puissants pour limiter l'offre de travail, et d'une grande indifférence à la pauvreté de masse. Les hauts fourneaux sont là, hoquetant, polluant, improductifs.

L'industrialisation bâclée a arraché les classes moyennes à l'économie du rouet, mais elle s'est révélée incapable de les mener jusqu'à la terre promise de la modernité télévisée. De cette frustration est né le fondamentalisme, à la fois nostalgie du passé et aspiration à la modernité, c'est-à-dire à la consommation. Ce désir de consommation, explique Ashis Nandy, est si puissant qu'il affecte jusqu'au discours religieux. Comment, en effet, devenir fondamentaliste alors que l'hindouisme a peu de fondements ou en a trop ? De tradition, chaque famille indienne, ou peu s'en faut, pratique un culte particulier sélectionné parmi un panthéon millionnaire en divinités. Pour faire de l'hindouisme un fondamentalisme, ses promoteurs ont dû inventer un culte simplifié, propre à la consommation de masse : Ram, une divinité parmi d'autres, a été élevé par le RSS au rang de dieu supérieur, donc unificateur, paradoxalement inspiré du monothéisme chrétien ou islamique. Cette « ramification » de l'hindouisme permet aux fondamentalistes d'opposer à Allah une divinité unique d'une puissance équivalente.

Peut-on, comme le font nombre d'intellectuels indiens, assimiler l'Hindutva au fascisme européen des années 1930 ? Certains traits l'en rapprochent : des leaders démagogues et charismatiques, une masse de jeunes gens désœuvrés, l'appel à la violence des foules, une recombinaison de la modernisation avec des mythes de circonstance, Rome antique ou race aryenne. Autres caractères communs au fascisme et au fondamentalisme hindou : l'exaltation de la virilité, la marginalisation des femmes jusque dans la réécriture de la religion. Selon Ashis Nandy, ce rejet de la part de féminité que chaque Indien porte en lui-même caractérise le passage de l'hindouisme classique et androgyne à l'hindouisme fondamentaliste, sous l'influence inconsciente de la norme occidentale de la « supériorité du mâle ». Mais là s'arrêterait pour lui l'analogie avec le fascisme, car l'Hindutva n'a pas et ne peut avoir l'obsession de la pureté raciale : les musulmans ne sont pas les Juifs de l'Inde. Pas un

Indien, même fondamentaliste, n'oserait évoquer une race indienne qui, à l'évidence, n'existe pas. Par tradition, l'hindouisme n'exclut pas mais « récupère » les dieux de toutes les autres croyances ; de la même manière, l'Hindutva cherche à réintégrer dans une seule nation les égarés devenus musulmans, sikhs, jaïns ou chrétiens. Ce désir d'unité nationale confirme à son tour combien le fondamentalisme est un produit de la modernité et de la rencontre avec l'Occident. Car c'est bien l'Occident qui a exporté vers l'Inde le mythe de l'État-nation.

Sur le divan du psychanalyste

J'ai cité Ashis Nandy : « Chaque Indien est à lui seul une minorité. » Mais peut-on être plus minoritaire que Sudhir Kakar, simultanément Indien, psychanalyste et freudien ? Seul de son espèce, sans doute.

Trouver Sudhir Kakar ne fut pas une mince affaire. Une adresse à New Delhi renseigne à peine mieux qu'une adresse à Tokyo, parfois même un peu moins : la ville est divisée en quartiers, fragmentés en enclaves, elles-mêmes réparties en blocs ; l'ensemble est numéroté, mais, bien que les Indiens aient inventé l'arithmétique, les numéros sont distribués au hasard. « Dans mon bloc, me confirmera Kakar, on raconte que l'architecte a tracé les voies et numéroté les immeubles en suivant à la trace une vache ivre. » En quelle langue demander son chemin ? Ce n'est pas en anglais que je pourrais me faire comprendre du « lavandier » ou du « repasseur » des rues, ni en hindi que mon chauffeur sikh s'entendra avec le crocheteur de poubelles bihari. Qu'importe, en vérité, puisque le temps ici est subjectif (contradiction essentielle avec les impératifs capitalistes) ; nul, sauf au RSS, ne pratique le culte de l'horaire.

« La psychanalyse, explique Sudir Kakar, a droit de cité en Asie, mais généralement sous sa forme jungienne, car les Indiens ou les Japonais croient davantage aux archétypes collectifs qu'à l'universalité d'une psychologie individuelle. » Le freudien Kakar ne manque pas pour autant de clients : « Dans l'ensemble, des bourgeoises, des enseignants, les classes moyennes fortunées. » Mais nous sommes en Inde : au-dessus du divan du psychanalyste recouvert d'une indienne, un portrait de Ramakrishna, le saint homme du siècle passé auquel Kakar a consacré un ouvrage respectueux.

Le patient que Kakar allonge pour nous sur son divan est l'Hindutva. Fidèle à sa méthode freudienne, il pose peu de questions, mais analyse le propre discours des fondamentalistes. Un discours, selon lui, sans ambiguïtés : la rencontre de l'humiliation avec la frustration.

L'humiliation ? Les dirigeants du mouvement sont habités par le sentiment de la défaite. Les masses qui les suivent ? Elles ne sont pas « manipulées », comme les décrivent les sociologues marxistes, mais compensent leur frustration psychologique par une adhésion délibérée à l'Hindutva.

L'humiliation est celle des élites indiennes qui constatent à la fois la supériorité technique de l'Occident et l'incapacité de l'Inde à rattraper la modernité, ou, lorsqu'elle y parvient, à la rattraper sans renoncer à son identité. L'Inde est ainsi doublement défaite : parce qu'elle ne se modernise pas, et, lorsqu'elle se modernise, parce qu'elle cesse alors d'être indienne. Ce trouble de l'identité, ajoute Kakar, affecte les hommes infiniment plus que les femmes, car celles-ci ne se définissent pas dans une relation de pouvoir à l'Occident. Les hommes en Inde sont d'autant plus ébranlés par la modernité occidentale qu'ils la ressentent comme l'intrusion quasi physique d'un corps étranger : la crainte de l'Occident comme homosexualité refoulée... Merci, Dr Freud ! Cette analyse psychologique du fondamentalisme, reconnaît Kakar, est mal acceptée par l'intelligentsia indienne qui tend à tout ramener à la lutte de classes et à la lutte pour le pouvoir.

A cette humiliation des dirigeants répond la frustration de la « classe moyenne ». Coupée de sa culture traditionnelle, privée de tous repères, celle-ci vit dans une angoisse et une tension quotidiennes, une mobilisation psychique permanente. En anéantissant l'utilité des connaissances, des compétences et des rôles hérités de la civilisation rurale, l'urbanisation bâclée qui caractérise le « mal-développement » indien — comme d'autres nations du tiers-monde — détruit systématiquement l'estime de soi des « patients ». Dans un monde nouveau qui n'a plus aucun sens, la classe moyenne est sans cesse contrainte d'inventer des réponses neuves face à des situations imprévues : relations avec la bureaucratie, avec un voisinage inconnu, avec des familles décomposées.

Cette déstabilisation explique aussi la forte adhésion au fondamentalisme de nombreux Indiens vivant à l'étranger *(non résident)*. Hors de leur continent, ceux-ci découvrent que, loin d'être considérés comme une nation supérieure et divine, ils sont perçus par les Occidentaux — mais aussi par les Chinois ou les Arabes du Golfe — comme une race inférieure. L'expression de cette xénophobie constitue un choc pour l'Indien qui connaissait chez lui la discrimination par castes, mais ignorait jusque-là la discrimination raciale. Pour ajouter encore à cette perte d'identité, tout Indien exilé en Grande-Bretagne y est traité péjorativement de *Paki*, double insulte qui, à la dérision, allie la confusion avec le peuple haï d'à côté.

L'analyse de Kakar, complétant celle d'Ashis Nandy, confirme combien le fondamentalisme n'est pas un traditionalisme réactionnaire, mais une conséquence de la modernisation. Au demeurant, l'Hindutva ne propose pas d'annuler la tentation moderniste et d'en revenir à quelque paradis perdu ; elle offre au « patient » en quête de modernité une identité neuve qui allierait la technoscience occidentale avec la virilité hindoue. Ce que Kakar appelle un effort de « masculinisation » de l'hindouisme, une identité de substitution permettant au patient de recouvrer l'estime de soi : identité psychique qui s'incarne dans la nation hindoue, mais également identité quasi physique lorsque les corps se frottent ou que les chants s'unissent dans les exercices du *shaka*, les manifestations ou les opérations de commando dans les mosquées. Dans cet effort de reconstitution d'une unité mythique, la mosquée, l'islam jouent de manière prévisible l'inaltérable rôle du bouc émissaire ; en ce sens-là, les musulmans sont bien les juifs de l'Inde.

Quelle cure propose le Freudien Kakar ? D'abord, d'admettre la réalité et la nature du trouble : l'Inde n'en est qu'au premier stade de la fièvre fondamentaliste, l'incorporation de l'Inde dans la modernité ne faisant que commencer. Le deuil de la vieille culture affecte aujourd'hui cent millions d'Indiens des classes moyennes, mais l'effet atteindra progressivement le moindre village. Guérir par un retour en arrière ? Impossible. Le Mahatma Gandhi avait essayé en son temps. Cinquante ans plus tard, qui réussirait là où le Mahatma a échoué ? Au surplus, l'idéologie capitaliste exerce sa dynamique, attire irrésistiblement les Indiens vers la consommation et la liberté individuelle. Kakar en conclut que le désir de modernité est irrépressible et irréversible, et que le fondamentalisme l'exprime à sa manière. Par conséquent, il est tout aussi inutile de nier ce désir et la profondeur du fondamentalisme que la permanence des mythes et du désir de mythes dans l'inconscient indien. Il serait également vain de réduire l'Hindutva en invoquant la théorie du complot, en dénonçant l'exploitation de masses crédules par des politiciens avides de pouvoir ou des brahmanes avides d'argent. Non que ce soit faux : si les politiciens fondamentalistes jouent du dieu Ram et de la haine de l'islam, la haine et la peur existent bel et bien, et les politiciens ne font que les formuler pour les « récupérer ». De même, les sommes considérables collectées pour des temples dédiés à Ram, lesquels ne seront peut-être jamais construits ; mais cette corruption du clergé hindou n'explique pas le fondamentalisme, elle n'en est que l'écume.

A suivre Sudhir Kakar, nier l'existence de l'Hindutva ou crier « A bas le fondamentalisme ! » est inutile et contre-productif : mieux vaudrait lui opposer une alternative combinant elle aussi le mythe et la modernité.

Ne reste-t-il à l'Inde qu'à franchir l'étape du passage à l'acte, c'est-à-dire la prise du pouvoir par les fondamentalistes ? Ceux-ci y sont prêts.

L'Hindutva comme projet

Méfiez-vous, m'avait-on prévenu avant que je ne rencontre les dirigeants du Parti parlementaire hindou (BJP : *Bharatiya Janata Party*) : ils tiennent un double langage, l'un raisonnable à l'usage des Occidentaux, l'autre destiné à enflammer les foules hindoues et à les lancer à l'assaut des mosquées. Sans doute est-ce le discours destiné à l'exportation que j'entendrai. Je note en tout cas que l'on entre au BJP comme dans un moulin, et que c'est bien le seul siège de parti ou bâtiment officiel de Delhi à n'être pas gardé comme une caserne.

L.K. Advani, président et idéologue du parti, m'a préparé une surprise : une collation traditionnelle composée de pois chiches, lentilles, piments et yaourt. Je connais peu de chose aux manières de table qui prévalent en Inde, mais je sais au moins qu'il faut dissimuler sa main gauche, réservée à des usages impurs. La courtoisie oblige d'autre part à ne rien laisser dans les plats, ce qui, sans couverts, n'est pas un exercice commode.

Six heures plus tard, je me tordrai de douleurs... Complot ? L'intention d'Advani n'était certes pas de m'empoisonner, même s'il y parvint, mais de m'infliger une leçon d'économie fondamentaliste :

« Ne trouvez-vous pas sur cette table, me demanda-t-il, tout ce qui peut satisfaire un Indien ? » Ce n'est pas niable. « Alors, poursuit mon hôte, quelle nécessité y a-t-il pour l'Inde d'importer quoi que ce soit, puisque nous avons tout ? Pourquoi le gouvernement socialiste (il ne s'agit que du Parti du Congrès) a-t-il autorisé Pepsi-Cola à créer une usine en Inde, alors qu'il existe une excellente boisson locale, le Campa Cola ? » Campa Cola ressemble au Coca-Cola jusque par son logo, mais est en effet *made in India*. Est-il nécessaire de laisser MacDonald nous vendre des hamburgers ? ajoute Advani. « Savez-vous que nous allons jusqu'à importer du blé américain avec lequel il est tout à fait impossible de confectionner des *chapatis* ? » Dramatique, de fait : c'est comme si les Français devaient échanger leur baguette contre du pain de mie ! L'Inde, m'explique Advani, devrait se retirer du marché mondial (où elle est en réalité peu présente) et vivre en autarcie, sur ses propres ressources. L'« échange » comme moteur du développement, la « globalisation » sont, pour Advani, des concepts qui valent pour de petites nations comme Taiwan ou la Corée du Sud, nullement pour l'Inde, qui est en soi un continent.

« Malheureusement, l'Inde est gouvernée par une élite qui n'est pas indienne : la classe dirigeante, au temps de Nehru, était fascinée par Moscou ; elle l'est maintenant par Washington. Cette élite sans racines avait importé en Inde le modèle soviétique ; dorénavant, elle impose le capitalisme américain. Le modèle soviétique avait privilégié les industries lourdes qui mobilisent beaucoup d'investissements, beaucoup de techniques et peu de main-d'œuvre ; l'Inde en a hérité le prolétariat et le chômage. » Désormais, la « libéralisation », nouveau mot d'ordre de l'économie indienne depuis l'époque de Rajiv Gandhi, n'aboutirait qu'à détruire les industries existantes, incapables de concurrencer les Occidentaux sur le marché mondial, et à importer massivement des « marques » pour satisfaire les nouveaux riches : de la *junk food* en lieu et place du pois chiche !

Cette critique des deux modèles, l'un et l'autre importés successivement sans trop de réflexion sur la nature de l'Inde, ne relève pas seulement d'une approche fondamentaliste. Tout économiste raisonnable tiendrait un propos similaire. Mais que faire d'autres ? La réponse du BJP est un amalgame de nationalisme, d'écologie, du maoïsme des années 1960 et des enseignements du Mahatma Gandhi : l'Inde devrait fermer ses frontières, compter sur ses propres forces, fonder sa croissance sur son artisanat traditionnel, ses commerçants, ses petits entrepreneurs. *« Small is beautiful »*, répète Advani : un slogan vieux de trente ans, mais pas nécessairement faux pour autant ! Seule la création de petites entreprises à la campagne, dit-il, pourrait stabiliser la population et créer des emplois. Le rôle de l'État central, selon le BJP, deviendrait aussi modeste que possible : il se concentrerait sur le maintien de l'ordre (lourde tâche en Inde !), l'assistance aux plus pauvres, la scolarisation, les soins de base et... la construction de latrines pour les femmes (prévue explicitement dans le programme du parti).

Le BJP offre-t-il une troisième voie entre capitalisme et socialisme ? Pas vraiment. Advani se montre virulent contre toute intervention de l'État dans l'économie et franchement favorable à l'économie de marché : si les fondamentalistes hindous sont procapitalistes, ce n'est pas seulement, semble-t-il, pour des raisons économiques, mais aussi parce que le capitalisme leur paraît un principe viril, destiné à mater la nature ; en cela, il correspond à leur volonté de « redressement ». Mais, en Inde, précise Advani, ce capitalisme ne peut s'exercer pour l'instant qu'à armes égales, c'est-à-dire derrière des frontières fermées : en somme, un capitalisme national « aux pieds nus ».

Voilà qui paraît raisonnable mais est-il encore possible de persuader les cent millions d'Indiens du continent qui sont salariés et les dix millions qui travaillent hors de l'Inde qu'il va leur falloir se couper du monde extérieur ? Le rêve de la classe moyenne, fondamentaliste ou pas, consiste moins à retourner au village pour y manger des lentilles qu'à pouvoir téléphoner de Delhi à ce même village. Illustrant cette fascination pour la modernité, on peut voir dans un temple de Calcutta un dieu de création récente en forme de téléphone, le *Dead Telephone*, auquel le pèlerin s'adresse dans le vain espoir d'obtenir la tonalité !

Autre illustration kitsch de l'alliance fondamentaliste entre modernité fonctionnelle et tradition affichée : L.K. Advani sillonne l'Inde, exhorte les foules à reconstruire les temples, mais à bord d'une camionnette Toyota climatisée et recarrossée de manière à ressembler au char de Ram tel qu'il est décrit dans la mythologie hindoue. Quand le Mahatma Gandhi parcourait l'Inde pour rallier les masses à l'indépendance, il le faisait à pied. Lorsqu'il siège au Parlement de Delhi, le même Advani abandonne son bric-à-brac et ressemble à un député britannique d'une extrême pondération. Quel est le vrai Advani ? Les deux à la fois : Toyota et dieu Ram. La contradiction et l'ambition de l'Hindutva résident dans cette dualité, cette quête de la modernité comme fonction technique qui n'affecterait en rien les anciennes valeurs ou croyances ni les statuts sociaux.

Une voie qui paraît sans issue, comme en témoigne l'expérience des nations les plus diverses, car elle impliquerait que la technique occidentale soit dissociable de la pensée occidentale et de l'individualisme, ce qu'elle n'est pas.

La « libéralisation », une réponse insuffisante

Pour le lecteur qui aura suivi jusqu'ici le fil de notre enquête, il sera devenu clair, je l'espère, que le fondamentalisme ne peut être imputé à une religion particulière, mais qu'il est la traduction profonde de tout « maldéveloppement », de stratégies malheureuses visant non pas à élever les peuples, mais à créer des États puissants, quitte à déraciner des nations entières, à briser les liens communautaires anciens sans pour autant redistribuer les bénéfices de la croissance ni remplacer ces communautés par des institutions neuves de solidarité sociale. Si l'on tient l'hypothèse pour fondée — ce n'est qu'une hypothèse —, elle suppose qu'au « maldéveloppement » conduit depuis trente ans sous l'emprise d'idées fausses (développementalisme, étatisme, socialisme...), on puisse pour l'avenir proposer un mythe opérationnel au moins aussi puissant et plus redistributeur, qui constituerait un « bon » développement.

Serait-ce le libéralisme qui domine le discours et les politiques du tiers-monde depuis le début des années 1980 ? Telle est bien l'ambition de la « libéralisation » inaugurée en Inde en 1986 par Montek Singh Alhuwalia. Lorsque je l'avais rencontré cette année-là dans le palais de grès rose qui fut celui du vice-roi des Indes avant de devenir celui du gouvernement national, j'observai que ce sikh particulièrement élégant assortissait son turban à son téléphone, fuschia l'un et l'autre. Comme, de surcroît, je l'avais écrit dans un ouvrage publié simultanément en Inde et en France, il m'en avait tenu rancune, mais pas définitivement.

Le temps a passé : Rajiv Gandhi, qui permit cette politique de libéralisation, a été assassiné ; Montek Singh était son plus proche conseiller. Les Premiers ministres se sont succédés à Delhi, mais Montek est toujours là. En 1994, le turban a viré au bleu ciel. Aux vieux téléphones en plastique *made in India* ont été substituées des consoles informatiques *made in U.S.A.* En rupture avec le vieux modèle protectionniste, Montek Singh a décidé que l'Inde devait se « globaliser », que les classes moyennes devaient accéder au Coca-Cola, les entrepreneurs indiens aux techniques étrangères.

Montek Singh Alhuwalia est-il encore indien ? Il est permis, comme le fait Advani, de se le demander sans être offensant. Montek appartient plutôt à cette nouvelle caste cosmopolite qui recrute dans toutes les nations et ne parle que l'anglais, une société du *jet-set-fax* vivant à l'heure planétaire et pour qui la culture d'origine est devenue accessoire. Mais les peuples dont ils ont la charge vivent, eux, à l'ère des mythes. Le fondamentalisme comme la pauvreté sont-ils l'un et l'autre « solubles » dans la modernité ?

Montek en est persuadé. De même, il ne doute pas que le libéralisme a gagné et qu'il marque la « fin » de l'Histoire. Le reste relève du savoir-faire.

Comment passer du socialisme indien au libéralisme indien ? Selon Montek Singh, par l'ouverture progressive des marchés et la privatisation des entreprises. Il a supprimé le système des « licences », datant des temps coloniaux et pérennisé après l'indépendance, qui faisait obligation à tout Indien désireux de créer une entreprise d'en obtenir l'autorisation auprès de l'Administration. Lorsqu'on connaît la bureaucratie de l'Inde, nombreuse, absentéiste et vénale, on n'est pas étonné que les licences soient parvenues à paralyser l'initiative économique, tout en enrichissant les innombrables intermédiaires susceptibles d'accorder ce droit de travailler. Montek a également ouvert les frontières aux importations, attirant sur lui la haine des grands entrepreneurs dont les monopoles sont menacés ; ceux-ci se vengent en finançant des fondamentalistes. La

Sainte-Alliance des privilégiés et du BJP dénonce en Montek la main de Washington, où il a longtemps travaillé à la Banque mondiale.

Mais les bénéficiaires éventuels de cette libéralisation en verront-ils les effets de leur vivant ? « En Inde comme dans toute nation engagée dans la libéralisation, déclare Montek Singh, c'est avant tout la minorité menacée qui est vociférante : les bureaucrates, les nomenklaturas, les entrepreneurs à monopole, les syndicats. » Alors, à qui va profiter la libéralisation et dans combien de temps ? Montek m'énumère les forces qui le soutiennent : « Les professions libérales, les cadres, les technocrates modernes, les banquiers, les financiers, les Indiens évolués, les Indiens expatriés, les jeunes scientifiques, les consommateurs aisés... » Puis, dans une seconde phase, tous les autres, grâce à l'effet de « percolateur », ou, comme disent les économistes, le « *trickle down* » : les bénéfices de la prospérité sont supposés irriguer vers le bas la société entière. « Autant que la croissance, ajoute Montek Singh, l'espoir de la croissance modifie les comportements, atténue l'agressivité sociale, donne des ailes aux entrepreneurs. »

L'argumentation paraît théoriquement exacte, mais la « libéralisation » telle que Montek la conçoit ne transforme pas radicalement pour l'instant le modèle dual de l'économie indienne, elle ne fait que rendre plus efficace l'intervention de l'État et plus prospères ceux qui gravitent autour de lui. Tout ce qui contribue à la puissance de l'Inde, comme la centrale nucléaire de Kalpakam, s'améliore. La minorité en relation avec l'étranger en tire des bénéfices. Mais ce qui ressortit à la vie quotidienne des villages, des pauvres, reste inchangé. La faille où le fondamentalisme prospère n'est en rien réduite par la libéralisation, bien au contraire.

Une autre réponse : le « modèle Kerala »

Au mythe fondamentaliste, nous a dit Sudir Kakar, on ne peut répondre que par un autre mythe. En voici un qui a l'avantage d'être indien :

« En ce temps-là régnait à Travancore, dans l'extrême sud de l'Inde, un roi si sage qu'aucun de ses sujets ne se trouvait jamais dans le besoin. Le souverain Mahabali avait la réputation de partager ses richesses entre tous et d'exaucer tous les vœux. Tous ses sujets étaient égaux. Sa gloire devint telle qu'elle irrita les dieux jaloux. Ceux-ci se plaignirent à Vishnu : un mortel ne saurait devenir plus vénérable que les dieux. Vishnu acquiesça, se déguisa en *sanyasi*, pieux mendiant ne vivant que de charité, et se rendit à Travancore. Au roi, il demanda s'il exaucerait son vœu. “Parle, répondit le souverain, et je te donnerai satisfaction.” “Je ne souhaite, dit Vishnu, que trois pieds de terre.” Le roi acquiesça, étonné par tant de modestie. Le mendiant révéla alors sa véritable identité et devint plus grand que l'univers. Au premier pied, il écrasa la Terre, au second, il écrasa le ciel, et au troisième, le roi de Travancore, devinant qu'il serait écrasé à son tour, formula un dernier souhait que Vishnu accorda : le droit pour le souverain de revenir auprès de son cher peuple, une fois par an. »

C'est ainsi que six à sept mille ans plus tard, les habitants du Kerala, qu'ils soient hindous, musulmans ou chrétiens, célèbrent chaque année en septembre la fête d'Onam, le jour où le roi revient.

Ce mythe fondateur du Kerala m'a été rapporté par la lointaine descendante du roi de Travancore, la princesse Gauri Lakshim Bai. Déchue de tous ses titres depuis que le royaume a été, en 1947, incorporé à la nouvelle république de l'Inde, l'héritière du dernier maharadjah a néanmoins conservé son prestige, un palais début de siècle aux lustres de cristal, et quelques serviteurs fidèles ; elle consacre, me dit-elle, le solde de sa fortune à entretenir des temples et des hôpitaux.

Mais quelle est la morale de ce mythe ambigu ? A suivre la princesse, il révèlerait combien la dynastie de Travancore sut se montrer éclairée. Ce qui expliquerait pourquoi le Kerala — depuis la réunion des royaumes de Travancore, de Cochin et de Malabar en 1956 — serait, de tous les États de l'Inde, celui où règnent la plus grande prospérité, le meilleur niveau d'éducation et de santé. Ce qui est exact. Pour achever de me persuader du rôle déterminant des maharadjahs éclairés dans ce développement social, la princesse m'apprend qu'à la fin du XIXe siècle le souverain introduisit dans son royaume la vaccination, inconnue dans le reste de l'Inde : pour convaincre ses sujets, il se fit même vacciner le premier.

Aux yeux de tous les économistes, le Kerala est un modèle et une énigme. Ce peuple de quarante millions d'habitants, les Malayalees (du nom de leur langue commune, le *malayalam*), vit dans une harmonie religieuse exceptionnelle en Inde ; une égalité certaine y règne, la population est alphabétisée à 100 %, le nombre moyen des enfants par famille est de deux, le taux de mortalité infantile est voisin de celui de l'Europe. Si, par extraordinaire, un mendiant se manifeste dans une rue de Trivandrum, la capitale, c'est qu'il vient d'un État voisin. Le Kerala est un modèle vanté parce qu'il semblerait prouver que le développement social est possible sans passer au préalable par un développement économique ; le Kerala, en effet, est aussi pauvre que les autres États de l'Inde.

Le modèle montrerait aussi que la coexistence entre communautés et religions est possible si un pareil développement social est accompli, éliminant tout attrait pour une alternative fondamentaliste : les fondamentalistes hindous au Kerala atteignent des scores électoraux misérables.

Le Kerala démontrerait enfin que la solution du « problème » démographique passe par l'éducation et l'hygiène : chaque village au Kerala dispose d'un dispensaire gratuit. Les parents, sachant que leurs enfants survivront, en limitent spontanément le nombre et les éduquent. La population du Kerala est donc stable, alors que celle du reste de l'Inde s'emballe, indifférente aux campagnes de contrôle des naissances. « Toutes les femmes du Kerala savent lire et écrire, souligne la princesse, parce que notre civilisation privilégie le rôle de la femme. » De fait, la transmission héréditaire au Kerala se fait par la mère, non par le père. Dans son histoire récente, Travancore fut gouvernée par deux reines.

Société matriarcale, souverains éclairés, harmonie entre les communautés religieuses : telles seraient les clés d'un modèle de société où l'éducation et la santé seraient jugées prioritaires par rapport au « progrès » économique tel qu'il est d'ordinaire quantifié, et seraient même rendues possibles sans ce progrès. La culture populaire y gagne autant que le bien-être : les Malayalees sont passionnés de lecture ; quarante quotidiens paraissent dans leur langue ; y voient le jour les plus importantes productions de livres et de films. Bienheureux Shangri-La !

La visite de saint Thomas

Est-ce bien au roi Mahabali et à ses héritiers qu'en revient le mérite ? Ou à quelqu'un d'autre ? Pour l'évêque du diocèse de Kottayam, Mgr Kuriakosa Kunassery, c'est saint Thomas et non pas Mahabali qu'il conviendrait de remercier. Il n'en doute pas : l'apôtre serait arrivé dans le port de Cochin au début de notre ère et y aurait fondé la première Église de rite syriaque.

Dans la salle à manger de l'évêché, Kuriakosa Kunassery, en soutane blanche, m'invite à partager ses agapes : une bouillie de tapioca assaisonnée de curry, de piments, et arrosée de café au lait. Gravée dans le marbre, une inscription rappelle que Jean-Paul II partagea ces mêmes agapes ; son voyage fut aussi l'occasion de reprendre en main ces cousins éloignés, réticents à reconnaître l'autorité du Vatican. Près d'un tiers des Malayalees sont des chrétiens de dénominations diverses, et les nonnes dans les rues de Trivandrum sont plus présentes et visibles qu'à Rome : cas unique d'évangélisation réussie en Asie.

Saint Thomas, ou plus probablement ses successeurs, ainsi que l'importante communauté juive de Cochin, ont effectivement introduit au Kerala deux innovations majeures : le principe d'égalité et des écoles. Avant les chrétiens, les autres communautés dispensaient bien un enseignement, mais celui-ci était soit religieux, destiné aux brahmanes, soit professionnel, destiné aux artisans. Au XVIIIe siècle, les prêtres syriaques ouvrirent en Inde les premières écoles universelles par leur enseignement et l'accueil indiscriminé des élèves. Ces écoles, collèges et universités restent les établissements les plus recherchés par les communautés de toutes confessions. Devenir chrétien a donc été, pour les Malayalees, l'occasion d'accéder à la connaissance et d'échapper à la hiérarchie des castes. C'est également par les chrétiens du Kerala que furent créés les premiers journaux de l'Inde au début du XIXe siècle. A saint Thomas les Malayalees doivent donc leur éducation. Par la grâce du Christ ? Davantage encore, me semble-t-il, par l'esprit d'émulation entre les communautés. Dans la foulée des chrétiens qui furent l'« étincelle », d'autres ont créé leurs écoles, leurs hôpitaux, leurs journaux, en particulier les nairs, des hindous de la caste des guerriers.

Entre le roi Mahabali et saint Thomas, comment arbitrer ?

Le Maharadjah, le Saint, Marx

Plutôt que le roi ou le saint, le vieux Namboodiripad, fondateur du Parti communiste du Kerala, a choisi Marx. Namboodiripad fut en 1956 le premier chef de gouvernement communiste au monde régulièrement élu au suffrage universel. C'est également le suffrage universel qui l'a évincé, ce qui confirme l'esprit démocratique des communistes indiens.

Le plus inattendu, pour le voyageur qui découvre Trivandrum, n'est pas seulement la contiguïté des mosquées, des églises et des temples hindous, mais les innombrables peintures, affiches et sculptures à l'emblème de la faucille et du marteau.

Pas un jour ne s'achève à Trivandrum sans que quelque manifestation ou grève ne soit organisée par le PCM (Parti communiste marxiste, prochinois) ou le PCI (Parti communiste indien, prosoviétique).

Malgré deux énormes prothèses auditives, Namboodiripad, quatre-vingt-cinq ans, n'a perdu ni l'usage de la parole, ni sa vivacité intellectuelle, mais il n'entend rien et c'est donc par écrit que je l'interroge. Né riche propriétaire dans une caste supérieure de la côte Malabar, il a, en fondant le Parti communiste du Kerala en 1937, distribué tous ses biens aux pauvres. Namboodiripad est-il réellement marxiste ou s'inscrit-il plutôt dans la tradition du Mahatma Gandhi ? « Mon geste pourrait, admet-il, être considéré comme gandhien dans la forme, mais le fond était révolutionnaire : je devins ainsi le fils adoptif du peuple. » Namboodiripad vit depuis lors dans la pauvreté.

Plutôt que de Gandhi, il se veut l'héritier de Sri Narayan Guru, un saint (*sanyassi*) « intouchable » qui, au début de ce siècle, souleva les *edzhevas*, la plus misérable des castes du Kerala, contre les propriétaires fonciers et les prêtres. De tous les États de l'Inde, le Kerala était jusqu'au début de ce siècle la société la plus complexe et la plus hiérarchisée qui soit : un réseau inextricable d'interdits, une « maison de fous », en disait le sage Swami Vivekananda. Ce mouvement, appelé la « Renaissance des edzhevas », explique le vieux chef communiste, fut structuré par le marxisme : « Marx et Lénine nous ont fourni les éléments d'une analyse juste de la société féodale, et la méthode révolutionnaire pour la briser. » Là encore, Namboodiripad n'est pas gandhien : la violence révolutionnaire lui paraît nécessaire. Il l'a prouvé. Lorsqu'il dirigea le gouvernement du Kerala, il expulsa la caste des propriétaires dont il était lui-même issu et distribua les terres aux fermiers qui les exploitaient. Marxiste à la lettre, Namboodiripad estime que l'Histoire a un sens et que l'Inde ne pourra rejoindre le socialisme qu'après avoir franchi, dans l'ordre, toutes les étapes nécessaires. Lui-même a délogé les féodaux de manière à favoriser la naissance d'une bourgeoisie. Il appartient maintenant à celle-ci de devenir capitaliste. Le

Parti communiste est prêt à l'y aider en s'alliant aux petits entrepreneurs contre l'État et les grands monopoles. Ensuite — mais seulement au terme de ce processus — viendra le socialisme. Les Russes n'ont pas compris, estime Namboodiripad, qu'en brûlant une étape, celle du capitalisme bourgeois, ils se condamnaient à l'échec. Les communistes indiens, loin d'avoir été affectés par l'effondrement de l'URSS, prétendent plutôt se réjouir de la disparition de ce contre-exemple.

« Le véritable héritier du roi Mahabali, proclame le chef communiste, c'est moi. J'ai rétabli l'égalité telle qu'elle prévalait dans les temps anciens. » Selon les marxistes, le mythe de Mahabali ne devrait donc pas être interprété comme une apologie de la monarchie éclairée, mais comme une preuve de l'aspiration profonde des Malayalees à l'égalité. Au nom de cet égalitarisme, le PC, quand il était au pouvoir au Kerala, a consacré l'essentiel des fonds publics au bien social : écoles, dispensaires, eau courante, hygiène. Dans les intervalles où les communistes se trouvent dans l'opposition, les autres partis confirment l'orientation du Kerala vers un développement social plutôt qu'économique, selon un modèle inverse de la politique de grande puissance industrielle de l'État central indien. Le Kerala aura échappé ainsi au déracinement social qui nourrit ailleurs les affrontements communautaires et le fondamentalisme.

Mahabali, saint Thomas, Marx : aurions-nous trouvé les trois clés qui donnent accès à un autre modèle de développement, ni capitaliste, ni socialiste, ni fondamentaliste, basé sur l'harmonie et la culture ? A deux détails près qui tempèrent l'universalité du modèle et du mythe : l'émigration, la faillite.

L'émigration ? Au Kerala, contrairement à ce qui se passe dans le reste de l'Inde, la misère a été éliminée non pas seulement grâce à des gouvernements éclairés, monarchiques, communistes ou autres, mais plus encore grâce au travail des Malayalees hors des frontières de l'État. De tout temps, les Malayalees furent des migrants, parce que telle est leur tradition et parce que l'économie locale, en dehors du tissage de la fibre de coco, offre peu d'emplois. Cette émigration s'est accélérée avec l'élévation du niveau d'instruction de la population : en dehors d'une administration locale déjà pléthorique comme partout en Inde, un Malayalee diplômé dispose sur place de peu de perspectives. C'est en priorité vers les pays arabes du Golfe que les Malayalees vendent leur force de travail et leurs talents. Dans les hôpitaux britanniques, la majorité des infirmières sont des chrétiennes du Kerala. Peu de familles n'ont pas au moins un des leurs hors du pays, ce qui tend à expliquer le confort des résidences, l'importance du parc automobile et les innombrables marchands de cassettes vidéo. Le développement social du Kerala, s'il est bien ancré dans une histoire et une culture, tient pour beaucoup aux transferts de fonds des émigrants. A terme, ceux-ci reviennent toujours au pays, mais y créent très peu d'activités en dehors de l'hôtellerie.

La faillite du modèle ? On ne peut l'exclure, car nul n'investit au Kerala : au développement social ne répond aucun développement économique local. Ce qui appauvrit l'État, en difficulté croissante pour maintenir la qualité et la gratuité des services scolaires et de santé. Que le gouvernement essaie de relever les tarifs d'inscription à l'université, et les étudiants se révoltent. Les syndicats, puissants dans tous les services publics, exigent d'incessantes augmentations de salaires. L'État ne peut plus suivre, et l'absence de base économique ne lui permet pas d'accroître ses recettes fiscales. A terme rapproché, le modèle social du développement qualitatif plutôt que quantitatif se trouve ainsi menacé par l'absence de capitalisme.

Mais qui investirait au Kerala, puisque les plus dynamiques des Malayalees sont à l'étranger et que le climat de revendication sociale se révèle dissuasif pour tout investisseur ? Peut-on encore sauver le « modèle Kerala » et éviter que cet État ne devienne, comme les autres de l'Inde, ou comme d'autres nations pauvres, le lieu d'affrontement de factions extrêmes ?

Un malheureux précédent s'impose à l'esprit : celui du Sri Lanka voisin qui figura longtemps, avec le Kerala, comme un modèle de progrès social qualitatif. Le modèle Sri Lanka a été ruiné par la guerre ethnique, mais aussi par le socialisme rampant qui a sapé une économie en développement.

Parmi la collection des modèles alternatifs, seul subsiste donc le Kerala ; mais, sans développement économique, le développement social et qualitatif en disparaîtra. Sans le capitalisme, il ne peut y avoir de croissance économique : même les communistes de Kerala en conviennent.

Comment réconcilier Marx pour l'analyse, Gandhi pour le renoncement, Adam Smith pour le développement ? L'alliance des trois pourrait constituer le contre-mythe indispensable à l'Hindutva. Il suppose un développement par le capitalisme, mais à la mesure des humbles, avec pour ambition l'élimination de la misère, non l'accumulation de la puissance : le Kerala, en somme, mais avec des entreprises en plus. Dans ce modèle marxo-gandhien, l'État central indien devrait, comme au Kerala, affecter ses ressources non pas à la production économique, mais à satisfaire les besoins élémentaires de santé et d'éducation : un État devenu modeste, « renonçant », et un capitalisme « aux pieds nus ».

Le manager aux pieds nus

Budhram Manji est en Inde mon entrepreneur de prédilection. Certes, ce n'est pas un grand industriel ; il fait partie des cinq à six cents millions d'Indiens qui ne se sentent pas concernés par le débat sur les modèles économiques. Son plan à lui, c'est de survivre. Budhram est tireur de pousse-pousse à Calcutta.

Dans son faubourg de Pilkana, ce matin du 21 février, Budhram s'est levé à l'aube, car le 21 est son chiffre porte-bonheur. Budhram ne déjeune pas avant de partir, il économise ainsi une roupie. La nourriture, croit-il, lui couperait les jambes. Juste une lampée d'alcool et le voici fin prêt, torse nu, pieds nus, une longue pièce de tissu quadrillé vert et blanc ceinte autour des reins, et un bandeau sur le front pour éponger sa sueur.

D'un geste décidé et confiant — nous sommes le 21 ! —, il s'empare des poignées de bois du pousse-pousse, patinées par l'effort des milliers de tireurs qui l'ont précédé. Trottinant sur l'asphalte encore frais dans cette aube naissante, Budhram s'engage sur le pont de Howrah, déjà encombré d'autobus, de camions et de la multitude de piétons qui s'acheminent lentement vers le centre de Calcutta. En contrebas, sur les berges d'un bras du Gange, le Hooghly, les brasiers de la crémation achèvent de se consumer, enveloppant le pont d'une odeur âcre de chair brûlée. Budhram a des jambes d'acier, tout en muscles, et les réflexes indispensables pour éviter les obstacles sans nombre qui entravent la course des pousse-pousse : vaches, chèvres, tramways qui brinquebalent, autobus et taxis. Dans une heure, pense Budhram, il atteindra les bons quartiers avec un peu d'avance sur ses concurrents : la ville sera alors figée dans les encombrements jusqu'au soir, seuls les pousse-pousse parviendront à se frayer un chemin parmi les ruelles de Calcutta.

Budhram n'est pas propriétaire de son véhicule, il n'a jamais pu trouver les mille roupies nécessaires à son achat : aucune banque ne lui prêtera jamais cette somme, et les usuriers lui réclament 600 % d'intérêts. De toute manière, Budhram ne parviendrait pas à obtenir la licence permettant de travailler dans la légalité. Pour cela, il lui faudrait atteindre le fonctionnaire responsable à la mairie de Calcutta ; or il ne connaît pas d'intermédiaires ; et s'il en connaissait, il n'aurait pas les moyens de rémunérer leurs services pour franchir les barrages des huissiers, plantons et secrétaires, avant de parvenir jusqu'au bureaucrate avide qui apposerait sa signature sur la précieuse licence. Comme les trente mille tireurs « clandestins » de Calcutta, Budhram ne peut que louer son véhicule pour trois roupies la demi-journée à un propriétaire de pousse-pousse. Pour une roupie de plus, lorsque, épuisé par sa journée de travail, il ne sent plus la force de retraverser le pont de Howrah, Budhram conserve son véhicule pour la nuit et dort recroquevillé sur la banquette de moleskine.

Parvenu dans l'avenue Lénine, une artère commerçante, Budhram marque une pause devant une fontaine publique, se lave à grande eau sur le trottoir et astique vigoureusement ses dents avec un petit morceau de bambou dont il ne se sépare jamais. Sa toilette achevée, le voici prêt à attaquer sa journée de travail. Soudain, à cette heure encore matinale, il aperçoit à trois cents mètres un étranger qui semble égaré, à la recherche d'un moyen de transport, n'importe lequel. Il hésite un instant avant de se précipiter : Budhram sait que les étrangers répugnent à utiliser les pousse-pousse. Devoir contempler pendant la course le tireur transpirant et ahanant, tous muscles tendus, à la limite de ses capacités physiques, donne mauvaise conscience aux Occidentaux. Mais aucun taxi n'est en vue, pas de *rickshaw-scooter* non plus ; Budhram file vers sa proie et affiche un sourire irrésistible. Je n'ai pas le choix, je suis pressé, je cède et grimpe sur la haute banquette perchée entre les deux roues. Nous filons vers Writers Building, le siège du gouvernement du Bengale.

Calcutta s'éveille à peine, et déjà les foules s'agglutinent à l'entrée des cinémas enveloppés de musique comme dans un film de Satyajit Ray, tapissés des affiches gigantesques aux scènes violentes et aux couleurs criardes de la production bengali. Le 21 est bien le jour de chance de Budhram : j'ai négligé de négocier le tarif de la course avant de monter sur son pousse-pousse ; je ne m'en sortirai pas à moins de cinq roupies.

« Il faut supprimer les pousse-pousse, me dit Jyoti Basu, Premier ministre communiste du Bengale, qui m'accueille dans son bureau de Writers Building ; ils sont illégaux et, surtout, ils ne sont pas modernes. » L'ambition de Basu est de réunir tous les conducteurs légaux de pousse-pousse en un syndicat unique qui remplacerait les véhicules à traction humaine par des *rickshaw-scooters*. Tant pis pour le bruit, la pollution et les encombrements. Calcutta ne peut quand même pas « entrer dans le XXe siècle » avec des tireurs de pousse-pousse ! Basu a tenté à plusieurs reprises d'interdire purement et simplement leur circulation. En vain, Budhram et ses trente mille collègues, encadrés par des *social activists* (intellectuels, étudiants, syndicalistes...), résistent avec tant de violence que les grèves des pousse-pousse l'emportent sur le désir de modernisation.

Si minuscule soit-il, ce conflit entre le ministre Basu et Budhram, le conducteur de pousse-pousse, revêt une signification générale : c'est une leçon d'économie pour le tiers-monde. La résistance de Budhram me paraît en effet mieux répondre aux besoins de l'Inde que le discours de Basu sur la modernisation. Parce que le métier de Budhram nous choque ou nous paraît archaïque — les élites indiennes réagissent à cet égard comme les Occidentaux —, chacun, au nom du progrès, est tenté de supprimer ces tâches dérisoires. Mais que deviendrait Budhram sans son pousse-pousse ? C'est de ces milliers de petits métiers — privés, non planifiés, informels — que vivent, sans capital ni investissement, tous les Budhram de l'Inde et du tiers-monde. C'est grâce à leur imagination, à mille petits travaux divers que le peuple de Calcutta, pour pauvre qu'il puisse être, n'est pas misérable. Budhram mange peu, vit médiocrement, mais il a un travail qui lui donne un statut, une place dans la structure sociale de l'Inde. Sans son pousse-pousse, il en serait réduit à l'état de ces mendiants de Calcutta qui, armés d'un crochet de fer, recherchent leur nourriture parmi les ordures déposées à même les trottoirs.

Budhram est à sa manière un « entrepreneur aux pieds nus », et si son entreprise ne se développe pas, si elle ne lui rapporte pas de quoi échapper à la pauvreté, les raisons en sont moins d'ordre culturel ou économique que d'ordre politique. Il faudrait que Budhram puisse accéder à la propriété de son pousse-pousse, ce qui supposerait que le crédit devienne accessible aux pauvres, sans passer par des intermédiaires ; il faudrait que le maire de Calcutta lui accorde une licence, ce qui impliquerait que les fonctionnaires soient honnêtes. Un État honnête, une économie au service des plus pauvres : ce serait, pour l'Inde, un autre développement.

Sur le chemin du retour vers son quartier de Pilkana, Budhram n'omet jamais de faire une pause devant un temple où il pratiquera une *puja* pour remercier les dieux et marquera son front de quelque pâte ocre. Parmi ce panthéon de mille divinités, une de plus s'est révélée à Calcutta : entre Vishnu, Krishna, Ram et Kali, *the Dead Telephone.* Devant lui, mains jointes, Budhram récite une oraison : « Ô Téléphone, le peuple de l'Inde compte sur toi pour communiquer, mais quand nous avons besoin de toi, tu nous abandonnes ! »

Nul n'échappe à la tentation de la modernité et à ses symboles. Mais les chemins pour y accéder peuvent s'inscrire ou non dans la civilisation locale. Les fondamentalistes proposent une culture reconstruite sans la modernité ; libéralisateurs et progressistes croient en la modernité sans la culture. Seul Budhram, le « capitaliste aux pieds nus », reste ancré dans sa culture et emprunte à la modernité ce qui est absolument nécessaire à sa survie. L'éthique intériorisée du renoncement de Budhram est plus authentiquement hindoue que celle des fondamentalistes ; son esprit d'entreprise, plus authentiquement capitaliste, même s'il s'agit d'un capitalisme primitif que les spéculations libérationnistes importées par les experts. C'est autour de Budhram que devrait s'organiser le modèle alternatif d'un capitalisme indien, qualitatif plutôt que quantitatif.

Mais, qui sait ? Dans une prochaine vie, Budhram pourrait se réincarner sous les traits de quelque capitaine d'industrie. Il est d'autant plus légitime et nécessaire de le respecter dans son humanité présente.

Un capitalisme frugal

Est-ce à dire qu'il faille s'accommoder d'un partage du monde radical entre modernité et misère ? Pourquoi ne pas plutôt envisager que l'humanité se répartisse entre deux modes d'existence aussi dignes l'un que l'autre : l'insatiable consommation d'un côté, un état d'équilibre de l'autre ? Pourquoi faire croire à des peuples entiers qu'ils seront riches ou que leurs enfants le seront, alors qu'ils ne le deviendront jamais ?

Atteindre à l'équilibre, en revanche, est possible, comme l'avait souhaité en son temps le Mahatma Gandhi.

Un demi-siècle après sa mort, Ashis Nandy tente de faire revivre sa doctrine : « Pourquoi, demande-t-il, devrions-nous adopter les priorités et les hiérarchies de l'Occident ? Par quelle nécessité ? Vos succès au XXe siècle sont-ils si éclatants ? La Seconde Guerre mondiale, les génocides, la destruction de la nature et demain, quoi encore ? » Tels sont, pour Nandy, les effets d'une civilisation moderne qui a privilégié l'individu sur la métaphysique, l'histoire sur l'éternité, le progrès sur la tradition, les valeurs viriles sur la sensibilité. « Le culte de l'État-nation importé d'Occident par le tiers-monde a fait plus de victimes depuis l'indépendance que n'en avaient jamais massacré les colonisateurs. » Trente ans de prétendu développement ? Les conséquences s'appellent « déracinement des paysans, urbanisation sauvage, destruction de la nature et des cultures traditionnelles, violence, injustice, misère ». Qui sont les responsables ? « Les propres élites du tiers-monde, colonisées en esprit par l'Occident et méprisantes envers les valeurs des peuples dont elles ont la charge. » Mais il ne s'agit pas que de valeurs. Le développement à l'européenne, fondé sur l'hyperconsommation individuelle, constate Nandy, est une impossibilité pratique : « Imaginez un instant que tous les Indiens sachent lire ; il n'y aurait bientôt plus en Inde un arbre pour fournir la pâte à papier ! » Alors, en lieu et place du développement, quoi d'autre ?

« Le *swadeshi* ! » Défini par le Mahatma Gandhi, ce n'est pas un système économique mais un état d'esprit. Il invite à contrôler nos désirs, à les restreindre à ce qui nous est accessible dans notre environnement immédiat. « Les hommes ont ainsi vécu pendant des millions d'années sans être nécessairement plus malheureux qu'ils ne le sont aujourd'hui. Les bons esprits occidentalisés de l'extérieur et de l'intérieur tiennent à nous faire sortir de cette société orientale qu'ils qualifient d'infantilisme économique et technique. Mais nous autres, victimes du développement, conclut Ashis Nandy, n'aspirons qu'à rester dans l'enfance. » Le but du swadeshi ne serait pas le développement de quelques-uns, mais la dignité du plus grand nombre. En quelques années, il deviendrait alors possible — les techniques existent — d'assurer l'alimentation, l'approvisionnement en eau, la santé des milliards d'individus aujourd'hui sacrifiés au mythe inaccessible de la société de consommation. Il ne s'agit pas ici d'une critique du capitalisme ni d'un éloge de la pauvreté. Cela revient seulement à envisager que la machine du capitalisme puisse être mise au service de la dignité commune plutôt que de la consommation individuelle : un vrai capitalisme mais réinscrit dans les cultures de l'Inde. Certes, il n'appartient pas au Nord prospère de dicter au Sud ce principe de frugalité. C'est au Sud qu'il revient de définir un modèle économique viable, auquel le Nord puisse utilement contribuer.

CHAPITRE 3

Pour un islam de progrès

« Importez-vous des revues pornographiques ? » me demanda le douanier, feuilletant mon passeport à l'envers. Il me sembla plus facétieux que convaincu de l'utilité de sa question. Je l'assurai que si d'aventure je venais à repasser par Khartoum, j'en apporterais afin qu'il puisse me les confisquer.

Tel me parut d'emblée le Soudan : un régime islamique tempéré par les mœurs africaines ; la suite du voyage ne devait pas — ou guère — modifier mon jugement initial.

C'est pour comprendre la voie islamique que j'allai jusqu'à Khartoum rencontrer Hassan el-Tourabi : président du mouvement islamique, manipulateur dans l'ombre de l'État soudanais, el-Tourabi, qualifié en Occident de fondamentaliste, est soupçonné d'être non seulement l'inspirateur, mais l'instigateur des « complots » islamiques visant les pouvoirs en place du Maroc à l'Égypte, de l'Algérie à la Jordanie.

Je n'étais pas le premier à me rendre à Khartoum pour y entendre un oracle, puisque Moïse, en son temps, nous dit la Bible, y alla consulter des « mages » ou des « sages » (le terme varie selon les traductions). Moïse épousa d'ailleurs une Soudanaise que la Torah dit fort belle...

El-Tourabi, le messager

Pour gagner la résidence d'el-Tourabi, il fallait traverser Khartoum. Mais où diable était Khartoum ? Je voyais le Nil Bleu, des avenues débouchant sur le désert, des attroupements de chameaux, quelques ministères délabrés de style colonial, hérités de l'Empire britannique, des masures d'adobe environnées de décharges, quelques souks misérables, une mosquée de béton qui héberge le tombeau du Mahdi, héros de la résistance aux Anglais. Assailli par tant de misère et de confusion, je demandai à mon guide où était le centre-ville. Il s'étonna : « Mais, vous y êtes ! »

L'accès à el-Tourabi passe par des sas successifs dans l'enceinte d'une confortable demeure. Des gardes nous introduisent dans une première antichambre. Nous attendons. Notre importance étant reconnue, nous voici conduits vers une seconde antichambre. Nous patientons. Puis une troisième : à l'évidence, nous approchons du saint homme. « Il est bien arrivé », me chuchote mon guide, désignant dans la cour une magnifique Mercedes blanche : l'islam récompense les vertus de ses serviteurs, ce qui est conforme au Coran. Ma qualité d'hôte étranger me vaut le privilège d'attendre peu. Avec quelque embarras, je vais passer devant les centaines de visiteurs qui ont eux aussi rendez-vous mais doivent patienter des heures, voire des jours.

Voici el-Tourabi en galabieh et turban blancs, fragile et élégant, disert en français comme en anglais, diplômé en droit des universités de Paris et d'Oxford. S'agit-il bien de l'el-Tourabi que la presse et les gouvernements occidentaux désignent comme l'allié de Saddam Hussein, le « parrain » du FIS algérien et du Hamas palestinien ? El-Tourabi est-il schizophrène, tenant un discours destiné à rassurer l'hôte occidental, et un autre aux militants de l'islam ? Ou serait-ce l'Occident qui est schizophrène, projetant sur el-Tourabi la hantise d'un vaste complot terroristo-islamiste ?

Je pose la question à el-Tourabi. Il ne se départit pas de son sourire : aucun doute, selon lui, c'est l'Occident qui est malade, et non pas l'islam. « Dès que les musulmans renouent avec leurs racines, leur culture, leur religion, les Occidentaux, dit-il, y voient une atteinte aux droits de l'homme, une régression, et nous qualifient de terroristes. Par exemple, qu'y a-t-il d'anormal à ce que le gouvernement du Soudan restaure le droit islamique, la charia, à la place des codes juridiques qui nous furent imposés par les colonisateurs britanniques ? Pour nous autres musulmans, il s'agit simplement d'une renaissance ; pour les Occidentaux, c'est une régression et une agression ; vous appliquez au monde musulman vos propres critères, votre vision du progrès : ce n'est rien d'autre que de l'impérialisme culturel. »

« L'Occident, ajoute el-Tourabi, nous accuse d'agressivité, mais qui agresse l'autre ? Les musulmans ne sont pas agressifs, ils ne sont que résistants. Dans notre longue relation avec l'Occident, nous avons victorieusement résisté aux croisades. Nous avons résisté au colonialisme britannique. La guerre du Mahdi à Khartoum contre les Britanniques, la résistance des musulmans du Nigeria et de l'Inde, d'Abd el-Kader en Algérie, d'Abd el-Krim au Maroc, furent des guerres de résistance, de même que la libération de l'Algérie ou, aujourd'hui, les combats de l'OLP et du mouvement islamiste Hamas contre l'occupation israélienne de la Cisjordanie. Depuis mille ans, aucun combattant de l'islam n'a, hors de son propre territoire, agressé l'Occident. »

Et le terrorisme ?

C'est, me répond el-Tourabi, « une méthode inventée par les Occidentaux ». Si certains groupes se réclamant de l'islam le pratiquent, c'est qu'ils l'ont appris auprès des terroristes irlandais, des Brigades rouges italiennes ou japonaises, de la Bande à Baader allemande.

« Ce sont, rappelle el-Tourabi, les Occidentaux qui nous ont colonisés, pas l'inverse. Nous avons en apparence regagné notre indépendance, mais les Occidentaux persistent à nous imposer — avec la complicité de certains dirigeants arabes : Nasser, Moubarak ou Hassan II — des modèles européens : par exemple, l'État-nation, la démocratie, le socialisme, le libéralisme... Il est clair, observe Tourabi, que tous ces concepts importés chez nous ont échoué. » Il est donc tout naturel que les musulmans abandonnent ces oripeaux étrangers et renouent avec leur culture authentique. Que pourraient-ils faire d'autre ?

Voilà pourquoi, d'après el-Tourabi, le monde doit se préparer à « la seconde renaissance de l'islam ».

La deuxième renaissance

La première renaissance se manifesta au début du siècle. Elle fut plus élitaire que populaire, plus politique que religieuse, et conduisit de la colonisation à l'indépendance. Plus religieuse et morale que politique, la seconde renaissance — qui émerge sous notre regard — ramènera les musulmans à une authentique société islamique. S'agira-t-il d'un retour à une société supposée parfaite, qui fut celle de Mahomet en son temps ? « Pas un instant, c'est là une lourde erreur d'interprétation ! » s'exclame Hassan el-Tourabi. Mon interlocuteur se sépare là de nombreux oulémas. « Les musulmans, explique-t-il, doivent absolument distinguer entre les principes éternels, révélés, de l'islam, et les formes culturelles variées que celui-ci a adoptées au fil des siècles. » El-Tourabi l'Africain s'insurge contre l'impérialisme des Saoudiens qui prétendent imposer hors de chez eux des coutumes — comme le vêtement féminin — propres au monde arabe, mais étrangères à l'islam en tant que tel. La renaissance islamique qu'annonce et préconise Hassan el-Tourabi n'est donc ni un retour au passé, ni un alignement sur le modèle saoudien. Elle vise à réconcilier diversité culturelle et modernité : « Rien dans le message parfait et définitif du prophète Mahomet ne s'oppose au modernisme, à la technique, à la science. » Bien au contraire, l'islam authentique invite à contempler les phénomènes réels comme autant de preuves de l'existence de Dieu. Il n'y a dans l'islam aucune réticence envers la science, le « management », la déduction logique, aucune contradiction entre la connaissance et la foi, aucune contradiction entre la modernité et la religion. La preuve en est que l'islam du XIIe siècle domina la connaissance scientifique de son temps et la transmit à l'Europe chrétienne. Et la révolution islamique iranienne — en dépit des réserves d'el-Tourabi sur ce qu'il appelle l'ayatollacratie — n'a à aucun moment rejeté la technique occidentale.

D'après el-Tourabi, « l'islamisation est inéluctable, parce qu'elle répond au désir populaire », à l'attente générale des Musulmans. La mondialisation de l'information et la généralisation des aspirations démocratiques accéléreraient cette attente et cette prise de conscience des peuples musulmans. Qui s'y oppose ? « L'alliance perverse des dirigeants du monde arabe et des gouvernements occidentaux. » Ceux-ci nourrissent une peur irraisonnée de l'islam et sont entretenus dans leur ignorance et leurs craintes par les souverains et dictateurs de l'Égypte, de l'Arabie Saoudite ou du Maroc. « Ceux-là, explique Tourabi, persuadent l'Occident que les mouvements islamistes sont "fondamentalistes" et terroristes. En vérité, ni Moubarak ni Hassan II ni le monarque saoudien ne sont de bons musulmans. Ils ne sont pas qualifiés pour juger de ce qui est islamique et de ce qui ne l'est pas. » Pourquoi donc ne sont-ils pas de bons musulmans ? « Leur mode de vie privée, répond el-Tourabi, témoigne à lui seul de leur hypocrisie : ils ne sont religieux qu'en public. » Au surplus, « l'institution monarchique ou la dictature sont totalement étrangères à l'islam ». Mahomet lui-même souhaitait que son successeur fût désigné par consensus populaire ; les califes qui s'emparèrent du pouvoir et le transmirent à leurs descendants n'étaient que des apostats.

La voie vers la société islamique serait-elle révolutionnaire ? Hassan el-Tourabi ne le souhaite pas. Il préférerait de loin ce qu'il appelle, par évolution naturelle, une « prise de conscience islamique dans le peuple ». La Révolution islamique, el-Tourabi s'en méfie, car toute révolution débouche sur le contraire de l'objectif que se fixent ses instigateurs (cas de l'Iran) ou suscite la répression (cas de l'Algérie). L'Iran n'est pas un modèle :

« l'islam y est confisqué par le clergé chiite » et celui-ci est « plus préoccupé de ses intérêts matériels que de l'islamisation réelle de la société ». Pour el-Tourabi, la démocratie, en revanche, est une bonne méthode d'islamisation : « Si les peuples musulmans pouvaient librement voter, estime-t-il, partout ils porteraient les islamistes au pouvoir. Les élections algériennes en témoignent ! » Malheureusement, en Algérie, « les dirigeants du FIS, piètres connaisseurs de l'islam et mal préparés à leurs responsabilités, n'ont pas compris qu'il leur fallait s'entendre au préalable avec les Français ».

Mais parlons plutôt du Soudan : voilà un pays qui ne témoigne pas en faveur de la voie démocratique de passage à l'islamisme recommandée par el-Tourabi ! C'est par un coup d'État militaire que le régime est devenu officiellement islamique, au terme d'un méticuleux noyautage de l'état-major par le mouvement même d'el-Tourabi. Celui-ci se justifie : « La démocratie au Soudan était artificielle et les partis politiques, désormais interdits, étaient la propriété privée de quelques grandes familles. » Ce que peu contestent, en effet. Dans le scénario d'el-Tourabi, la « vraie démocratie élective » sera rétablie après que la société aura été islamisée, c'est-à-dire que les fondements d'une démocratie islamique réelle auront été établis. C'est-à-dire jamais...

Qu'est-ce qu'une démocratie islamique ? La réponse n'est pas claire. Il semble qu'elle se reconnaisse par un consensus tel que l'opposition y sera devenue négligeable. Quelle sera la place des minorités religieuses, importantes au Soudan, chrétiennes ou animistes ? Nul, dans une société musulmane, n'est obligé de se convertir, répond el-Tourabi ; le Coran a organisé les droits, les devoirs et la fiscalité propres aux minorités au sein d'une société islamique. A Khartoum, les églises sont effectivement nombreuses, et la pratique chrétienne sans restrictions. Seraitce, comme le déclarent les dirigeants soudanais, que la guerre civile dans le Sud, entre musulmans et chrétiens, est de nature tribale plutôt que religieuse ? L'horrible conflit, convenons-en, a commencé avant la prise de pouvoir des islamistes à Khartoum, ce qui ne les innocente pas pour autant. Les Occidentaux, ajoute Hassan el-Tourabi, s'obnubilent à tort sur l'État islamique : il conviendrait de parler de « société islamique, car l'État, dans l'Islam, est une entité marginale ». « Un musulman s'inscrit d'abord dans sa famille, voire dans sa tribu, son ethnie, sa culture, puis dans la communauté entière des croyants : l'*Umma.* » Dans l'Islam, les frontières nationales n'ont jamais eu grande signification et, de surcroît, celles de notre temps sont héritées de la colonisation. Le nationalisme dans le monde musulman n'est donc qu'un sous-produit de l'impérialisme occidental. « Le sentiment national dans le monde musulman est quantité négligeable » et en voie de diminution, prétend el-Tourabi, malgré les efforts de mobilisation et de propagande des dictateurs et monarques soutenus par l'Occident. L'aspiration essentielle des musulmans serait « la reconstitution de leur unité dans l'*Umma.* La globalisation de l'information et de l'économie contemporaines donne à cette *Umma* une chance comme elle n'en a pas connu depuis mille ans, non par le haut, mais par le bas, par la volonté populaire ». Dans une société islamique, l'État serait subsidiaire et ne serait que le reflet de cette société. C'est sur la transformation de la société, non de l'État, que les mouvements islamiques prétendent agir ; une islamisation qui, selon Tourabi, aurait commencé au Soudan.

L'expérience soudanaise

Il existerait donc un modèle soudanais ? Plus modestement, admet el-Tourabi, une « expérience soudanaise ». Mais c'est encore trop pour l'Occident qui impose au Soudan un embargo de fait ! Comment cette islamisation se traduit-elle dans la société ? Dans l'éducation, les arts, dans l'économie et les droits de la femme.

Commençons par les droits de la femme, puisqu'ils sont les plus inattendus dans une société musulmane, du moins d'après l'idée que l'on s'en fait en Europe. « C'est bien la preuve, observe el-Tourabi, que les Occidentaux sont ignorants de l'islam et que les islamistes en Europe ne font pas leur travail d'explication. Sauf Jacques Berque ! » Hassan el-Tourabi, lui, n'a cessé de militer pour la « libération » des femmes au Soudan. Au nom du Coran ou pour recruter des militantes ? J'ai entendu dire, à Khartoum, que Hassan el-Tourabi soulevait les filles contre leurs pères et les épouses contre leurs maris, les incitant à sortir de chez elles pour se rendre à la mosquée où hommes et femmes, au Soudan, prient ensemble. « Combien de femmes voilées, me demande Hassan el-Tourabi, avez-vous vues à Khartoum ? Aucune. » C'est ce qu'el-Tourabi souhaite démontrer : « N'attribuons pas à l'islam des pratiques qui ne ressortissent qu'à la culture particulière de la péninsule arabe ; les principes de l'islam sont intangibles, mais les formes varient. » On imagine mal, en effet, que les Soudanaises parées de couleurs chatoyantes et de khôl se laissent imposer quelque code vestimentaire de type saoudien ! Il est également exact qu'à l'université de Khartoum les étudiantes sont aussi nombreuses que les étudiants. C'est enfin le mouvement islamiste qui, au Soudan, a obtenu le droit de vote pour les femmes. « La démocratie, souligne el-Tourabi, est totalement islamique, puisque le Coran appelle chacun à participer au débat public. » Un éloge de la démocratie au nom du Coran qui, reconnaît-il, exaspère particulièrement les monarques du monde arabe !

Mais la charia, la loi musulmane qui a si mauvaise réputation en Occident, n'est-elle pas l'aspect le plus répressif d'une société islamique ? Elle fait surgir dans l'esprit occidental des visions de mains coupées, de lapidations, de flagellations... Là encore, Hassan el-Tourabi manifeste une étonnante modération, par opposition aux modèles saoudien ou iranien. La charia, explique el-Tourabi, n'est pas la « loi », c'est littéralement la « voie ». Comme l'islam codifie avant tout les relations horizontales au sein de la société, la charia est un contrat social entre les hommes : elle est une obligation morale intériorisée que l'État n'impose pas, mais qui s'impose à l'État — l'État lui-même est soumis à la charia. Si certains islamistes, selon el-Tourabi, ne comprennent pas cette nature de la charia, c'est qu'ils sont « prisonniers de leur culture locale, ou plus fréquemment encore des ignorants ». Ignorance qui semble affecter particulièrement les dirigeants du FIS algérien. Ou les chiites qui ont condamné à mort Salman Rushdie. « Ce n'est, rappelle el-Tourabi, que du temps du Prophète que l'apostat était condamné à mort ; il ne peut l'être depuis que le Prophète n'est plus. »

La privatisation islamique

Dans un pays aussi pauvre que le Soudan, c'est au tournant de l'économie que l'on attend les islamistes. Les principes du Coran en ce domaine sont clairs et limités : l'islam sanctifie la propriété privée, la liberté du commerce et l'accumulation des richesses. En revanche, il interdit le prêt à intérêt ; il ordonne aux riches la frugalité et la charité qui doit se manifester par la *zaquat*, une dîme versée aux institutions d'entraide. Pour Tourabi, l'économie islamique ressemble à la version d'origine du capitalisme telle que l'a décrite Max Weber, lorsqu'il était encore inspiré par l'éthique protestante. En termes concrets, l'islamisation au Soudan passe par la privatisation des entreprises industrielles et agricoles qui furent nationalisées par le régime socialiste du général Nemeyri dans les années 1960. « Privatisation islamiste, donc, mais non pas capitaliste », commente el-Tourabi.

En quoi se distingue-t-elle du modèle occidental ? Le gouvernement islamiste est censé veiller à ce que les opérations soient exemptes de toute corruption et les nouveaux entrepreneurs sont vivement incités à verser leur *zaquat*. Le font-ils ?

Depuis que le Soudan est islamique, soutient el-Tourabi, la fuite traditionnelle des capitaux vers l'Égypte s'est ralentie, la corruption a disparu, du moins au sommet de l'État, et la *zaquat* « rentre » mieux que les impôts payés à l'État. Ce que me confirmera à regrets le ministre de l'Économie ! Depuis l'islamisation, la production agricole aurait augmenté, ajoute el-Tourabi,

« grâce à la privatisation et grâce à une nouvelle éthique du travail ». Dieu aussi y a mis du sien en ramenant des pluies abondantes après plusieurs années de sécheresse. El-Tourabi ne l'ignore pas...

En revanche, resterait incontestable et essentielle dans l'islamisation de l'économie l'interdiction du prêt à intérêt. « Les seules vraies banques islamiques sont soudanaises ; celles d'Arabie Saoudite ou du Pakistan ne le sont qu'en façade. » L'islamisation bancaire consiste à remplacer le prêt à intérêt par un partage des pertes et des profits entre le prêteur et le débiteur. Ce qui conduit le banquier à étudier attentivement l'affectation des crédits et le bon usage des fonds. Un véritable banquier islamique deviendra par conséquent l'associé et le conseiller de son client. Si le client éprouve quelque difficulté, le banquier ne « l'étranglera pas à la manière occidentale », mais l'aidera à surmonter ses épreuves. Autre vertu de la banque islamique : elle attire l'épargne populaire mieux que ne le ferait n'importe quelle banque capitaliste, et favorise donc l'investissement au Soudan.

Tout cela ne saurait guère soulever d'objections, même si d'aucuns prétendent que l'islamisation fait passer les entreprises sous le contrôle des banques : n'est-ce pas aussi le cas au Japon ou en Allemagne ? Est-ce que l'islamisation des banques modifie réellement leur pratique, ou seulement leur rhétorique ? Dans l'état de préislamisation du Soudan, pays à l'économie misérable, le vocabulaire s'en trouve sûrement plus affecté que le développement. Mais rien dans l'islamisation des banques, qu'elle soit réelle ou factice, n'est en soi nuisible au développement. Il n'est pas contestable que l'économie islamique rompt avec le dirigisme d'État et rapproche le monde musulman de l'économie de marché. Ne pourrait-elle contribuer au développement ? Les Occidentaux, obnubilés par le péril islamique, ne devraient-ils pas prendre acte de cet appel à l'initiative individuelle ?

El-Tourabi est disert sur les privatisations et les banques, car il s'agit de la manifestation la plus concrète de son œuvre d'islamisation. Le reste est encore à peine esquissé. A l'université de Khartoum, seule la faculté de médecine aurait jusqu'à présent été islamisée. Comment cela se traduit-il ? Les étudiants, qui achevaient autrefois leurs études sans jamais avoir vu un malade, s'exercent désormais dans les hôpitaux, et quelques mollahs les exhortent à ne pas distinguer leur science, qui est occidentale, de leur devoir éthique, qui reste musulman. Pas de quoi fouetter un étudiant ! Tant mieux si, au nom de l'islam, la médecine soudanaise réconcilie la connaissance et l'humanisme. Si el-Tourabi obtient vraiment que les mouvements islamistes dont il est l'inspirateur réconcilient science et conscience et distinguent entre principes universels et formes sociales variables, cet homme-là aura plutôt rendu service aux peuples musulmans.

Diaboliser ou écouter

El-Tourabi est-il réellement el-Tourabi ? Son islamisme intégral et moderne n'est-il pas qu'un discours destiné aux interlocuteurs occidentaux ? Lorsqu'il commande ses troupes, tient-il le même langage, et, s'il le tient, est-il compris comme nous le comprenons ? Peut-être pas. Mais nous autres Occidentaux qui méditons sur l'unité perdue de l'action et de la morale, de l'éthique et de l'économie, de la connaissance et de la foi, en quoi sommes-nous supérieurement fondés à contester l'islamisme ? Est-il de notre intérêt de soutenir des régimes autoritaires du Caire à Alger ou Damas, simplement du fait qu'ils sont anti-islamistes ? Ces régimes anti-islamistes du monde arabe ont-ils contribué, je ne dis pas même au développement, mais à la simple harmonie des peuples qu'ils tiennent sous tutelle ? A l'évidence, non. Sommes-nous donc certains de bien choisir nos alliés et ceux-ci contiendront-ils la poussée de leur propre peuple vers l'islam « fondamentaliste » ? « Nous autres musulmans, conclut el-Tourabi dans un appel aux Occidentaux, voulons vivre en paix et contribuer de nouveau, comme nous l'avons fait par le passé, au progrès de la connaissance. » Y aurait-il moins de danger à le croire qu'à ne pas le croire ?

Laissons Khartoum derrière nous avec le lâche soulagement qui s'empare du voyageur occidental assuré de retrouver bientôt son confort. Bientôt, ou presque. Car, par je ne sais quel caprice des compagnies aériennes, on ne peut quitter le Soudan qu'au beau milieu de la nuit. Comment gagner l'aéroport alors que, dès minuit, règne un absolu couvre-feu ? Muni d'un laisser-passer, notre chauffeur, tremblant de peur, s'aventure au ralenti dans l'obscurité. Soudain, au milieu de la chaussée, ce qui paraît être un amas de chiffons bloque le chemin. Nous nous arrêtons net. De ce tas, lentement, émerge la forme d'un soldat en armes, emballé dans sa couverture : pour les Soudanais, c'est l'hiver, la température descend... jusqu'à 15 degrés au-dessus de zéro. La sentinelle, de toute évidence illettrée, feint de déchiffrer notre laissez-passer avec circonspection, nous compte et nous recompte : nous sommes deux. Le silence est total ; nul ne s'aventure à plaisanter ni à souffler mot. *Inch Allah !* Nous repartons.

L'État islamique du Soudan n'a guère les moyens d'entrer en conflit avec d'autres que lui-même : il est avant tout la base arrière d'un mouvement dont le véritable enjeu est l'Égypte.

Égypte, la fin de l'ancien régime

Les siècles ont passé, et les invasions. Les pyramides de Gizeh n'appartiennent plus au désert où elles furent bâties, mais à la banlieue du Caire qui les a englouties. La pointe usée de Chéops apparaît au voyageur entre deux immeubles inachevés. A leur pied, des guides improvisés, mendiants et arnaqueurs de tous âges, se jettent sur les rares touristes que le « terrorisme islamiste » n'a pas encore fait fuir. A l'Égypte ancienne comme au rêve orientaliste s'est substituée la plus vaste métropole au monde, bric-à-brac de toutes les époques, de toutes les classes : ploutocrates roulant en Mercedes, paysans déracinés, diplômés chômeurs, et, pour la première fois dans l'histoire de l'Égypte moderne, innombrables femmes voilées tenues en main par des maris barbus. A l'heure de la prière, les muezzins ne grimpent plus au sommet des minarets, mais annoncent par haut-parleurs qu'Allah est grand. Blasés, les Cairotes sont loin de se jeter en masse à même le sol ; à la terrasse des innombrables cafés, les oisifs tirent, placides, sur leur narghileh.

Le voyageur en taxi, pris dans une mer humaine, sait qu'il arrivera à son prochain rendez-vous avec une heure ou deux de retard, ce qui n'est pas très important : dans le monde non développé, le temps ne compte pas ; ou est-ce parce que le temps n'y est pas compté que ce monde reste sous-développé ? La lenteur de la circulation donne tout loisir d'en parler avec le chauffeur, qui se trouve être avocat de formation. Les universités égyptiennes ont produit deux cent cinquante mille avocats — record du monde par millier d'habitants ; la quasi-totalité d'entre eux sont donc condamnés à exercer une autre activité pour survivre et se tournent parfois vers l'islamisme pour protester contre leur sort. La victoire des islamistes aux élections libres de l'Ordre des avocats, en 1993, en témoigne.

Le royaume des scribes

De l'Égypte ancienne, une institution au moins a survécu : la bureaucratie. Le plus vieux bureaucrate connu au monde est un Égyptien, le *Scribe* du musée du Louvre, bien calé par les bourrelets de graisse que devait sécréter sa fonction. Trois mille ans plus tard, le Scribe compte plusieurs millions d'héritiers ; ils peuplent les administrations de l'Égypte. Au stylet de leur ancêtre, ils ont substitué le moderne tampon encreur. Nul citoyen égyptien ne saurait entreprendre quoi que ce soit d'utile sans obtenir ces indispensables coups de tampon ou en négocier l'accès. C'est ainsi qu'Allah est grand et que l'Égypte est pauvre.

Il faut, au Caire, obtenir un entretien avec un ministre, n'importe lequel. Pas pour ce qu'il dira, mais pour rencontrer ces scribes qui possèdent la société égyptienne : la visite d'un ministère est aussi enrichissante que celle du musée du Caire.

En l'espèce, ce fut le ministère de l'Industrie. Une industrie d'État, puisque le régime socialiste de Nasser a tout nationalisé au début des années 1960, avant que celui de Sadate, puis de Moubarak, n'esquissent une timide « ouverture » aux entrepreneurs privés. Les couloirs du ministère sont surpeuplés comme les rues de la ville : portiers, huissiers, secrétaires, gardiens somnolant, accroupis par terre ou affalés sur leur chaise. Les plus actifs sont les porteurs de thé et de café qui, de bureau en bureau, ravitaillent les fonctionnaires de haut rang. Le ministre gîte au sixième étage, mais l'ascenseur est bloqué : le liftier, m'explique-t-on, y a installé un tapis et fait sa prière. La prière s'achève, mais l'ascenseur ne bouge toujours pas ; mon interprète en déduit que le liftier s'est assoupi et que nous monterons à pied.

Parvenus au sixième étage, nous découvrons que le liftier joue aux cartes avec quelques huissiers dans l'ascenseur qu'ils ont colonisé. Pas de quoi s'énerver : la bonhomie est le sentiment le mieux répandu dans la société cairote, la moins agressive qui soit. L'ascenseur ne marche pas, et alors ? Rien ne marche en Égypte, et surtout pas l'État. Pourquoi donc manifester étonnement ou impatience ?

L'antichambre du ministre est envahie de quémandeurs d'emplois, de privilèges, de prébendes, seuls moyens connus pour vivre convenablement au Caire. A la notion occidentale et capitaliste de marché objectif du travail, il faut, pour comprendre la société égyptienne, substituer la notion orientale de marché subjectif des privilèges. Tous ces courtisans ont rendez-vous à la même heure, c'est-à-dire sans heure précise, ni même aucun jour dit. Derrière leur bureau, des scribes trient les quémandeurs en fonction de l'urgence de la requête ; des billets de cent livres pliés passent avec dextérité de la main du visiteur à celle du bureaucrate. Survient quelque notable : le scribe se jette sur lui, embrasse sa main, l'appelle *Docteur*, surtout s'il ne l'est pas, et l'introduit prestement dans le bureau du ministre.

C'est mon cas. Mais le bureau du ministre aussi est encombré. Pour mieux rentabiliser son précieux temps, l'important personnage reçoit plusieurs délégations à la fois ; tandis que l'une sera tout occupée à déguster son café — ce qui est plutôt lent, car il faut attendre que le marc tombe au fond de la tasse —, le ministre s'entretient avec une autre.

« Vous avez gagné, me dit le ministre avec un large sourire, l'Égypte est en pleine révolution libérale ! » Je me méfie d'instinct, car son prédécesseur, dans le même bureau, m'avait tenu le même discours il y a sept ans déjà[1]. A cette époque, en 1987, l'État contrôlait 100 % de l'industrie ; en 1994, il en contrôle 99 %. « C'est qu'il faut savoir gérer la transition du socialisme au libéralisme en prenant son temps, de manière à ne pas provoquer de choc en retour dans la société civile », se justifie le ministre. Dans un parfait anglais appris dans quelque université américaine, il me récite avec conviction la nouvelle vulgate de l'Égypte « en voie d'ouverture » : la balance des paiements est équilibrée, le budget l'est aussi, la monnaie est stabilisée... Ce discours-là, je le reconnais, a été écrit par les représentants du Fonds monétaire international. Or le FMI, pour les islamistes d'aujourd'hui comme pour les communistes d'hier, c'est le diable à qui Moubarak aurait vendu l'âme de l'Égypte pour quelques milliards de dollars...

Le FMI comme bouc émissaire

Que faut-il penser des ordonnances du FMI, de la manière dont l'Égypte les applique, des conséquences réelles sur l'économie nationale et, *in fine*, sur les citoyens eux-mêmes ?

Le FMI fait son métier ; il est chargé de recouvrer les dettes des mauvais débiteurs et de leur accorder de nouveaux crédits à condition qu'ils respectent les règles élémentaires qui leur permettront à l'avenir de rembourser. C'est pour cela seulement

1. Voir *La Nouvelle Richesse des nations*, Fayard, 1987.

que les émissaires du FMI exigent qu'un gouvernement endetté équilibre ses comptes. Sur la manière d'atteindre cet équilibre, le FMI n'intervient pas, même s'il prodigue des conseils. Ainsi, en Égypte, pour équilibrer le budget, le gouvernement a augmenté les impôts ; il aurait pu tout aussi bien réduire ses dépenses, par exemple ses dépenses militaires, puisque nul ne menace plus l'Égypte. Cette augmentation des impôts appauvrit donc le peuple à seule fin de préserver le niveau de vie de l'État militaire. Mais est-ce la faute du FMI qui exige l'équilibre, ou du gouvernement qui n'a pas remboursé ses dettes antérieures ni réduit son train de vie ?

Le FMI n'est qu'un bouc émissaire commode pour les chefs d'État qui l'accusent de leur propre impéritie. Le directeur général, tenu par son devoir de réserve, ne peut pas répondre.

Dans la même logique « libérale », pour équilibrer sa balance des paiements extérieurs, le gouvernement émet des bons du Trésor à des taux d'intérêt très rémunérateurs : les capitaux des riches Égyptiens — il y en a beaucoup à l'extérieur, comme dans le cas de tout pays pauvre — reviennent s'investir dans ces prêts à l'État, avantageux et sans risques. La contrepartie des taux d'intérêt élevés est que nulle entreprise ne se crée en Égypte : tout capitaliste rationnel préfère acheter ses bons du Trésor plutôt qu'investir dans une aventure industrielle, toujours risquée sous ce régime instable. C'est ainsi qu'aucun nouvel emploi n'est créé et que le taux de chômage atteint officiellement 20 % ; le chiffre réel est certainement du double. Mais le FMI est-il coupable d'exiger un équilibre de la balance extérieure, ou le gouvernement égyptien est-il seul comptable de la manière dont il décide d'atteindre cet objectif ?

Au total, cette étrange « libéralisation », telle qu'elle est vécue par un Égyptien de base, conduit à la baisse du pouvoir d'achat et à un chômage accru. En revanche, un Égyptien en position d'intermédiaire entre les sources de financement étrangères et son pays peut légalement ou illégalement se faire une fortune rapide ; dans les économies « en transition », ce sont les transitaires qui s'enrichissent, qu'ils soient ministres, hauts fonctionnaires, importateurs, banquiers ou spéculateurs.

Les dérives, méfaits, corruptions et inconséquences de la transition seraient malgré tout admissibles si les Égyptiens savaient vers où ils transitaient. Vers une société libre et démocratique ?

Les privatisations sont avant tout un objet de discours. Après des années de tergiversation, le gouvernement a vendu, dans des conditions peu claires, deux entreprises en tout et pour tout : Coca-Cola et Pepsi-Cola. Eh oui, le socialisme arabe, depuis Nasser, produisait du Coca sous licence ! La libéralisation économique a donc pour l'instant comme effet majeur d'enrichir au plus vite les autocrates dans une atmosphère de fin de règne plutôt que d'avènement d'une société nouvelle.

La libéralisation politique ne vaut guère mieux. En novembre 1993, Hosni Moubarak, candidat unique, a été réélu pour la quatrième fois chef de l'État avec 94 % des suffrages exprimés et 85 % de participation électorale. Or, il est à peu près impossible de rencontrer un seul Égyptien qui se souvienne d'avoir voté, ou capable de citer une personne connue de lui ayant voté ce jour-là. Cette gigantesque fraude peut être dénoncée en Égypte même dans une presse écrite relativement libre, mais pas à la radio ni à la télévision ; or, le peuple est à 90 % analphabète.

Les Égyptiens savent tout cela, mais, de tempérament bonhomme, ils considèrent soit qu'il suffit d'attendre la mort douce ou violente du pharaon, parce que telle est la tradition, soit que cette dictature militaire en costume civil, plus corrompue que terrifiante, vaut tout de même mieux que les islamistes. Telle est aussi la position des gouvernements occidentaux, qui voient dans la dictature un rempart contre la révolution islamiste ; sur cette peur, le régime fonde sa légitimité, par défaut.

Mais, loin de protéger le plus grand pays arabo-musulman contre la révolution islamiste, on peut aussi bien pronostiquer que cette dictature parviendra à réunir toutes les conditions objectives de la révolution. En Égypte même, les bons sociologues s'interrogent désormais sur ce que sera le régime islamique autant que sur la date et la manière dont les islamistes s'empareront du pouvoir : élections, comme en Algérie, ou plus probablement coup d'État militaire pro-islamique, comme au Soudan.

L'islamisation par le bas

Dans la grande salle des conférences de l'université du Caire, les travées sont pleines. A mes côtés, l'interprète. Sans doute est-ce le sujet qui a attiré la foule des étudiants et professeurs : « Le capitalisme est-il la seule voie vers le progrès ? » Ajoutons que la culture française a conservé au Caire quelque prestige.

J'avance avec précautions, définissant chaque mot, laissant à l'interprète le soin d'être précis. L'atmosphère est pesante, l'audience attentive. Un tiers des auditeurs sont des militants islamistes, hommes barbus et femmes voilées : codes vestimentaires importés d'Arabie Saoudite, signaux politiques autant que religieux. Au cours du débat qui suit la conférence, d'une grande courtoisie, seuls les islamistes prennent la parole ; les autres, la majorité silencieuse, semblent paralysées.

« Vous avez déclaré, interroge une étudiante enveloppée de noir des pieds à la tête, que l'islam était incompatible avec le développement économique : sur quoi fondez-vous votre allégation ? »

Je n'ai pas dit cela. Sans doute le traducteur a-t-il été trop flou. J'ai seulement déclaré que nous ne disposions pour l'instant d'aucune expérience empirique de développement islamique, mais que ce constat n'avait aucune valeur de prévision. Satisfaction des islamistes dans la salle, embarras de l'interprète, bouc émissaire d'une fausse querelle.

A l'évidence, les islamistes contrôlent les campus, la pensée islamique est la seule « politiquement correcte » dans une Égypte en principe laïque. Cette « écologie » de l'islamisme est simple à démonter : des étudiants déracinés, dans des universités peu sélectives, sans espoir de déboucher sur un travail correspondant à leurs diplômes, offrent un terrain fertile aux militants islamistes. Les autres idéologies ont fait faillite : le communisme rebelle à Nasser n'a pas survécu à l'effondrement de l'URSS ; la démocratie libérale ne mobilise qu'une bourgeoisie fidèle au vieux parti de l'indépendance, le Wafd. L'islamisme, en revanche, bénéficie de la puissance du mythe, de la nostalgie de l'âge d'or, de la force du verbe, de la diabolisation de l'ennemi occidental, les États-Unis que, faute de le rattraper, on exècre en paroles.

L'islamisme, en Égypte, n'est pas seulement un discours ; il est une pratique quotidienne dont chacun peut évaluer les effets concrets. A l'étudiant provincial désemparé, les tuteurs islamistes trouveront un logement, un emploi compatible avec ses études, les polycopiés indispensables mais introuvables en librairie. Dans la ville du Caire, où rien de ce qui est du ressort de l'État ne fonctionne — ou ne fonctionne sans bakchich —, les islamistes sont organisés, efficaces, honnêtes. Il est impossible de se faire soigner dans un hôpital public du Caire si l'on ne possède ni relations ni argent, mais le dispensaire islamique voisin de la mosquée accueille avec fraternité tous les patients. Les Égyptiens ne sont pas dans l'ensemble des musulmans bien ardents, leur indifférence aux appels du muezzin en témoigne, mais ils reconnaissent aux islamistes les vertus dont l'État est privé : rigueur, probité.

Ces sentiments populaires ne sont pas quantifiables, puisque le gouvernement truque les élections et interdit les sondages d'opinion. Mais quelques laboratoires donnent la mesure de ce que pourrait être une victoire politique des islamistes : les syndicats des professions libérales, médecins, pharmaciens, avocats, élisent librement leurs représentants sous le contrôle de magistrats. Les islamistes ont remporté toutes ces élections. Ce qui ne manque pas de sel dans le cas de l'Ordre des pharmaciens, chrétiens coptes à 80 % ! Les islamistes ont gagné là aussi en dépit des agressions perpétrées en Moyenne-Égypte contre les paysans coptes. Un pharmacien copte que j'interrogeai sur ce paradoxe me répondit qu'il ne fallait pas confondre les terroristes avec les islamistes, et que, depuis que son syndicat était aux mains de ces derniers, il était incontestablement mieux géré.

Ce pharmacien exprimait un sentiment répandu, si j'en crois les sociologues français du CEDEJ (Centre d'études et documentations économiques et juridiques), source sérieuse d'analyse des mouvements islamistes en Égypte : « Les islamistes ne sont pas sympathiques, dit son directeur, Philippe Fargues, mais ils sont légitimes ; ils occupent tous les espaces de liberté que leur abandonne la dictature militaire et laïque. » Cette dictature cherche à son tour à se légitimer en se posant en rempart contre une révolution islamique ; la police réprime durement le terrorisme, mais dans quelle mesure n'en grossit-elle pas l'importance ?

D'après un autre sociologue du CEDEJ, Alain Roussillon, le gouvernement qualifierait toute violence de « terrorisme islamiste » de manière à susciter le rejet des islamistes par le peuple égyptien qui, traditionnellement, abhorre la violence. Dangereuse stratégie, observe Roussillon, puisqu'elle invente des martyrs, légitimant ainsi l'islamisme plus que la répression elle-même. Ce scénario banal, mille fois écrit ailleurs, pourrait conduire l'Égypte d'une islamisation par le bas à une islamisation par le haut, c'est-à-dire à une dictature islamique.

Mais rien n'est écrit d'avance, rien n'est prédéterminé. Au cas où les islamistes — qui contrôlent déjà, *de facto,* certains quartiers du Caire et le centre de l'Égypte — s'empareraient du pouvoir d'État, qu'en feraient-ils ? Curieusement, nul ne peut répondre à cette question de manière précise. Sans doute la volonté de privatiser l'économie deviendrait-elle plus affirmée. Mais les entrepreneurs pourraient fuir le pays et les Égyptiens, peuple volontiers hédoniste, supporteraient mal qu'on leur impose une morale islamiste.

La dernière chance

Entre la dictature militaire présente et le despotisme islamiste probable, quelques rares intellectuels refusent le fatalisme et nous rappellent que l'Égypte a aussi une tradition libérale. Économiste revenu du gauchisme, Fergany Nader estime que l'islamisme ne prospère que dans la mesure où la dictature le nourrit : ce sont, dit-il, les deux faces de la même médaille. En bloquant le développement économique, en interdisant en fait la création d'entreprises privées, les bureaucrates et le despote, observe Nader, augmentent le chômage et fabriquent les conditions objectives d'une révolution islamiste. Par ailleurs, en exagérant le danger que représentent les islamistes, ce même pouvoir despotique profite de la crédulité de l'Occident qui le soutient. Comment, se demande à juste titre Fergany Nader, les gouvernements occidentaux qui se réclament de la démocratie peuvent-ils soutenir et financer, en Égypte ou en Algérie, des dictateurs militaires ? Ce choix de l'Occident, ajoute mon interlocuteur, est aussi immoral que contre-productif : seul, selon lui, le rétablissement de la démocratie en Égypte permettrait aux frustrations de s'exprimer et, par là même, de faire baisser la pression sociale. Un gouvernement démocratique serait également plus soucieux de remettre en état de marche les services sociaux ou scolaires dont le délabrement est exploité par les islamistes.

Est-il utopique d'espérer en la démocratie dans une nation comme l'Égypte ? Celle-ci a déjà expérimenté, avant la dictature nassérienne perpétuée par Sadate et Moubarak, des partis de type occidental et des institutions parlementaires. Elle avait vécu dans le capitalisme jusque dans les années 1960, avant que Nasser n'exproprie et n'expulse les entrepreneurs. Enfin, si le gouvernement est méprisé, l'État en tant que tel n'est pas contesté : issu d'une tradition ancienne, l'État de droit n'est pas une notion étrangère aux Égyptiens, comme elle peut l'être à des Russes ou à des Chinois. Aussi la démocratie libérale en Égypte ne serait-elle pas un « placage » occidental étranger à la culture locale. L'Égypte est au contraire la seule nation du monde arabo-musulman où la démocratie, le capitalisme et l'État de droit pourraient être, non pas imposés, mais *rétablis* au nom de la tradition nationale.

Un autre économiste libéral, Sayed el-Nagger, fondateur du Forum civique (mouvement pour la « pédagogie démocratique »), estime lui aussi que seul un retour à la démocratie permettrait le développement capitaliste. Un despote, dit-il, ne peut libéraliser, parce qu'il n'a ni la conviction, ni la légitimité, ni le sentiment d'urgence pour ce faire. Si les Égyptiens paraissent avoir vocation à devenir des bureaucrates inefficaces ou des citoyens passifs, ajoute Sayed el-Nagger, ce n'est pas l'islam qui en est cause, ce sont les institutions politiques qui déterminent de tels comportements.

El-Nagger et Nader sont peut-être des penseurs isolés, mais, puisqu'ils se réclament des valeurs de l'Occident, pourquoi, de l'Occident, ne les soutenons-nous pas ? Voilà un grand mystère. Leur certitude que la démocratisation et une authentique libéralisation économique modifieraient le comportement des Égyptiens paraîtra exagérément optimiste à maints lecteurs. Ce peuple n'est-il pas « destiné » à être gouverné par des despotes, à préférer la chaleur communautaire et improductive à l'individualisme froid et efficace du capitalisme ?

A cette énigme digne du Sphinx, Ahmed Bilal détient la réponse.

Le fellah rationnel

Ahmed Bilal est un paysan du delta, bon musulman, héritier de quelques milliers d'années de sagesse enracinée dans les noires alluvions du Nil. Je connais Ahmed depuis 1986, et, chaque année, lorsque je lui rends visite dans son village de Chebin el-Kanatir, nous nous embrassons, nous buvons l'eau du puits et partageons un repas de fête : riz cuit au four, fèves et pigeons.

Le paysage est dessiné par quelque felouque à voile triangulaire qui remonte le Nil, poussée par le même vent du nord que les lointains ancêtres d'Ahmed ; un buffle aveugle tourne sur sa noria et fait remonter l'eau du fleuve pour irriguer les champs ; de hauts pigeonniers d'adobe témoignent de la prospérité toute relative de leurs propriétaires ; quelques antennes de télévision signalent non pas les paysans les plus riches, mais ceux dont un proche a émigré vers l'Arabie ou le Golfe et en renvoie une part de son salaire.

Ahmed Bilal n'a jamais quitté son village. Pourtant, sa vie m'a toujours paru avoir valeur d'exemple pour tout observateur souhaitant comprendre comment fonctionne l'économie dans n'importe quelle civilisation, et pourquoi certaines sont plus pauvres que d'autres.

Avant 1956, la famille du jeune Ahmed « appartenait » à un propriétaire grec exploitant ici une belle ferme de deux cents *fedans* : ce fut, se souvient Ahmed qui idéalise sans doute sa jeunesse, la période la plus prospère pour l'exploitation et pour la famille Bilal. Vint le gouvernement socialiste de Nasser ; estimant qu'il fallait libérer les fellahs du servage, il expulsa les propriétaires et distribua la terre aux paysans. La famille Bilal reçut deux *fedans* et un sac de semences de blé : Ahmed était devenu un paysan libre. Jusqu'à un certain degré. Car la terre, dans l'Égypte socialiste, était moins une propriété privée qu'une « fonction sociale » confiée au paysan. Des ordres de l'ancien patron, Ahmed passa sous le joug du fonctionnaire du ministère de l'Agriculture. Ce ministère, le plus peuplé d'Égypte, emploie cinq cent mille agents. En 1986, quand j'ai rencontré Ahmed et le fonctionnaire tutélaire dont il dépendait, celui-ci l'obligeait à planter non pas ce qui rapportait le plus aux Bilal, mais ce que le gouvernement jugeait utile au pays : du blé, du maïs. Cette production devait être obligatoirement livrée par Ahmed à la coopérative du ministère de l'Agriculture, à un prix et en des quantités fixés d'avance, sous peine d'amende : un « contrat » entre l'État et le paysan comparable au régime agraire chinois « réformé ». Ahmed était donc à l'époque exploité par l'État sur sa propre terre afin que le peuple des villes fût ravitaillé à bas prix et afin de transférer la plus-value de l'agriculture à une industrialisation naissante. On reconnaît là toutes les manies rationalistes de la pensée économique planifiante. Mais, en Égypte comme ailleurs, ce beau raisonnement aboutit au contraire du résultat escompté dans la mesure où les individus égyptiens se comportent de manière logique — plus logique que leur gouvernement. En 1986, la famille Bilal adopta une stratégie économique en réaction à celle de l'État : à la suite de la taxation des prix agricoles, les deux frères d'Ahmed abandonnèrent la terre et allèrent grossir le prolétariat du Caire, passé de deux à quatorze millions d'habitants en vingt-cinq ans. Au moment des récoltes, la famille Bilal a donc manqué de bras, ce qui a entraîné des pertes notables. Ahmed a décidé alors d'abandonner les céréales pour cultiver des légumes qu'il pouvait vendre librement sur les marchés du Caire, beaucoup plus rentable. Il enfreignait la loi, mais cela arrangeait les affaires du fonctionnaire mal payé de l'Agriculture. Au terme d'une négociation sur le montant de l'amende infligée à Ahmed, le fonctionnaire obtenait un bakchich.

Une ultime stratégie d'Ahmed Bilal avait fait mon admiration : puisque le gouvernement exigeait qu'il plantât une certaine superficie en blé, il obéissait mais récoltait ce blé le plus tard possible, laissant monter et durcir la paille, tandis que les grains séchaient. C'était parfaitement logique, puisque le prix du grain était bloqué tandis que le cours de la paille, aliment recherché pour le bétail, était libre. Pendant ce temps-là, l'Égypte entière manquait de céréales et dépendait massivement des importations. Le comportement capitaliste et individualiste d'Ahmed était le plus favorable possible pour la famille Bilal, mais catastrophique pour la communauté nationale : Ahmed avait des idées justes ; les gouvernements, des idéologies fausses en n'admettant pas la rationalité d'Ahmed.

Les idéologies finissent par s'éteindre, non parce qu'un intellectuel a démontré leur malignité, mais parce qu'elles ont épuisé leurs effets : en 1993, Saad Nassar, directeur du ministère de l'Agriculture égyptien, quelque peu poussé par les experts du FMI et de la Banque mondiale, a réussi à briser le socialisme agraire. Pour la première fois depuis que je rendais visite à la famille Bilal, Ahmed était réellement devenu un paysan libre : le gouvernement venait de supprimer les livraisons obligatoires et avait libéré tous les prix (sauf celui du coton et de la canne à sucre, que les Bilal ne cultivaient pas).

Ses deux frères, revenus du Caire, l'aident désormais à élever pigeons et poulets, à commercialiser fruits et légumes aux meilleurs cours possibles. Le fonctionnaire du ministère de l'Agriculture est toujours là ; il parvient encore à extorquer quelque bakchich en menaçant Ahmed de couper les vannes d'irrigation, sous prétexte que les Bilal consommeraient trop d'eau. Mais le libéralisme a contaminé aussi ce scribe : lors de ma dernière visite, il m'a annoncé qu'il allait s'installer à son compte dans le village comme marchand d'engrais. Le scribe a perdu l'anonymat qu'il avait entretenu jusque-là : il s'appelait Hazem, nous nous embrassâmes et je lui souhaitai mille prospérités. *Inch Allah,* répondit Hazem.

Si les islamistes prennent le pouvoir en Égypte et veulent y imposer des normes absurdes, leur utopie produira des dégâts, mais elle se brisera contre la résistance et la raison d'Ahmed et de Hazem, tous deux hommes libres, rationnels et bons musulmans.

Cette authentique aventure d'Ahmed et de Hazem, je l'ai décrite aux étudiants de l'université du Caire. Voici en substance ce que fut la réaction des islamistes :

Certes, répliquèrent-ils, nous ne doutons pas que l'islam permette le capitalisme, et le Prophète lui-même fut un commerçant. Mais ce capitalisme ne risque-t-il pas de modifier les comportements d'Ahmed et de Hazem, de leur faire oublier leurs obligations envers la communauté et de les transformer en monstres froids, individualistes et calculateurs ?

La préoccupation identitaire de mes interlocuteurs ne me parut pas feinte. Ces étudiants islamistes étaient sincères et je leur répondis sincèrement. « Un Français moderne, leur dis-je, n'est pas semblable à un Français d'antan ; il est plus individualiste, moins religieux, mais il reste français d'une autre manière : sous l'effet du capitalisme, la culture ne meurt pas, mais elle change. Comment l'islam s'accommoderait-il de la modernité ? Nous l'ignorons, car nous n'en avons pas l'expérience. »

L'auditoire resta perplexe et divisé : certains voulaient l'islam *et* la modernité, d'autres l'islam *sans* la modernité, d'autres encore, la modernité *sans* l'islam. Je les abandonnai à leur débat, souhaitant que, de retour l'an prochain au Caire — *Inch Allah !* —, il soit encore possible, à l'université, d'en discuter librement.

La Turquie assiégée

Le 10 novembre à neuf heures retentissent toutes les sirènes d'Istanbul. La circulation s'arrête ; les navires, entre l'Europe et l'Asie, interrompent la traversée du Bosphore ; les passants se figent, comme saisis de stupeur ; sur les édifices publics, les drapeaux sont descendus à mi-mât : du Caucase à Edirne, soixante millions de Turcs pétrifiés honorent la mémoire de Mustafa Kemal Atatürk, le fondateur de la Turquie moderne, mort à cette heure, ce même jour, soixante ans plus tôt.

A l'université du Bogaziçi où Nilüfer poursuit ses études de médecine, le professeur s'est tu ; les élèves suspendent leurs conversations et regardent intensément le portrait de Mustafa Kemal au-dessus de l'estrade. Sur cette photo des années 1930, Atatürk, en smoking et col cassé, les cheveux gominés, ressemble davantage à Rudolf Valentino qu'aux dictateurs de son temps. Atatürk était un dandy et collectionnait les chaussures ; certaines sont exposées dans des musées de province.

Élèves et professeurs ont adopté pour ces quelques minutes de silence la mine recueillie qu'impose la circonstance. Nilüfer fait exception. Elle regarde ostensiblement par la fenêtre et manifeste quelque impatience. La jeune femme se distingue plus radicalement encore de ses condisciples par sa tenue vestimentaire : le voile islamique, que les Turcs appellent turban, un pardessus brun assez long, mais point trop, qui révèle au-dessous le blue-jeans et les baskets communs à sa génération. Par ce mélange des codes moderne et islamique, Nilüfer brouille les pistes qui relient d'ordinaire l'islam à l'obscurantisme et à l'enfermement des femmes. Voilà qui trouble les enseignants et condisciples de Nilüfer, déroutés par cette agression inattendue contre les dogmes de la Turquie laïque.

Nilüfer[1] a refusé de me serrer la main parce que, dit-elle, le Coran le lui interdit ; mais elle ne refuse pas de parler. Bien au contraire, elle se veut militante. D'un parti ? Pas vraiment, prétend-elle. C'est de sa propre initiative qu'elle aurait décidé d'en revenir à l'islam, sans céder à quelque influence extérieure. Et au grand ébahissement de ses parents, petits commerçants émigrés d'Anatolie à Istanbul, eux-mêmes musulmans, mais sans ostentation. Le père de Nilüfer juge l'islamisme de sa fille « exagéré » ; sa mère, croyante, n'a jamais porté le voile, ni le pardessus qu'arbore son enfant, pour la simple raison que cette tenue islamique est de création récente : une mode née vers la fin des années 1960. Le voile et le pardessus, explique Nilüfer, marquent son adhésion militante à l'islam et invitent au prosélytisme ; enfin, ils éloignent les hommes, informés clairement qu'elle a choisi la voie de la vertu. Nul, précise-t-elle, ne s'aventure à la pincer dans l'autobus, un harcèlement plutôt commun dans les transports publics archibondés d'Istanbul.

Les Nilüfer sont désormais nombreuses dans toutes les écoles et universités de Turquie, hautement visibles par leur costume mais aussi par leur acharnement à réussir leurs études. Le Coran, dit Nilüfer, incite à étudier, et ne fait aucune discrimination entre les sexes. Dans le Coran, ajoute-t-elle, rien n'interdit à une femme de pratiquer le métier de son choix ; l'épouse du Prophète elle-même était une commerçante active, elle refu-

1. L'histoire de Nilüfer, racontée ici, est la synthèse des observations de l'auteur et de l'ouvrage de la sociologue Nilüfer Göle, *Musulmanes et Modernes*.

sait de faire le ménage, de laver le linge et d'allaiter ses enfants ; tel fut son choix, que le Prophète respecta. Bien entendu, tempère la jeune étudiante, j'ai l'intention de fonder un foyer, mais « j'exercerai en même temps la médecine — à mon domicile, dans la mesure du possible — pour servir mes sœurs musulmanes ». Un discours quasi féministe ? Elle en convient. Les revendications des féministes occidentales ou laïques turques lui semblent fondées ; ses sœurs dans ce combat, regrette-t-elle, ont tort de se priver de la source légitime que leur apporterait le Coran si elles savaient le déchiffrer. Le quotidien islamiste *Zaman* publie des tribunes d'inspiration féministe, islamistes ou pas ; ce qui, dans le même journal, suscite des réactions indignées de « docteurs de la Loi » traditionalistes, désireux de renvoyer la femme turque, fût-elle musulmane, à son foyer. « Des réactionnaires », commente Nilüfer. A en croire notre interlocutrice, ces vieux musulmans ne comprennent pas que « nous autres, femmes islamistes, étudions pour atteindre un statut social qui nous permettra de communiquer plus efficacement à la société entière le message de l'islam ».

Islamiste, féministe, Nilüfer s'affirme de surcroît « de gauche ». La moitié du peuple turc vit dans une absolue pauvreté, alors que l'autre moitié a rejoint le niveau de vie de l'Europe occidentale : pareille injustice envers les « déshérités », prétend-elle, n'existerait pas si la société devenait islamique. « Le capitalisme, fulmine-t-elle, est injuste parce que les banques turques prêtent à intérêt aux entreprises, ce que le Coran interdit, et que les capitalistes ne paient pas la *zaquat.* » Comment les islamistes instaureraient-ils l'égalité sociale ? Il suffirait, me répond le directeur de *Zaman*, Fehmi Koru, que les dirigeants de l'État et des entreprises soient bons musulmans pour que la société devienne juste.

Toutes les Nilüfer sont bien embarrassantes au pays d'Atatürk qui a fondé la modernisation sur la laïcité. Mustafa Kemal a interdit le voile aux femmes, le fez aux hommes, il a imposé le pantalon et les danses occidentales, remplacé l'alphabet arabe par les caractères romains ; fantasque et visionnaire, il exigeait que tous ses ministres eussent lu non pas le Coran, mais *Du Contrat social* de Rousseau, en Français ! Ce réveil d'un islam militant contredit soixante-dix ans de lutte contre l'influence des imams et des confréries religieuses.

Que l'islamisme prétende conduire la Turquie au progrès par une autre voie que l'occidentalisation surprend davantage encore. La Turquie va-t-elle basculer du kémalisme dans l'islamisme ? Les élites politiques et universitaires s'en inquiètent — à l'excès. La plupart des Turcs sont devenus, comme le souhaitait Atatürk, occidentalisés et modernes ; les islamistes restent minoritaires, fragmentés en d'innombrables mouvements, confréries et partis prompts à s'excommunier les uns les autres. Il faudrait donc un extraordinaire concours de circonstances — un désastre économique, une guerre civile avec les Kurdes... — pour ébranler la société turque au point qu'elle s'abandonne aux islamistes. Ce scénario paraît improbable, à moins de confondre la Turquie avec le monde arabo-musulman auquel elle n'appartient pas. Aussi n'est-ce pas comme futur de la Turquie que l'islamisme importe, mais comme révélateur du trouble que suscite le capitalisme dans une société non occidentale.

Lectures de l'islamisme

Du comportement et du discours des Nilüfer que l'on rencontre, reproduits à l'identique, dans toutes les universités de Turquie, bien des lectures sont possibles. Plutôt que de privilégier une seule explication, mieux vaut présenter toutes celles qui s'imposent à l'esprit.

Convoquons en premier lieu le psychanalyste. Il verra, dans l'islamisme de Nilüfer le trouble d'une adolescente en conflit avec ses parents et effarouchée par l'agressivité des hommes. Au cours de notre entretien, celle-ci précisait qu'elle aimerait se cacher davantage encore et porter des gants, de manière à ne susciter aucun désir. Mais le psychanalyste n'explique pas pourquoi les Nilüfer sont devenues si nombreuses et adoptent par milliers un comportement mimétique.

Appelons à la rescousse le sociologue. Celui-ci observera que l'islamisme exprime une quête d'identité personnelle et collective de groupes arrachés à la ruralité et à la tradition, confrontés à une urbanisation bâclée et à une occidentalisation agressive. Pour le paysan anatolien émigré à Istanbul ou à Izmir, le kémalisme laïc est abstrait, il ne saurait suffire à remplacer les réseaux traditionnels de la solidarité villageoise ; l'islamisme est mieux à même de recréer des liens sociaux dans la grande ville anonyme. Une telle explication, avec sa part de vérité, recueille l'assentiment des observateurs laïcs turcs ou occidentaux de l'islamisme ; mais elle n'appréhende pas la dimension religieuse de l'islam. Nilüfer n'a pas rejoint un parti, elle a réintégré une religion au terme d'une illumination intérieure. Dans notre entretien en anglais, elle a même utilisé l'expression *« born-again Muslim »* : une rencontre mystique avec Allah, à l'image de la rencontre des chrétiens pentecôtistes ou baptistes avec Jésus. Réduire l'islam à une quête d'adhésion communautaire, c'est imposer notre regard laïc et occidental à une société qui n'est pas seulement laïque ni seulement occidentale.

Au chevet de l'islamisme, appelons donc le politologue. Celui-ci observera que Nilüfer prétend agir de son seul gré, mais qu'en vérité elle a été convertie par une confrérie religieuse, elle-même liée à un parti politique. Nilüfer est à son tour devenue une militante et recrute. Le but de ma démarche, déclare en effet Nilüfer est de communiquer le message, un chrétien dirait la « bonne parole » ; mais il est aussi de prendre le pouvoir pour instaurer une société islamiste. Quelle liberté serait laissée aux non-musulmans dans cette société islamiste ? « L'Iran, précise Nilüfer n'est pas notre référence, car ce sont des chiites et la révolution y a été confisquée par le clergé ; c'est une "mollacratie". Le Soudan non plus n'est pas un modèle, parce que ce sont des Africains et que le pays est trop pauvre. L'Algérie, en revanche, aurait pu devenir la première expérience véritable si le gouvernement français avait laissé le FIS gouverner. » C'est le drapeau français que brûlèrent certains Turcs quand, en 1991, la victoire électorale du FIS fut annulée par l'armée algérienne.

A la barre des témoins reste à entendre l'économiste. Que dira-t-il sur l'islamisme turc ? S'il est optimiste, il verra en Nilüfer une manifestation de postmodernisme, la réconciliation de la modernité capitaliste et d'une culture traditionnelle révisée. S'il est morose, il observera que le capitalisme s'enracine difficilement dans une culture non occidentale et pourrait même en être rejeté par un sursaut identitaire, nationaliste ou religieux. Dans cette dernière hypothèse, l'islam moderne de Nilüfer serait un nouvel avatar de la « troisième voie » qui pourrait ramener la Turquie dans ce tiers-monde dont elle n'est qu'à demi sortie.

C'est bien dans cet entre-deux, à cause de la fracture entre Turquie moderne et Turquie ancienne, que naît l'islamisme. Celui-ci ne prospère que par la dénonciation des injustices du capitalisme. Le capitalisme, disent les islamistes, produit des « déshérités », terme coranique en apparence, mais équivalent politique des « prolétaires » du discours marxiste.

Mais est-ce bien le capitalisme qui, en Turquie, produit l'injustice qui engendre elle-même l'islamisme ?

Comment naît l'injustice

A bien des égards, les islamistes rejoignent la critique de gauche du capitalisme et, comme eux, se trompent de cible. La Turquie n'est pas capitaliste, ou pas encore, tout en prétendant l'être : cas de figure que nous avons rencontré en Inde et que nous retrouverons au Brésil. Il conviendrait, pour désigner ces systèmes intermédiaires, d'utiliser quelque nouveau concept comme « capitalisme dual » ou « étatisme capitaliste ».

Leur origine est toujours la même et peut être résumée de la manière suivante : au terme d'une longue colonisation par les Européens ou par les féodaux de l'intérieur émerge un leader moderne ; celui-ci, humilié par le retard économique de son pays, décide de brûler les étapes et de rattraper le capitalisme, *via* le socialisme ; le leader (Nehru, Getulio Vargas, Atatürk) est fasciné par l'autoritarisme fasciste (cas du Brésil ou de la Turquie) ou stalinien (cas de l'Inde, mais aussi de la Turquie) ; il « constate » alors qu'il n'existe pas de bourgeoisie nationale capable d'industrialiser le pays ; l'État se substituera donc à cette bourgeoisie, qu'il tue dans l'œuf après l'avoir disqualifiée. Au terme d'une génération de capitalisme d'État, la nation se retrouve dotée d'industries peu productives, déficitaires, peuplées d'une clientèle de salariés syndiqués.

Dans la seconde partie du film — les années 1980 —, une nouvelle génération prend le pouvoir et hérite des dettes ; elle entreprend de moderniser le capitalisme d'État, par nécessité financière autant que sous l'influence de la vague libérale. Mais cette seconde partie de l'histoire, encore en cours, ne peut effacer la première : le secteur industriel d'État se perpétue grâce à son influence politique et oblige les gouvernants à le financer par l'inflation. En Turquie, quinze ans de discours sur la privatisation n'auront débouché sur *aucune* privatisation. Islamistes et nationalistes n'en imputent pas moins à une privatisation mythique tous les maux de la société turque. A côté du capitalisme d'État, increvable, prospère bien un capitalisme privé, mais seulement dans la mesure où il est lié à l'État, a bénéficié de sa protection ou en bénéficie encore : aux monopoles publics s'ajoutent dans la Turquie « libéralisée » les quasi-monopoles privés. Pour la fraction de la population qui participe de près ou de loin à ces monopoles, le capitalisme conduit bien au progrès ; pour l'autre moitié qui n'y participe pas, les perspectives de progrès sont nulles.

C'est ainsi que la Turquie est cassée en deux parts inégales et que, dans la faille, prospèrent les fondamentalistes.

Quels acteurs sociaux permettraient de relier ces deux parts, de créer des emplois intermédiaires pour échapper à la pauvreté ? En théorie, ce devrait être le rôle des petits entrepreneurs. Mais il est téméraire de créer une petite entreprise en Turquie : tous les crédits sont absorbés par les monopoles privés et publics ; les taux d'intérêt réels pour une PME s'élevaient en 1994 à 60 % l'an. Dans ces conditions, l'investissement privé ne peut être financé que par des activités illicites, en particulier le trafic de drogue. Il n'est pas fortuit que dans les pays à « capitalisme dual » — Brésil, Inde ou Turquie —, l'argent de la drogue soit essentiel aux investissements ; il est un substitut au crédit légal, monopolisé par le secteur public.

La cause réelle de l'« injustice » n'est donc pas le capitalisme, mais la monopolisation des richesses par l'État et ses clients. Si les kémalistes et les libéraux turcs (il y en a !) étaient conséquents dans leur dénonciation de l'islamisme, ils devraient en bonne logique s'attaquer aux causes, exiger à la fois la privatisation des monopoles publics et une démonopolisation du secteur privé afin de libérer la créativité entrepreneuriale. Celle-ci, en Turquie, est manifeste, malgré les conditions adverses du marché. « Les nouveaux entrepreneurs turcs sont héroïques », constate le directeur de la Banque ottomane à Istanbul. Mais le capitalisme n'exige pas de l'héroïsme, il se contenterait des conditions normales du marché. Si un capitalisme réel, non héroïque, pouvait se constituer, il créerait suffisamment d'emplois pour arracher les paysans anatoliens à leur grande misère ou leur offrir une alternative à l'émigration vers l'Europe. Dans le même temps, l'État, déchargé du déficit de son secteur industriel, pourrait se recentrer sur ses tâches essentielles : l'éducation, la santé, l'aménagement du territoire. L'addition de ce capitalisme authentique et d'un État moderne ôterait aux islamistes leurs principaux arguments ; l'islam non islamiste serait épuré de sa funeste attraction pour le pouvoir politique.

En admettant que l'analyse ici proposée soit juste, comment la traduire en actes ? Dans les sociétés intermédiaires, mi-modernisées, mi-démocratiques, comme la Turquie, la société civile est encore trop fragile pour imposer une économie concurrentielle aux féodaux qui tiennent l'État. Il faudrait peut-être réveiller l'esprit d'Atatürk, sans la poigne. « Si Atatürk vivait, déclare Mehmet Dulger, vice-président du Parti démocrate, il serait aujourd'hui libéral et procapitaliste, parce qu'il était avant tout pragmatique. »

Mais Atatürk est mort, la Turquie orpheline : les sirènes se sont tues. A l'université de Bogaziçi, le maître a repris son cours ; un muezzin appelle à la prière du matin en arabe, ce qu'Atatürk avait interdit. Mais ce n'est pas l'islam qui entrave la modernisation de la Turquie, c'est la bureaucratie d'État. La Turquie est la nation musulmane la mieux préparée à rejoindre la modernité, à condition qu'y soit appliquée la juste stratégie libérale. Celle-ci améliorerait le sort des déshérités plus efficacement que l'espérance en un « âge d'or » islamiste. Il serait alors démontré que le développement peut s'enraciner dans une société musulmane. Resterait alors aux sociologues « culturalistes » à inverser leur analyse, à la manière des commentateurs du confucianisme, et à trouver dans le Coran les raisons objectives qui auraient conduit les Turcs au progrès...

Contre l'islamisme, l'Islam

Les islamistes fondent leur discours et leur légitimité sur le Coran et sur rien d'autre. Mais que dit le Coran ? Qui interroger ? De l'intérieur, le croyant ne peut juger l'islam : sa religion ne le lui permet pas, et despotes ou *ulemas* ont les moyens de faire respecter cet interdit. De l'extérieur, le peut-on et avec quelle légitimité ?

« Chacun, dit Jacques Berque, peut connaître l'islam, même s'il n'est pas musulman, à condition d'avoir lu le Coran. En arabe, bien entendu. » Jacques Berque n'a pas la foi, mais il détient la connaissance. Peu contestent son autorité dans le monde musulman et hors de lui ; traducteur et commentateur du Coran, du haut de ses quatre-vingts ans, il domine le monde de l'islamologie. L'accès de l'extérieur à l'islam est possible, explique Berque, à cause de la nature même de l'islam, entièrement contenu dans un livre dont nul ne conteste l'authenticité. La version indisputée du Livre remonte au VIIIe siècle. Le seul débat, dans les deux siècles qui suivirent, ne porta pas sur l'authenticité ou la source, mais sur le point de savoir si le Coran a été créé ou s'il est incréé. Il a été décidé incréé par les théologiens, et cela non plus n'est plus disputé par les musulmans. La preuve de son authenticité, pour Berque, réside tout simplement dans le texte lui-même : si le Coran avait été réécrit par un ou plusieurs auteurs, il serait moins touffu. Au lecteur donc de se débrouiller et d'arbitrer entre versets contradictoires.

Mais quel texte sacré, demande Jacques Berque, n'offre pas au moins trois lectures : mystique, littéraliste, rationaliste ? Après avoir consacré seize ans à traduire le Coran, Berque en a conclu que la lecture rationnelle s'imposait : de tous les messages monothéistes, c'est le Coran qui se réfère le plus souvent à la raison, au jugement, à la sagesse. Le Prophète dit : « Faites assaut de bonnes actions : Dieu dira qui a eu raison d'entre vous, juifs, chrétiens et croyants. » Autre verset : « Quelle autre récompense attendre du bel-agir que le bel-agir lui-même ? » On dirait, commente Jacques Berque, une maxime maçonnique. Et ceci : « Je suis venu apporter la religion du vrai pour faire valoir celui-ci sur la religion dans son ensemble. » Ma sélection, commente le traducteur, n'est pas arbitraire : elle obéit à une logique du texte. Ce n'est pas par hasard, ajoute-t-il, que le Coran n'utilise le terme « sacré » que de manière exceptionnelle : une dizaine de fois.

Peut-on comprendre l'islam véritable par une approche philologique du Coran ? Sans aucun doute, observe Berque, puisque le Coran signifie l'islam : la rencontre entre l'homme et l'Éternel, selon les musulmans, s'est opérée dans la lettre même du Coran. Pas dans un homme, comme aux yeux des chrétiens. Ni dans une histoire particulière, comme chez les juifs. Pour les musulmans, tout part du Coran et tout y ramène.

Reste à comprendre pourquoi l'interprétation rationaliste du Coran que propose Jacques Berque n'est pas l'interprétation dominante dans le monde arabo-musulman. La réponse est sans mystère, elle appartient à l'Histoire : le renfermement de l'islam sur une certaine intolérance, sur l'unité absolue du temporel et du spirituel n'est pas, selon Berque, une conséquence du Coran, mais un accident historique survenu à la fin du XIVe siècle. Jusqu'à cette époque, nul ne doutait, y compris en Occident, que l'islam conduisait à la prospérité, à la science et à une relative tolérance ; c'est par l'intermédiaire des musulmans que l'Europe renoua avec les connaissances antiques égarées par les invasions barbares. Puis, soudain, la balance s'inversa. Les musulmans n'avaient pourtant pas changé de religion. Mais ils avaient perdu le monopole du commerce entre l'Asie et l'Europe. Le Coran loue le commerce et le commerce fit la fortune des musulmans jusqu'à ce que les marins portugais, espagnols, néerlandais eussent contourné l'Afrique et privé le monde arabe de sa principale ressource. La décadence fut donc d'origine économique ; elle ruina les circuits, déstabilisa les sociétés. Survécut à cette débâcle une corporation, celle des clercs, interprètes du Coran : les ulémas.

La dictature des ulémas

« La cléricature des ulémas, explique Jacques Berque, s'empara du Livre, s'autodésigna comme seule à même de l'interpréter. » Le Coran devint l'instrument du pouvoir d'une classe sociale et de sa perpétuation jusqu'à nos jours : toutes les religions sécrètent des cléricatures, mais ce n'est que dans le monde arabo-musulman qu'une cléricature s'est emparée du pouvoir absolu. Tandis que l'Occident connut une révolution bourgeoise, le monde musulman vécut et revit sans cesse une révolution cléricale ; il était et reste de l'intérêt de cette corporation des ulémas de donner du Coran l'interprétation la plus restrictive, la plus patriarcale, la plus « machiste ». Or, à partir du moment où la cléricature déclare détenir la vérité, il devient impossible de contester cette cléricature, sauf à tomber dans l'hérésie : pour le pouvoir de cette classe, le Coran devient alors un socle plus inébranlable que ne le fut jamais le capital pour la bourgeoisie.

Par ignorance ou par intérêt, les Occidentaux, souligne Berque, ont aussi concouru au pouvoir des ulémas. Quand Bonaparte conquiert l'Égypte, il installe immédiatement un Conseil des ulémas ; les Français quitteront l'Égypte, mais ce conseil leur survivra. Au Maghreb, le colonisateur respecte et légitimise ces faux docteurs de la Loi. Pour Berque, aussi longtemps que la cléricature des ulémas gouvernera directement ou indirectement le monde arabe, elle paralysera les esprits, fera obstacle à l'éducation des masses, et le monde arabo-musulman ne pourra se moderniser.

Dans le pouvoir des ulémas résiderait donc la véritable explication de la stagnation du monde arabe et l'islam en tant que tel serait hors de cause. Le fondamentalisme, rappelle Berque, n'est pas une idée neuve en terres d'islam. Dès la fin du XIXe siècle, des penseurs musulmans, l'Égyptien Cheikh Abdou et l'Iranien Jamâluddin Afghani, évoquèrent les premiers une voie islamique vers la modernité ; ils sont les pères spirituels de la banque islamique destinée à contourner l'interdiction du prêt à intérêt. Mais, sur un siècle, la stagnation même du concept de « modernisation islamique » semble démontrer son caractère non opérationnel. « Islamiser une banque n'équivaut pas à la créer », c'est seulement masquer d'un badigeon islamique une réalité capitaliste. « Un uléma, commente Jacques Berque, peut décider qu'un ordinateur est islamique, mais on ne peut créer un ordinateur sans la liberté de penser qu'interdisent les ulémas. »

La liberté par le Coran

Le musulman n'est-il pas voué à obéir au point de renoncer à toute liberté personnelle ? Le Dieu du Coran n'est-il pas tyrannique, conforme à sa réputation hors des terres d'islam ? Voilà qui expliquerait l'absence de société à la fois libérale et musulmane.

« Il s'agit là, rétorque Berque, du préjugé le plus constant des Occidentaux qui ignorent l'islam ; d'un héritage du colonialisme consistant à voir le musulman comme un homme contraint par le fatalisme. Le Coran distingue d'un côté l'univers et la nature, de l'autre l'homme. L'univers et la nature obéissent à des règles intangibles, mais l'homme, selon le Coran, est un être libre et d'autant plus moral qu'il se conforme aux prescriptions divines. Il est vrai que, dans l'islam, il y a eu querelle entre partisans de la liberté et ceux du déterminisme divin. Mais quelle religion ne connaît pas ce débat, à commencer les chrétiens avec Luther et les jansénistes ? »

Ce débat, estime Berque, est dépassé dans l'islam contemporain : les partisans du libre arbitre sont majoritaires et se fondent sur un argument théologique : « Comment pourrait-il y avoir rétribution ou châtiment dans l'au-delà si l'homme n'est pas libre et responsable ? »

De cette analyse, nous pouvons déduire que société libérale et islam ne sont pas incompatibles ; c'est le pouvoir des ulémas et le libéralisme qui le sont. Dans une lecture rationaliste du Coran, l'islam pourrait, comme toute religion, être réintégré dans la vie intérieure du musulman et laisser le champ libre à un capitalisme laïc. Dans cet « islam de progrès », comme l'appelle Jacques Berque, que deviendrait la morale traditionnelle à laquelle les musulmans restent si attachés ? Rien n'interdirait de l'enseigner en tant que morale.

La lecture du Coran par Jacques Berque laisse à la fois rassuré et perplexe. Cet « islam de progrès », qu'il partage dans une certaine mesure avec des « fondamentalistes » turcs et avec Hassan el-Tourabi, ne correspond pas ou guère à l'islam vécu par la plupart des musulmans. Pour tout observateur des cultures arabo-musulmanes, il est constant que celles-ci inclinent à ce qu'il est convenu d'appeler un certain « fatalisme », une passivité face au « tout est écrit » ; fatalisme qui, à son tour, vouerait les sujets de ces nations à accepter pauvreté et despotisme. Mais si nous admettons pour fondée l'interprétation de Berque — et, à coup sûr, elle l'est —, ce ne serait donc pas au Coran que nous devrions imputer ces comportements réputés passifs, mais à des héritages culturels précoraniques, arabes mais non musulmans, et, au bout du compte, à l'ignorance d'un Coran qui serait libérateur s'il était mieux connu.

Cette même distinction vaut pour des Arabo-musulmans tout proches de nous, qui vivent en Europe : bien des Européens, comme l'a observé la sociologue Dominique Schnapper, imputent à l'islam des pratiques qui sont seulement celles de tout paysan brutalement transféré d'une campagne reculée à la grand-ville.

En bref, le meilleur moyen de passer de l'islamisme à un « islam de progrès » résiderait dans une meilleure connaissance du Coran chez les musulmans eux-mêmes, délivrés de leurs ulémas, et sans doute aussi dans une initiation au Coran chez les non-musulmans que nous sommes...

CHAPITRE 4

Une théologie de la libération

Maura de Lourdes, mère de trois enfants, enceinte d'un quatrième, a abandonné le Nordeste dévasté par trois années de sécheresse : le champ de manioc, quelques porcs et volailles ne suffisaient plus à nourrir sa famille. Son mari a disparu, parti, croit-elle, tenter fortune en Amazonie comme *garimpeiro*, chercheur d'or et de pierres précieuses. Il ne restait plus à Maura de Lourdes — destin de millions de paysans du Nordeste — qu'à prendre le chemin de l'exil, vers le sud.

Parvenue dans les faubourgs de Rio de Janeiro, elle a cherché un emploi de femme de ménage, le degré social le plus élevé auquel puisse accéder au Brésil une métisse analphabète. En vain. Rejetée et humiliée, c'est en définitive à Duque de Caixas que s'est achevée son odyssée : une gigantesque décharge d'ordures, sur des centaines d'hectares, au nord de Rio, surnommée par dérision *Lixu-Landia* (« Orduroland »). Nul touriste ne visite Duque de Caixas, et peu de Cariocas s'y aventurent, surtout s'ils ont la peau blanche. Là, avec des débris récupérés sur la décharge, Maura de Lourdes a édifié une cabane, une *favela*, au pied d'une montagne d'ordures, dans le voisinage de quelques gorets, rats et mulets sans maîtres connus. A longueur de journée, avec ses enfants et à mains nues, elle trie plastique, ferraille et carton qu'un intermédiaire lui achète le soir au poids, en trichant sur la pesée. Loin de se sentir solidaire d'autres immigrés qui trient eux aussi les ordures, Maura de Lourdes est animée par un sauvage esprit de concurrence, seule stratégie possible de survie.

Afin d'améliorer son sort ou au moins celui de ses enfants, elle a tenté de rencontrer le maire de Duque de Caixas, puis l'assistante sociale. Sans succès : elle ne vote pas ici. Les enfants n'iront pas à l'école, et d'ailleurs leur travail est indispensable à leur propre existence. Auprès de l'Église catholique et de l'évêque de Caixas que l'on dit « progressiste », trouverait-elle quelque réconfort ? Mais Maura de Lourdes n'a pas l'argent nécessaire pour prendre un transport public qui la conduirait jusqu'à la cathédrale éloignée. La seule chaleur communautaire, Maura de Lourdes l'a trouvée dans une « église » évangélique où un pasteur autodésigné guérit les fidèles par imposition des mains, dit une messe de son cru et combine les rites chrétiens avec ceux du *candomblé*, rite importé d'Afrique avec les esclaves.

Mais un jour viendra où Maura de Lourdes s'alliera avec ses semblables. Alors, grâce à la force populaire que représenteront tous les chiffonniers, tous les opprimés imposeront leur loi, les esclaves deviendront les maîtres, et le Christ du Corcovado, qui domine les quartiers riches de Rio, descendra de son Pain de Sucre pour régner à Duque de Caixas...

Le Théâtre des Opprimés

A cet instant, les spectateurs, une trentaine, se lèvent et applaudissent : *Lixu-Landia,* une œuvre d'Augusto Boal, s'achève. Car *Lixu-Landia* existe et n'existe pas : Maura de Lourdes est à la fois vraie et fausse. Ce qui vient d'être décrit n'est que du théâtre, mais un théâtre inspiré de la vie réelle. La représentation a lieu dans une modeste salle de réunion à Duque de Caixas, à côté de la décharge, qui existe bel et bien.

Maura de Lourdes est actrice de profession, mais, parmi les spectateurs, des femmes lui ressemblent et vivent pour de bon ce qu'elle joue. Comme l'explique Augusto Boal, le fondateur de ce Théâtre des Opprimés, la fin du spectacle débouche sur le début du théâtre politique ; le théâtre, corrige Augusto Boal, est « *nécessairement* politique ».

Le vieil acteur aux longs cheveux gris, l'un des mentors de la gauche brésilienne, s'adresse alors à la salle et demande si chacun s'est reconnu dans le spectacle. Un « non » unanime lui réplique. « Nous ne sommes pas aussi passifs », proteste une jeune fille de quatorze-quinze ans. Boal est ravi, c'est la réaction qu'il voulait susciter. Il invite la jeune protestataire à monter sur la scène, ou plutôt l'estrade de fortune, et à interpréter le rôle à sa manière. L'intéressée passe à l'acte, et, au lieu de se laisser tromper par l'acheteur de déchets triés, menace de le dénoncer à la police. Un policier survient, un acteur : il lève les bras au ciel et déclare qu'il ne peut agir, car le maître chanteur a bien entendu acheté sa passivité. Un spectateur — étudiant en théologie —, piqué au vif, monte sur scène à son tour, s'empare du costume du policier, de son gourdin de plastique, et frappe l'acteur-escroc. La salle jubile. Enchanté, Boal me dit : « Vous voyez, ça fonctionne ! » Ce qui paraît impliquer que ça ne « fonctionne » pas toujours... Acteurs et « spectateurs » chantent ensemble : « Unis, nous vaincrons. » Le spectacle est cette fois réellement terminé, la troupe repart vers Rio, et le public à sa décharge.

« Je ne cherche pas à faire la révolution », confie Boal. Procastriste, il l'a tentée au début des années 1960 et a fini incarcéré. Le Théâtre des Opprimés cherche seulement à « conscientiser » le peuple. *Conscientiser :* le maître mot de la gauche chrétienne au Brésil et de son père spirituel, Leonardo Boff.

L'utopie rédemptrice de Leonardo

Impossible de ne pas aimer Leonardo dès le premier regard. Le prophète de la théologie de la libération et des « communautés de base » conserve de l'ordre franciscain, auquel il appartint si longtemps, la cordialité et le respect d'autrui. La cordialité est commune au Brésil, mais la charité y est rarissime. A dire vrai, je souhaitais rencontrer Leonardo Boff depuis des années, mais chacun de mes voyages coïncidait malencontreusement avec quelque interdit pontifical auquel le moine se conformait : l'interdiction de parler. Leonardo a quitté l'ordre et parle désormais autant qu'il écrit.

Comment il est parvenu à incarner le diable aux yeux du Vatican demeure un grand mystère. Leonardo Boff fut même accusé d'avoir été formé à Moscou, ce qui est faux : il a étudié en Allemagne ; d'être un agent de Fidel Castro : il l'a, c'est vrai, admet-il, admiré à tort. Les « communautés de base », sans prêtres parce qu'il n'y en a pas assez, initialement semées par l'évêque de Recife, dom Helder Camara, relayé par Boff, ne me paraissent guère menacer la chrétienté ; sans doute ébranlent-elles par leur caractère démocratique — elles élisent leur pasteur — la hiérarchie ecclésiale. Tout est permis au sein de l'Église, commente Leonardo, sauf de s'opposer à son autorité.

Pas plus que Boal, Leonardo ne souhaite la révolution ; mais il espère en la libération des pauvres, qui est à ses yeux un acte théologique plus que politique. L'indignation face à la misère, dit-il, est « un devoir chrétien », et tout honnête observateur du Brésil ne saurait que partager cette indignation. Ce qui n'implique pas de partager son analyse ni ses projets.

Leonardo Boff estime que la cause de la misère et de l'injustice est le capitalisme. Mais le Brésil n'est pas capitaliste ! Là est le grand malentendu. Les partisans de l'ordre actuel au Brésil se déclarent libéraux et procapitalistes, ce qu'ils ne sont pas, tandis que ses adversaires se proclament anticapitalistes, ignorant ce que serait le capitalisme s'il existait. Meilleur théologien qu'économiste, Leonardo est persuadé que le capitalisme repose sur le pillage des ressources naturelles, que si certains sont riches et d'autres pauvres, c'est bien parce que les premiers exploitent les seconds. J'essaie à mon tour d'expliquer que le capitalisme ne répartit pas des richesses existantes : il les crée. Et le drame des pauvres du Brésil, en particulier des trente millions qui souffrent de la famine, ne résulte pas de leur exploitation, mais, malheureusement, de ce que nul ne les « exploite » et de ce qu'ils ne se trouvent pas eux-mêmes sur le marché du capitalisme. Leonardo Boff serait tout disposé à admettre ce raisonnement si son propre objectif était le développement. Mais son ambition, celle des adeptes de la Libération, n'est pas le développement ; c'est l'élimination de la misère. La pauvreté restera, dit Leonardo, et sans doute le franciscain en lui l'estime-t-il nécessaire. Ce n'est donc pas seulement le capitalisme qu'il réfute, mais l'idéologie du progrès et l'individualisme que porte en lui le capitalisme. L'utopie que Leonardo Boff oppose à la fois au capitalisme et au développement est une rédemption générale, une société fondée sur la pauvreté partagée : utopie fascinante qui rejoint celle des adeptes du Mahatma Gandhi en Inde.

Comme toute utopie, celle des théologiens de la libération ne manque pas de séduire, jusqu'au jour où l'on s'interroge sur les moyens d'y accéder. Leonardo, comme Augusto Boal et les intellectuels de la gauche brésilienne regroupés dans le Parti des travailleurs, envisagent de réaliser leur utopie en s'emparant du pouvoir d'État. Or, c'est l'État qui, en concentrant richesses, pouvoir, privilèges, prébendes et monopoles, a rendu fous ou richissimes — ou les deux ensemble — tous ceux qui s'en sont emparés depuis que le Brésil existe. Bien au-delà du Brésil, l'Histoire enseigne que la conquête du pouvoir politique en vue de réaliser les utopies les plus généreuses a conduit à l'inverse du but proclamé. Au demeurant, les quelques expériences d'application pratique des méthodes prônées par la théologie de la libération illustrent ce que seraient les conséquences d'une telle prise du pouvoir : des prêtres organisent des invasions de terres afin de les distribuer aux pauvres. Sans connaissances, sans moyens, sans eau, ceux-ci se révèlent incapables d'exploiter ces sols ingrats et les quittent rapidement, avant même que la police ne vienne les en déloger. Ces invasions, approuvées par Boff, suscitent une instabilité du droit de propriété et une inquiétude sociale qui conduisent les exploitants légaux à ne pas investir, ce qui réduit d'autant la production vivrière. Là encore, les intentions de Leonardo Boff sont bonnes, son indignation est légitime, mais ses méthodes pervertissent son ambition.

Malheureusement, les peuples n'apprennent que de leurs propres erreurs et il est probable que la théologie de la libération conservera tout son attrait aussi longtemps qu'elle n'aura pas été essayée et n'aura pas démontré son échec.

Si l'on veut bien exclure la parousie du raisonnement, il me semble pourtant que c'est en essayant d'instaurer au Brésil le capitalisme, qui n'y existe pas encore, que le but de la théologie de la libération — rendre à chacun sa dignité d'homme — pourrait être atteint.

L'empire des privilèges

Le Brésil n'est pas capitaliste. Qu'est-ce en effet que le capitalisme ? La libre concurrence, sur un marché ouvert, entre des entreprises privées sous le contrôle d'un État de droit. Or, au Brésil, la concurrence est restreinte, les grandes entreprises sont publiques, l'État imprévisible. Il serait tout aussi inexact de prétendre que l'économie brésilienne est socialiste, même si de nombreux économistes libéraux la qualifient ainsi. Le Brésil appartient à une catégorie *sui generis* : certains disent « capitalisme d'État », d'autres, « économie corporatiste ». L'économiste Paulo Rabello de Castro, directeur de l'Institut atlantique à Rio, a créé le terme d'économie « *mordomista* », que l'on traduira approximativement par « économie de privilèges ».

Celle-ci pourrait être décrite par une succession de cercles concentriques : au centre, un puissant secteur d'État contrôle les domaines clés de l'énergie (Petrobras, Electrobras, Nucleobras), des communications (Telebras), des mines (Rio del Val

Dulce). Ces entreprises publiques contrôlent l'appareil d'État plus que l'État n'en contrôle les entrepreneurs. Autour de ce noyau dur, un premier cercle incorpore le nombre restreint des patrons privés qui prospèrent grâce aux commandes, concessions, privilèges accordés par le secteur public : ce sont les oligopoles dits capitalistes. Le cercle suivant, un peu plus vaste, est composé des entreprises privées qui vivent pour l'essentiel de la sous-traitance concédée par le cercle supérieur. Vient ensuite le cercle des petites entreprises qui travaillent réellement sur le marché, en concurrence entre elles, mais davantage encore en concurrence avec un gigantesque secteur informel qui ne paie pas d'impôts et ne respecte pas les lois sociales. Le dernier cercle, celui qui compte la population la plus importante, englobe ceux qui ne travaillent que par intermittence et sombrent dans la misère.

Cet édifice pyramidal explique le paradoxe de la société brésilienne : la contiguïté de la puissance et de la misère. Le centre concentre les richesses, investit dans des activités qui utilisent beaucoup de capital et peu de main-d'œuvre, et confère au Brésil son rang de grande puissance industrielle. Le centre n'a donc aucun besoin de former ni d'employer la main-d'œuvre périphérique. Celle-ci végète dans la misère non pas du fait du capitalisme, mais parce que prévaut une économie de privilèges. Le Brésil, dit le directeur du quotidien *Jornal da Tarde*, Rui Mesquita, c'est « la Belgique assiégée par le Sahel » : la Belgique marche plutôt bien, le Sahel reste le Sahel.

Comment en est-on arrivé là ? Les origines coloniales, la race, les cultures, le climat, l'égoïsme des classes dirigeantes, la dictature militaire des années 1960, l'étrange démocratie des années 1990 : tous ces facteurs combinés valent explication et tous convergent pour séparer durablement le Brésil des puissants du Brésil des opprimés. Chacun sera tenté de sélectionner, parmi ces éléments, ceux qui serviront sa cause.

« Ce sont, explique Paulo Guedes, économiste de tendance libérale, les militaires épris de modernité et de puissance qui ont créé pendant la dictature, de 1964 à 1984, les grands groupes industriels d'État, et concentré les richesses de manière à lancer de vastes projets pharaoniques : centrales nucléaires, route Transamazonienne, grands barrages, armements du premier monde... » La plupart de ces projets ont sombré dans la faillite, noyés par la dette internationale ou envahis par la jungle, comme la Transamazonienne. La corruption latente a enflé à la mesure des commandes que les militaires pouvaient ou non accorder aux entrepreneurs capitalistes. Mais les militaires sont partis il y a bientôt dix ans, et l'économie de privilèges n'a que peu changé, la corruption s'est au contraire intensifiée. On ne saurait donc imputer à la seule dictature ce qui, à l'évidence, s'enracine dans une histoire plus ancienne.

Un autre économiste de Rio, Daniel Dantas, estime que l'économie de privilèges actuelle n'est que la perpétuation du modèle des origines, le « système portugais ». Dans le régime instauré par la cour de Lisbonne, le souverain seul accordait monopoles, privilèges et concessions qui permettaient aux élus de faire fortune. Ce que le souverain donnait, il pouvait à tout moment le reprendre, induisant par là une permanente instabilité du droit, le favoritisme, la corruption, la servilité. La fragilité de la concession royale incitait le favori du moment à s'enrichir au plus vite de crainte de perdre son avantage. La bureaucratie publique contemporaine s'est substituée à la Cour (l'empereur n'a été destitué qu'en 1889, ce qui n'est pas si ancien), et bien des grands entrepreneurs capitalistes reproduisent aujourd'hui les manières de leurs prédécesseurs, même quand ils sont fils d'immigrés italiens ou libanais récents plutôt que descendants de l'aristocratie portugaise.

Autre explication des « deux Brésil » : l'esclavage. Celui-ci a été aboli il n'y a qu'un siècle. La mémoire de l'esclavage dévalorise le travail et valorise la rente. Tous les grands entrepreneurs sont blancs ou plutôt blancs, de même que la bureaucratie dirigeante. Je sais : nul n'est blanc au Brésil, ou plutôt, nul n'est tout à fait blanc ; chacun, dit-on, a « un pied dans la cuisine » — endroit où, en termes clairs, le fils de famille fautait avec les servantes noires ou mulâtres. Mais il faut être aveugle aux couleurs pour ne pas constater que dans l'arc-en-ciel des races, le rang social, l'éducation et les privilèges sont en relation directe avec le degré de blancheur, à l'exception, comme partout en Occident, de la musique ou de la chanson et du sport, « naturellement » réservés de préférence aux plus foncés.

La distribution des richesses n'obéirait-elle pas à une logique géographique plutôt que raciale ? Le Nord brûlant et ingrat est à la fois le pays des métis et des Noirs, comme il fut celui de l'esclavage, des colonels du sertão et des grandes exploitations aujourd'hui ruinées. Au Sud, le climat tempéré, les sols plus riches ont attiré les Blancs, qui sont aussi les plus industrieux, à São Paulo, au Rio Grande do Sul, au Santa Catarina.

On ne saurait donc distinguer la race de la classe, ni la culture de la pauvreté du système de domination qui a généré cette pauvreté. A l'héritage portugais, à l'esclavage de mémoire récente, à la théorie des climats, il convient d'ajouter une explication toute webérienne qui tient à la reproduction culturelle : les immigrés allemands, dans le sud du Brésil, sont restés notoirement entreprenants : de même, le million d'immigrants d'origine japonaise installé à São Paulo a exceptionnellement bien réussi ; les Libanais et les Juifs d'Orient contrôlent souvent le commerce jusque dans les recoins perdus de l'Amazonie ; les Italiens dominent le secteur du bâtiment. Ces peuples d'immigrés récents s'identifient fortement au Brésil, creuset aussi efficace que l'est celui des États-Unis, tout en conservant l'essentiel de leur éthique économique importée d'Europe.

Comment se fait-il que, dans une pareille situation sociale, objectivement révolutionnaire, nul n'envisage la révolution ? La réponse tient sans doute dans la « cordialité » brésilienne : ce terme ne désigne pas seulement une manière d'être, de se tutoyer, de s'appeler par son prénom, de « s'embrasser ». Plus encore, comme l'avait fort bien analysé le sociologue de Recife Gilberto Freyre dans son ouvrage fondateur, *Maîtres et Esclaves,* la « cordialité » permet la contiguïté physique avec l'inégalité sociale. Ce serait la « cordialité » comme stratégie sociale, consciente ou non, qui désamorcerait la violence plus efficacement que la langueur tropicale : le climat n'a pas empêché les révolutions à Cuba ou au Nicaragua voisins.

Ainsi, la « cordialité » conforterait l'injustice. Les gouvernements de Brasília, loin de combattre celle-ci, l'aggravent.

Le fol État

A Brasília, nul ne « vit », chacun y tient un rôle. Cette cité-décor est la mise en scène du pouvoir par lui-même. Au long d'allées rectilignes, sans arbres et sans ombre, les ministères se succèdent, numérotés pour la parade, et convergent au sommet vers le palais présidentiel. Versailles, théâtralisation du tout-État, était en pierre de taille ; Brasília est un délire de béton, une folie superbe d'Oscar Niemeyer que seuls viennent humaniser les jardins flottants du plus grand paysagiste du siècle, Roberto Burle Marx, le « Le Nôtre » de ces palais.

L'isolement de la capitale pèse sur le comportement des hommes : une cité entièrement vouée à la conquête et à l'exercice du pouvoir renforce l'avidité des politiciens coupés de la société civile. Brasília porte malheur. Tancredo Neves, premier Président après le départ des dictateurs militaires, meurt au soir de son élection. Après deux ans de mandat, Collor de Mello sombre dans la cocaïne, la corruption et le spiritisme.

A la paranoïa des lieux contribue la Constitution la plus folle qui soit, une somme de promesses électorales qu'aucun État au monde ne saurait satisfaire : elle prévoit jusque dans les moindres détails la durée du congé de maternité ou celle des congés payés ! Henrique Cardoso, sociologue reconnu avant d'entrer en politique, devenu ministre des Finances en 1994, explique avec accablement au visiteur que son ministère n'est qu'un vulgaire guichet où parlementaires et groupes de pression viennent exiger ce à quoi la Constitution leur donne droit : l'État fonctionne comme une pompe à finances qui aspire les ressources du pays pour les redistribuer selon des normes fixées une fois pour toutes. Cette redistribution n'est pas innocente :

elle profite en priorité aux groupes les plus puissants (les entreprises publiques) et aux régions les mieux représentées (celles du Nord). Au Parlement ne siègent pas des partis, mais des bandes, les *bancadas* ; elles représentent les intérêts financiers qui les ont fait élire. Le parti de Petrobras siège donc à côté de ceux de Telebras, ou de la corporation des entrepreneurs de travaux publics, ou des producteurs de sucre. Par ce circuit de redistribution, le Sud finance massivement le Nord. Mais n'est-ce pas équitable, puisque le Nord est pauvre et que le Sud est riche ? En réalité, grâce aux subventions et aux commandes publiques, les riches du Nord pauvre deviennent de plus en plus riches, et les pauvres restent tout aussi pauvres : le classique schéma de l'aide au tiers-monde qui profite seulement aux oligarchies se reproduit à l'identique à l'intérieur du Brésil.

L'État ne fait pas que redistribuer ; il promet plus qu'il ne peut honorer ses dettes. Au Brésil, le budget représente la somme des engagements électoraux, et comme la Constitution contraint de voter ce budget en équilibre, le gouvernement compense par la création de monnaie. En conséquence, l'inflation tournait en 1994 autour de 35 % par mois, soit 400 % par an. Les partisans du « modèle brésilien » — il y en a ! — objecteront que le taux de croissance du pays, malgré ou grâce à l'hyperinflation qui sévit depuis trente ans, est l'un des plus rapides au monde. Ce qui est exact, mais ne renseigne pas sur la distribution des bénéfices de cette croissance. Pour les oligarchies qui disposent de réserves monétaires, il suffit de placer celles-ci à court terme pour se voir garantir par l'État une rémunération de l'épargne supérieure de 20 % au taux de l'inflation : inutile d'investir, inutile de créer des emplois, il suffit de dormir. Pour les salariés, leur revenu est indexé sur l'inflation, mais seulement en fin de mois ; les prix, eux, augmentent chaque jour, ce qui érode constamment le pouvoir d'achat et appauvrit les classes moyennes au bénéfice des rentiers et des patrons. Parmi la masse majoritaire de ceux qui ne sont ni salariés, ni rentiers, dont les revenus sont aléatoires et non indexés, l'inflation est un impôt quotidien payé par les plus démunis.

Comment un gouvernement démocratique peut-il ainsi gérer l'injustice sociale causée par l'inflation d'État, et ne rien faire ? C'est que, avoue Cardoso, nul ne représente les pauvres à Brasília. La droite parle pour les entreprises privées à privilèges, la gauche représente la fonction publique. Le peuple vote, y compris les analphabètes, depuis 1986, mais, remarque Cardoso, « la culture politique n'est pas démocratique, elle n'est pas rationnelle : elle est magique ». Le pouvoir élu par le peuple ne représente pas le peuple. La démocratie au Brésil ne sert qu'à légitimer l'absolutisme des gangs qui occupent Brasília et disent « Nous sommes l'État », « Nous sommes le peuple », « Nous sommes la démocratie ».

Paradoxe suprême : le Brésil a simultanément trop d'État et pas d'État, car on ne saurait appeler État ce qui n'est que pillage, prébendes et injustice.

Le développementalisme

Sciemment ou par inadvertance, une dynastie d'économistes idéologues ont perpétué et légitimé ce « fol État » brésilien, au nom du développement. L'histoire commence dans les années 1930. Sous l'influence directe du fascisme européen, le dictateur Getulio Vargas, entouré de conseillers civils et militaires, décréta qu'il n'y avait pas au Brésil de bourgeoisie entreprenante capable ou digne de développer le pays. Il appartenait donc à l'État de se substituer aux élites défaillantes pour industrialiser le Brésil. Ce « gétulisme », version locale de la planification fasciste ou soviétique, a perduré jusqu'à nos jours sous des appellations diverses. Né historiquement à droite, il passe à gauche dans les années 1950 et s'appelle depuis lors « développementalisme », une idéologie économique fondée par l'économiste argentin Raúl Prebisch et relayée au Brésil par Celso Furtado.

La vulgate développementaliste attribue à l'État une fonction industrialisante dont le secteur privé serait incapable et considère que cette industrialisation générera naturellement les bénéfices de la croissance : éducation, santé, justice sociale. La théorie s'est révélée doublement perverse. En premier lieu, l'État, en s'appropriant les ressources, a effectivement anesthésié l'esprit d'entreprise privé, prouvant ainsi *a posteriori* que celui-ci n'existait pas. En second lieu, au Brésil comme partout ailleurs, l'État n'est pas un instrument abstrait, mais une collection d'intérêts bien concrets des bureaucrates et des politiciens. Par le développementalisme s'explique l'extrême corruption qui prévaut dans ces sphères. A partir du moment où la commande publique est la principale source d'enrichissement, la corruption apparaît comme une conséquence naturelle ; il ne sert à rien d'en blâmer les hommes tout en perpétuant les causes réelles de leur comportement. Ces effets pervers du développementalisme ont été crûment révélés en 1993-1994 par la mise au jour de la prévarication de la majorité des politiciens. Déjà portés à l'abus de pouvoir par une inclination culturelle particulièrement marquée au Brésil, ceux-ci ont reçu des développementalistes une caution moderne : par la grâce d'intellectuels de gauche, le privilège hérité du bureaucrate est devenu « progressiste » !

Le développementalisme a affecté toute l'Amérique latine, mais c'est seulement au Brésil qu'il est demeuré une idéologie dominante. Ce décalage peut s'expliquer par le fait que le secteur public n'y a pas totalement échoué, mais à demi seulement. Si nous prenons l'exemple banal du téléphone, tout Argentin savait, au début des années 1990, que l'État était incapable de le gérer : la demande de privatisation était donc forte. Au Brésil, en revanche, le téléphone public fonctionne à peu près, même s'il faut attendre deux ans pour obtenir une ligne. Ce semi-échec ou demi-succès de Telebras vaut pour Petrobras et toutes les autres entreprises d'État. Les développementalistes font valoir le bon taux de croissance du Brésil, par contraste avec celui des pays voisins où l'État n'a présidé qu'au déclin. Ce qu'aurait été ce taux de croissance si l'État brésilien ne s'était pas substitué aux entrepreneurs privés, nul ne peut le savoir : peut-être inférieur, mais plus probablement supérieur, si l'on considère que l'étatisation est une répression constante de l'esprit d'entreprise, et non son substitut.

Si le débat sur les taux de croissance n'a pas de réponse, il n'en va pas de même pour la nature et les effets de cette croissance. Le développementalisme, ne pouvant être financé que par l'inflation et reposant sur des projets pharaoniques, devait nécessairement concentrer le capitalisme, faire peu appel aux industries de main-d'œuvre ou de services, et aggraver les inégalités.

Le développementalisme est, sans conteste, coupable de s'être trompé sur la nature de l'État, d'avoir légitimité les oligarchies et les bureaucrates, d'avoir perpétué l'injustice sociale et raciale. Brasília et les favelas sont à cet égard parfaitement complémentaires : les deux faces d'une même stratégie de « maldéveloppement ».

La déception démocratique

En 1989, pour la première fois dans l'histoire du Brésil, tous les citoyens, y compris les illettrés, jusque-là exclus des scrutins, participèrent à une élection et choisirent pour président un play-boy télégénique propulsé par la chaîne *O Globo*, Fernando Collor de Mello. Démocratie, que d'espoirs suscita alors ton nom ! Des sociologues sérieux, observateurs reconnus de l'Amérique latine, comme Albert Hirschmann, de Princeton, nous expliquèrent que la démocratie, par son principe même, éliminerait l'injustice sociale qui sépare le Brésil oligarchique des masses misérables, héritières de l'esclavage ; des économistes réputés, comme Celso Furtado, annoncèrent que, grâce à la démocratie, l'hyperinflation serait vaincue, parce que le « peuple contrôlerait les prix dans les magasins ». Après quatre ans de démocratie, un déplacement en taxi dans Rio coûte un million de cruzeiros ; chacun fait ses courses deux fois par jour pour anticiper sur la hausse du lendemain ; policiers et voyous s'entretuent dans les favelas ; Collor de Mello, destitué, attend son procès pour corruption ; les parlementaires ont accumulé des fortunes ; la durée moyenne de la scolarité d'un enfant brésilien est de trois ans. Une certaine nostalgie de la dictature militaire s'insinue parmi les classes moyennes, mais seulement par amnésie, car les militaires ne firent guère mieux que les démocrates.

Au Brésil, si la dictature n'a pas mené au capitalisme, la démocratie n'y a pas davantage conduit. Faut-il en conclure que la démocratie n'est pas faite pour le Brésil ? Ou bien — telle est l'hypothèse du sociologue de Rio, Helio Jaguaribe — qu'il n'existe pas de relation connue entre la démocratie et l'économie, les deux mondes évoluant sur des plans distincts ?

Ce n'est pas parce que la démocratie et le capitalisme ont mûri simultanément dans le « premier monde » que la coïncidence vaut explication et détermination ; moins encore qu'elle serait reproductible dans le « troisième monde », en particulier au Brésil. Ce qui paraît acquis, observe Jaguaribe, c'est que la démocratie est la seule forme de pouvoir politique légitime. La preuve *a contrario* en est apportée par les dictateurs eux-mêmes, qui ne cessent d'organiser des élections ou d'en promettre. Mais la démocratie, bien qu'absolument légitime, ne sécrète pas par elle-même la rationalité économique ou sociale. En Europe, la société fut rationnelle avant que la démocratie ne s'impose, et la démocratie n'y est véritablement une forme stable que depuis 1945. Au Brésil, c'est l'inverse : la pensée magique, l'analphabétisme, l'empire de la télévision ont conduit, non sans cohérence, à l'élection d'un président schizophrène, moderne dans les apparences, adepte en privé de cultes vaudous. Mais ce n'est pas parce que la démocratie ne conduit pas au développement que l'absence de démocratie y mènerait. Jaguaribe estime au contraire qu'à partir des principes de la démocratie, il serait possible d'en modifier les mécanismes de manière à les adapter à l'état peu avancé de la société dans son ensemble. Juste observation, qui vaut pour tous les pays où l'influence des États-Unis a laissé croire que le seul critère de la démocratie était l'élection du président au suffrage universel direct. La multiplication de corps intermédiaires, ou de formes de suffrage indirectes, ou encore la décentralisation dans le cadre d'un Brésil confédéral atténueraient les effets de la pensée magique sur les processus politiques et conduiraient à la désignation d'un État rationnel, lequel pourrait à son tour devenir rationalisateur. Cet État rationnel devrait notamment généraliser l'enseignement des masses de manière à les faire passer progressivement du « troisième » au « premier monde ».

Mais, dans le gradualisme raisonnable de Jaguaribe, quel serait le moteur du changement ? Les élites d'État n'y ont aucun intérêt. S'il est à peu près clair que le capitalisme génère une classe moyenne qui charpente la démocratie, il n'est pas évident que la démocratie génère cette même classe. La démocratie, en l'absence de cette classe, ne sert qu'à légitimer le pouvoir existant ; celui-ci sera tenté d'accroître son emprise sur la société, ce qui ralentira le développement économique et la différenciation sociale. C'est le cas au Brésil ; c'est le cas en Inde. Ce peut être la situation demain en Russie.

Dans des pays peu éduqués, la démocratie a quand même l'immense vertu, sinon de recruter les meilleurs, du moins de permettre sans violence l'éviction à dates fixes des dirigeants. La démocratie vaut donc par elle-même, elle est un objectif en soi comme réductrice de la violence. Mais elle ne durera que si se constitue une classe moyenne bourgeoise ; et celle-ci ne peut apparaître qu'au terme d'une libéralisation de l'économie.

Cette thèse ultraminoritaire au Brésil, mais juste, est défendue avec fougue par deux fondations de Rio, l'Instituto liberal et l'Instituto Atlanticó.

La révolution christiano-marxiste

« La révolution socialiste et démocratique est la seule façon de mettre un terme à la violence que le capitalisme exerce sur les opprimés. » Celui qui tient ce propos, Tilden Santiago, député du Minas Gerais, est, dans sa vie, sa personne et son discours, l'archétype de la gauche brésilienne, le Parti des travailleurs. Par quelle aberration le socialisme, universellement comateux, survit-il au Brésil ? Mieux, il rajeunit ! Ce n'est plus qu'au Brésil que l'on rencontre des prêtres-ouvriers qui se disent chrétiens et marxistes.

Comment contredire Tilden Santiago ? Pétillant d'amour du prochain, intègre, prêtre-ouvrier incarcéré sous la dictature militaire, justement indigné par la contiguïté de la misère et de l'opulence, ce militant exemplaire croit que l'Histoire a un sens, qu'elle est juste, que le développement sera d'ordre « éthique et non pas économique ». Tilden Santiago est allé à Cuba ; là-bas, il a vu de ses propres yeux qu'il n'y avait pas de misère, que les pauvres étaient soignés, tous les enfants scolarisés, la richesse non ostentatoire. Tilden Santiago ne se rend pas compte qu'il a été manipulé par les propagandistes de Fidel Castro, comme tous les hôtes officiels de ce régime. Au nom de quoi lui faire la leçon, lui rappeler que toutes les révolutions conduisent au résultat inverse de celui qu'elles proclament ? Comment expliquer à un prêtre qui n'est pas économiste que la misère au Brésil est aggravée par le « développementalisme », par l'inflation, non par quelque capitalisme mythique ? Ma légitimité est inférieure à la sienne : il a souffert et combattu ; je n'ai qu'étudié, et peut-être me trompè-je. Si j'étais brésilien, emporté par une logique de situation, ne serais-je pas du côté du Parti des travailleurs, comme la plupart des intellectuels brésiliens, plutôt que du côté des libéraux, label qui dissimule souvent au Brésil les intérêts particuliers de quelques entreprises et le mépris des humbles ?

Il ne s'agit pas là d'un exercice rhétorique, mais d'une interrogation sur la contribution que peut apporter tout honnête intellectuel européen, confronté aux épreuves du tiers-monde. Devons-nous nous laisser porter par l'indignation, projeter nos utopies révolutionnaires ou libertaires ou conservatrices sur d'autres continents ? Ou ne devons-nous pas, si nous le pouvons, contribuer au progrès réel de ces autres peuples ?

Je me limite donc à attirer l'attention de Tilden Santiago et de ses camarades du Parti des travailleurs, qui vont jouer un rôle déterminant au Brésil, sur quelques contradictions techniques de leurs projets. Lorsque le Parti suggère de nationaliser les banques, il ne ferait qu'aggraver le mal brésilien qui provient du boursouflement de l'État. Lorsqu'il exige une réforme agraire, la confiscation des terres « non cultivées » et leur redistribution, il démobilisera les propriétaires actuels sans les remplacer par des exploitants expérimentés ou productifs, ce qui conduira au pire à une soviétisation de l'agriculture, au mieux à la disette. Lorsque l'économiste le plus autorisé du Parti, Eduardo Suplicy, propose d'instaurer pour tous les Brésiliens un revenu minimum garanti par l'État, il ouvre les vannes à une inflation plus grave encore ; et si l'État parvenait effectivement à distribuer ce revenu, il générerait une gigantesque classe de dépendants sur le modèle de l'*underclass* aux États-Unis.

Les projets du Parti des travailleurs sont si contradictoires avec les justes raisons de leur indignation que l'on est conduit à s'interroger sur le nom même du parti et sur sa base sociale. Est-il réellement, comme le prétend son président, le chef syndicaliste de São Paulo « Lula » Ignacio da Silva, la représentation des pauvres ? Le Parti est constitué de cadres syndicaux, de représentants du secteur public et d'enseignants ; or, au Brésil, un travailleur salarié et syndiqué n'est pas un pauvre, c'est presque un privilégié. Le Parti est soutenu par les entreprises d'État dont les dirigeants sont terrorisés par la perspective d'une privatisation comparable à celles qui ont eu cours en Argentine et au Chili. Aussi le Parti des travailleurs, sciemment ou innocemment, est-il *de facto* la représentation politique des intérêts de l'État « développementaliste » ; s'il prenait le pouvoir, il perpétuerait les causes profondes de l'apartheid social que dénonce sa rhétorique.

Existe-t-il pour autant une alternative libérale réaliste ?

Un capitalisme moral

A Morumbi, le beau quartier de São Paulo, des collégiens en uniforme gagnent sagement leur école privée, des chauffeurs de maître conduisent jusqu'à sa porte quelque enfant de grand patron susceptible d'être rançonné ; dans des parcs murés et gardés comme des forteresses par des milices privées se dissimulent quelques résidences parmi les plus somptueuses au monde. L'air ici est plus pur, la chaleur moins accablante, les flamboyants sont en fleurs, les favelas oubliées : du « troisième monde », on passe au « premier ». Pour garder ces immeubles luxueux, entretenir ces résidences, les maîtres doivent employer quelques « esclaves » parmi les immigrants du Nordeste qui ne cessent de déferler sur São Paulo. Concierges, gardiens, chauffeurs, valets, femmes de ménage, nurses ont aussi des enfants à qui l'État de São Paulo garantit le droit à l'école : à Morumbi, les enfants de maîtres fréquentent l'école privée, les enfants d'esclaves, l'école publique.

L'école publique « Etelvina Marcucci » n'accueille les enfants qu'à partir de sept ans, âge auquel le retard initial est déjà acquis. L'établissement fonctionne sur le principe de trois équipes d'enfants et d'enseignants qui se relaient, les locaux étant trop exigus. Cette rotation ne permet de dispenser que quatre heures de cours par jour et par groupe d'enfants.

Une classe du cours élémentaire : tous les enfants sont noirs ou métis, seule la maîtresse est blanche. A ce même niveau se côtoient des élèves dont le plus jeune a sept ans, ce qui est normal, et le plus âgé quatorze, ce qui ne laisse pas d'étonner. Celui-ci, Jaime, ne sait ni lire ni écrire, avoue-t-il. Il en est à sa huitième école. Il ne paraît pas sot, mais ses parents sont des migrants du Nordeste qui errent dans tout le Brésil à la recherche d'un emploi : Jaime suit. S'il fréquente l'école, c'est contre la volonté de ses parents qui préféreraient le voir gagner de l'argent plutôt que perdre son temps. La directrice, Marli Aparecida de Jesus, ferme à clé les grilles de l'école pour empêcher les enfants de s'enfuir ou d'être repris par leurs parents.

Maria a sept ans, elle paraît la plus vive de la classe et pose mille questions sur la France et mon métier. « Combien de pages ont vos livres ? » me demande-t-elle. Elle paraît effrayée par la réponse. Marli espère que Maria ira jusqu'au terme de cet enseignement : elle pourrait devenir dactylographe. Pourquoi ne poursuivrait-elle pas ses études au-delà ? La directrice, embarrassée, m'explique le « système ». Le lycée est gratuit, l'université aussi, mais il n'y a pas de transports publics pour s'y rendre depuis Morumbi. Même si Maria en avait les capacités, et ses parents la volonté, Maria, fille d'esclaves, ne pourra poursuivre ses études au-delà de l'âge de quatorze ans. Au mieux, elle accédera au statut de dactylographe, le sommet autorisé à sa race.

Cela n'est pas une nouvelle représentation du Théâtre des Opprimés, mais la réalité : un apartheid entretenu par la caste dirigeante. L'État fédéral comme l'État de São Paulo financent peu l'école publique, mais dotent généreusement les universités qui ne sont fréquentées que par les enfants de maîtres. L'inégalité sociale de départ est ainsi reproduite par l'État de manière à conduire à l'inégalité à l'arrivée. S'il fallait dénoncer la perversité de l'intervention de l'État au Brésil, il suffirait de lire la répartition des crédits scolaires : 20 % des fonds publics pour le primaire et le secondaire, contre 80 % à l'université, soit l'inverse de ce qu'il en est dans tout pays du « premier monde ».

Face à cet apartheid social et racial, certains s'indignent, d'autres passent à l'acte sans attendre une conversion de l'État. C'est le cas de José Mindlin, un entrepreneur privé, fondateur de l'entreprise de mécanique Metal Leve. A quatre-vingts ans, il a accumulé une immense fortune, l'une des plus belles bibliothèques privées au monde, et beaucoup de sagesse. L'âge aidant, cet humaniste a redécouvert une vertu quelque peu déconsidérée dans le monde contemporain, la charité. Ce vieux monsieur fort vif a persuadé d'autres patrons paulistes d'« adopter » des écoles publiques. Celle de Morumbi vient de l'être. Le parrain privé apporte son aide sans contrepartie, pour entretenir les locaux, acquérir des livres et verser un complément de salaire aux enseignants de manière à les motiver. L'adoption de l'école Etelvina Marcucci à Morumbi a, selon sa directrice Marli Aparecida de Jesus, métamorphosé les lieux et les comportements : le complément de salaire a mis un terme à l'absentéisme des institutrices, qui étaient contraintes d'exercer un second métier pour survivre ; les machines à écrire sur lesquelles s'exercent les futurs dactylographes ont également été offertes par le parrain ; c'est lui qui finance le « goûter » indispensable aux enfants mal nourris.

De cette expérience singulière, minuscule à l'échelle du Brésil, je me garderai de tirer un enseignement général. Je constate seulement qu'en ce lieu règnent une relation autre que celle du maître et de l'esclave, autre chose aussi que la démagogie. Cette rupture est le fait de patrons capitalistes plus moraux que ne l'ont jamais été les gouverneurs et maires de São Paulo, plus efficaces que les slogans et les moralistes. Mais si le sort du peuple brésilien dépendait de la charité de quelques patrons paulistes, la relation du maître et de l'esclave risquerait de perdurer. Plutôt qu'à la morale, ne devrait-on pas en appeler à l'intérêt bien compris et du maître et de l'esclave ?

Qu'est-ce en effet que le libéralisme, sinon la maximisation des intérêts individuels au bénéfice de l'harmonie sociale ? Au Brésil, le maître, bardé de ses privilèges, vit somptueusement, mais dans la crainte de perdre la faveur du « souverain » et à l'abri d'un bunker. « Nous vivons derrière des barreaux », m'avait dit le prospère et libéral député de Rio, Roberto Campos, en m'ouvrant lui-même les trois cadenas et les cinq serrures qui protègent son immeuble de la rue. L'intérêt des riches serait de désamorcer la violence potentielle de l'esclave en passant de la « cordialité » à une « exploitation » rationnelle des ressources humaines. Il serait également de l'intérêt des esclaves de faire la preuve de leur utilité économique. Ce qui suppose un gigantesque effort d'éducation : les entrepreneurs au Brésil se plaignent de ne pouvoir se développer, faute de main-d'œuvre qualifiée ; à l'inverse, les enfants ne sont pas intéressés par l'école si elle ne conduit pas à un emploi qualifié. C'est donc une révolution éducative qui devrait non pas opposer mais rapprocher le maître de l'esclave, en créant entre eux une relation objective de réciprocité. Cette révolution éducative ne se produira que si elle coïncide avec une révolution économique qui libérerait, selon l'expression de Roberto Campos, « l'esprit d'entreprise opprimé des Brésiliens ».

Cette double révolution aurait au moins un précédent, celui de l'Afrique du Sud, où l'apartheid a été détruit non pas seulement par Mandela depuis sa prison, mais tout autant par la détermination d'un patronat éclairé. Celui-ci a persuadé les dirigeants politiques qu'il fallait en finir avec l'apartheid de sorte à valoriser les ressources humaines noires, à élargir le marché de la main-d'œuvre et des consommateurs, et à rechercher l'harmonie raciale et sociale grâce à l'addition des intérêts particuliers : là, nous retrouvons la *Fable des abeilles*.

Au Brésil aussi, continent d'un apartheid non dit, des entrepreneurs privés sont à l'avant-garde de la révolution libérale. Est-ce leur conviction ? Nous l'ignorons. Mais il est certain que là est leur intérêt. Seule la mise en valeur par le capitalisme fusionnerait le Brésil « inutile » avec le Brésil « utile » grâce à la rentabilisation du capital humain. Le capitalisme à venir au Brésil libérera l'esclave s'il enrichit le maître, et donnera aux anciens esclaves la possibilité concrète de devenir maîtres à leur tour : une « économie de la libération »...

CHAPITRE 5

Écologistes et libertariens

Marx est américain et peut-être s'appelle-t-il Lester Brown. L'écologisme est la seule idéologie alternative au capitalisme à ambition universelle à être née aux États-Unis. S'il faut en désigner le fondateur ou le prophète, le titre revient sans conteste à Lester Brown. Le premier parti « vert » en Europe fut fondé en Allemagne par une Américaine proche de lui, Petra Kelly ; en France, par René Dumont, qui reconnaît sa dette envers Lester Brown. Celui-ci n'est pas un grand philosophe, mais il a su réunir, à la manière de Marx en son temps, des concepts épars pour en déduire un « tout » cohérent, synthèse de la biologie, de l'économie et de la morale. Consciemment ou non, les militants écologistes sont peu ou prou les enfants de ce pape-là.

Marx était philosophe ; Lester Brown fut à l'origine cultivateur de tomates, puis agronome. « Seul l'agriculteur est contraint, dans le monde contemporain, d'appréhender l'univers dans sa totalité : sans bonnes graines, sans un bon climat, sans bon choix économique et sans éthique du travail, les tomates ne poussent pas », dit-il. Contrairement à Marx qui ne rencontra jamais un prolétaire, vécut comme un petit-bourgeois et spécula en Bourse, Lester Brown est cohérent avec ses principes : il ne se déplace qu'à vélo. Washington, où il réside, est, il est vrai, une ville plate.

Le pape vert

L'écologie ne pouvait prendre forme comme idéologie qu'aux États-Unis, dans la prospérité et la mauvaise conscience ; il fallait être protestant et rassasié de progrès pour remettre en cause sa nécessité ; gavé de viande rouge pour prôner un régime végétarien ; avoir deux voitures par foyer avant de prôner la bicyclette. Tout cela n'est pas ironie, mais constat. Le communisme et le fascisme naquirent dans les cafés et tavernes de Paris, Londres, Zurich ou Munich ; l'écologie est apparue dans l'absolu confort d'une fondation américaine où tout est calme, luxe, ordinateurs et volupté de l'esprit. L'écologie des idéologies informe sur leur nature, et la nature de l'idéologie renseigne sur l'écologie : Lester Brown a l'allure d'un éternel jeune homme, pas loin de soixante-dix ans, sans doute conservé par le vélo et la cuisine végétarienne.

De sa fondation, *Worldwatch,* qui publie ses études à plusieurs millions d'exemplaires dans trente langues différentes, sont nées quelques-unes des grandes peurs de notre fin de siècle : le trou dans la couche d'ozone, le réchauffement du climat, la destruction prétendûment irrémédiable de la forêt amazonienne. Ces trois grandes peurs, entretenues sinon inventées par *Worldwatch,* ont conduit à une prise de conscience du caractère « absurde » (dit le Lester Brown pessimiste) du développement sans frein, mais aussi de son évitabilité (ajoute le Lester Brown optimiste). Modeste, il nie son influence : « Si j'avais été capable de susciter des grands débats par mon seul talent, je serais réellement très fort. » *Worldwatch* s'est contenté de collecter des données scientifiques existantes et de les populariser... à grands frais.

Comme toute idéologie, l'écologie a donc été inventée, elle est l'œuvre d'instigateurs. Mais, si elle rallie les foules, ce n'est pas seulement parce que celles-ci seraient manipulées. L'écologie a cristallisé des aspirations profondes, un large public s'est montré disposé à écouter ses thèses, aux États-Unis d'abord, puis dans le reste du monde, cette propagation confirmant combien les modes populaires de cette fin de siècle sont d'origine américaine.

Pour Lester Brown, il ne fait aucun doute que le « grand soir » de l'écologie est proche : une révolution, certes, mais une révolution spirituelle. Les signes, pour qui sait les déchiffrer, annonceraient l'entrée imminente dans la société nouvelle, l'utopie du « ZPG » *(zero per cent growth,* la fin de la croissance). Ces signes avant-coureurs sont à la fois psychologiques et objectifs. Les Américains seraient lassés de deux cultes qu'ils pratiquent depuis l'aube du capitalisme : ceux de l'automobile et du bifteck. Dans l'institut de Lester Brown, tout le monde est végétarien ou semi-végétarien. MacDonald, observe-t-il, propose désormais des sandwichs aux légumes à la place de ses traditionnels hamburgers : une innovation signifiante. L'automobile ? C'est fini, ou presque. Les Américains, explique Brown, préfèrent pédaler. S'ils ne vont pas travailler à vélo, ils pédalent sur des vélos fixes, chez eux ou dans des clubs de remise en forme. A *Worldwatch,* tous viennent à bicyclette. « Simple question d'organisation, m'explique Lester Brown. Nous avons intallé des douches et un vestiaire, modeste investissement par rapport à ce que coûte une place de parking. »

Pourquoi le vélo est-il si important dans le discours écologiste ? Il est le symbole de la nouvelle idéologie, par opposition à l'automobile, icône du capitalisme.

Idéologie ? Certains prétendent que l'écologie, au contraire du socialisme ou du nationalisme, est une véritable science de la nature. Mais le socialisme tel qu'il fut initialement conçu par Pierre-Joseph Proudhon en 1840 avait été défini lui aussi comme un socialisme « scientifique ». En vérité, l'écologie, probablement, comme toute idéologie, reflète l'état de la science à un moment donné, en même temps elle est une machine à conquérir le pouvoir politique, un stimulant de l'imagination. Il s'agit donc moins de manifester pour ou contre l'écologie, que de prendre acte de ce qu'elle est : un défi essentiel au capitalisme. Contre ceux qui imaginent, à la Kojève, que la démocratie libérale est la fin de l'Histoire et que le capitalisme est indépassable, l'écologie constitue une véritable idéologie de remplacement, un antiprogrès. Par opposition au capitalisme qui tente de dompter la nature parce qu'elle n'est que violence et misère, les écologistes idéalisent cette même nature. Ce retour à la « Mère Nature » rapproche l'écologisme des autres fondamentalismes qui exaltent eux aussi le corps collectif contre l'individualisme, l'insondable contre la rationalité.

Est-ce trop prêter aux écologistes ?

Lester Brown se limite à « constater » que le capitalisme est épuisé, ou bien qu'il conduit à des inconséquences. L'épuisement ? La production d'énergie, base de toute croissance, ne peut désormais que stagner. L'énergie fossile polluerait la planète au point de la rendre inhabitable. Le temps des centrales nucléaires est révolu ; la preuve en est qu'aucune n'a été construite aux États-Unis depuis seize ans, et qu'après Tchernobyl, aucune ne sera plus édifiée en Russie. Pour l'avenir, l'éolienne devrait suffire ; c'est, nous assure Lester Brown, statistiques à l'appui, la forme de production d'énergie qui se développe le plus rapidement aux États-Unis, et elle est économiquement viable. Mon interlocuteur aime beaucoup les éoliennes : « Je ne connais rien de plus beau que les champs d'éoliennes de Californie ou du sud de l'Espagne. » Une ancienne usine d'armement en Ukraine se reconvertirait, paraît-il, dans la production de turbines à éoliennes. Double utopie écologiste : la reconversion du militaire en civil, et le passage de l'atome au vent...

Le retour de Malthus

Admettons avec Lester Brown que l'Occident soit suffisamment riche et doive vivre désormais sur l'acquis. Qu'en est-il de tous les autres, des deux ou trois milliards qui n'aspirent qu'à nous rejoindre ? La réponse de Lester Brown n'est pas la croissance, mais la réduction de la population du tiers-monde : être moins pour vivre mieux. Étrange raisonnement malthusien chez cet agronome qui participa, il y a trente ans, à la « révolution verte » en Inde. Je lui fais observer qu'en une génération la population de l'Inde a doublé et que la production de céréales y a triplé, éliminant à peu près toute famine. Réponse de Lester Brown : « Ce qui était vrai il y a trente ans ne l'est plus aujourd'hui, parce que la production agricole ne progresse plus, mais régresse. »

Me voici à nouveau accablé de statistiques ; elles paraissent de prime abord convaincantes, d'autant plus que nul n'a les moyens de les contester. Lester Brown est un rationaliste, ou plutôt prétend l'être. Il ressort donc des compilations de *Worldwatch* que, depuis 1984, la production mondiale de grains par habitant diminuerait. Il ne paraîtrait plus possible d'augmenter les rendements ni du riz, ni du blé : la recherche aurait épuisé ses effets. Des zones entières de la planète seraient devenues impropres à l'agriculture, en voie de désertification ou d'assèchement. Pareil pour la viande : tous les pâturages envisageables seraient exploités et la production de bovins régresserait. *Idem* pour la pêche : les océans seraient épuisés. Seule une alimentation artificielle des animaux permettrait de maintenir les niveaux de production : une solution coûteuse, provisoire, qui ne peut suivre le rythme d'accroissement démographique du tiers-monde. Il ne resterait donc que deux options : ce que Lester Brown appelle la « voie chinoise » et la « voie éthiopienne ».

La seconde, involontaire, laisse faire la nature, les épidémies, la guerre civile, et, au bout du calvaire, rétablit l'équilibre entre ressources naturelles et population. Ce sera, selon Brown, la plus probable, par suite de l'aveuglement des dirigeants du tiers-monde. Par la faute du pape, aussi, que Lester Brown, en bon protestant américain, ne porte pas dans son cœur.

L'alternative chinoise consiste en une « répression féroce » de la natalité. Mais si l'on admet que cette contrainte démographique est nécessaire, comment serait-elle compatible avec la démocratie ? Lester Brown croit en l'illumination intérieure et à l'effet de contagion. Il me cite le tabac en exemple : des États-Unis est partie la croisade antitabac qui atteint désormais la planète entière. Depuis que les Clinton sont à la Présidence, la Maison-Blanche est devenue interdite aux fumeurs. Inutile par conséquent d'organiser un parti écologique aux États-Unis, puisque le Président lui-même a été saisi par la foi nouvelle. C'est ainsi que commencent les révolutions, se persuade Lester Brown : par le haut.

L'entretien prolongé a ankylosé mon interlocuteur ; il m'abandonne pour pratiquer quelque exercice de gymnastique. Ce pape vert, c'est certain, mourra en bonne santé.

Une passion américaine

La croisade antitabac, l'alimentation végétarienne, la célébration du vélo, l'exaltation de la « bonne nature », tout cet arsenal de l'écologie, sous couvert de postmodernité et de rationalité, relève de fantasmes traditionnels aux États-Unis : obsession du corps, de la santé, recherche d'une relation personnelle avec la nature. L'écologisme de Lester Brown est porté par la même passion qui habite d'autres croisades américaines : celle du gouvernement contre la drogue, celle des prédicateurs évangéliques contre le Mal, etc. Derrière le voile de la logique et de l'économie se devinent les ombres d'un certain ordre moral : hier, les puritains brûlaient les sorcières ; l'écologiste brûle aujourd'hui symboliquement les fumeurs, demain ce seront les automobilistes, et, dans le tiers-monde, les mères de famille nombreuses. Cette dérive autoritaire sous-jacente à l'écologie est souvent dénoncée en Europe comme crypto-fasciste. Des philosophes comme Luc Ferry observent des convergences entre le néoromantisme des écologistes et le culte de la nature propre au fascisme et au nazisme. Cette analyse critique est fondée : l'écologie est du côté de la « Mère Nature » idéalisée à la Rousseau, alors que le capitalisme est délibérément antinaturel.

Mais, à cette interprétation européenne, il faut ajouter la dimension proprement américaine ; ce n'est pas dans le fascisme européen, mais dans la religion américaine que l'on trouvera la source spirituelle de l'écologie. Quiconque est un tant soit peu familier des adventistes, des Témoins de Jéhovah ou des mormons, sait qu'ils pratiquent à des degrés divers un culte de la santé (en invoquant généralement saint Paul : « Le corps est le temple de l'esprit »), et des interdits sur le tabac, l'alcool, voire la sexualité, qui irriguent peu ou prou toutes les religions américaines. L'écologie n'est peut-être pas une nouvelle église scientiste dont Lester Brown serait le messie, mais son apparition aux États-Unis participe bel et bien de cette tradition. Ce qui pourrait conduire à quelque nouvelle chasse aux sorcières : personnellement, je ne fume pas, mais je m'inquiète de la jubilation manifestée par Lester Brown lorsqu'il m'explique que, dans son immeuble, les fumeurs sont contraints d'exhiber leur vice sur le trottoir, au vu de tous et pour leur plus grande honte.

Enfin, l'écologie, comme toute secte, diabolise ses adversaires : le diable, pour elle, c'est le capitalisme américain.

Sus au capitalisme !

Le capitalisme américain serait, selon Lester Brown, responsable du « trou » présumé dans la couche d'ozone. Les Américains sont les plus gros consommateurs d'énergie et propagent dans le monde un modèle de consommation fondé sur le gaspillage. Cet antiaméricanisme n'est-il pas une haine de soi ? « La supériorité des États-Unis, rétorque Lester Brown, tient à notre capacité de nous autocritiquer, ce qu'aucune autre société au monde ne fait. » C'est donc au nom de la supériorité morale du coupable — mais d'un coupable repenti — que Lester Brown impose au reste du monde son modèle américain inversé de

« croissance zéro ». Tout cela à partir d'un « trou » apparu on ne sait quand dans la couche d'ozone et dont on ne connaît au juste ni la cause ni l'évolution...

Mais n'est-ce pas cette fusion entre prophétisme et connaissance qui distingue toute construction idéologique ? De même que Marx fit passer son messianisme pour de l'économie, de même Lester Brown, au nom de la science, propose une utopie rédemptrice. Le marxisme fondait l'alliance théorique des économistes et des ouvriers ; l'écologisme allie le savant et la jeunesse, deux mythes contemporains.

Pourquoi ce Vert est-il si bien entendu ? Quels sont les ressorts de la mobilisation populaire autour de l'écologie ? La peur du progrès, certainement. Elle est aussi ancienne que le progrès lui-même, et l'écologie lui apporte une base d'apparence rationnelle. Plus subtile et plus moderne aussi, l'écologie joue sur l'évacuation du risque. Les sociétés contemporaines tendent à évacuer le risque et surtout la mort hors de notre vue. Or, les écologistes proposent une société sans risque : l'éolienne est *a priori* sans danger, contrairement à la mine de charbon ou à la centrale nucléaire ; le vélo est moins dangereux que l'automobile, à condition bien sûr que tout le monde roule à vélo. Cette élimination du risque est de nature à stopper la croissance, mais cela convient aux écologistes les plus cohérents.

Les peuples, eux, l'accepteraient-ils ? En d'autres termes, une société écologique est-elle compatible avec l'ordre démocratique ? Oui, prétend Lester Brown, qui est un politique. Mais, pour le philosophe Hans Jonas, la réponse sans équivoque est *non* !

Les prophéties de Jonas

Le dimanche à New Rochelle, près de New York, touristes et photographes assiègent la maison de Hans Jonas. Le vieux philosophe serait-il si célèbre ? Pas un instant ! m'explique-t-il. Il se trouve, par coïncidence, habiter l'ancienne demeure de Lou

Gehrig, qui fut l'un des plus célèbres joueurs de base-ball américain.

Le personnage de Hans Jonas, son accent allemand évoquent pour moi la fameuse arrivée de Sigmund Freud à New York en 1907. La foule de ses disciples américains attendaient sur le port pour l'acclamer. « Ils ne savent pas, aurait alors confié Freud à son épouse, que je leur apporte la peste ! » Hans Jonas aussi a fui le nazisme et a apporté aux Américains la philosophie de l'écologie.

En 1933, m'explique-t-il, les mathématiciens juifs de l'université de Göttingen se sont réfugiés à New Rochelle ; là, ils n'ont eu de cesse de reconstituer leur univers. New Rochelle est devenue le Göttingen du Nouveau Monde et Jonas fait partie — ou plutôt est l'un des derniers survivants — de cette migration de théoriciens hors pair, allemands et autrichiens, qui, dans l'exil, ont fécondé l'Amérique et tout l'Occident : Friedrich von Hayek, Bruno Bettelheim, Karl Popper...

Les Verts connaissent-ils l'œuvre ou même le nom de Hans Jonas ? Son ouvrage majeur, *Le Principe responsabilité,* fut, en Allemagne, au début des années 1980, un spectaculaire et inattendu succès de librairie. Fut-il lu ? Comme l'écrivait Keynes en conclusion de sa *Théorie générale,* « les dirigeants politiques finissent toujours par appliquer, même sans le savoir, les théories d'économistes morts depuis longtemps et dont ils ignorent généralement le nom ». L'aphorisme vaut pour Jonas, à cette nuance près : il est toujours vivant et, à quatre-vingt-trois ans, a atteint l'âge où les penseurs cherchent la vérité plus que le pouvoir. Mais si Hans Jonas est bien prophète de l'écologisme, c'est un prophète embarrassant. Car, après avoir pesé les menaces que la modernité infligerait à la nature, il estime que la démocratie ne permettra pas de sauver la planète.

Il nous faudrait donc une bonne dictature ? La pensée de Jonas n'est pas si simple : n'oublions pas que nous avons affaire à un philosophe allemand ! Chaque mot mérite d'être défini et redéfini : « Ne disons pas, explique-t-il, que la nature est menacée ; c'est la biosphère, la vie qui est menacée. Pas la nature. Sur la lune, il n'y a aucune vie et cependant, la lune est naturelle. La nature ne saurait disparaître, mais la vie, qui est en quelque sorte un accident dans la nature, peut disparaître. »

Qui menace la vie ? Non pas l'*homo sapiens* en tant que tel, mais l'homme occidental par son comportement « antinaturel », son abus de la technologie. Jonas considère cet « abus » comme une donnée incontestable.

Ne peut-on concevoir, grâce à la recherche et au marché, des solutions techniques et économiques, qui permettent de contrôler les perturbations de l'ordre écologique ? J'en donne pour exemple à Jonas le « trou » dans la couche d'ozone, peut-être provoqué par l'utilisation des gaz CFC ; à ceux-ci, une technique de substitution a été trouvée. De même, les sociétés industrialisées maîtrisent mieux les pollutions et leur démographie que les sociétés pauvres. Ne serait-ce pas par le développement que passerait le sauvetage de la nature ?

Hans Jonas ne partage pas mon optimisme. Comme la démocratie, l'économie capitaliste est trop déterminée par le court terme pour intégrer dans son raisonnement le sauvetage de la planète. Le développement du tiers-monde ? Rien ne permet de l'envisager à terme suffisamment rapproché pour éviter que les dégâts causés à la nature ne soient irréversibles.

Pour savoir où veut nous conduire notre penseur, acceptons cette hypothèse, admettons qu'il faille limiter l'usage de la technologie. Cela ne saurait, fait observer Jonas, relever d'une simple décision individuelle. Un individu peut choisir l'ascétisme, mais ce choix ne satisfait que lui-même, il ne résout pas la question globale. Jonas ne croit donc pas à la révolution spontanée et spirituelle à la Lester Brown. Qui peut alors contraindre une société entière à l'ascétisme ? Une élite, sans doute, ou quelque autorité supérieure, estime Jonas. Mais qui la désignerait ? Jonas l'ignore ; il n'est, se défend-il, que philosophe, et non pas politologue. Il appartient au philosophe de formuler une « éthique du renoncement » et d'énoncer ce qu'il faudrait faire, même si ce « faire » paraît politiquement impossible. « Ce que je propose, précise Jonas, est une sorte d'utopie à l'envers. »

Jusqu'ici, dans l'histoire des idées politiques, les théoriciens n'ont jamais proposé que des « lendemains qui chantent », des utopies positives. Mais l'expérience historique a démontré que ces utopies positives ont toutes tourné à la catastrophe. L'« anti-utopie » de Jonas en appelle au renoncement de chacun et à la modestie du pouvoir. Ce qui ne saurait se fonder que sur deux sources : la foi religieuse ou le despotisme. Mais, dit Jonas, « une foi se révèle, elle ne se décrète pas ». Reste le despotisme exercé au nom de l'écologie : éclairé de préférence, mais éventuellement brutal. Pour contraindre les sociétés à renoncer à toutes les ressources de la technologie, le pouvoir écologique qu'envisage Jonas ne serait pas nécessairement pacifique. Ainsi, pour limiter l'explosion démographique de la planète, le despote éclairé devrait agir avec une certaine violence au nom d'un impératif éthique supérieur à la liberté individuelle. Dans la pensée de Jonas, la démocratie et la liberté ne sont que des impératifs seconds ou des modes d'organisation passagers.

Admettons encore une fois la logique de Jonas et suivons son cheminement. Admettons qu'il soit souhaitable de prêcher la frugalité aux nations... Y compris à celles du tiers-monde ? Absolument, confirme Jonas, et même *d'abord* à celles du tiers-monde ! Ce « souhaitable » est-il possible ? Jonas convient que les deux coïncident difficilement, mais il est persuadé que tôt ou tard soit un despote, soit un messie imposera un nouveau contrat social. « En cas de guerre, dit Jonas, il faut bien sacrifier la démocratie et la liberté. »

En attendant le messie écologiste, d'où viendrait le despote éclairé ? La difficulté, reconnaît Jonas, est que « les moyens nécessaires à un despote pour accéder au pouvoir ne garantissent pas que, parvenu au sommet, il se révélera éclairé ; la probabilité est même inverse ». Si le messie se révèle ou si le despote s'impose, il surgira probablement, selon Jonas, du côté des *chief executives* des entreprises américaines. A cet égard, les Verts allemands ou français paraissent à Jonas tout à fait « contre-productifs ». Les Verts effraient les élites ; or, pour lui, ce sont les élites, politiques, intellectuelles, religieuses, économiques, qu'il convient de gagner à la cause écologique, plutôt que les trublions ! Telle a été la stratégie suivie par les Verts américains en noyautant le Parti démocrate.

L'humanité aurait-elle trouvé en Jonas son nouveau Jérémie ? « Je conviens, répond-il, que je m'inscris dans la longue tradition du prophétisme juif. J'en partage les tics, à ceci près que je pense à l'humanité entière, pas seulement au peuple d'Israël ! »

Le vieux philosophe chercherait-il à faire peur ? Bien sûr que oui, répond-il, affichant un large sourire tandis que Mme Jonas passe le thé et le *Strudel*, faisant coïncider dans l'espace et le temps Göttingen et New Rochelle. Le devoir du philosophe, ajoute Jonas, est d'« éveiller la peur, car la peur est le fondement de l'éthique ».

Les fous de l'Amazonie

A quelques encâblures en aval de Manaus, sous un soleil vertical, les eaux noires et stériles du rio Negro rencontrent les eaux jaunes et poissonneuses de l'Amazone ; des dauphins bondissent dans le sillage de la *Lancha*. Nous faisons route vers l'îlot de Terra Nova. Le long de la rive, des *Caboclos*, métis d'Européens et d'Indiens, cultivent quelques plants de manioc. Papillons et perroquets reposent à l'ombre des manguiers. Des enfants au regard vide mâchonnent des noix de cajou, assis sur le rebord de leurs cabanes de planches juchées sur pilotis de manière à échapper aux crues du fleuve. D'un total dénuement, ces familles vivent à l'état de nature et n'endommagent pas celle-ci : le *Caboclo* coupe les arbres non pas à la racine, mais à hauteur d'homme, à la machette, ce qui, sous ce climat, garantit une repousse rapide.

Depuis notre bateau, nous regardons les *Caboclos*, mais eux ne nous regardent pas : indifférents, blasés ou passablement assommés par la chaleur et les maladies endémiques de la forêt. La dernière hypothèse est probablement la bonne.

Comment cette jungle dépourvue d'attrait et ces peuples souffrants sont-ils soudain passés, grâce à l'imagination de quelques rares voyageurs, au rang de mythe universel : l'Amazonie, « poumon de la planète », dont la destruction entraînerait on ne sait quel cataclysme ? Bien d'autres forêts comparables ont été défrichées depuis des siècles sans que cela suscite une émotion particulière ni un quelconque changement de climat. Jusqu'à ce que les écologistes inventent l'Amazonie comme mythe politique, le défrichage était plutôt considéré comme une avancée de la civilisation, une conquête de la culture sur la nature. Par quelle alchimie le raisonnement s'est-il inversé ? Du moins dans les pays riches : en Amazonie même, les écologistes sont particulièrement mal venus : « Des ennemis du Brésil financés par le cartel du bois pour empêcher notre développement économique ! » fulmine le gouverneur, Roberto Mertinho. Petite boule énergique, ce politicien au poil court, d'une soixantaine d'années, paraît assez colérique pour jeter un écologiste aux piranhas s'il en trouve un à Manaus. Je demande à Roberto Mertinho s'il a des preuves de ce complot. Il n'en a pas, mais m'assure que la logique du marché suffit à démontrer qu'il existe bien un complot international : cette forêt est la plus grande réserve connue de bois, de métaux et de pierres précieuses ; si elle était rationnellement exploitée, comme le sont l'Indonésie ou la Malaisie, les cours de ces matières chuteraient, suscitant la ruine des cartels. « Donc, ceux-ci entretiennent les écologistes... »

Il est vrai que des entreprises nord-américaines ont financé certains lobbies écologistes hostiles aux gaz CFC parce qu'elles étaient seules capables de mettre sur le marché des produits de substitution. Mais, dans le cas de l'Amazonie, je crains que le développement en soit davantage freiné par la culture locale que par un « complot » écologiste... La tradition amazonienne est celle de l'aventure individuelle : le *seringuero* partait seul en forêt pour inciser les arbres à caoutchouc. Tandis que le *seringuero* s'enrichissait seul, Britanniques et Hollandais créaient des plantations capitalistes et rationnelles en Malaisie et en Indonésie.

Celles-ci mirent un terme à la « fièvre du caoutchouc » dont Manaus ne conserve que les ruines coloniales et son opéra 1900. Les Amazoniens n'ont cependant rien retenu de leur propre mésaventure : le *garimpero* contemporain a pris le relais du *seringuero*, lui aussi part à l'aventure dans l'espoir de rapporter quelque émeraude ou une pépite ; plus souvent, il reviendra de la forêt avec la malaria ou une mauvaise leishmaniose.

Entre le gouverneur et sa théorie du complot, les écologistes qui idolâtrent la forêt et la tradition prédatrice du *garimpero*, l'Amazonie est plutôt mal partie. Ce qui réjouira ceux des Verts qui ignorent deux faits majeurs. Le premier est qu'un champ de luzerne produit autant d'oxygène qu'une forêt équatoriale, et engendre moins de maladies ; l'exploitation de l'Amazonie ne détruirait en rien l'« équilibre » de la planète. Ensuite, l'Amazonie n'est pas seulement une forêt ; c'est un peuple de dix-sept millions d'habitants en majorité urbanisés et à qui on ne saurait dénier le droit au développement économique ; nos fantasmes ne sauraient légitimer leur pauvreté.

Dilemme : comment choisir entre le développement et la forêt ? L'un est compatible avec l'autre, nous répond Samuel Benchimol.

Comment peut-on être Amazonien et s'appeler Samuel Benchimol ? La fièvre du caoutchouc, il y a cent cinquante ans, a attiré jusqu'à ce bout du monde un Juif de Tanger qui, faute de faire fortune dans le latex, est devenu le premier commerçant de détail de Manaus. Son arrière-petit-fils, Samuel, fidèle à la religion de ses ancêtres, gère sa chaîne de magasins « Bemol » tout en dispensant un enseignement universitaire entièrement consacré à l'Amazonie. Samuel Benchimol, fou d'Amazonie, lui a consacré soixante-dix-neuf ouvrages et en parle comme s'il avait trouvé une nouvelle terre promise. Comme tout Amazonien, Benchimol déteste les écologistes et tous les « chercheurs » en chaise-longue qui apportent ici leurs préjugés occidentaux ou se laissent rapidement saisir par la langueur tropicale. La forêt amazonienne, nous dit-il, n'est pour l'instant guère menacée ; pas plus de 9 % de sa surface totale sont exploités ou habités. Mais la menace à terme est réelle.

La solution de Benchimol est toute simple : il faudrait, dit-il, définir « trois zones : de préservation, de conservation et d'occupation ». Dans la première, les droits de la nature seraient reconnus comme supérieurs à ceux des hommes. Dans la seconde, les droits de la nature seraient équivalents à ceux des hommes et les chercheurs pourraient y expérimenter ce qu'ils appellent le « développement durable » : une exploitation du bois menée de front avec la reforestation, par exemple, ou la pisciculture. Dans la troisième zone, les droits de l'homme seraient supérieurs à ceux de la nature, et toute forme d'exploitation capitaliste serait envisageable.

Comment répartir ces trois zones ? Benchimol reconnaît que les données scientifiques font défaut, mais des critères pourraient rapidement être définis si les chercheurs (en particulier ceux de l'INPA, l'Institut national pour l'Amazonie, financé par les États du monde entier) voulaient bien devenir un peu moins écologistes et plus opérationnels. Il ne manquerait alors à l'Amazonie que des entrepreneurs. Il suffirait, pour Benchimol, de les importer : lorsque, dans les années 1960, Manaus devint une zone franche, les investisseurs japonais y affluèrent pour faire assembler ici tous les téléviseurs couleur commercialisés au Brésil. Que la forêt s'ouvre au capitalisme et tous les Benchimols, Libanais et autres Chinois déferleront sur Manaus. Un siècle après le caoutchouc, une nouvelle fièvre enflammera l'Amazonie.

Samuel Benchimol, le « fou » d'Amazonie, est, au bout du compte, le seul être rationnel que j'y aie rencontré.

Privatisons les baleines...

Pour ceux qui ignorent ce que signifie véritablement l'ultralibéralisme, je conseille de lire, à défaut d'en rencontrer l'auteur, les œuvres de Walter Block. Économiste de l'environnement, discipline qu'il enseigne dans un collège de jésuites du Massachusetts, Block arbore un grand sourire, une barbe talmudique et de grosses lunettes d'universitaire derrière lesquelles il dissimule une intransigeance sans faille. Il voue un véritable culte à la propriété privée mise au service de l'écologie.

« Si Lester Brown est honnête, estime Block, c'est qu'il est ignorant. » Sa première erreur est d'en appeler à la bienveillance des hommes pour protéger la « biodiversité » (exhortations à sauver les baleines et autres espèces en danger). Mais la bienveillance est une denrée rarissime, il est donc naïf de compter dessus pour obtenir des résultats. Son autre erreur consiste à ignorer que seuls les biens collectifs sont menacés, parce qu'ils sont collectifs ; la propriété est le plus efficace des conservatoires. « Imaginez, dit Walter Block, que la terre soit en indivision, comme l'est resté l'océan : l'humanité en serait encore à l'âge de Néanderthal, condamnée à vivre de chasse et cueillette ! » Seule la propriété privée a permis de développer l'agriculture et de nourrir cinq à six milliards d'individus, tandis que les océans demeurent gérés de manière préhistorique, sans propriétaires, donc voués à la non-exploitation ou à la prédation. « Nous sommes à l'océan, résume Block, ce que l'homme de Néanderthal était à la terre de son temps », alors qu'il n'existe aucune vraie différence entre la terre et la mer, sauf d'ordre mythique. « Comparez, ajoute-t-il, le sort des vaches à celui des bisons. Les seconds, n'appartenant à personne, ont été exterminés ; si les vaches n'avaient pas eu de propriétaires, elles auraient également disparu. »

Les baleines ne sont pas différentes des vaches ou des bisons : aussi longtemps qu'elles n'appartiendront à personne, elles n'auront pas de valeur économique, pas d'autres gardiens que la bienveillance ou quelque bureaucratie inefficace, et elles seront vouées à l'extinction par les prédateurs. Si, à l'inverse, les océans étaient divisés en propriétés privées et les baleines élevées en troupeaux, la question de leur survie ne se poserait pas plus qu'elle ne se pose pour les vaches. Quelle serait la motivation du propriétaire-éleveur de baleines ? Il n'agirait pas par bienveillance, mais par intérêt, sachant qu'il valoriserait son troupeau grâce à une exploitation rationnelle : pour la chair de la baleine, son huile, ou en organisant des visites touristiques de sa ferme baleinière.

Walter Block a évalué en détail les aspects pratiques de cette appropriation privée des baleines ; il estime qu'aucun obstacle technique ne s'y oppose. L'espace océanique peut facilement être délimité par des frontières électroniques qui seraient aux flots indomptés l'équivalent de ce que fut, au XIXe siècle, le fil de fer barbelé dans la conquête de l'Ouest. L'appropriation des baleines n'est guère plus complexe : il suffirait de « marquer » chaque animal avec un signal magnétique, ce que les biologistes savent faire.

Au-delà des baleines, emblème de l'écologisme depuis *Moby Dick*, le raisonnement de Block vaut pour tout animal « en danger » faute de propriétaires : les loups, les éléphants, etc. Un propriétaire d'éléphants aurait lui aussi tout intérêt à protéger son troupeau et à le gérer rationnellement en « profitant » de la vente de l'ivoire ou du tourisme ; là encore, la propriété privée serait plus efficace que l'interdiction légale, inappliquée et inapplicable, du braconnage.

La propriété privée des océans les préserverait aussi de la pollution mieux que n'importe quel traité international. Un propriétaire d'océan n'accepterait pas qu'un pétrolier décharge ses huiles usagées sur son territoire, il saurait faire respecter cette interdiction parce que tel serait son intérêt direct. Le même propriétaire pourrait imposer un droit de passage calculé en fonction des risques de pollution de chaque bâtiment. Ce coût de transit inciterait les compagnies pétrolières à améliorer la sécurité de leurs navires plus radicalement que toute réglementation internationale.

L'argumentation de Walter Block semble parfaitement rationnelle ; cependant, la plupart des lecteurs réagiront comme si cet économiste était tout sauf raisonnable. « Ce n'est pas, remarque Block, l'amour de la nature qui suscite une réaction de rejet de mon approche capitaliste, mais la haine du capitalisme en soi. » Les esprits seraient conditionnés dès l'enfance, selon Block, par des enseignants et des journalistes qui haïssent le marché. Il est notoire que tout feuilleton ou dessin animé américain ne puisse plus tourner en dérision les femmes, les Noirs ou les homosexuels ; seuls les chefs d'entreprise sont encore systématiquement présentés de manière négative. Comment une humanité ainsi façonnée pourrait-elle aimer le capitalisme et accepter des remèdes capitalistes aux meurtrissures de « Mère Nature » ? Voilà pourquoi, conclut Walter Block, la nature, parce qu'elle n'a pas de prix et n'appartient à personne, est condamnée à se dégrader, les baleines à disparaître, les pollutions à s'accroître. Seul un propriétaire pourrait donner un prix à la nature et inciter ainsi les hommes à la respecter, par intérêt et non plus par « charité ».

Les solutions capitalistes aux préoccupations écologistes énoncées par Walter Block paraîtront fantaisistes. Elles le sont sans doute dans leur formulation, mais pas dans leur fondement : les faits en témoignent. Les environnements les mieux protégés appartiennent aux économies capitalistes ; la cherté de l'énergie y a considérablement réduit le niveau des pollutions et le réduiront davantage encore à l'avenir. Écologistes et étatistes revendiqueront ces succès : sans doute les réglementations et les mouvements de l'opinion ont-ils contribué à susciter un nouveau respect de la nature, mais de manière moins déterminante que le jeu du marché. C'est à partir du renchérissement du prix du pétrole que les entreprises capitalistes ont adopté des modes de production moins polluants. Aux États-Unis, la faculté légale, pour les entreprises « propres », de céder sur le marché la fraction non utilisée de leur « droit de polluer » à des entreprises « sales », a fait du respect de l'environnement par les entrepreneurs une activité « politiquement correcte » et surtout économiquement rentable. La preuve *a contrario* de cet effet du marché sur l'environnement est apportée par les économies socialistes : en Russie et en Chine, la quasi-gratuité de l'énergie et l'absence de marché ont conduit aux seules véritables catastrophes écologiques de notre temps. Nul ne conteste que de vastes zones de la Russie aient été rendues inhabitables par suite de pollutions radioactives, que la mer d'Aral soit devenue une autre mer Morte, que l'atmosphère de Pékin ou de Wuhan soit dangereusement irrespirable.

Tout défenseur conséquent de l'environnement devrait logiquement prier ou militer pour que les économies socialistes se convertissent rapidement au capitalisme et que l'énergie, à son juste prix, y soit aussi parcimonieusement gérée que dans le vieux monde capitaliste. Quant à la conversion souhaitable des écologistes au capitalisme, elle n'aura probablement pas lieu, car l'écologisme ne relève pas du rationnel, mais du mythe : ce qui inciterait plutôt à prendre ses adeptes au sérieux, car les mythes sont, à l'expérience, plus mobilisateurs que la raison...

Le « grand soir » vert

Le 26 avril 1998, douze ans jour pour jour après la catastrophe de Tchernobyl, le réacteur nucléaire à eau bouillante de type VVER, station n° 3 de Voronej, a explosé. Depuis plusieurs années, experts russes et occidentaux avaient amélioré la sécurité des réacteurs RBMK à graphite de type Tchernobyl, négligeant le modèle VVER. Les employés de ces centrales, profitant de l'inattention générale, démontaient les systèmes de sécurité et revendaient au marché noir les métaux précieux dont ils étaient constitués. Les débris de l'explosion de Voronej se sont répartis sur plusieurs milliers de kilomètres carrés et ont contaminé la région la plus densément peuplée de la Russie centrale. Des nuages radioactifs, poussés par les vents d'ouest, ont atteint le Japon, puis la côte Ouest des États-Unis. De fortes pluies radioactives se sont abattues sur Tokyo, Vancouver, San Francisco. La Volga charrie des déchets contaminés qui atteignent la mer Noire ; les côtes turques sont touchées. Des millions de réfugiés fuient vers l'Allemagne. L'armée allemande, mobilisée, tire sur la foule pour interdire le franchissement de la frontière. En vain. Malgré des milliers de victimes, le flot des populations contaminées se déverse sur l'Europe de l'Ouest. Les télévisions du monde entier consacrent leurs programmes, vingt-quatre heures sur vingt-quatre, à rendre compte des migrations et du cheminement des nuages radioactifs. Les Européens fuient vers l'Afrique au sud du Sahara, seule région de la planète jusqu'ici indemne.

A Voronej, le colonel Boris Illarionov, jusque-là inconnu, manifeste un courage et un sens de l'organisation dans la débâcle qui frappe les imaginations. Illarionov annonce à CNN qu'il s'agit moins, désormais, d'organiser les secours que de changer le monde : « La raison profonde de ce drame planétaire, déclare-t-il avec des accents dostoïevskiens, ce n'est pas la centrale de Voronej, mais l'obsession du progrès à tout prix poursuivie depuis trois générations aussi bien par les capitalistes que par les communistes. » Le charisme d'Illarionov fascine trois milliards de téléspectateurs. Le colonel se proclame général ; il fonde *Zachtchita prirody*, le « Parti russe de l'environnement », ou « ZP ». L'écrivain écologiste Valentin Raspoutine en est élu président. Boris Eltsine sombre dans un coma profond ; Illarionov s'installe au Kremlin. Des millions de Russes arborent le nouvel insigne « ZP ». Toutes les centrales nucléaires sont arrêtées par le premier oukaze du dictateur ; la production d'électricité est réduite des trois quarts, la plupart des usines ferment, les Russes s'éclairent à la bougie et retournent à la terre. Le patriarche de toutes les Russies, Alexis II, célèbre une messe solennelle dans la cathédrale de la Dormition du Kremlin. Aux côtés du patriarche, un vieil homme à barbe blanche, au front marqué d'une cicatrice, baise les icônes du tabernacle : Alexandre Soljenitsyne. La Russie est sauvée, enfin débarrassée du progrès ! La cérémonie est retransmise dans le monde entier : Moscou la Verte est devenue la capitale spirituelle de l'humanité. La prophétie de Dostoïevski s'est réalisée : « Le peuple russe, déclarait-il devant la tombe de Pouchkine, est porteur de la rédemption de l'humanité entière. »

Wałęsa ôte la Vierge noire de son revers et la remplace par « ZP », la Pologne retourne à son tour à la terre.

En Allemagne, Daniel Cohn-Bendit, jusque-là maire adjoint de Francfort, est élu à l'unanimité chancelier : la semaine de travail est réduite à vingt heures, chaque Allemand devra produire la moitié de son alimentation en utilisant exclusivement les techniques de l'agriculture biologique.

Aux États-Unis, la campagne présidentielle a commencé ; John Kennedy Junior, fils de l'ancien Président, devient le candidat du Parti démocrate ; il choisit pour vice-président le vieux Lester Brown, toujours en forme à quatre-vingts ans. Pour symbole de sa campagne, Kennedy Junior adopte le sigle « ZP » : *Zero percent growth.*

En France, Dominique Voynet, Premier ministre, plonge le pays dans l'obscurité, interdit les vêtements en fibres synthétiques et fonde un monopole d'État des bougies et chandelles. Erreur fatale : immédiatement se crée un marché noir des bougies et chandelles qui réveille l'esprit d'entreprise et entretient le souvenir clandestin du capitalisme.

Le recensement de l'ONU pour 1999 révèle que la population de la planète s'est réduite d'un tiers ; la race blanche ne représente plus que 5 % de l'humanité.

Le 1er janvier de l'an 2000 paraît opportunément un livre de Jacques Attali sur papier recyclé : *La Seconde Apocalypse.* L'auteur rappelle que l'humanité revit à l'identique une catastrophe remontant au XVe siècle avant notre ère : l'éruption du volcan Santorin, au nord de l'île de Crète, engloutit alors les royaumes et connaissances de la Méditerranée orientale. De cet événement réel naquit le mythe de l'Atlantide. Il fallut attendre mille ans avant que Grecs et Crétois ne retrouvent un niveau de civilisation analogue à celui qu'ils avaient perdu...

Épilogue

Comment meurt le capitalisme

Le capitalisme a fait progresser l'humanité comme aucun autre système économique n'y était jamais parvenu. Les premiers bénéficiaires de ce progrès ont été les plus pauvres. Voilà deux assertions évidentes qui feront bondir plus d'un lecteur et susciteront une nuée d'objections : le capitalisme n'est-il pas en crise ? ne favorise-t-il pas les plus riches ? L'Occident n'est-il pas en pleine décadence morale ?

Ces objections sont légitimes, mais elles ne sauraient gommer le progrès objectif et mesurable dû au capitalisme. Dans les sociétés capitalistes, les hommes et les femmes vivent plus longtemps, plus confortablement que dans toute autre société comparable, antérieure ou contemporaine. Or, quel autre critère non contestable du progrès adopter que celui de la vie même ?

Pour les « riches », le capitalisme a peu modifié leur destin et leur mode d'existence ; dans les sociétés non capitalistes, aristocrates ou nomenklaturistes vivaient déjà ou vivent encore plus longtemps et plus confortablement que les pauvres ; pour eux, le capitalisme apporte fort peu d'améliorations. En revanche, grâce au capitalisme, la masse des pauvres a accédé à une qualité de vie qui, depuis des millénaires, semblait à jamais réservée aux privilégiés. Dans les sociétés capitalistes, la grande pauvreté est devenue marginale, alors que dans les sociétés non capitalistes, le confort reste l'exception.

Cette supériorité pratique du capitalisme étant historiquement acquise, force est aussi de reconnaître que subsistent à sa périphérie des pauvres dans les sociétés développées, et davantage encore de pauvres dans celles du tiers-monde. Sans doute cette pauvreté, à la marge en Occident, massive dans le Sud, ne pourra-t-elle jamais être totalement résorbée ; mais, dans la mesure où elle peut l'être, seul le capitalisme permettrait d'opérer en ce sens des progrès réels : c'est par plus de capitalisme et non pas par moins de capitalisme que ce dernier peut corriger ses propres imperfections. C'est ce que nous avons tenté de démontrer tout au long de cette enquête.

Le capitalisme, et lui seul, conduit donc objectivement au progrès. Rien ne garantit pour autant que chacun et tous s'y rallieront. Cela tient non plus aux imperfections du capitalisme, mais à sa faible capacité de créer des mythes mobilisateurs. Nul ne se fera tuer pour le capitalisme, alors que des millions meurent au nom d'idées folles qui n'ont jamais amélioré la condition de l'humanité. Aussi le capitalisme démocratique, bien qu'il soit le plus progressiste des systèmes connus, ne suscitera-t-il jamais autour de lui l'unanimité. Il pourrait unifier la planète si l'humanité était rationnelle, mais, comme elle ne l'est que partiellement, il ne l'unifiera point.

Les quatre mondes

Au partage bipolaire entre capitalisme réel et socialisme réel du monde antérieur à 1989 succède un autre partage, un monde coupé en quatre :

Un premier monde regroupe les sociétés du capitalisme démocratique, Ouest et Est confondus, car l'Asie n'a pas produit de variété originale de capitalisme : elle l'épouse ou le mime.

Un deuxième monde englobe les sociétés qui tentent de rejoindre le capitalisme démocratique et y parviendront, comme l'Europe centrale, la Turquie, le cône sud-américain.

Un troisième monde rassemble les sociétés qui essaient d'accéder au capitalisme démocratique mais n'y parviennent pas, parce que la stratégie des gouvernements y est erronée, ou les peuples y sont mal préparés à cette transition. Dans ce troisième monde figurent en tête la Russie et sans doute le Brésil et l'Égypte.

Le quatrième monde est constitué de peuples qui ont échoué à franchir la porte du capitalisme démocratique parce que leurs élites craignent de perdre leur pouvoir ou parce que le capitalisme est radicalement incompatible avec leur culture. Là, le fondamentalisme comme aspiration à un autre développement devient une légitimité de substitution au progrès que seul sait produire le capitalisme. L'alternative serait, dans ce quatrième monde, une économie de la frugalité visant à éliminer la misère plutôt qu'à créer la richesse : le svadeshisme en Inde, une économie de la libération en Amérique latine, une économie de la dignité en Afrique. Il ne s'agit là, j'en conviens, que de projets en quête de leaders charismatiques ; mais les utopies d'aujourd'hui deviennent parfois les réalités de demain.

Entre ces quatre mondes, les frontières sont mobiles et poreuses : certains groupes du premier monde capitaliste auront des affinités avec le fondamentalisme du quatrième monde, et réciproquement. Des groupes du deuxième monde se sont déjà implantés dans le premier ; certains, du deuxième monde, glissent vers le troisième. Mais, dans l'ensemble, ce système des quatre mondes est une grille de lecture qui rend assez bien compte de l'univers postcommuniste.

Nous nous garderons bien d'introduire ici un déterminisme quelconque, ni matérialiste ni idéaliste. On ne peut par exemple pas pronostiquer à quel moment une crise interne *dans* le capitalisme deviendrait une crise *du* capitalisme. De même, on ne peut proclamer de manière certaine qu'une culture — la culture russe, par exemple — prédisposerait éternellement au collectivisme, tandis que le confucianisme prédisposerait au capitalisme. L'expérience des nations confucéennes, tantôt anticapitalistes, tantôt hypercapitalistes, inclinerait plutôt au relativisme. La culture est certes un facteur décisif du passage ou de l'absence de passage au capitalisme, mais seulement dans sa relation avec d'autres circonstances historiques ou politiques, en particulier l'intervention ou non de l'Occident. Cela, qui valut hier pour l'Asie, où les Occidentaux imposèrent le capitalisme, peut se répéter demain s'il apparaît que les Occidentaux ont intérêt, pour avoir la paix, à soutenir le capitalisme en Russie.

Entre ces quatre mondes, la seule hiérarchie est celle du progrès ; elle n'est pas nécessairement celle des valeurs ni du bonheur.

Le progrès n'est pas le bonheur

Le capitalisme produit le progrès, pas des valeurs ni le bonheur. Le progrès est mesurable, le bonheur ne l'est pas. Certains chantres du capitalisme objecteront que le progrès qui permet à une mère de ne pas perdre ses enfants en bas âge ne garantit peut-être pas le bonheur de cette famille, mais au moins en réduit-il les malheurs. Dans cette même lignée de défense du capitalisme non plus seulement sur le terrain matériel, mais promu au rang d'idéal, on fera aussi observer qu'il apporte aux individus une liberté de choix inexistante dans les sociétés non capitalistes. Mais, de même que le progrès n'équivaut pas au bonheur, nous devons admettre à regret que la liberté n'y conduit pas nécessairement non plus.

Notre enquête a également révélé comment le capitalisme produisait de l'individualisme plutôt que de la solidarité, du spiritisme plutôt que de la religion, de la culture de masse plus que du raffinement. Cette évolution est-elle heureuse ? Nous ne le savons pas. Nous ne rejoindrons donc pas le camp des inconditionnels du capitalisme et ne le défendons pas sur le terrain spirituel. Nous nous limitons à affirmer que le capitalisme, c'est le progrès. C'est déjà beaucoup, et permet d'inférer que tous ceux qui prétendent apporter le progrès par des méthodes anticapitalistes sont mal informés.

Le capitalisme, c'est aussi la paix. Au XXe siècle, aucun pays capitaliste n'est jamais entré en guerre contre un autre pays capitaliste ; ce fait ne saurait être le fruit du seul hasard. Il est probable que les pulsions guerrières, en s'investissant dans l'activité économique, canalisent l'agressivité vers le progrès plutôt que vers la guerre : Japonais, Allemands, Coréens du Sud en témoignent de nos jours.

Mais cette explication psychosociologique n'est pas suffisante. Il convient d'y ajouter que les sociétés capitalistes sont fondées sur les droits individuels, et les sociétés non capitalistes sur les droits collectifs. Or, les groupes sont plus enclins à la guerre et plus facilement mobilisables que les individus. Il est plus aisé, pour un dictateur fou, d'armer les prolétaires que les propriétaires.

Cette primauté des droits individuels dans les sociétés capitalistes explique aussi pourquoi elles se révèlent rarement capables de se mobiliser et de mener des guerres de principe : la paix capitaliste n'implique malheureusement pas la paix chez les non-capitalistes.

Une crise dans le capitalisme

Nous avons jusqu'ici traité du capitalisme en tant que facteur de progrès comme s'il n'était pas en crise. Or il l'est ! Est-ce grave ? Si le capitalisme est légitimé avant tout par le progrès, l'absence de progrès équivaut à une crise. Mais une crise *dans* le capitalisme n'est pas nécessairement une crise *du* capitalisme. La preuve actuelle en est qu'à la grande différence des années 1930, où tous les pays capitalistes déclinèrent ensemble, depuis le début des années 1980, le progrès continue de se manifester dans bon nombre d'économies capitalistes : États-Unis, Amérique latine, Extrême-Orient.

La stagnation affecte certains autres pays capitalistes, avant tout en Europe occidentale, là où le capitalisme est traditionnellement le moins « sauvage », tempéré par un État omniprésent et une redistribution générale des revenus. Si ces sociétés capitalistes sont en difficulté, il s'agit donc d'une crise de la social-démocratie ou du capitalisme administré plutôt que du capitalisme ultralibéral. Renouer avec le progrès exigerait par conséquent de modifier l'équilibre actuel des relations entre l'État et le marché en Europe occidentale. Dans quel sens ? Certains proposent davantage d'État, plus de solidarité nationale et de protectionnisme, de manière à « socialiser » le capitalisme ; d'autres, à l'inverse, estiment que le progrès passe par la déréglementation, l'ouverture des frontières, la réduction de la bureaucratie (fût-elle européenne), davantage de droits individuels et moins de droits collectifs.

Comment choisir ? Et peut-on choisir ?

Certains, partisans de la social-démocratie, estiment que le capitalisme ne serait ni unique ni multiforme, mais double ; ils opposent deux « modèles » : l'un serait américain et sauvage ; l'autre, humanisé par l'État, serait plus solidaire, suédois ou « rhénan », comme l'a écrit Michel Albert. Ces deux modèles étant posés comme archétypes, il serait loisible d'arbitrer entre l'un ou l'autre.

La manière trop habile dont le choix est formulé dicte la réponse : nul ne saurait se prononcer pour un capitalisme sauvage ou contre un capitalisme solidaire !

Mais ce choix n'existe pas réellement : les deux modèles sont des constructions artificielles destinées à refonder la légitimité de la gauche depuis que celle-ci a accepté le capitalisme. Non seulement il n'existe pas deux modèles simples de capitalisme, mais, entre eux, il ne me paraît pas possible de choisir : nul n'est à même d'arbitrer entre deux histoires ou deux cultures dès lors qu'il vit en un temps et un lieu précis. Ainsi, l'expérience du socialisme en France a bien montré que la social-démocratie ne pouvait être qu'une forme de gestion du capitalisme à l'intérieur d'un modèle fixé par la culture du temps.

Ce qui rend le capitalisme plus ou moins sauvage ou plus ou moins solidaire n'est pas seulement un choix politique, mais aussi une conséquence de la culture. Le capitalisme américain est avant tout américain, héritier d'une tradition individualiste et d'une société sans État ; le capitalisme suédois ou français, à l'inverse, sont nés en des lieux où l'État a précédé la société civile. Quand les Américains ont imposé par la contrainte leur modèle capitaliste aux Japonais, ceux-ci ont rapidement « nipponisé » le capitalisme, au point que les Américains ne reconnaissent plus leur créature. Si demain la Russie devient capitaliste, ce ne sera pas parce que le pouvoir politique aura choisi un modèle contre un autre, mais parce que les principes universels du capitalisme auront opéré leur synthèse avec les traditions nationales russes.

Les sociaux-démocrates peuvent fort bien détruire le capitalisme, la droite le peut elle aussi, mais ni ceux-là ni celle-ci ne sont à même de le réformer à leur guise aussi longtemps que les frontières restent ouvertes et les individus autonomes ; droite et gauche n'ont que le pouvoir d'aiguiser ou d'atténuer les conflits que le capitalisme porte en lui : conflit entre les valeurs hédonistes et l'éthique du travail, entre le marché de la politique et le marché de l'économie, entre le capitalisme transnational et l'État-nation.

La marge de manœuvre est étroite, en vérité.

Aussi chaque crise au sein du capitalisme n'est-elle dépassable que par une réflexion locale, et fort peu par l'importation de quelque modèle extérieur.

Cette influence de la culture nationale dans les stratégies de sortie de crise en Europe occidentale est bien lisible à l'intérieur du couple France-Allemagne. En 1994, alors que les situations économiques étaient comparables et les mouvements politiques au pouvoir similaires de part et d'autre du Rhin, le gouvernement allemand proposait de travailler plus et de réduire la protection sociale, tandis que le gouvernement français annonçait le contraire. Dans une même situation de crise, la tradition nationale dicte les solutions. Ce qui n'implique pas que ces deux solutions soient équivalentes. Sans doute la solution allemande est-elle la meilleure : en répondant à la crise interne au capitalisme par plus de capitalisme, le gouvernement allemand devrait renouer plus vite avec le progrès que le gouvernement français. Mais un gouvernement français ne peut probablement pas suivre sans préparation la voie allemande, à moins de déchirer un tissu social plus fragile ici que là-bas.

Plus de libéralisme en France pour atténuer la crise dans le capitalisme serait éminemment souhaitable ; mais ce ne sera possible qu'au terme d'une ample pédagogie politique et économique, de manière à ce que la majorité de la société non seulement accepte mais exige la libéralisation comme condition de son progrès à venir. Sans cette pédagogie, la crise au sein du capitalisme français deviendra une crise du capitalisme français, et l'aube d'une régression nationale.

Le défi majeur : l'exclusion

Le thème de l'exclusion reste, en régime capitaliste, le seul qui légitime l'intervention publique. Mais qui peut le mieux résorber la pauvreté ? L'histoire du capitalisme montre comment, par son action même, il réduit le nombre des pauvres. L'intérêt des capitalistes, si une telle classe sociale existe, n'est pas d'entretenir une armée de réserve de chômeurs, mais de transformer tout citoyen en consommateur aisé : Henry Ford, souhaitant que chaque salarié puisse s'acheter une Ford, avait mieux compris que Marx la nature du capitalisme. C'est pourquoi, dans les sociétés non capitalistes du tiers-monde, les exclus représentent quatre-vingt-dix pour cent de la population, contre dix pour cent dans les sociétés capitalistes. Le capitalisme redistribue les richesses en même temps qu'il les crée ; s'il ne les redistribuait pas, il s'épuiserait faute de marché. Ce n'est donc pas ou guère l'État-providence qui redistribue : là où l'État-providence est faible et le capitalisme actif, comme au Japon ou en Corée, les exclus sont moins nombreux que là où l'État intervient beaucoup, comme en France ou aux États-Unis. L'exclusion n'est pas la conséquence du capitalisme, mais un témoignage de son imperfection.

Comment réduire cette imperfection ? Par plus d'État ou par plus de marché ? Chacun choisira son camp selon le culte idéologique qu'il pratique, ou ses intérêts. Mais les faits dictent la réponse efficace.

Dans la plupart des cas, l'exclusion traduit un dysfonctionnement de l'État plus que du marché. Considérons les immigrés et leurs enfants qui, partout, constituent une part importante des exclus : n'est-ce pas parce que l'État interdit l'immigration tout en la laissant passer qu'il condamne les immigrants à la clandestinité et à la marginalité ? Si un gouvernement interdisait l'immigration et appliquait vraiment cette interdiction, le nombre des exclus diminuerait. Si, à l'inverse, un gouvernement autorisait l'immigration tout en laissant le marché du travail en réguler le flux, les immigrés ne seraient pas exclus, mais intégrés par le travail.

Considérons une autre catégorie d'exclus : ceux que l'école prépare mal à la vie professionnelle. Est-ce la faute de l'État qui monopolise l'enseignement, ou celle du capitalisme ? Des écoles privées ouvertes sur le marché géreraient mieux les différences que ne le fait l'école publique, uniforme par principe. Le même constat vaut pour le logement « social », géré sans discernement par l'État.

L'exclusion procède donc avant tout du monopole et d'une intervention publique inefficace ; c'est dans les domaines où le capitalisme n'a pu encore opérer sa révolution productive que subsistent d'archaïques îlots de pauvreté.

Les chômeurs ? Nous avons essayé de montrer que l'État, pour la défense des intérêts de ceux qui ont déjà un emploi, rend le marché inaccessible à ceux qui n'en ont pas. Quand la croissance est lente et que seule une certaine flexibilité des salaires permettrait de maintenir les effectifs, l'État protecteur interdit cette flexibilité et suscite du chômage supplémentaire : c'est le cas type de conflit entre le marché aux voix de la politique et le marché aux biens de l'économie. Comment empêcher que le capitalisme ne soit discrédité par cette incapacité, qui n'est pourtant pas la sienne, d'intégrer tous les vrais demandeurs d'emploi ? Là où le marché du travail est trop détérioré pour retrouver son office spontané et le gouvernement paralysé par les corporatismes, il appartient aux « entreprises citoyennes » d'anticiper sur leurs besoins économiques stricts et de satisfaire à un devoir consenti d'intégration des exclus, sans lequel l'économie libre risque de perdre toute légitimité.

Je n'en conclurai pas que le marché est partout et toujours *la* solution : cette supériorité du marché n'est pas absolument vérifiable. Par ailleurs, l'attachement aux valeurs non marchandes — la démocratie, la solidarité... — est aussi juste que l'attachement au marché. Il est donc légitime de s'opposer au capitalisme absolu. En revanche, il est contradictoire de s'opposer au capitalisme au nom de l'efficacité, pour le remplacer par des interventions dont l'expérience a démontré qu'elles étaient moins efficaces que le marché. Contester le capitalisme au nom d'une vérité supérieure est fondé ; mais contester le capitalisme parce qu'il ne marcherait pas, et vouloir lui substituer des interventions publiques qui n'ont jamais marché, relève du charlatanisme.

La crise du capitalisme

Jusqu'à ce seuil, notre analyse a péché par optimisme, car elle suppose que l'avenir du capitalisme dans le premier monde sera le capitalisme, ce qui demeure incertain. Le capitalisme peut fort bien être remplacé par une autre organisation sociale, imposant des devoirs collectifs en lieu et place des droits individuels. Le progrès alors s'arrêterait, ce qui ne saurait être davantage écarté.

Le capitalisme n'est pas « indépassable ». Aucun empire n'est éternel, aucune organisation humaine n'est promise à un avenir sans bornes. Aucune non plus n'est condamnée à disparaître. Nous ne pouvons qu'évaluer les forces contraires qui font et défont l'histoire du capitalisme, en reconnaissant toute leur part au chaos et à l'« agir » individuel.

La plus pressante menace contre le capitalisme ne me paraît pas tant d'ordre économique que liée à l'insatisfaction morale ou à l'incompréhension du système capitaliste.

Le non-développement de vastes continents suscite à juste titre l'indignation des élites au sein des nations capitalistes ; celles-ci s'interrogent sur la validité d'un système qui perpétue les inégalités entre les peuples. Par ailleurs, les exclus de l'intérieur, marginaux, immigrés récents, une partie de la jeunesse, sont tentés de s'identifier aux fondamentalistes de l'extérieur, rendus attrayants par leur exotisme et leur utopie. Ainsi pourrait se constituer dans les pays capitalistes quelque « lumpen-intelligentsia » contestatrice ancrant son discours et sa force politique dans une population d'exclus. Ce ne serait pas la première fois dans l'histoire de l'Occident que les Barbares en viendraient à conquérir l'empire avec le soutien d'alliés intérieurs : c'est ainsi que fut prise Constantinople après que son oligarchie eut ouvert les portes aux Ottomans. Je ne dis pas qu'elle eut tort ou raison de le faire, et le précédent byzantin n'est rappelé ici que comme métaphore. L'Histoire ne se reproduit jamais à l'identique, mais les mécanismes à l'œuvre peuvent se révéler comparables.

Dans un scénario contemporain, les « ennemis de l'intérieur » seraient ce qu'il est convenu d'appeler la « nouvelle classe ». Cette nouvelle classe produit des mots alors que l'entrepreneur produit des biens. Les analystes du capitalisme ne cessent de s'inquiéter, depuis les années 1930, de la montée en puissance de cette intelligentsia anticapitaliste et d'une « moyenne intelligentsia » contestataire. Le corps enseignant et les régisseurs des systèmes de protection sociale constituent le gros des troupes de cette nouvelle classe. Celle-ci vit hors du marché, au contact de ceux qui ne sont pas encore sur le marché, ou qui sont les exclus du marché. L'expérience existentielle de la nouvelle classe la conduit logiquement à ne pas comprendre et à dénigrer le capitalisme. Ce dénigrement joue toujours sur les deux mêmes registres : l'air de la culture nationale à droite, l'air de la justice sociale à gauche. Les deux thèmes parfois se confondent, par exemple dans un même « antiaméricanisme », le grand opéra de la nouvelle classe.

Pourquoi ce quasi-réflexe anticapitaliste chez les producteurs de mots ? Sans doute la nouvelle classe s'estime-t-elle mal récompensée, mal rémunérée par le marché, et estime-t-elle donc que le capitalisme est injuste. Injuste aussi parce qu'il ne place pas nécessairement l'intellectuel ou la « moyenne intelligentsia » au sommet de la hiérarchie sociale. Pour ces raisons matérielles ou idéalistes, la nouvelle classe est en quête de systèmes plus parfaits, plus ambitieux. Bien entendu, tous les membres de la nouvelle classe ne sont pas déterminés par cette logique de situation : sinon, il ne pourrait exister d'intellectuels libéraux. Le déterminisme social ne permettrait d'ailleurs pas de comprendre l'influence qu'exerce la nouvelle classe dans la société entière. Si son influence est considérable, c'est parce qu'elle est productrice de mots, de concepts, d'analyses. La nouvelle classe est le fournisseur patenté des médias qui, souvent dans une totale inconscience, noient la société capitaliste sous les flots d'un discours contestataire du capitalisme. Ce qui, en soi, n'est pas malfaisant. Le capitalisme a toujours été régénéré par la contestation, à l'inverse du socialisme que la dissidence a détruit : un Sakharov, chez nous, finit chef d'entreprise ou chef d'État.

Cette dialectique entre le capitalisme et ses ennemis est enrichissante aussi longtemps que le capitalisme est productif. Mais l'anticapitalisme de la nouvelle classe, se conjuguant à un moment de défaillance du capitalisme, dans le creux de quelque crise cyclique, pourrait bien lui porter un coup sévère. Il pourrait devenir mortel si les défenseurs du capitalisme eux-mêmes n'y croient plus.

La démoralisation des capitalistes

On sait que l'éthique de certaines minorités a contribué de manière décisive à l'avènement du capitalisme. Puis celui-ci, du fait de son succès, a suscité un hédonisme qui sape la morale des origines. Max Weber, qui avait senti cette contradiction, ne l'estimait pas fatale ; le capitalisme lui semblait suffisamment automatisé pour perdurer, même privé de ses fondements. Le progrès technique confirme jusqu'à un certain point ses intuitions : la robotisation de l'industrie rend moins nécessaire l'éthique du travail, et l'hédonisme suscite de nouveaux besoins de consommation qui réactivent les feux du capitalisme. Mais celui-ci peut-il se perpétuer indéfiniment sans entrepreneurs ?

Joseph Schumpeter estimait que non, et qu'ainsi périrait le capitalisme. C'était, de sa part, sous-estimer la persistance du « désir d'entreprendre » dans les sociétés occidentales, désir renouvelé par la perte de prestige des fonctions publiques et par l'usure des idéologies. Ce désir d'entreprendre est également régénéré par l'apport de nouvelles minorités d'entrepreneurs : par chance, des migrants ne cessent d'apporter un sang neuf au vieux capitalisme. Le pessimisme de Schumpeter ne paraît donc pas confirmé : il s'appliquerait à des sociétés capitalistes closes, ce que, par définition, elles ne sont pas.

De même que la nouvelle classe n'est pas seulement déterminée par sa situation sociale et que son attitude ne scelle pas le destin du capitalisme, de même le conflit culturel entre éthique et hédonisme ne conduit pas nécessairement à la fin du capitalisme. Il n'en reste pas moins vrai que le combat de la nouvelle classe contre les entrepreneurs constitue un conflit majeur, et que le conflit entre valeurs hédonistes et entreprenantes l'est aussi. Mais l'issue de ces deux conflits sera déterminée par les acteurs sociaux plus que par quelque fatalité.

Les mass media au secours du capitalisme

Nous avons dit que les mass media répercutaient inconsciemment, par leurs journalistes et présentateurs, une propagande anticapitaliste fabriquée par la nouvelle classe. Certains y verront à l'œuvre la destruction schumpetérienne : le capitalisme sapé dans ses bases morales et son éthique bourgeoise. Mais cela n'est qu'une hypothèse appartenant à l'école du pessimisme ; elle peut être retournée. Le message télévisé n'est pas, en effet, un simple discours faisant appel à l'intelligence ; il est spectacle. Paraphrasant Marshall MacLuhan, ne pourrait-on pas dire que le « message » anticapitaliste n'est qu'un « massage » ? Un Un massage des esprits et des corps qui, loin de mobiliser les foules contre le capitalisme, les anesthésie ou transforme leur agressivité potentielle en passivité réelle ? Un slogan anticapitaliste dans la rue peut renverser un gouvernement procapitaliste ; mais le même slogan à la télévision enferme le manifestant dans la solitude de son salon et le condamne à l'inefficacité, tout en lui permettant d'évacuer ses humeurs. La même fonction cathartique est jouée par le rock ou le football greffés sur la télévision : ces messes païennes et tribales remplacent les guerres réelles. En ritualisant la violence à heures fixes et dans la discipline, les spectacles médiatisés contribuent énormément à la stabilité du capitalisme. Lénine estimait que le capitalisme conduisait à la guerre ; grâce aux mass media, la violence « canalisée » engendre la paix.

Autre fonction positive pour le capitalisme jouée par les mass media : ils objectivent les rapports humains et subjectivisent les objets. Cela est particulièrement évident dans les publicités télévisées, où le produit de consommation acquiert une personnalité plus forte que celle de n'importe quel présentateur ou invité. Or, tout le jeu du capitalisme consiste précisément en cela : détourner les passions des rapports humains pour les réinvestir dans des objets de consommation afin d'édifier une société matérialiste, antinaturelle et non violente. C'est ainsi que les mass media deviennent les alliés objectifs du capitalisme et que les capitalistes, en retour, financent généreusement les mass media.

Cette contradiction apparente entre mass media et capitalisme, résolue au bénéfice du second, se retrouve dans les rapports de ce dernier avec les artistes. L'artiste est du côté de la nature, des passions, de la contestation : il est donc spontanément anticapitaliste, antimatérialiste. Les arts contemporains en témoignent au premier degré lorsque des plasticiens exposent les déchets de la société de consommation. Mais qui ne voit que l'artiste, comme les mass media, canalise lui aussi la violence anticapitaliste et la restitue sous une forme acceptable ? L'agressivité d'une œuvre d'art, n'en déplaise aux artistes, est toujours supportable, car elle ne sort pas de la galerie ou du musée. La récupération de l'œuvre d'art contestataire du capitalisme par la société capitaliste devient plus manifeste encore quand l'art se fait « multiple » : l'œuvre unique fabriquée en série devient alors objet de consommation. Ce rôle de médiateur de l'artiste entre la violence naturelle, païenne, et l'ordre capitaliste, ne se limite pas aux arts plastiques : tout artiste, y compris l'artiste populaire — chanteur, rocker, joueur de football, amuseur public —, participe de cette canalisation des pulsions muées en désirs de consommation : l'art est devenu un marché pacifique où les coups de cœur se muent en coups de Bourse.

Les contradictions de l'État-nation et du capitalisme

Nous avons vu que le capitalisme naît et progresse seulement là où l'État garantit la sécurité et la rationalité du droit. Mais le capitalisme parvenu à maturité a de moins en moins besoin de l'État, voire s'oppose à lui dès que sa stratégie et sa zone d'action ne coïncident plus avec les frontières de la nation. Les entreprises dites multinationales illustrent ce décalage. A terme et inévitablement, la logique des organisations capitalistes et celle des bureaucraties nationales s'éloignent et se contredisent. L'entrepreneur capitaliste est cosmopolite, le fonctionnaire est national. Insaisissable, le capital échappe à tout contrôle d'État, il s'investit là où sa rentabilité est la plus forte. Par le jeu des délocalisations, les intérêts des entreprises peuvent coïncider ou ne pas coïncider avec ceux de tel ou tel État-nation : contrairement à l'adage des années 1950, ce qui est bon pour la General Motors n'est plus nécessairement bon pour les États-Unis. Ce qui est bon pour Rhône-Poulenc n'est plus nécessairement bon pour l'État français. En revanche, la stratégie transnationale de Rhône-Poulenc pourra se révéler excellente pour les actionnaires de Rhône-Poulenc, pour ses clients, pour l'humanité en général, grâce, par exemple, à la production de médicaments plus efficaces.

Mais aucun gouvernement n'est élu par l'humanité entière. Qui, de l'État ou de l'entreprise, incarne le bien public ? L'Histoire répond : au XXe siècle, les gouvernements totalitaires ont tué 140 millions de leurs sujets en dehors de tout conflit international.

Dans les sociétés démocratiques, l'État produit de l'ordre dans le meilleur des cas, et l'entreprise des biens. Qui sortira vainqueur de cette confrontation ?

Un gouvernement porté par sa logique de pouvoir peut être tenté de détruire le capitalisme national pour conserver le monopole de la légitimité. Dans les années 1980, la Suède de la social-démocratie finissante s'est le plus approchée de ce risque d'extermination du capitalisme national ; le fait que ce risque se soit éloigné n'exclut pas sa récurrence.

Les libéraux se sont toujours interrogés sur la manière de limiter l'emprise de l'État afin qu'il ne dévoie pas la société civile : est-ce la démocratie ?

En démocratie, les détenteurs du pouvoir politique jouent sur un marché électoral où ils doivent « maximiser » leurs voix. Dans les régimes capitalistes non démocratiques, le seul marché existant est celui de l'économie : un espace-temps dans lequel ont vécu les Chiliens sous Pinochet, les Espagnols sous Franco, les Taiwanais sous Tchang Kaï-chek. L'histoire montre que cet espace-temps est limité. Il ne manque cependant pas de défenseurs du capitalisme pour rêver de quelque forme de despotisme éclairé où le monarque serait non pas un philosophe, mais un économiste. Mais les despotes sont rarement éclairés, les économistes rarement despotiques. Par ailleurs, la démocratie est une valeur en soi, et, comme valeur, elle vaut assurément le capitalisme. S'il fallait choisir entre capitalisme et démocratie, qui choisirait quoi ? Choix théorique puisque, à l'expérience, il est possible de *ne pas* choisir. Au surplus, il est important de ne pas choisir, car le capitalisme a besoin de la démocratie, comme il a besoin des contestataires : sans individus responsables, démocrates et entrepreneurs, le capitalisme s'épuise, comme on le constate dans les régimes autoritaires.

Le conflit théorique entre capitalisme et démocratie existe cependant, mais il doit être abordé à la manière dont le fit Hayek : par une réflexion sur les méthodes de la démocratie, et non pas sur son principe. Le principe de la démocratie, expliquait l'économiste britannique, est intangible, mais il peut s'exprimer dans des formes d'organisation variées. Lui-même préconisait des Constitutions où la représentation démocratique serait stable au point de s'inscrire dans la même perspective temporelle et géographique que les entrepreneurs capitalistes : le long terme et le monde. Dans une économie « globalisée », quelle Constitution permettrait de surmonter les tensions entre entrepreneurs cosmopolites et États nationaux ? Les théoriciens libéraux, qui n'ont plus grand-chose à démontrer dans l'ordre économique, même s'ils ne sont pas toujours entendus, ont devant eux cet immense champ de recherche. Dans l'attente de cette Constitution de la liberté, le meilleur moyen de cantonner les États dans leur savoir-faire est la concurrence entre les États eux-mêmes. Lorsque l'État devient insupportable, les citoyens le fuient, les plus doués partant les premiers, ce qui conduit l'économie au suicide ou la bureaucratie à la retraite. Voilà pourquoi le rêve d'un État mondial est un cauchemar, car, loin d'assurer la paix, rien n'endiguerait plus son zèle.

Le capitalisme vaincu par les mythes

Pacifisme et matérialisme sont les deux vertus du capitalisme mûr. C'est parce que le capitalisme contient ou restreint une nature violente et stupide pour instaurer le règne objectif de la science que l'homme vit plus longtemps et plus libre dans les sociétés capitalistes que dans celles qui ne le sont pas. Libérés de la misère et de la violence naturelles, nous pouvons dorénavant méditer à l'aise sur les bienfaits ou sur l'aliénation générés par le capitalisme. Il nous est même permis d'imaginer des organisations plus satisfaisantes ! Mais cette contestation du capitalisme n'est possible qu'à condition d'y être au préalable entré. C'est pourquoi tous les peuples y sont entrés, vont y entrer ou voudraient y entrer. Mais tous n'y parviendront pas, et plusieurs en sortiront.

Dans ce mouvement circulaire de l'Histoire, les déterminismes matérialistes me paraissent moins puissants que ne le demeurent les mythes collectifs ou le charisme des individus. Les uns et les autres peuvent agir en faveur du capitalisme ou contre lui. A cette puissance des mythes, les partisans du capitalisme ne savent opposer que la raison, ce qui peut se révéler insuffisant. Même nous qui vivons libres dans le capitalisme, nous ne pouvons donc exclure qu'en un temps proche ou lointain, nous soyons conduits à en sortir. Nous n'aurons pas alors été vaincus par l'économie, mais par quelque mythe plus puissant que l'idée de liberté.

Dans ce tissu d'incertitudes historiques, les défenseurs du capitalisme ont à l'évidence des devoirs particuliers, ceux que leur assignait Hayek quelques semaines avant de disparaître. « Vous avez le devoir de militer », m'avait-il dit alors, majestueux, appuyé sur sa canne, le gilet barré d'une chaîne d'or, sur le pas de sa porte, à Fribourg. Au-delà de ma personne, le « vous » s'adressait à la tribu minoritaire et dispersée des intellectuels libéraux. A l'époque, en 1990, ce qui troublait Hayek, c'était la famine en Éthiopie : « Si l'Éthiopie n'était pas devenue communiste, disait-il, si le droit de propriété des paysans avait été respecté, ils ne mourraient pas de faim. » Défendre le capitalisme était pour lui un devoir moral d'autant plus impératif que ses vrais défenseurs restaient fort peu nombreux.

A ceux-là, je proposerai pour devise les mots de Kant : « La liberté n'est pas ce qui nous est donné, mais ce à quoi nous devons nous donner. » En d'autres termes, la liberté n'est pas un droit, mais un devoir.

Boulogne, mars 1994.

ANNEXES

Annexe 1 : La méthode

Le Capital, suite et fins mêle trois genres habituellement distincts : l'enquête, la réflexion, la construction romanesque. Le voyage et les rencontres constituent le socle de l'ouvrage ; à partir de là, les propos sont enrichis de lectures et méditations. L'artifice s'avère parfois nécessaire pour fusionner plusieurs personnages ou plusieurs situations en une seule scène dramatisée de manière à ne pas égarer le lecteur dans une foule de personnages et d'événements secondaires. Pour rendre leur dû à tous ceux qui ont contribué à ma recherche, j'ai reclassé, par chapitre : les médiateurs (ceux qui ont préparé, accompagné, commenté le voyage), les interlocuteurs qui ne figurent pas toujours dans l'index des personnes citées et qui m'ont particulièrement éclairé, ainsi que les principaux ouvrages consultés. Certains auront été oubliés et je les prie de m'en excuser ; d'autres seront insatisfaits de la manière dont je les décris ou dont j'interprète leurs propos. J'accepte, par avance, leurs critiques ; et je m'estime seul responsable de tout ce que j'ai écrit mais de rien d'autre.

Prologue

Le voyage à Oulianovsk et à Nijni-Novgorod a été possible grâce à l'agence Novosti, Vladimir Nedbaev à Paris, Nicolas Vikhlaev à Moscou, et Philippe Étienne, conseiller culturel à l'ambassade de France.

Les trois livres auxquels il est fait référence sont : *Capitalisme, Socialisme et Démocratie,* par Joseph Schumpeter, Paris, Payot, 1990. *L'Éthique protestante et l'esprit du capitalisme,* par Max Weber, Paris, Plon, 1964. *La Logique de la découverte scientifique,* par Karl Popper, Paris, Payot, 1973.

I/1 - La conquête de l'Est

Sophie Lorrain et Annelie Löblich ont organisé mon enquête en Allemagne de l'Est.

Stanisław Michalkiewicz (Varsovie), Marian Miszalki (Łódź), et Marek Ledochowski (Gdańsk) sont, depuis 1989, mes guides en Pologne ; l'ambassadeur à Paris, Jerzy Lukaszewski, et son premier conseiller, Tomasz Orlowski, ont soutenu mes démarches ; le Pr Bronisław Geremek, député à la Diète, président de la commission des Affaires étrangères, a éclairé mes réflexions.

Sur la culture polonaise, j'ai consulté *Polish Paradoxes,* par Stanisław Gomulka et Antony Polonsky, Londres, Routledge, 1989.

I/2 - Les déçus du capitalisme

En Hongrie, Élisabeth Sükösd organise mes voyages et traduit. Charles P. Pyepyer, directeur administratif de Tungsram, a été d'un grand secours pour comprendre les privatisations. Agnès Renyi est la sociologue la plus perspicace de la jeune génération et László Karsai le spécialiste du racisme et de l'antisémitisme.

En Slovaquie, le père Jan Bernadic m'a introduit auprès du cardinal Jan Chryzostom Koreč ; l'un et l'autre sont des êtres d'exception même si je leur rends mal justice. Le cardinal Koreč a publié ses Mémoires en italien, *La notte dei barbari,* (Piemme, Rome, 1993).

A Budapest, János Kornai est le meilleur interlocuteur possible pour évaluer l'ensemble de l'économie postcommuniste ; son livre *Du socialisme au capitalisme : l'exemple de la Hongrie,* Gallimard, Paris, 1990, reste l'ouvrage clé sur la manière de passer du socialisme réel à l'économie de marché.

I/3 - La septième perestroïka
I/4 - De la septième à la huitième perestroïka

L'idée des *Perestroïka* successives revient au sociologue Andreï Bestoujev Lada. La Russie future est incarnée, à Paris, par mes amis Irina et Vladimir Fedorovski. La Russie inquiète par Igor Rapoport à qui je dois le diagnostic d'échec de la septième perestroïka. A Nijni Novgorod, Alexis de Suremain fut un guide précieux. L'historien Youri Afanassief, depuis 1989, éclaire ma voie ; je lui dois en particulier l'idée selon laquelle le stalinisme serait l'expression de la slavophilie. Il est l'auteur de *Ma Russie fatale*, Paris, Calmann-Lévy, 1993. Moscou n'aurait pas été la même sans deux hôtes d'exception, Pierre Morel, ambassadeur de France, et Olga Morel.

Peu de livres survivent à la rapidité de la révolution russe ; mais sur l'extrême droite *The Rise of the Extreme Right in Russia, Black Hundred* par Walter Laqueur, New York, Harper & Collins, 1993, est irremplaçable en particulier sur le rôle de l'Antéchrist dans l'Histoire. *La Parole ressuscitée* par Vitali Chentalinski, Paris, Robert Laffont, 1993, sur le malheureux destin de l'intelligentsia. Daniel Yerguin et Thane Gustafson, auteurs de *Russia 2010*, New York, Random House, 1993, ont inspiré l'idée du scénario, même si le mien contredit le leur. *La Puissance pauvre* par Georges Sokoloff, Paris, Fayard, 1993, illustre de manière remarquable le contraste permanent entre la puissance extérieure et l'anémie économique de la Russie.

I/5 - Le mode de production asiatique
I/6 - Un milliard de cobayes

Aucun voyage en Chine n'aurait été possible sans l'initiation de Claude Martin, ami de toujours, secrétaire général adjoint du ministère des Affaires étrangères. A l'ambassade de France m'ont aidé : Gérard Chesnel, ministre conseiller, Nicolas Chapuis, conseiller culturel, Daniel Blaize, premier secrétaire, Mme Li Qiaoyan, au centre culturel français, Paul-Jean Ortiz, consul général à Canton, Michel Gélénine, attaché culturel à Canton. Mme Jia Liqun de l'UIBE (University of International Business and Economics), à Pékin, m'a ouvert les portes de son université et de nombreuses entreprises. Le Pr Dong Furen éclaire patiemment ma lanterne, depuis 1986, et le Pr Zhao Fusan (en exil à l'université de l'Oklahoma), depuis 1988.

La bibliographie sur la Chine est abondante mais celle qui traite de l'économie contemporaine est limitée. L'ouvrage clé, bien qu'ancien, reste *La Bureaucratie céleste* d'Étienne Balazs, Paris, Gallimard, 1969 ; sur l'état d'esprit des intellectuels, *Evening Chats in Beijing* par Perry Link, New York, Norton, 1992 ; sur la croissance et ses limites, le remarquable *China's Environmental Crisis* par Vaclav Smil, East Gate Books, New York, Armonk, 1993.

I/7 - Le capitalisme Far West

Ce chapitre est entièrement fondé sur une série d'entretiens avec Milton Friedman, à San Francisco, de 1984 à 1994 et sur l'ouvrage *Capitalism and Freedom*, University of Chicago Press, 1962.

Ma critique du fondamentalisme libéral a été stimulée par *Qu'est-ce que la démocratie ?* d'Alain Touraine, Paris, Fayard, 1994.

II/1 - La religion du capitalisme

Le physicien Ilya Prigogine m'a donné l'idée de la liberté naissant du « jeu » entre les pouvoirs ; Raymond Lemieux et Louis O'Neill de l'université Laval ont été mes guides et interlocuteurs au Québec ; l'aide de Dominique de Combles de Nayves, consul général, a été précieuse. L'*Opus Dei* m'a été accessible grâce à François Gondrand et Hervé Pasqua ; Elder Charles Didier et Don Lefevre m'ont fait découvrir l'Église des Saints des derniers jours. Peter Berger de l'Institute for the Study of Economic Culture, à Boston, m'a encouragé à découvrir le protestantisme en Amérique latine ; son livre *La Révolution capitaliste*, Paris, Litec, 1992, est un classique de la pensée webérienne. L'ouvrage essentiel sur le protestantisme en Amérique latine est *Tongues of Fire* par David Martin, Oxford, Basil Blackwell, 1990. Au Japon, la parole de Ryuho Okawa m'a été traduite par Kan Miyabayashi (université Keio). Léon Askenazi à Jérusalem m'a été présenté par Addy Steeg et ils m'ont tous deux dissuadé de verser dans le paganisme. Les variations sur les religions à Dieu contre les religions à dieux sont fondées sur mes entretiens avec Edgar Morin et l'ouvrage qu'il a écrit avec Anne-Brigitte Kern, *Terre patrie*, Paris, Le Seuil, 1993. Ce chapitre doit beaucoup à mes innombrables conversations avec Louis Pauwels, depuis 1983.

Le livre clé est évidemment *The American Religion* par Harold Bloom, New York, Simon and Schuster, 1992.

II/2 - Comment le capitalisme change les cultures

L'enquête sur la culture japonaise s'est étendue sur plusieurs années ; elle doit à de nombreux médiateurs en particulier Yasuo Akiyama de l'Asahi, Kan Miyabayashi, Akira Suzuki du Foreign Press Center, les écrivains Shinishi Nakazawa, Akira Asada, Yasuo Tanaka. Le voyage à Nagoya a été organisé grâce à Hatsuo Yamanaka (Marubeni, Paris) et à Kyuichi Nakatsuka (Marubeni, Nagoya).

Je ne connais aucun livre sur la culture japonaise contemporaine, mais il faut lire le roman de Nakagami Kenji, *La Mer aux arbres morts*, Paris, Fayard, 1989, et *L'Histoire de la littérature japonaise* par Shuichi Kato, Paris, Fayard, 1985.

II/3 - La faute à Confucius

Ce chapitre doit beaucoup à Pierre-Étienne Will, professeur au Collège de France, Nicolas Chapuis à Pékin puis à Singapour, à René Vienet à Taibei, à Alain Peyraube (École des hautes études en sciences sociales), à Chan Hing Ho (CNRS, Paris), Tu Wei Ming (université de Harvard), et bien entendu à notre maître en taoïsme, Kristofer Schipper (CNRS, Paris, université de Leyde) et à son frère de Taïnan, le grand maître Chen Yung-sheng.

J'ai étayé mon propos grâce à Léon Vandermeersch *Le Nouveau Monde sinisé*, Paris, PUF, 1986, *Confucius* par René Étiemble, Paris, Gallimard, 1986, *Le Corps taoïste* par Kristofer Schipper, Paris, Fayard, 1993, *La Pensée chinoise* par Marcel Granet, Paris, Albin Michel, 1968. *Way, Learning and Politics, Essays on the Confucian Intellectual* par Tu Wei Ming, Albany State University of New York Press, 1993, *The World of Thought in Ancient China* par Benjamin Schwartz, Cambridge, Mass., Belknap Press of Harvard University, 1985.

II/4 - Comment le capitalisme produit la démocratie

A Singapour, l'entretien avec Lee Kuan Yew, *Senior Minister,* a été obtenu grâce à Eric Teo, premier secrétaire à l'ambassade de la république de Singapour à Paris ; Chan Heng Chee, directeur de l'Institute of South-East Asian Studies, et Kishore Mahbubani au ministère des Affaires étrangères de la république de Singapour ont été les brillants avocats de la théorie du bon État. A Taiwan, l'entretien avec Bo Yang n'a eu de sens que traduit par Mme Liang Chi-chih et Mme Bo Yang. Mon enquête à Taiwan a été facilitée à Paris par le représentant de la république de Chine, Chiu Chung-nan, François Yin, directeur du service Information de l'Association pour la promotion des échanges commerciaux et touristiques avec Taiwan, et François Brugier ; à Taiwan, par le représentant de la France, Jean-Paul Réau, et par René Vienet. Le voyage en Corée a été organisé par Cho Seong-chang, conseiller culturel à Paris et Henri Lebreton conseiller culturel à Séoul. Lee Kyuhaeng, président du quotidien de la culture *(Munhwa Ilbo)* et Kim Jinhyun, administrateur du Korea Economic Research Institute, contribuent, depuis 1986, à me faire découvrir la Corée.

Sur la théorie du bon État, on peut lire dans *Democracy and Capitalism*, un texte de Chan Heng Chee, publié par l'Institute of Southeast Asian Studies à Singapour, en 1993. *The Ugly China Man* de Bo Yang est accessible en anglais chez Allen and Unwin, St. Leonards, NSW, Australie. « Asia and United States in decline » par Kishore Mahbubani dans *The Washington Quarterly* (printemps 1994), Center for Strategic and International Studies, Washington D.C.

II/5 - L'affaire Pinochet

Au Chili, Oscar Godoy Arcaya (Institut d'études politiques de l'université catholique du Chili) est depuis l'origine mon médiateur avec tous les courants de la pensée et de la politique. L'écrivain Arturo Fontaine

Talavera, grâce à son roman *Oye su voz*, Buenos Aires, Éd. Planeta, 1992, m'a fait pénétrer dans l'esprit des *Chicago boys*.

II/6 - L'Afrique ou le capitalisme impensable

Le voyage au Ghana a été organisé grâce à Michel Camdessus, directeur général du Fonds monétaire international à Washington, Jean-Claude Brochenin, ambassadeur de France, Jean-Daniel Neveu, conseiller culturel, Iqbal Zaidi, représentant du FMI au Ghana.

Christian Flamant, directeur de l'agence de la Caisse française de développement, le Dr Kwesi Botchwey, ministre de l'Économie, Erasmus Kalisti, directeur général de la Volta River Authority, James Moxon, roi d'Aburi, Esi Sutherland-Addy, professeur à l'université de Legon, Nii Yartey, directeur du Ghana Dances Ensemble, Mohammed Ben Abdallah, professeur à la School of Performing Arts de l'université de Legon ont été mes interlocuteurs les plus généreux parmi beaucoup d'autres au Ghana.

Pour entrer dans la culture et l'histoire du Ghana, mon guide fut le roman d'Ayi Kwei Armah *The Healers*, Londres, Heinemann, 1979. Les propos sur les cultures africaines, sauf mes erreurs, doivent tout à Georges Balandier. Le dilemme entre la culture et le développement s'inspire de l'ouvrage d'Axelle Kabou *Et si l'Afrique refusait le développement*, Paris, L'Harmattan, 1991. Pour ne pas désespérer de l'Afrique, il faut lire *Besoin d'Afrique* par Éric Fottorino, Christophe Guillemin, Erik Orsenna, Paris, Fayard, 1992 ; j'ai emprunté leur beau titre. Le procès de la décolonisation a été instruit en particulier par Bernard Lugan, *Afrique, bilan de la décolonisation*, Paris, Perrin, 1991, et celui de l'aide par Sylvie Brunel *Le Gaspillage de l'aide publique*, Paris, Le Seuil, 1993.

III/1 - Le capitalisme américain est-il sauvage ?

L'enquête à Detroit a été organisée par mon ami Thomas Bray *(Detroit News)*. Robert Bartley, directeur du *Wall Street Journal* à New York, mes hôtes de la Hoover Institution à Stanford, en particulier Thomas Moore, Dennis Bark, Martin et Annelise Anderson, Nathan Glazer à Harvard et

Irving Kristol, directeur de Public Interest à Washington, m'ont tout enseigné sur les analyses conservatrices.

La bibliographie sur le sujet est gigantesque ; ma sélection privilégiera : *Losing Ground, American Social Policy, 1950-1980,* Charles Murray, New York, Basic Books, 1984. *The Promised Land,* Nicholas Lemann, New York, Alfred Knopf, 1991. *The Dream and the Nightmare, The Sixties' Legacy to the Underclass,* Myron Magnet, New York, William Morrow, 1993. *The Content of Our Character,* Shelby Steele, New York, St Martin's Press, 1990. *Upon this Rock, the Miracles of a Black Church,* Samuel Freedman, New York, Harper Collins, 1993. *The Seven Fat Years and How To Do it Again,* Robert Bartley, New York, The Free Press, 1992. *Revolution,* Martin Anderson, New York, Harcourt, Brace, Jovanovich, 1988. *Rethinking Social Policy: Race, Poverty and the Underclass,* Christopher Jencks, Harvard University Press, 1991.

III/2 - Le marché a-t-il réponse à tout ?

L'enquête auprès des HMO de Boston a été organisée par Steven Cohen et la rencontre avec Alfred Kahn à Ithaca par le professeur Steven Kaplan.

III/3 - Nouvelles solutions libérales

L'enquête aux Pays-Bas a été orientée par le Pr. Han Entzinger de l'université d'Utrecht et facilitée par l'obligeance de Daniel Bernard, ambassadeur de France et Yves Martial, conseiller culturel.

III/4 - La civilisation du plein emploi

L'enquête en Allemagne a été organisée par Philipp von Walderdorff, chargé des contacts internationaux de l'Association des chambres de commerce et d'industrie allemandes ; et au Japon par Kyuichi Nakatsuka (Marubeni, Nagoya).

III/5 - En France, une solution politique au chômage

J'ai soumis mes hypothèses au crible de l'analyse de MM. Édouard Balladur, Premier ministre, René Monory, président du Sénat, Raymond Barre, mon éternel professeur, Michel Bon, directeur général de l'Agence nationale pour l'emploi.

L'idée d'intégration par l'entreprise doit beaucoup à l'excellent livre de Simon-Pierre Thiéry *L'Emploi, changer les règles du jeu,* Paris, L'Harmattan, 1992, et à *L'Urgence, le chômage n'est pas une fatalité* par Yann de L'Écotais, Paris, Grasset, 1993.

L'Événement du Jeudi et *Le Figaro-Magazine* m'ont permis de tester mes propositions auprès de leurs lecteurs.

IV/2 - Ram à la conquête de l'Inde

Mes multiples voyages en Inde bénéficient depuis des années de l'aide de : Francis Wacziarg, le médiateur incontournable, André Lewin et Catherine Clément, Philippe et Anne-Marie Petit, Pierre Barroux, conseiller culturel, et Asha Puri qui a traduit tous mes livres pour les éditions Vikas à New Dehli.

Le voyage au Kerala n'a été possible que grâce au romancier de Mahé, M. Mukundan.

Sur le fondamentalisme indien, le seul livre en français est *Les Nationalistes hindous* par Christophe Jaffrelot, Paris, Presses de la Fondation nationale des sciences politiques, 1993. Les principes du mouvement RSS sont accessibles dans *Bunch of Thoughts* par M.S. Golwalkar, Bangalore, Jagarana Prakashana, 1980. Sur les origines du Parti BJP, lire *Hindu Nationalism and Indian Politics* par Bruce Graham, Cambridge, Cambridge University Press, 1990. Sudir Kakar a publié en français avec Catherine Clément *La Folle et le Saint,* Paris, Le Seuil, 1993. Une femme écrivain du Kerala, accessible en français : *L'Histoire de ma vie* par Kamala Das, Paris, Éditions Kailash, 1992. La citation d'Ernst Cassirer est extraite du *Mythe de l'État,* Paris, Gallimard, 1993.

IV/3 - Pour un islam de progrès

Edgard Pisani, président de l'Institut du monde arabe, a encouragé et orienté mon enquête. Le voyage au Soudan a été organisé par Nureldin Satti, ambassadeur à Paris. Mes hôtes ont été : au Caire, Patrick Leclercq, ambassadeur de France, Gilles Gauthier, conseiller culturel ; à Ankara, Bernard Malauzat, conseiller culturel qui a bien voulu relire ma copie et corriger mes erreurs, et à Istanbul, François Neuville, directeur de l'Institut d'études françaises.

Ali Kazancigil, directeur de la Division du développement international des sciences sociales et humaines à l'Unesco, m'a désigné les bons interlocuteurs en Turquie.

L'ouvrage de Nilüfer Göle, *Musulmanes et Modernes*, Paris, La Découverte, 1993, a été mon guide tout au long de l'enquête.

Pour connaître l'état d'esprit de la classe moyenne égyptienne, il faut lire *Les Années de Zeth* par Sonallah Ibrahim, Actes Sud, 1993, et, sur la vie des villages, *Un infidèle en Égypte* par Amitav Gosh, Paris, Le Seuil, 1994.

Les entretiens avec Jacques Berque ont été complétés par *Relire le Coran*, Paris, Albin Michel, 1993, et *L'Islam au défi*, Paris, Gallimard, 1980. Je me suis inspiré également de *L'Échec de l'islam politique* par Olivier Roy, Paris, Le Seuil, 1992 et de *Passion d'Orient* par Jean-Pierre Thieck, Paris, Karthala, 1992.

IV/4 - Une théologie de la libération

Le voyage au Brésil a été organisé par le président José Sarney et mes amis du *Jornal da Tarde* à São Paulo, Ruy et Fernão Mesquita, Napoleon Saboïa. Michel Lévêque, ambassadeur de France, Jean-Pierre Lafosse, conseiller culturel à Brasília, Romaric Sulger-Buel, attaché culturel à Rio, ont ouvert bien des portes.

Les œuvres de Leonardo Boff ont été publiées aux Éditions du Cerf, en particulier *La Nouvelle Évangélisation*, 1992.

Les sociologues Gilberto Freyre (auteur de *Maîtres et Esclaves*, Paris, Gallimard, 1978) et Helio Jaguaribe ont contribué de manière déterminante à me rapprocher du Brésil. Celui-ci a publié en particulier *Crise na republica*, Thex Editora, Rio, 1993.

IV/5 - Écologistes et libertariens

Les travaux de Lester Brown sont publiés par le Worldwatch Institute chez Norton and Company (New York). *Le Principe responsabilité* de Hans Jonas est accessible en français aux Éditions du Cerf, Paris, 1990. Le départ entre écologistes raisonnables et fondamentalistes revient à Luc Ferry, auteur du *Nouvel Ordre économique*, Paris, Grasset, 1992.

Les écrits de Walter Block ont été partiellement édités en français, *Défendre les indéfendables*, Paris, Les Belles Lettres, 1993.

Le thème de la « nature haïssable » doit beaucoup à l'œuvre de Camille Paglia, *Sexual Personae*, New York, Vintage Books, 1991.

Épilogue

Le titre est un hommage à mon ami Jean-François Revel auteur de *Comment meurent les démocraties*.

La relation entre capitalisme et progrès a été analysée par Thomas Moore dans *On Progress* (non encore publié). La distinction kantienne, entre Gabe et Aufgabe vient de *Critique de la raison pratique*, traduction de Gilles Chatelet.

Ce livre n'aurait pas été écrit sans l'amitié de Louis Pauwels, sans le soutien de Claude Durand, et sans un conseil de Claude Lévi-Strauss : « Tenez-vous-en au genre que vous avez créé. » François Eldin et Mireille Queillé (Air France) ont trouvé des places dans des avions complets.

Marie-Dominique, Joy, Lorraine, Victoire et Marie-Liesse ont fait preuve d'une infinie patience et pardonné mes longues absences.

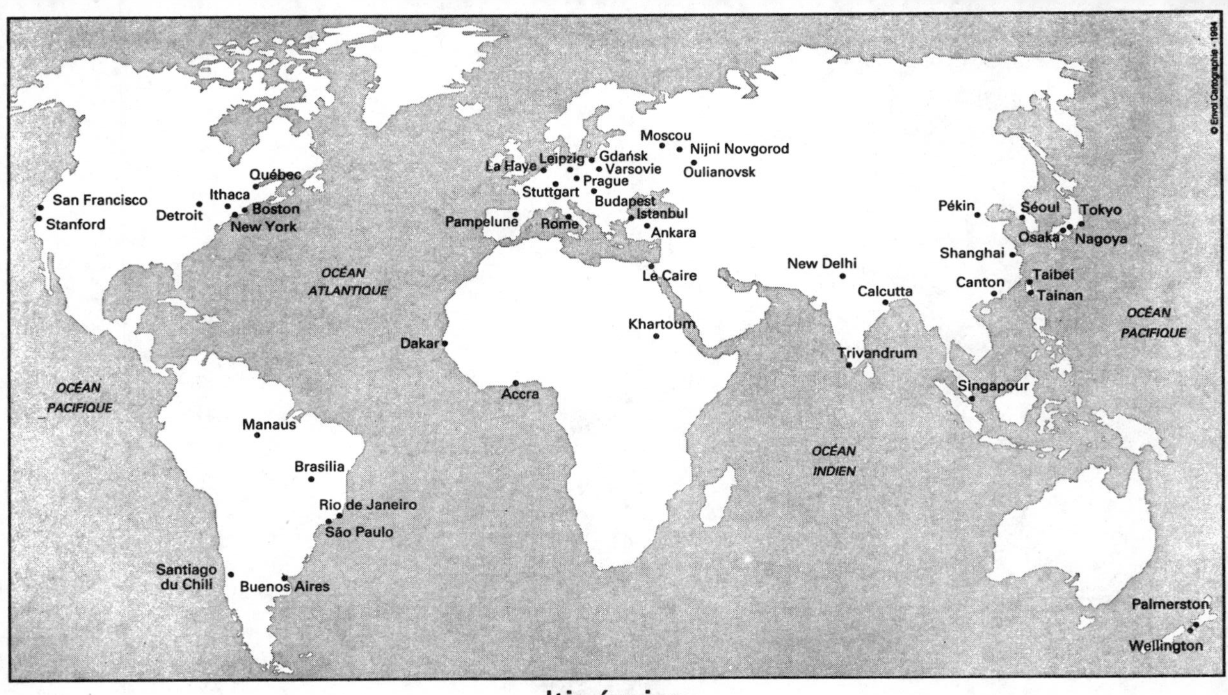
San Francisco
Stanford
Detroit
Ithaca
Québec
Boston
New York
OCÉAN
ATLANTIQUE
OCÉAN
PACIFIQUE
Manaus
Brasilia
Rio de Janeiro
São Paulo
Santiago
du Chili
Buenos Aires
Dakar
Accra
Pampelune
La Haye
Leipzig
Gdańsk
Varsovie
Prague
Stuttgart
Budapest
Rome
Istanbul
Ankara
Moscou
Nijni Novgorod
Oulianovsk
Le Caire
Khartoum
New Delhi
Calcutta
Trivandrum
OCÉAN
INDIEN
Pékin
Séoul
Tokyo
Osaka
Nagoya
Shanghai
Canton
Taibei
Tainan
OCÉAN
PACIFIQUE
Singapour
Palmerston
Wellington
© Envol Cartographie - 1994

Itinéraire

Index des personnes citées

Index des lieux, institutions et entreprises cités

Ces deux index ont été établis par Marc Le Cœur.

Table

III - Les contradictions du capitalisme

IV - Les alternatives au capitalisme

Imprimé en France, par l'imprimerie Hérissey à Évreux (Eure) - N° 69907
HACHETTE/PLURIEL - 43, quai de Grenelle - Paris
Collection n° 24 - Édition n° 01
Dépôt légal : 0307, octobre 1995
ISBN : 2.01.278770.3
ISSN : 0296-2063

27.8770.3